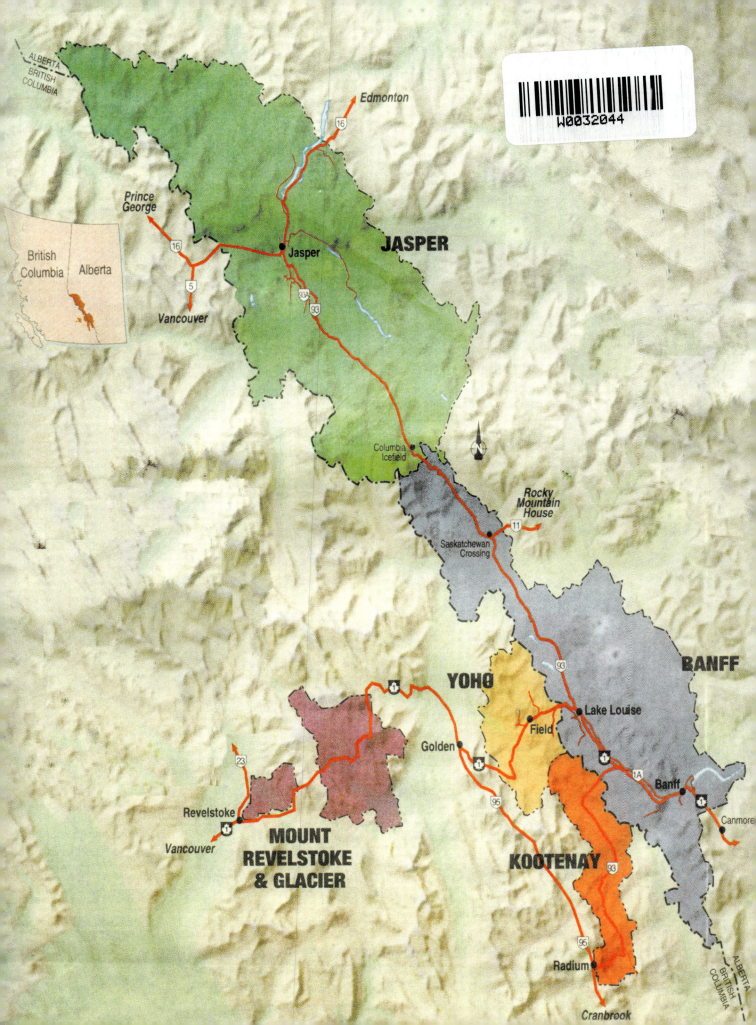

TIMBERWOLF YUKON & CO

11 Jahre Verhaltensbeobachtungen an Wölfen in freier Wildbahn

Günther und Karin Bloch

KYNOS VERLAG

Bildnachweis:
Alle Fotos Günther Bloch außer:
Dr. Erik Zimen: Seite 15
Rolf Hüttner: Seite 20
Joep van de Vlasakker: Seiten 25, 72/73
Martina Dierßen: Seite 35
Peter Nawrath: Seiten 39, 47, 48, 95, 98
Paul Paquet: Seiten 42, 190
Karin Bloch: Seiten 64, 77
Joachim Füger: Seiten 100, 108, 186, 195, 204, 240, 259
Carsten Heuer: Seite 141
Steve Anderson: Seite 222

Titelbild: *Nisha* (links) und *Yukon* (rechts) zeigen wolfstypisches »Beobachtungsstehen«. Zur Orientierung greifen Wölfe auf unglaublich fein entwickelte Sinnesleistungen zurück: Sie können in etwa dreimal so weit hören wie wir Menschen, riechen sogar noch Abschuppungen von Mikroben in der Luft oder verletzte Beutetiere in einer Distanz von über einem Kilometer

© KYNOS VERLAG 2002
Dr. Dieter Fleig GmbH • D - 54570 Mürlenbach/Eifel
Telefon: 06594/653 • Telefax: 06594/452
http://www.kynos-verlag.de

Gesamtherstellung: Druckerei Anders, D - 54595 Niederprüm
Satz und Gestaltung: Thorsten Lukaszczyk

ISBN 3-933228-51-4

Das Werk einschließlich aller seiner Teile ist urheberrechtlich geschützt. Jede Verwertung außerhalb der engen Grenzen des Urheberrechtsgesetzes ist ohne schriftliche Zustimmung des Verlages unzulässig und strafbar. Das gilt insbesondere für Vervielfältigungen, Übersetzungen, Mikroverfilmungen und die Einspeicherung und Verarbeitung in elektronischen Systemen.

INHALTSVERZEICHNIS

Einleitung		10
Vorwort von Dr. Erik Zimen		14
Kapitel 1	**Direkte und indirekte Begegnungen zwischen Mensch und Wolf**	17
	- Eine Stippvisite im atemberaubenden Jasper Nationalpark	17
	- Verhaltensbeobachtungen im ökologischen Kontext: Können wir Menschen eigentlich richtig beobachten?	21
	- Unvergessene Verhaltensbeobachtungen in der baumlosen Tundra Kanadas	24
Kapitel 2	**Feldstudien in Europa - Sporadische Begegnungen mit einer extrem scheuen Spezies**	33
	- Die Rückkehr von Canis lupus nach Deutschland	33
	- Feldforschung an Wölfen in Südpolen und der Slowakei	34
	- Der Einsatz von Herdenschutzhunden zur Verteidigung gegen Wölfe in Südpolen	37
	Einleitung	37
	Der Aufbau eines Herdenschutzhundeprojektes	38
	Anschauungsunterricht bei professionell arbeitenden Hirten und ihren Hunden	40
	Studienresultate	41
	Fazit	41
	- Boris und Dolina: Die Sozialisation und Jugendentwicklung von zwei Tatra-Berghunden in der Slowakei	42
	Einleitung	42
	Die Sozialisierung von Boris und Dolina	43
	Die juvenile Entwicklungsphase von Boris und Dolina	46
	Verhaltensbeobachtungen am Rüden Boris	46
	Verhaltenskorrektur bei Boris	48
	Verhaltensbeobachtungen an der Hündin Dolina	49
	Verhaltenskorrektur bei Dolina	49
	Studienresultate	50
	Zusammenfassende Beurteilung zur Effektivität der beiden Herdenschutzhunde	50
Kapitel 3	**Die Verhaltensökologie von vier Timberwolf-Familien im Banff Nationalpark im Sommer (Kontinuierliche Verhaltensbeobachtungen an ihren Höhlenstandorten von 1992 bis 2002)**	51
	- Kanada und seine Nationalparks in den Rocky Mountains	51
	- Banff Nationalpark, seine heutige Infrastruktur und Tierwelt	53
	- Wohin wird der Weg des Banff Nationalparks zukünftig führen?	54
	- Die kleine Wolfskunde	58
	- Einleitende Bemerkungen zu unseren Verhaltensstudien	59
	- Die Studiengebiete und Studienmethodik	63
	- Direkte Verhaltensbeobachtungen am Bowtal Rudel im Sommer 1992	66
	- Verhaltensbeobachtungen im Sommer 1993	75
	Indirekte Begegnungen mit den Wölfen des Bowtal Rudels	75
	Sommerliche Begegnungen mit dem Panther Rudel im Hinterland des Banff Nationalparks	76

	- *Verhaltensbeobachtungen im Jahre 1994*	81
	Wiedersehen mit dem Bowtal Rudel	81
	Unsere Rückkehr zum Panther Rudel im Hinterland des Nationalparks	87
	- *Verhaltensbeobachtungen am Bowtal Rudel im Sommer 1995*	92
	Zwei Mütter und zwei Würfe Welpen in einem Wolfsrudel	92
	Verhaltensbeobachtungen am Panther Rudel	102
	- *Sommer 1996: Das Jahr der Flops*	105
	Höhlenbeobachtungen am Bowtal Rudel	105
	Höhlenbeobachtungen am Panther Rudel	107
	- *Höhlenbeobachtungen am Bowtal Rudel im Sommer 1997*	107
	- *Der vorübergehende Zusammenbruch einer Wolfsfamilie*	115
	- *Neue Erkenntnisse in Banffs Hinterland*	115
	Verhaltensbeobachtungen am Cascade Rudel	115
	Verhaltensbeobachtungen am Reddeer Rudel	127
	- *Höhlenbeobachtungen im Sommer 2000*	131
	Eine erfreuliche Entwicklung beim Bowtal Rudel	131
	Das große Wiedersehen mit Betty und Stoney im Sommer 2000	135
	Ein evolutionäres Phänomen: Das Fairholme Rudel	140
	- *Höhlenbeobachtungen im Sommer 2001*	142
	Unterwegs mit dem Bowtal Rudel	142
	Höhlenbeobachtungen am Reddeer Rudel	150
	Die Wolfsära nach Betty und Stoney begann	154
	Zu Gast an der Höhle des Fairholme Rudels	155
	- *Schlussbemerkungen zur Verhaltensökologie der Wölfe im Sommer*	158
Kapitel 4	**Die Verhaltensökologie von zwei Timberwolf-Familien im Winter**	163
	- *Einleitung*	163
	- *Auf den Spuren von Aster und Storm im Februar 1999*	164
	- *Unterwegs mit Aster und Storm im Winter 1999/2000*	167
	- *Erlebnisse der besonderen Art: Ein neuer Familienverbund entsteht*	170
	Einleitende Bemerkungen	170
	Erste Untersuchungsresultate zur Verhaltensökologie des Bowtal Rudels im Winter	173
	Erste Untersuchungsresultate zur Verhaltensökologie des Fairholme Rudels	192
	Zusammenfassende Bemerkungen zu unseren Verhaltensbeobachtungen am Fairholme Rudel	208
	- *Die Verhaltensökologie des Bowtal Rudels im Winter 2001/2002*	209
	Aster's Tod und die Integration einer neuen Wölfin	209
	Lokale Helden: In Erinnerung an Leitwölfin Aster	218
	- *Die Verhaltensökologie des Fairholme Rudels im Winter 2001/2002*	220
	- *Gibt es unter Wölfen Gefühle wie Treue oder Trauer?*	233
Kapitel 5	**Der Einfluss der Wolfsforschung auf die moderne Ausbildung und Haltung von Familienbegleithunden**	241
	- *Ein grober Vergleich von Wolf und Hund*	241
	- *Einige Tipps für Hundetrainer und Besitzer von Familienbegleithunden*	245

Schlusswort   252
Danksagung   254
Widmung   257
Literaturnachweis   258
Wolfspatenschaften   260

Verhaltensbeobachtungen an Wölfen in freier Wildbahn sind erst seit einigen Jahren möglich. Durch das Sammeln spezieller und präziser Informationen erhöht sich unser Wissen über das Familienleben des Wolfes erst langsam. Feldforschung sollte man daher als selbst korrigierenden Prozess vestehen.

EINLEITUNG

Im Laufe der letzten Jahrzehnte sind reihenweise Bücher über den Wolf entstanden, die dem einen oder anderen interessierten Menschen jenes mythische Geschöpf sicherlich etwas näher gebracht haben. Bis auf ganz wenige Ausnahmen berichteten die diversen Buchautoren allerdings ausnahmslos über ihre Erlebnisse mit Gehegetieren. Dokumentationen aus der »Wildnis« sind bis zum heutigen Tage eher selten geblieben.

So sei die Frage gestattet, ob man das Verhaltensinventar von Gehegewölfen mit der äußerst unterschiedlichen Lebensweise von Wölfen in freier Wildbahn überhaupt vergleichen kann? Manche Autoren ziehen das Fazit, dass sich alle Wölfe in etwa gleich verhalten und es stellt sich die Frage, ob man wirklich ernsthaft von einem »genormten« Wolfsverhalten sprechen kann? Auch wenn Verallgemeinerungen sehr beliebt sind, wollen wir diese Frage vorab mit einem klaren »Nein« beantworten, denn zur genauen Bewertung von Verhaltensweisen einer bestimmten Tierart gehören Kenntnisse seiner innerartlichen Variabilität. Und nicht nur das. Zur Deutung der biologischen Bedürfnisse vieler Verhaltensweisen des in freier Wildbahn lebenden Wolfes wurden neben unseren eigenen Beobachtungen auch eine Reihe Ansichten von, vor allem nordamerikanischer und russischer Ökologen und Biologen herangezogen.

Wie auch immer, in diesem Buch wollen wir hauptsächlich für die Wildnis relevante Fragen gemeinsam beleuchten und vor allem erheblich detaillierter diskutieren.

Wir schreiben den 10. Dezember 2001. Der Winter hat schon seit einigen Wochen in den kanadischen Rocky Mountains Einzug gehalten. Seit November bedeckten Schauer auf Schauer die atemberaubende Gebirgslandschaft mit einer langsam wachsenden Schneedecke. Während der letzten Tage beobachteten wir (meine Frau Karin, mein Freund und Berufskollege Joachim Füger und ich) einmal mehr die Mitglieder des Bowtal Rudels aus kürzester Distanz. Gestern setzten sich die Wölfe, wie so oft zuvor, in ein Nebental ab, das für uns aufgrund der widrigen Landschaftsstruktur noch nicht einmal mit dem Geländewagen erreichbar ist. Zeit also, kurz innezuhalten und die gesamten letzten elf Jahre Revue passieren zu lassen. Zeit, sich noch einmal auf die Erlebnisse zu besinnen, die wir mit einer Tierart teilten (und hoffentlich noch lange teilen werden), die aufgrund ihrer natürlichen Scheuheit gegenüber dem Menschen gemeinhin als »unbeobachtbar« gilt.

Wolfsfamilien sind generell individuelle und komplexe Systeme. Toleranz gegenüber Gruppenmitgliedern hängt entscheidend von dem eventuell zu befürchtenden Machtverlust eines »Alphatieres« ab. Verständlicherweise ist ein ranghoher Sozialstatus zum Beispiel innerhalb einer fünfköpfigen Gruppe (reproduzierendes Paar und drei juvenile Tiere) einfacher zu behaupten, als innerhalb eines Rudels von 15 Wölfen, das aus mehreren nach Dominanz strebenden erwachsenen Tieren besteht. Das Überleben der Gruppe ist sicherlich in einem Umfeld quantitativ hoher Beutetierpopulationen einfacher zu gewährleisten als innerhalb durch Huftiere dünnbesiedelter Gebiete. Wolfsrudel sind keine Ansammlung rangstatusidentischer Tiere, die menschlichen Vorstellungen von Fairness, Selbstlosigkeit und Demokratie folgen. Generell agiert der »Alpharüde«, legt z.B. seinen Kopf auf den Rücken des rangniedrigeren Wolfes, markiert regelmäßig oder beansprucht spezielle Schlaf- und Ruheplätze. Kontaktliegen ist meist unerwünscht. Die selbstbewusste Körpersprache drückt den hohen Status des Individuums aus. Sie bestimmt die Unabhängigkeit seines Verhaltens und demonstriert seinen hohen Rang in der Sozialordnung. Leitrüden haben es nicht nötig, rangniedrigere Familienmitglieder zu begrüßen, ihre Körperhaltungen und Bewegungen sind Ausdruck der Selbstsicherheit und Führungsstärke. Von Gleichberechtigung in der Sozialrangordnung kann keine Rede sein, auch wenn sich einzelne Führungspersönlichkeiten in Bezug auf Temperament, Freundlichkeit, im Sinne individueller Toleranz, oder Aggressivität sehr unterschiedlich verhalten. Verwandtschaftliche Beziehungen spielen innerhalb der Sozialrangordnung einer Wolfsfamilie ebenso eine Rolle wie Altersstruktur, Geschlechtsverteilung, Ernährungszustand oder Umwelteinflüsse (Abschuss, Vergiftung, Tötung einzelner Rudelmitglieder durch Fahrzeuge, Eisenbahnen usw.).

Viele Publikationen verweisen gerne auf den

besonderen Sozialstatus eines so genannten »Alpharüden«, der alle anderen Mitglieder eines Rudels deutlich dominiert. Wir wollen deshalb gerne diskutieren, wie so ein »Alpha-Konzept« in freier Wildbahn tatsächlich aussieht. Außerdem wollen wir ausführlich besprechen, ob (und wenn wie) sich die Charaktere einzelner Wolfsindividuen entwickeln und an welchen Kriterien soziale Kompetenz beziehungsweise Unterordnungsbereitschaft festzumachen ist. Wir werden ausführen und auch logisch begründen, dass die Struktur eines Wolfsrudels unserer Meinung nach zukünftig nicht mehr in primärer Form als diktatorisches Gebilde gelten darf. Die Struktur eines Wolfsrudels sollte im Normalfall vielmehr als eine Art »Familiengebilde« angesehen werden. In der Konsequenz leitet und führt der elterliche Teil zwar die Belange und Aktivitäten aller seiner Familienmitglieder, lässt aber auch genügend Spielraum zur Formung und Entwicklung des Charakters jedes einzelnen Individuums. Außerdem werden wir erfahren, dass eine Wolfsfamilie entgegen der landläufigen Meinung längst nicht ausnahmslos von einem Leitrüden, sondern durchaus, zumindest zeitweilig, durch ein weibliches Tier oder sogar durch juvenile Tiere angeführt werden kann. Zur besseren Erklärung wollen wir unser besonderes Augenmerk auf jene Verhaltensgrundlagen oder besser formuliert Motivationen richten, die jede Kreatur zum Überleben in einer Gruppengemeinschaft antreibt: Reproduktion, Nahrungsbeschaffung, Gefahrenvermeidung.

Unter Welpen und Jungwölfen gibt es noch keine feste Sozialrangordnung. Unter juvenilen, gleichaltrigen Tieren sind ranghohe Positionen zu beobachten, die nur gegenüber gleichaltrigen Wölfen etabliert sind. Im Normalfall bilden die älteren und vor allem sehr erfahrenen Tiere (nicht zwangsläufig die körperlich größten) das so genannte Alphapaar, dessen Rangunterschied gegenüber anderen Familienmitgliedern auf Stabilität und Führungsstärke begründet ist.

Bei unseren in diesem Buch ausführlich geschilderten Verhaltensbeobachtungen im Banff Nationalpark konnten wir bei zwei Wolfsrudeln (Bowtal-Rudel und Cascade-Rudel) schon im siebten aufeinander folgenden Jahr sowohl Alpharüde als auch –weibchen in ihrer ranghöchsten Position bestätigt sehen. Das »Elternpaar« pflegt im Allgemeinen eine sehr enge Sozialbindung. Im Gegensatz zu allgemein wohlgenährten Gehegetieren, deren Energieaufwand relativ gering ist, die keine Jagdkultur ent

wickeln und die bei sozialen Spannungen nicht abwandern können, bestätigen unsere Beobachtungen eine ausgesprochene Flexibilität unter den Tieren und zudem verschiedene Traditionen/ Kulturen einzelner Familienverbände. Tendenziell höhere oder niedrigere Aggressionen oder Freundlichkeiten sind unter anderem eindeutig an Jahreszeiten geknüpft (mitunter starke Aggressionen bis zur Tötung um die Paarungszeit, Freundlichkeit in der Aufzuchtperiode des Nachwuchses). Wölfe sind in Gruppen organisierte Raubtiere, die Sozialordnungen, besonders während der Paarungszeit, in Frage stellen, sozialen Status aktiv demonstrieren und viel Zeit damit verbringen, nuancierten Ausdrucksverhaltensweisen gebührende Beachtung zu schenken. Die Bedeutung der sozialen Rangordnung steht im krassen Gegensatz zur äußerst gehemmten Aggression um die Futterverteilung. Beobachtungen Erik Zimens folgend, steht »die Wichtigkeit des Sozialstatus'« in einem an sich unlogisch erscheinenden Kontrast« zur nicht ausgeprägten Futterrangordnung. Zusammengefasst liegen Toleranz, Liebe und Zuneigung, Respekt, Rangbestätigung Rangdifferenzen und gelegentlich sogar Kämpfe um das Fortpflanzungsrecht sehr nahe beieinander.

In diesem Zusammenhang wollen wir natürlich auch die nachfolgenden Fragestellungen untersuchen:

- Paaren sich im Hinblick auf Reproduktionserfolg wirklich ausschließlich nur Alpharüde und Alphaweibchen?
- Ist die oft publizierte »Exklusivleitung« durch einen alles dominierenden Rüden wirklich als permanente Konstante anzusehen?
- Welches Individuum einer Wolfsfamilie beschäftigt sich primär mit der Nahrungsbeschaffung oder führt und leitet einen Jagdstreifzug?
- Welches Individuum zeigt Gefahren an und wer wird letztlich gefahrenvermeidend tätig?
- Welches Familienmitglied beschäftigt sich interaktiv am häufigsten mit den Welpen und wird der Nachwuchs durch erwachsene Wölfe tatsächlich »erzogen«? Wie sieht in diesem Zusammenhang die Umsetzung einer Disziplinierung von aufmüpfigenWelpen aus?
- Wie überleben Wölfe innerhalb der Grenzen eines eigentlich Schutz versprechenden Nationalparks? Können sie ihr Verhalten - und wenn ja wie - an den Gewohnheiten menschlicher Aktivitäten ausrichten?

- Verhalten sich Wölfe wirklich stets strikt territorial oder adoptieren sie unter bestimmten Umständen einzelne nicht zur Familie gehörende Individuen in ihre Lebensgemeinschaft?
- Letztlich wollen wir die Frage aufwerfen, welche Wolfsindividuen die Familienstruktur in welchem Alter verlassen. Können wir eine Parallele in Richtung menschlicher Sozialstrukturen ziehen?

Um Verallgemeinerungen zu vermeiden, wollen wir die Beantwortung aller zuvor aufgestellten Fragen im Kontext verstanden wissen. Wir können und wollen keine Aussage hinsichtlich des Wolfsverhaltens treffen. Nach unserer Meinung blicken wir bei allem Bemühen ohnehin weder auf das Wolfsrudel, noch sollten wir von dem Wolfsverhalten beziehungsweise in der Konsequenz auch nicht von dem Verhalten unserer Haushunde sprechen.

In diesem Buch geben wir also neben unseren langjährigen Verhaltensbeobachtungen an Wölfen in der kanadischen Tundra, dem Jasper Nationalpark und der Slowakei Erfahrungen wieder, die wir hauptsächlich im kanadischen Banff Nationalpark gesammelt haben. Hier verfolgen wir mittlerweile mehr als elf Jahre, nämlich von 1992 bis 2002 und darüber hinaus, sehr aufmerksam den Aufbau und Fall ganzer Wolfsdynastien. In den ersten Jahren konzentrierten sich unsere Studien auf die Sommermonate Mai bis Juli, während derer wir die wölfischen Aktivitäten um die Höhlenkomplexe und Rendezvousplätze dokumentierten. Später, mit Beginn des Winters 1999/2000, begleiteten wir außerdem zwei Wolfsfamilien sehr intensiv von November bis Februar beziehungsweise März, um die Verhaltensökologie der Wölfe auch in dieser Jahreszeit näher zu beleuchten.

Unser Fazit: Eine Generalisierung von Wolfsverhalten kann nur zu Fehlinterpretationen führen. Natürlich wissen wir um die Errungenschaften weltweit durchgeführter Forschungen. Deren Ergebnisse legten schließlich den Grundstein zu einem besseren Verständnis der Spezies Canis lupus. Forschung lebt jedoch auch von der steten Überprüfung zuvor aufgestellter Thesen. Forschung ist sinnbildlich als Puzzle oder auch als Mosaik zu verstehen. Somit haben Feldforscher die nicht ganz einfache Aufgabe, Mosaikstein um Mosaikstein zu sammeln und diese Bruchstücke letztendlich (sollte es denn jemals gelingen) in ein Gesamtbild einzufügen. Unsere Feldstudien waren natürlich nur auf die Verhaltensweisen limitiert, die wir direkt observieren konnten. Grundsätzlich beschäftigt sich die Verhaltensforschung mit der Biologie von Verhalten, wobei Ethologen versuchen, die Beschreibung einer Handlungsweise von jeglicher Interpretation zu trennen. Ein Beobachter beschreibt die Verhaltensweise eines Tieres und beginnt dann, einen »Verhaltenskatalog« anzulegen, den man Ethogramm nennt. Ein Ethogramm wird genutzt, um die gesammelten Daten zu standardisieren. Wir griffen bei unseren Verhaltensbeobachtungen stets auf das Ethogramm der Verhaltensforscher Dr. Erich Klinghammer, Patricia Goodmann und Dr. Erik Zimen zurück. In Bezug auf Wolfsverhalten mussten wir nach vielen »Sammeljahren« feststellen: »Die Ausnahme von einer Regel« kam so oft vor, dass man sie schon wieder zur »Normalität« erklären musste. Außerdem lernten wir: Immer, wenn man einen »genormten« Ablauf erwartete, verhielten sich die Wölfe genau gegenteilig. Obwohl der Wolf als meist erforschtes Säugetier unserer Mutter Erde gilt, konnten wir unseren Erfahrungshorizont trotzdem ständig erweitern. Genau aus diesem Grund sind uns Menschen hochgradig suspekt, die angeblich alles über Wölfe wissen. Alle Tiere sind letztlich Individuen und ihr Verhaltensrepertoire wird durch ihren Lebensraum entscheidend mitbestimmt.

Mit Beginn unserer Wolfsforschungen im Jahre 1992 hätten wir jeden für verrückt erklärt, der die Erstellung von Portraitfotos an frei lebenden Wölfen auch nur in den Bereich des Möglichen gerückt hätte. Tatsächlich aber sorgte uns mit Fertigstellung dieses Buches im Frühjahr 2002 sogar eine gewisse Qual der Wahl. Einige tausend Wolfsfotos lagen bereit, die unsere hoffentlich spannende Dokumentation der letzten elf Jahre nun bildlich untermalen sollten. Besonders der einzig schwarz gefärbte Wolf des Bowtal Rudels namens Yukon präsentierte sich in den letzten 1 $^{1}/_{2}$ Jahren manchmal wie ein Model beim Foto-Shooting. Nicht nur deshalb avancierte er im Laufe der Zeit zu unserem Lieblingswolf. Nach reiflicher Überlegung widmeten wir Yukon deshalb auch den Titel dieses Buches. Von ihm, aber selbstverständlich auch von seinen Großeltern, seiner Mutter, Schwester und seinem Vater wird in diesem Buch noch viel die Rede sein.

Beim Durchblättern vieler Bücher zum Thema Wolf stellt der Leser oft amüsiert fest, dass deren aufwendig gestaltetes Bildmaterial fast ausnahmslos »Starportraits« aufweist, man sogar zum Teil immer wieder exakt die gleichen Wolfsindividuen abgelichtet sieht. Traumhafte Bilder von Wölfen inmitten farbenfroher Wiesenlandschaften, unter optimalen Lichtverhältnissen fotografiert, außerdem noch über ein Computerprogramm bearbeitet, sollen den Laien natürlich beeindrucken. Warum auch nicht?! Schöne Bilder schmeicheln schließlich dem Auge. Man sollte unserer Meinung nach allerdings die Fairness und vor allem Ehrlichkeit aufbringen, dem Leser keinen falschen Eindruck zu suggerieren. Den Eindruck nämlich, es handele sich um Bildmaterial aus Freilandbeobachtungen. Da wir solche Aufnahmen gemeinhin als »Pfuschfotos« zu bezeichnen pflegen, was für manche belanglos sein mag, sucht der Leser dieses Buches danach vergeblich. Vielmehr garantieren wir absolut reinen Gewissens, alle nachfolgend veröffentlichten Bilder ohne jegliche Ausnahme im Freiland »geschossen« zu haben. Die Qualität unserer Bilder unterscheidet sich enorm von oben erwähnten Starportraits, denn deren Entstehung war schließlich von Faktoren wie unterschiedlichen Tageszeiten, Lichtverhältnissen, Entfernungen und letztlich den persönlichen Emotionen zum Zeitpunkt der Aufnahme abhängig. Obwohl sich die fotografischen Bedingungen wahrlich nicht immer optimal gestalteten, gelangen uns mitunter erstaunlich gute Bilder. An dieser Stelle sei aber ehrlicher Weise darauf hingewiesen, dass wir jederzeit auf professionelles Equipment in Form von Objektiven mit 400 mm, 600 mm oder sogar 800 mm Brennweite zurückgreifen konnten. Bei aller Begeisterung für dieses tolle Equipment und die vielen glücklichen Umstände gilt unser Dank aber primär der »Kooperationsbereitschaft« jener Tiere, die sich fotografieren lassen wollten. Wölfe, aber auch Bären und andere Raubtiere, verfügen generell über einen unglaublich guten Geruchssinn. Infolgedessen nahmen sie unsere Anwesenheit fast immer in weiser Voraussicht auf ein mögliches Zusammentreffen mit uns wahr. In letzter Konsequenz konnten wir also realistisch betrachtet froh sein, auf solch tolerante Wölfe, Kojoten, Bären, Hirsche und Rehe zu treffen. Sie alle räumten uns einen großen Vertrauensvorschuss ein. Zweifel sind angebracht, ob wir Menschen das uns entgegengebrachte Vertrauen überhaupt verdient haben, besonders nachdem wir bis zum heutigen Tag fast alle Raubtiere so gnadenlos verfolgen, quälen und mitunter auf bestialische Weise umbringen. Bei solchen Gelegenheiten spricht der Mensch in englischen Publikationen gerne von »harvesting«, zu gut deutsch also vom »Ernten« eines Tieres. Wir fragen uns, ob nicht langsam eine Zeitepoche angebrochen

ist, die einen solchen Zynismus durch Respekt ersetzt. Für die Zukunft bleibt jedenfalls zu hoffen, dass auch kommenden Generationen die Möglichkeit erhalten bleibt, Wölfe und andere Raubtiere in freier Wildbahn beobachten zu können.

Unsere Hoffnung ist es, dass der Leser in diesen hektischen Zeiten einfach einmal Muße hat, für einige Stunden (oder gar Tage) vorübergehend in eine andere Welt abzutauchen, in eine Welt der Faszination, der eventuellen Selbstfindung, der Spannung und des Miterlebens. Vielleicht kann der eine oder andere Leser nach Lektüre dieses Buches sogar unser Mitgefühl ein wenig besser nachvollziehen, das wir im Verlaufe der Jahre in Bezug auf ganz bestimmte Wolfsindividuen entwickelten.

Und vielleicht, ja vielleicht tragen unsere dokumentarischen Ausführungen auch dazu bei, Nationalparkbesucher etwas zum Nachdenken anzuregen. Vielleicht verhalten sie sich zukünftig gegenüber der Tierwelt eines Nationalparks mit mehr Respekt und halten wenigstens die vorgeschriebenen Tempolimits ein. Kommende Generationen, welche diese vielschichtige Tierwelt sicherlich auch gerne kennen lernen und miterleben wollen, werden es ihren danken.

Last, but not least möchten wir den sinnvollen Einsatz so genannter »Herdenschutzhunde« erwähnen, um so vielleicht einen kleinen Beitrag zu einem harmonischen Miteinander zwischen Menschen und Raubtieren zu leisten. Ob dies gelingt, wird letztlich ausnahmslos von uns Menschen abhängen. Sind wir in der Lage, die notwendige Größe und Toleranz gegenüber Raubtieren aufzubringen? Da der Tierwelt immer mehr Lebensraum verloren geht, hängt auch das Schicksal des Wolfes in der Konsequenz vom Menschen ab. Jeder von uns kann ein klein wenig dazu beitragen, dass dieses faszinierende Geschöpf auch von kommenden Generationen entweder begeistert beobachtet oder einfach nur stillschweigend geduldet wird. Wir Menschen sollten bereit sein, aus den zahlreichen Fehlern der Vergangenheit zu lernen und der Natur wieder eine Chance geben. Sie wird es uns sicherlich auf die eine oder andere spektakuläre Weise zurückzahlen. Sind es nicht die unglaublich faszinierenden Schauspiele der Natur, die unserem Leben erst den richtigen Sinn geben?

Günther und Karin Bloch
Canmore/Canada, im Dezember 2001

VORWORT

VON DR. ERIK ZIMEN

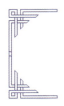

Günther Bloch traf ich zum ersten Mal vor vielen Jahren auf einer der damals üblichen Wolfstagungen. Es ging um Verhalten und Ökologie, um Stammesgeschichte, Schutzprojekte, Populationsbiologie, Bestandsentwicklungen - um all das Übliche eben, das Wildbiologen interessiert. Und wie üblich waren auch viele Wolffans dabei, eine ganze Horde dieser begeisterten jungen Leute in ihren Wolfshemden, die mit großem Interesse den verschiedenen Vorträgen lauschten und sich in den Pausen um die Gurus der Szene drängten.

Einer der besonders Begeisterten war Günther. Nur, ihm reichte die bloße Nähe zu den »Big Names« nicht. Vielmehr ergriff er immer wieder an den Round Tables, nach den Vorträgen oder in den Pausen wie ein Insider das Wort und diskutierte mit. Er fragte, bezog Stellung, ließ nicht nach. Das wurde nicht von allen gern gesehen.

»Who is this crazy German?« wurde ich mehrmals gefragt. Da habe ich Günther immer verteidigt. Nicht was er sagte - das war manchmal noch ein wenig unbeholfen und nicht immer ganz szenisch korrekt - sondern wie er redete, hat mich damals schon beeindruckt.

»He might be crazy«, antwortete ich daher, »but he is most enthusiastc about the wolf and such young people is what we need.«

Inzwischen sind viele Jahre vergangen. Günther ist selbst zum »Guru« geworden, in der Hundeszene Deutschlands nicht zu übersehen. Sein Name ist zum Inbegriff moderner Hundeerziehung geworden. Zusammen mit seiner Frau Karin hat er eine sehr

Der nordamerikanische Timberwolf ist primär in den Waldregionen Kanadas und der USA vertreten.

erfolgreiche Hundeschule in der Eifel aufgebaut, hält Seminare, schreibt Bücher und engagiert sich vehement wann immer der Hund gesellschaftlich am Pranger steht. Ohne Rücksicht auf sein eigenes Image greift er vor allem aber auch all die Groteskheiten an, denen Hunde heute durch Menschen ausgesetzt sind, die rücksichtslose Qualsucht vieler Rassen, die lächerliche Vermenschlichung des Hundes, das ganze »Tüteletü« um ihn herum. All das macht ihn wütend und lässt ihn zugleich - ob so viel menschlicher Beschränktheit und Ignoranz gegenüber dem Wesen und den Bedürfnissen des Hundes - immer häufiger auch resignieren. Dann packt er seine Sachen und fliegt mit Karin und seinen Hunden wieder Mal nach Kanada, um den Urvater aller Hunde zu suchen - den von Menschen noch unabhängigen Wolf, seine alte Liebe.

In der Tat, im Wolf suchen Günther und Karin wohl in erster Linie nach dem Natürlichen, nach dem Unverfälschten, nach dem vom Menschen noch nicht kaputt gemachten »Kern der Dinge«. Ihre Begeisterung für den Wolf jedenfalls ist ungebrochen. Seit Jahren beobachten sie in freier Wildbahn zur Paarungszeit und Monate später, wenn die Welpen aus dem Bau kommen, immer wieder die gleichen Rudel. Wie kaum jemals zuvor gelingt es ihnen dabei, nahe bei den Wölfen zu sein, sie individuell zu unterscheiden und ihr Familienleben genau zu dokumentieren. Noch vor Jahren glaubten wir, solch detaillierte Verhaltensstudien wären nur durch Beobachtung an Wölfen in Gefangenschaft möglich. Jetzt lehren uns die Blochs, dass dies, trotz aller Scheu der Wölfe und ihre hohe Mobilität, auch in freier Wildbahn möglich ist.

Und was Günther und Karin da alles beobachtet haben! Vor allem faszinieren mich ihre Angaben zu der engen Bindung der Tiere untereinander im Rudel, die ganze Emotionalität ihrer Beziehungen, die trotz aller Streitereien, taktischen Winkelzüge und Statusbezogenheiten einzelner Tiere den familiären Zusammenhalt sichert. Gewiss, rein funktional lässt sich diese starke Rudelbindung des Wolfes als Anpassung eines Großwildjägers erklären, der nur in Gemeinschaft die notwendigen Mengen an Nahrung für sich und seine Nachkommen erjagen und gegen Konkurrenten sichern kann. Ebenso wie auch unsere menschlichen Familienbande aus dem Leben unserer einst jagenden und sammelnden Vorfahren abzuleiten sind. Doch es sind nicht diese Strukturen der Anpassung an ähnliche ökologische Grundbedingungen von Wolf und Mensch, die so faszinieren, sondern die offensichtlich so wesensverwandten Gefühle, die Wölfe im Rudel und wir in der Familie für einander empfinden. Es scheint, dass die Innigkeiten der Beziehungen zwischen manchen Wölfen vergleichbar sind mit denen, die wir unter uns mit Zuneigung und Liebe bezeichnen, oder auch mit Eifersucht, Neid, Wut oder Angst.

Das Datenmaterial von Günther und Karin zu diesen in der Ethologie und Ökologie so lange vernachlässigten Aspekt tierischer Wirklichkeit im Allgemeinen und der der Wölfe im Speziellen ist beeindruckend. Klar, manchmal geht ihnen die Begeisterung für ihr Studienobjekt noch immer durch und sie interpretieren dann ihre Beobachtungen allzu waghalsig, glauben mehr als das sie belegen können, schwelgen in ihren eigenen Erlebnissen statt, wie es wissenschaftlich korrekt wäre, kritisch ihre Beobachtungen und Schlussfolgerungen zu hinterfragen. Doch gerade das macht ihr Buch auch so liebenswert und am Ende vielleicht auch für die Wissenschaft besonders wertvoll. Denn sie stoßen mit ihrer Begeisterung und Emotionalität immer wieder an die Grenzen des vermeintlich Erkennbaren, die wir in der Ethologie bislang als Tabuzonen respektiert haben. Vielleicht ist aber erst dann ein wirklicher Fortschritt im Bereich der Wissenschaft vom Verhalten zu erwarten, wenn wir uns in die Tiefen der emotionalen Steuerung des Verhaltens auch bei Tieren hineinwagen.

So vermitteln uns Günther und Karin in diesem Buch, mit ihren wunderbaren Erlebnissen aus vielen Jahren mit Wölfen eine Ahnung von all dem, was womöglich hinter dem Beobachtbaren an Wirklichkeit bei Tieren existiert. Dafür gebührt ihnen unser aller Dank. Die Seiten jedenfalls haben sie längst gewechselt. Auch in der Wolfsforschung gehören sie inzwischen zu den Insidern, an deren Worten nun neue junge Wolfsbegeisterte hängen. Mögen es viele werden, damit der Wolf und sein Lebensraum, ein wenig unverfälschtes, unkontrollierbares irgendwo in unser aller Leben erhalten bleibt.

Charakteristisch für die kanadischen Rocky Mountains sind türkisfarbene Gebirgsbäche und Seen, spektakuläre Berge und Canyons. Sommer und Herbst sind kurz und präsentieren sich farbenfroh.

DIREKTE UND INDIREKTE BEGEGNUNGEN ZWISCHEN MENSCH UND WOLF

Eine Stippvisite im atemberaubenden Jasper National Park

Was geht in einem Menschen vor, wenn er beobachtet, wie Wölfe in freier Wildbahn, die normalerweise als extrem scheu und unnahbar gelten, der Biberjagd frönen und nichts außer ihren potenziellen Beutetieren um sich herum registrieren? Was geht in einem Menschen vor, wenn ihm diese Wölfe zum allgemeinen Erstaunen völlig unbedarft bis auf einen Abstand von maximal hundert Meter entgegenkommen? Was geht in einem Menschen vor, wenn diese Wölfe dann auch noch von diversen, vernebelten Anhöhen aus heulend kommunizieren?

In solchen speziellen Situationen dankten wir wortlos dutzendfach Göttin Fortuna. Als Verehrer des Ursprünglichen und als begeisterte Fürsprecher der Wölfe waren wir offensichtlich an einem Höhepunkt unseres Lebens angelangt. An einem kühlen Oktobermorgen des Jahres 1989 (somit also lange vor dem eigentlichen Feldforschungsbeginn in Banff im Sommer 1992) wanderten wir im Herzen des Jasper Nationalparks eine alte Forststraße entlang. Diese ehemals zur Feuerbekämpfung angelegte Straße war etwa vierzig Kilometer von der nächsten menschlichen Ansiedlung entfernt. Von sagenhaften Naturschauspielen umgeben, erlebten mein Freund Rolf Hüttner und ich die einzigartige Begegnung mit einer oft missverstandenen Art: den geheimnisvollen schwarzen Timberwölfen Kanadas.

Dieses seltene Erlebnis erfreute uns zutiefst. Es erfüllte uns außerdem mit Stolz und einer gewissen Glückseligkeit, obwohl wir doch gar nichts besonderes geleistet hatten. Eigentlich war nur das pure Glück auf unserer Seite gewesen. Die Wanderroute führte uns vor jenem denkwürdigen, noch näher zu analysierenden Ereignis durch zahllose Täler der näheren Umgebung. Die vor unseren Augen auftauchende Landschaft präsentierte sich unberührt und atemberaubend schön. An diesem späten Nachmittag, es begann gerade erst dunkel zu werden, brachen wir unsere Suche ab. Sicherlich, auf Wolfsspuren und Kothaufen der zurückgezogen lebenden Raubtiere waren wir bisweilen schon gestoßen. Unser größter Wunsch, einen leibhaftigen Wolf zu Gesicht zu bekommen, erfüllte sich jedoch zunächst einmal nicht. In den Jahren zuvor sichteten meine Frau Karin und ich frei lebende Wölfe nur sehr sporadisch. Wenn überhaupt, sahen wir die »Geister der undurchdringlichen Wälder Kanadas« nur für wenige Augenblicke und außerdem stets aus großer Entfernung. Meistens beobachteten wir durch unsere Ferngläser während solch seltener Momente dann lediglich sich bewegende dunkle Punkte, deren genauere Bestimmung Spekulationen breiten Raum ließen.

Eine Ausnahme ereignete sich im Winter 1991. Wir waren wieder einmal auf der Parkstraße im Banff Nationalpark unterwegs und konzentrierten uns voll auf die Beobachtung eines umher wuselnden Baummarders, als plötzlich eine schwarze Wölfin die Straße direkt vor unserem Auto überquerte. Wir waren in diesem Augenblick so überrascht, dass wir vielleicht eine knappe Minute lang mit offenem Mund auf dieses Weibchen starrten, einige zusammenhanglose Sätze vor uns hin plapperten und zu keiner konkreten Handlung fähig waren. Bald verschwand die Wölfin im Wald, genau so leise wie sie gekommen war. Meine Frau ist heute noch davon überzeugt, dass es sich bei diesem Weibchen um »Aster«, ein beeindruckendes Tier, handelte, das wir in diesem Buch noch näher beschreiben werden.

Von diesem kurzzeitigen Zusammentreffen mit einem Wolf abgesehen, konzentrierten wir uns damals noch sehr auf die Observation der zahlreich vorkommenden Kojoten. Genau deshalb werde ich auch jenes bewegende Schauspiel im Oktober 1989 niemals vergessen:

Es war ein traumhafter Morgen. Das Gras und die vielen Weidenbüsche waren bis tief ins Tal nass vom Tau. Allmählich lösten sich die letzten Nebelschwaden durch die wärmende Sonne auf. Fünf pechschwarze Timberwölfe, jeder einzelne von ihnen aufregend elegant, schwebten förmlich in einer

Art leichtfüßigem Trabgang auf uns zu. Sie kamen völlig unerwartet, waren einfach plötzlich da. Unsere anfängliche Vermutung wurde zur Gewissheit: Da die Wolfswelpen hier in den Rocky Mountains im Durchschnitt normalerweise Ende April geboren werden, konnte es sich nur um ein Alttier mit vier juvenilen Wölfen im Schlepptau handeln. Die Gruppe wurde von einem sehr kompakt wirkenden Weibchen angeführt. Die Distanz zwischen uns betrug maximal hundert Meter. Wie dem auch sei, die Leitwölfin trottete mit permanent erhobenem Kopf und steil nach vorne gerichteten Ohren entlang der schon erwähnten alten Forststraße. Sie schien ausnahmslos und hoch konzentriert damit beschäftigt, einige der auf Bäumen Alarm signalisierenden Eichhörnchen genauer zu beobachten. Bis auf die Farbe konnten wir die anderen vier in ihrem Windschatten agierenden Wölfe zunächst nicht näher erkennen, nur dass diese noch recht jung waren. Dann scherte einer der Wölfe, der zuvor die Nachhut gebildet hatte, aus der Formation aus. Es handelte sich offensichtlich um ein sehr jugendliches Tier, dessen Alter wir auf etwa ein halbes Jahr schätzten.

Von den ansässigen Wildbiologen erfuhren wir später, dass es sich bei diesem Rudel um ein schwarzes Muttertier mit ihren vier ebenfalls schwarzen, im April 1989 geborenen Jungwölfen handelte. Die Tragik, dass alle anderen erwachsenen Tiere des Rudels außerhalb der Parkgrenzen entweder in Beinfallen gefangen, von einer Eisenbahn oder einem auf der sich durch den Nationalpark windenden Autobahn fahrenden Lastwagen getötet wurden, konnten wir damals in keiner Weise richtig einschätzen. Heute wissen wir, dass die Infrastruktur kanadischer Nationalparks vielen Tieren (inklusive Wölfen) nicht nur sehr oft zum Verhängnis wird, sondern vielmehr ganze Familienstrukturen auseinanderbrechen lässt.

Erstaunlicherweise schien der Verlust mehrerer erwachsener Mitglieder dem sozialen Gefüge dieses Rudels nichts anhaben zu können. Was dann geschah, hatte System, denn die Mutter unterrichtete ihren vierköpfigen Nachwuchs geduldig im Anpirschen und Überraschen potenzieller Beutetiere. Beobachtungslernen stand auf dem Lehrplan: Fixieren, Anpirschen, Abducken des Körpers und Anspringen der anvisierten Beute. Die Jungwölfe zeigten sich jagdlich jedoch noch völlig unerfahren, ihr Verhalten wirkte total überhastet und zudem durchaus etwas planlos. Sie gaben sich zwar redlich Mühe, jedoch war keine einzige Attacke der Jungwölfe auch nur ansatzweise von Erfolg gekrönt. Ihre Mutter hatte also noch ein gutes Stück Arbeit vor sich. Sie musste den »Youngstern« innerhalb der nächsten Monate noch ein schlüssiges und vor allem strategisch effektives Jagdkonzept vermitteln. Wir verfolgten diese von uns natürlich subjektiv empfundene »Harmonie« fast eine ganze Woche lang. Mit aufgehender Sonne bereits auf dem Beobachtungsposten angekommen und selbstverständlich hoch motiviert, observierten wir jeden Morgen die Aktivitäten »unseres« ersten Wolfsrudels. Hierbei überdachten wir unter anderem auch immer wieder diverse Annäherungsstrategien, verwarfen sie wieder und entschieden uns letztlich doch wieder für den Ausgangspunkt unserer ersten Begegnung.

Wieder auf jener ausgedienten Forststraße angekommen, staunten wir jeden Morgen aufs Neue über die Menge der hinterlassenen Kothaufen. Diese fünf Wölfe brachten es fertig, besagten Weg im Verlaufe von nur einer Nacht mit bis zu zehn »Hinterlassenschaften« zu bestücken. Zusätzlich brachten uns freilich auch eindeutige Pfotenabdrücke auf die richtige Fährte. Komplett ausgegrabene und somit völlig zerstörte Biberburgen deuteten wir als das letzte Indiz dafür, dass eine erneute Begegnung mit den lautlosen Jägern unmittelbar bevorstand. Wir suchten den Waldrand auf und versteckten uns dort. Die Spannung wuchs ins Unermessliche. Dann überkam mich jenes Gefühl, welches sprichwörtlich wahre Schauder verursacht: Zunächst war nur das leise Heulen eines einzelnen Wolfes aus weiter Entfernung zu vernehmen. Daraufhin stieg mein Pulsschlag schon heftig an. Ich spürte mein Herz wild pochen. Gleichzeitig schien es vor lauter Aufregung fast stillzustehen. Meinem Freund Rolf erging es genauso. Was für eine Spannung. Hitchcock hätte sie nicht besser in Szene setzen können. Die Fortsetzung folgte prompt und eigentlich auch irgendwie erwartet. Die Wölfe heulten aus mehreren Richtungen. Chorgeheul in der Wildnis - ein unvergleichliches Gefühl!

Wir lauschten dem Chorgesang über mehrere Minuten und waren gerade im Begriff unser Versteck zu verlassen. Auf leisen Sohlen, stets geduldig darauf bedacht, kein unnötiges Geräusch zu verursachen, verließen wir den nahe gelegenen Wald und standen bald wieder auf dem Weg. Plötzlich und in diesem Fall völlig unerwartet, standen uns alle fünf Wölfe, von der Mutter angeführt, im Abstand von nur 60 Metern gegenüber! Das erfahrene Weibchen schnüffelte den Boden in einer Art Ersatzhandlung ab. Die vier Jungwölfe schien unsere Präsenz wenig zu beeindrucken, was an ihrer Körperhaltung, der nach vorne gerichteten Ohrenstellung und der neutralen Rutenhaltung erkennbar war. Was für ein Anblick!

Die in uns aufkommende erste Euphorie fand allerdings ein jähes Ende. Das mechanische Geräusch der Kamerafokussierung, diesen wild lebenden Wölfen wohl völlig unbekannt und deshalb eher suspekt, löste bei ihnen unmittelbar Meideverhalten aus. Das komplette Rudel flüchtete sofort in den schützenden Wald. Dieses außergewöhnliche Vorhaben, nämlich den gerade erlebten faszinierenden Anblick auch kameratechnisch festzuhalten, misslang somit auf ganzer Linie. Im selben Moment schoss mir persönlich wirres Gedankengut durch den Kopf: »Canis lupus« als Mythos der alten indianischen Naturvölker Nordamerikas, bruchstückhafte Teile diverser Dokumentarfilme über Wölfe, mein eigener, zu Hause zurückgelassener Timberwolfmischling »Wölfi«, sowie einige seiner typischen Verhaltensweisen. Wer war hier in der Wildnis eigentlich der Jäger und wer der Gejagte? Waren diese Wölfe Menschen gegenüber wirklich so aggressionsfrei wie so viele Personen in der Vergangenheit stets behaupteten? Konnten mein Freund Rolf und ich tatsächlich von uneingeschränkter Sicherheit ausgehen? Ich beruhigte mich mit dem Gedanken, dass der Wolf im antiken Griechenland und in Italien sogar mit menschlichen Attributen versehen wurde. Schließlich war es eine Wölfin, die als aufopferungsbereite Ziehmutter von Romulus und Remus, den Stadtgründern Roms, zum Sinnbild natürlicher Mütterlichkeit wurde.

Trotzdem ist der Wolf in den Augen vieler Menschen aber auch die gefährliche Bestie geblieben, obwohl in der Vergangenheit andere Tiere wie etwa das Pferd oder sogar die Biene und sicher auch der Hund ungleich mehr Menschen verletzt oder getötet haben als die gesamte Wolfspopulation unserer Erde.

Ein bisschen mulmig war mir damals schon. Heute, mehr als zwölf Jahre nach dieser spektakulären Begegnung, ertappe ich mich beim Schmunzeln über so viel unsinnige Gedanken. Was ist es eigentlich, was mich so fasziniert am Wolf? Die Antwort liegt wohl in seiner Unabhängigkeit, seiner Schlauheit, seinem Widerstand gegen die Ausbeutung der Natur und seiner unglaublichen Ausdauer und Flexibilität begründet.

Zurück zu diesen ereignisreichen Tagen im November 1989: Nach Überwindung der ersten Fassungslosigkeit und dem Verstreichen einiger Minuten versuchten wir nun, unserem Inneren Gehör zu schenken. Durch umliegendes Buschwerk getarnt und nach unserer Meinung gut versteckt, initiierten wir ein stark emotional und zudem sicherlich völlig dilettantisch vorgetragenes Heulzeremoniell. Zu unserer Verblüffung wurden wir für diese Aktion sogar noch belohnt. Es war wohl der Neugierde der vier Jungtiere zuzuschreiben, dass sie postwendend antworteten. Wir mutmaßten, dass die Wölfe etwaige Konkurrenten im Revier vermuteten. Was auch immer in ihnen vorgegangen sein mag entzieht sich letztlich unserer Kenntnis, aber unsere eigenen Heulsequenzen bewegten das Rudel jedenfalls dazu, sich wiederum auf der Forststraße einzufinden. Wir zählten vier Individuen, die ihre Köpfe und Nasen ohne Präsenz ihrer erfahrenen Mutter etwas unsicher, aber doch höchst neugierig in Richtung unseres Verstecks reckten. Für einige Minuten verharrten sie, ihre Ohren leicht angelegt, in dieser Position. Dann näherten sie sich langsam, um schließlich jegliche Aktivitäten in einem Abstand von ca. hundert Meter abrupt abzubrechen. Kurze Zeit später verschwanden die Wölfe im Wald und schienen danach, wie so oft zuvor, wie vom Erdboden verschluckt.

Mit Sonnenaufgang des nächsten Tages starteten wir einen neuen Versuch. Obwohl der Abstand zwischen uns und dem kompletten Rudel dieses Mal fast einen halben Kilometer betrug, bot sich uns unter Nutzung der stets bereitgehaltenen Ferngläser dennoch ein wahrlich einmaliges Bild: Auf der sandigen Uferbank eines Baches einträchtig versammelt, genoss das gesamte Wolfsrudel die ersten morgendlichen Sonnenstrahlen und döste gemeinsam vor sich hin. Eine himmlische Ruhe beherrschte das Tal. Diese Ruhe wurde nach geraumer Zeit durch ein zunächst undefinierbares Geräusch unterbrochen. Urheber hierfür war eine Gruppe von Elchen, welche hoch motiviert der spätherbstlichen Brunftzeit frönten. Zwei Bullen, die um die Gunst einiger weiblicher Tiere buhlten, betonten ihre Rivalität untereinander durch sehr fremdartige Laute. Da wir in der Vergangenheit das Paarungsverhalten von Elchen noch nie beobachtet hatten, rief das verkrampft anmutende, im Hochtonbereich angesiedelte Fiepen und Quietschen der riesigen Bullen bei uns nur Verwunderung hervor. Indes störten sich die Wölfe an dieser merkwürdigen Vokalisation nicht im Geringsten. Ganz im Gegenteil, sie missachteten die gewaltigen Huftiere und ließen sie ohne jeglichen Versuch einer Attacke passieren.

Je nach Jahreszeit und Lebensraum können Biber bis zu 35% der täglichen Nahrung des Wolfes ausmachen. Manche Wölfe haben sich mit der Zeit sogar auf die Biberjagd spezialisiert.

Am letzten Tag hatten wir die bislang vergebliche Suche nach unserem Wolfsrudel schon fast aufgegeben. Mit letzter Hoffnung setzten wir uns auf einem bewaldeten Hügel nieder, um die nähere Umgebung zu beobachten. Bald ließ uns ein monotones Schabegeräusch aufhorchen. Im Fadenkreuz unserer Kameraobjektive erschienen dann auch bald zwei Biber, eifrig darum bemüht, mittels ihrer gewaltigen Nagezähne Uferweiden zu fällen. Plötzlich - und eigentlich mal wieder völlig unerwartet - näherte sich ein schwarzer Jungwolf der gegenüberliegenden Bachseite. Offensichtlich konzentrierte er sich unbeirrt auf die Nagegeräusche der Biber. Uns Menschen nahm er weder visuell noch geruchlich wahr, obwohl die Distanz höchstens 20 Meter betrug. Auf sich alleine gestellt, fiel das Jungtier durch seine große Jagdunerfahrenheit auf. Seine Körpersprache und Orientierung in Form von Fixierung und Anpirschverhalten verriet zwar höchste Konzentrationsbereitschaft, die erfolgversprechende Einschätzung der Distanz zwischen Raubtier und Beute ließ jedoch noch sehr zu wünschen übrig. Natürlich war der anvisierte Biber längst gewarnt und sprang von der Uferböschung in einem Satz laut klatschend in das rettende Wasser. Zu seiner eigenen Sicherheit tauchte er sofort unter.

Über die Schnelligkeit des flüchtenden Bibers verdutzt, hielt der Wolf zunächst einige Zeit inne, um dann sehr interessiert die Umgebung des Bachufers zu begutachten. Er schnüffelte die nähere Umgebung aufgeregt ab und versuchte sich auf die vom Biber hinterlassene Spur zu konzentrieren. Da er unsere Präsenz auch weiterhin nicht registrierte, bot sich für einige Zeit nicht nur die Möglichkeit, unmittelbar in goldgelbe Wolfsaugen zu schauen, sondern jeden Schritt des Jungtieres genau zu beobachten. Der Jungwolf urinierte, ohne einen seiner Hinterläufe anzuwinkeln und gab uns damit einige Informationen in Bezug auf Alter und seinen offensichtlich rangniedrigen Sozialstatus. Bald war er zwischen dichten Weidenbüschen verschwunden.

Diese wunderschöne Begegnung vermittelte uns das unbeschreibliche Gefühl, als Mensch ausnahmsweise einmal nicht störender Teil der Natur gewesen zu sein. Leider stellte dieses Erlebnis auch gleichzeitig die letzte Zusammenkunft mit unserem Wolfsrudel dar, denn wir sahen sie von nun an nicht wieder. Zwar heulte das Rudel selbst tagsüber von den verschiedensten Punkten aus, wanderte dann aber in Richtung Mount Robson Provinzpark ab. Dieses Gebiet ist für seine ausgedehnten Zedernwälder weithin bekannt. Der Mount Robson selbst gilt mit fast 4000 Metern über Null als höchste Erhebung der kanadischen Rocky Mountains.

Nach vielen Jahren des Hoffens und Träumens, des Planens und Durchwanderns unendlicher Weiten gelangten wir hier in den Rocky Mountains Kanadas nicht zuletzt auch durch das Aufeinandertreffen mit Wölfen in freier Wildbahn endgültig zu der Erkenntnis, dass unser eigentliches Sein nach der Begegnung mit etwas Ursprünglichem durchaus ein harmonisches Ganzes bilden kann. Eine Erfahrung, die kein Geld der Welt jemals aufwiegen kann. Viele Hundetrainer vertreten gegenüber ihren Kunden oft fälschlicherweise die Ansicht, Jungwölfe würden in der juvenilen Entwicklungsphase ausnahmslos durch Alttiere geführt. So bauen sie eine abstruse Rechtfertigung für die angeblich so wichtige Alphastellung des Menschen gegenüber Haushunden auf. Diese Annahme ist unserer Erfahrung nach unsinnig. Jungwölfe fühlen sich innerhalb der Grenzen eines Kernterritoriums sicher und jagen dort oft auf sich allein gestellt oder, besser gesagt, versuchen es zumindest.

Der Clou ist, dass sie bei solch individuellen Ausflügen kaum Jagderfolg vorweisen können. Eine Studie aus dem Yellowstone Nationalpark in den USA kommt zu dem Schluss, dass die Erfolgsquote der Jagdstreifzüge juveniler Tiere ohne die Führung erfahrener »Persönlichkeiten« gerade einmal bei ca. 3% liegt. Aus diesem Grund schließen sich Jungwölfe bevorzugt erfolgreich jagenden Alttieren an und vermeiden so knurrende Mägen. Es lohnt sich halt, über Beobachtungslernen Jagdstrategien und regelrechte Finten von den Erwachsenen »abzukupfern«, um nicht hungern zu müssen.

Viele äußerst egoistisch veranlagte Jungwölfe, die das Rudel mitunter sehr früh verlassen und eigene Wege gehen, überleben den ersten Winter nicht und verhungern meistens jämmerlich.

Verhaltensbeobachtungen im ökologischen Kontext: Können wir Menschen eigentlich richtig beobachten?

Früher hätten wir diese Frage aus reiner Unkenntnis selbstverständlich spontan mit einem »Ja« beantwortet. Heute wissen wir jedoch, dass man richtiges Beobachten erst von der Pike auf regelrecht erlernen muss. Die Erstellung eines Ethogramms kann hierbei niemals eine Auflistung aller Verhaltensweisen eines Tieres darstellen. Ein Verhalten kann ohnehin unterschiedlich beschrieben werden. Während man zum Beispiel beim »Schwanzwedeln« die Intensität und somit den Bewegungsablauf dieses Verhaltens beschreibt, erkennt man beim »Buddeln« die Funktion der Handlungsweise.

Beide Beschreibungsmethoden sind sicherlich von gleichem Wert und zudem objektiv. Ein Ethogramm beinhaltet alle observierten Handlungsweisen, seien sie nun sehr einfach (Schlafen) oder komplex (Spiel). Verhaltensweisen können viele Bewegungsabläufe beziehungsweise körpersprachliche Signale beinhalten.

Manche Handlungsweisen können in verschiedenen, größeren Verhaltenskategorien oder in Kombinationen auftreten, wie es etwa beim »Bell - Heulen« zu beobachten ist. Diese Verhaltenskombination zeigen Wölfe sowohl in Alarmsituationen als auch in der Assoziation mit »Mobbing« oder in einer direkten Auseinandersetzung. Agonistisches Verhalten ist zum Beispiel eine sehr generelle Verhaltenskategorie, die alle Formen von Aggressionen inklusive Unterwürfigkeit und damit einhergehender Verhaltensweisen beschreibt. Komfortverhalten beinhaltet alle Handlungsweisen eines Tieres, die seiner persönlichen Hygiene, Fitness und Unversehrtheit dienen.

Alle Gesichtspunkte abzuwägen, also zu differenzieren, und trotzdem die Zusammenhänge eines kompletten Ökosystems (vor allem über längere Zeiträume) zu betrachten, dieses Gesamtbild erfassen leider nur wenige Menschen. Auch wir mussten zunächst sehr mühsam lernen, verhaltensökologisch zu denken.

Dabei mussten wir trotz Vorlage des Ethogramms von E. Klinghammer und P. Goodman, das schließlich unter Gehegebedingungen erstellt wurde, besonders das Territorialverhalten, das Markierungsverhalten und das Jagdverhalten des Wolfes neu definieren, um alle Aspekte abzudecken. Einer der wenigen Menschen, die die Gabe besitzen, auch Laien die Lehre der Verhaltensökologie näher zu bringen, ist der unabhängige Verhaltensforscher und Biologe Dr. Paul Paquet.

Im Nachhinein können wir uns nur glücklich schätzen, Wölfe und andere Tierarten in ihrer natürlichen Umgebung unter seiner wissenschaftlichen Leitung studiert zu haben. Vor unserem ersten Zusammentreffen hatten wir so manch interessante Lektüre über Wölfe, Kojoten und andere Canidae verschlungen.

Paul Paquet wies uns sofort am ersten Tag darauf hin, dass die Aktivitäten aller Tiere zu notieren seien und wir uns nicht nur auf die Verhaltensweisen der Wölfe versteifen sollten.

Er erklärte uns das ungeschriebene Gesetz des »Burgfriedens« zwischen Jägern und Gejagten, auf das wir später noch ausführlich zu sprechen kommen werden. Danach bat er uns zur Erklärung verhaltensökologischer Zusammenhänge um erhöhte Aufmerksamkeit. Es folgte eine Lektion über Weitblick und richtiges Beobachten, welche auch er vor vielen Jahren erst lernen musste, und die ich persönlich meinen Lebtag nie mehr vergessen kann:

Mit Beginn seiner Forschungstätigkeit traf Dr. Paul Paquet auf einen 89 Jahre alten Indianer, der ihn durch ein weitläufiges Areal führte, um vor Ort Wolfshöhlen auszukundschaften. Die gemeinsame Wanderung unterbrach der alte, weise Mann zwischenzeitlich immer wieder einmal, um dann die Umgebung genau zu beobachten. Plötzlich stoppte er, konzentrierte sich auf eine Gruppe Silbertannen und wies Paul Paquet darauf hin, dass die Wolfshöhle ganz in der Nähe sein müsse. Er forderte Paul auf, die Baumgruppe mittels seines Fernglases genau unter die Lupe zu nehmen. Paul sah nichts. Der Greis forderte Paul erneut auf, »beobachten zu lernen«. Wieder Fehlanzeige.

Nachdem einige Minuten fruchtlos verstrichen waren, wies der alte Mann ungläubig auf ein Vogelnest, das mit Haarbüscheln von Wolfswelpen ausstaffiert war. Der Greis hatte dieses wichtige Indiz im Vorbeigehen, ohne auch nur einen Gedanken an die Nutzung eines Fernglases zu verschwenden, sofort erkannt und seine Schlüsse gezogen. Eine halbe Stunde später trafen Paul Paquet und der Indianer auf mehrere Wolfswelpen, die um einen traditionell genutzten Höhlenkomplex tobten. Besser kann man wohl niemanden in die mitunter schwierig zu vermittelnde Lehre der verhaltensökologischen Observation einweisen.

»Lektion verstanden«, antwortete ich und trat nun im Sommer 1992 voller Forscherdrang an, um die damals noch Spraytal Rudel genannte Wolfsfamilie in der Nähe ihrer Höhle bei der Aufzucht des Nachwuchses zu beobachten. Dieser Nachmittag des 29. Mai 1992 sollte der Auftakt in Richtung einer unvergesslichen Dekade intensiver Wolfsforschungen sein, deren chronologischen Verlauf wir im nächsten Kapitel darzulegen versuchen.

Vor Antritt zur Feldforschungsarbeit im Banff Nationalpark beschrieb Paul Paquet in seiner unnachahmlichen Bildersprache die Historie des zu observierenden Rudels. Laut seiner Erzählungen kannte er offensichtlich jedes einzelne Individuum dieser Wolfsfamilie. Er fasste zunächst jene schrecklichen Ereignisse des Jahres 1991 zusammen:

Im Frühsommer 1991 überrollte ein PKW die damalige Alphawölfin auf der Trans-Kanada-Autobahn No.1 tödlich und sorgte somit für vier verwaiste Welpen.

»Diane«, eine laut des damaligen Forschungsstandes eigentlich schon nicht mehr als festes Mitglied des Spraytal Rudels geltende Wölfin, kehrte einige Tage nach dem grauenvollen Unfall völlig unerwartet zum Höhlenkomplex zurück, produzierte Milch, adoptierte die Welpen, zog sie auf, brachte sie erfolgreich durch den Sommer und stieg ohne jegliche aggressive Auseinandersetzungen mit irgendeinem anderen Weibchen zur Leitwölfin des Clans auf. Sicherlich, die anderen Wölfinnen der Gruppe waren alle noch jung und recht unerfahren. Dennoch sollte diese dokumentarische Schilderung in meinem Gedächtnis für immer gespeichert sein. Sie sollte außerdem verhindern, zukünftig von dem Wolfsverhalten zu sprechen und vorschnell irgendwelche Schlüsse zu ziehen.

Seit dem Tag im Frühsommer 1992, an dem ich dann endlich auch »persönlich« Wölfin Diane traf, sind meine Frau Karin und ich endgültig vom »Wolfsvirus« befallen. Dieser Virus ist anscheinend unheilbar. Wölfe und andere Tiere in ihrer natürlichen Umgebung zu beobachten, setzt zumindest bei uns beiden eine Menge Glückshormone frei.

Im Verlaufe des letzten Jahrzehnts trafen meine Frau und ich auf eine ganze Palette Gleichgesinnter. Uns ist durchaus klar, dass wir unter »normalen« Menschen als ein wenig abgedreht und verrückt gelten. Mit diesem Vorwurf können wir jedoch prima leben und ich erinnere mich gerne an die Charakterisierung meiner Person durch den Zoologen Dr. Erik Zimen, der unsere erste Zusammenkunft wie folgt beschrieb:

»Wir trafen uns zum ersten Mal vor vielleicht 15 Jahren an einem Ort, an den ich mich nicht mehr genau erinnere. Es war jedenfalls auf einer Wolfstagung, wovon es damals viele gab. Besser erinnere ich mich an sein damals noch ausgeprägtes Deutsch-Englisch. Er wuselte umher, stellte Fragen, war nicht einverstanden, wollte mehr wissen. Ein kanadischer Freund zog mich daraufhin zur Seite und fragte, ob dieser ›German guy‹ wohl etwas verrückt sei. ›Sure‹, antwortete ich, ›so verrückt wie jeder Enthusiast‹.« Erik Zimen gehörte, und daran hat sich auch bis zum heutigen Tag nichts geändert, zu meinen großen Vorbildern.

Ein Caniden-Beobachter von altem Schrot und Korn, der die Flora und Fauna des Freilandes genauso liebt und vor allem respektiert wie wir. Primär ist Erik Zimen aber auch ein Mensch, der Beobachtungslernen vermitteln kann und auf Nuancen, die das Begreifen der Verhaltensökologie schließlich ausmachen, hinweist. Ein Mensch, der Observation mit Leben erfüllt, der scharf analysiert, kritisiert, anmerkt. Heute sind Karin und ich einigermaßen in der Lage, die nächste Generation von Enthusiasten wie etwa Joachim Füger von der Hundeschule »Waldblick« oder auch Bettina Bannes-Grewe von »Hundeleben« hier in Kanada in die Geheimnisse einer umsichtig durchgeführten »Rundum-Observation« einzuweisen.

Wir hoffen sehr, dass unsere Arbeit reiche Früchte trägt und dass unsere Bemühungen der Tierwelt der Rocky Mountains langfristig zugute kommen.

Oft werde ich gerade von Hundebesitzern gefragt, wie ich denn in Gottes Namen »auf den Wolf gekommen sei«.

Nun, diese Frage lässt sich relativ leicht beantworten. Eigentlich ist der Verhaltensforscher Eberhard Trumler »schuld«, unter dessen Fittichen ich vor etlichen Jahren die große Ehre hatte, Hunde und Wolfsmischlinge beobachten zu dürfen.

Auf seiner Forschungsstation »Wolfswinkel« lernte ich zum ersten Mal »richtiges« Beobachten. Hier lehrte man, Tiere zu beobachten, ohne dabei irgendwelche abenteuerlichen Interpretationen abzugeben. Eines Tages saßen wir einmal mehr vor dem so genannten »Schaugehege«, observierten dieses aus Schakal- und Wolfsmischlingen bestehende Rudel genau zur Fütterungszeit. Eberhard Trumler fragte mich, was ich denn gerade sähe. »Die Tiere scheinen riesigen Hunger zu haben«, antwortete ich damals.

»Woher wissen Sie denn das«, erwiderte er knapp und etwas ungehalten, »beschreiben Sie zukünftig bitte nur, was Sie wirklich sehen. Derzeit erkennen Sie nur, dass die Tiere fressen und welche körpersprachlichen Signale sie bei der Nahrungsaufnahme interaktiv vermitteln. Nicht mehr und nicht weniger«. Bumms, das saß. Die erste Beobachtungsregel war verdeutlicht worden.

Von diesem Tag an bemühte ich mich sehr, in Verhaltensbeschreibungen bloß keine blumigen Interpretationen zu integrieren. Indes bin ich dem nun leider schon vor zehn Jahren verstorbenen Biologen Eberhard Trumler auf ewig dankbar, mir das Rüstzeug in Richtung korrekt durchzuführender Verhaltensbeobachtungen gegeben zu haben. Einerseits war seine Schulung hart und kritisch, hat mich jedoch anderseits vor allem gelehrt, wie man Tiere beobachten muss.

Deshalb ist auch zu bezweifeln, dass so viele ungelernte Hundetrainer tatsächlich in der Lage sind, Ethogramme zu erstellen, die richtigen Schlüsse aus Verhaltensbeobachtungen zu ziehen, ohne eine solch elementare Schulung durch einen wirklichen Verhaltensexperten durchlaufen zu haben.

Tundrawölfe legen unglaublich große Distanzen zurück, um ihre stark ortsgebundenen Welpen manchmal mehr schlecht als recht mit Nahrung zu versorgen. Auch unser Lieblingswelpe »Creamy« verhungerte, zumindest war er von einem Tag auf den anderen plötzlich verschwunden.

Unvergessene Verhaltensbeobachtungen in der baumlosen Tundra Kanadas

Vom 29. Juni bis 28. Juli 1993 nahmen mein holländischer Freund Joep van de Vlasakker und ich in den kanadischen Nordwestterritorien an einem Wolfsprojekt, oder besser formuliert, an einem Karibu-Wolf-Projekt teil. Damals arbeiteten wir für den Projektleiter Dr. Marc Williams, der uns mit dem Aufgabengebiet direkter Verhaltensbeobachtungen an Tundrawölfen beauftragte. Der Arbeitsschwerpunkt des Projektes lag zwar in der Analyse Raubtier-Beutebeziehung zwischen Wolf und Karibu, uns interessierte jedoch vornehmlich das interaktive Verhalten erwachsener Wölfe und deren »erzieherische« Einflussnahme auf Welpen.

In den Nordwestterritorien Kanadas, die man neuerdings administrativ unterteilt in NWT und das Inuit-Gebiet »Inuvut«, ist die Wolfspopulation trotz zum Teil intensiver Bejagung bis heute mit etwa 10.000 Tieren relativ stabil. Da während der letzten Jahre allerdings immer mehr Motorschlitten zum Einsatz kommen, mit deren Hilfe man die Wölfe gnadenlos und ethisch kaum vertretbar verfolgt, ist diese an sich gesunde Population mittelfristig mit ziemlicher Sicherheit kaum zu halten. Selbst die in Kanada zahlreich gelesene Zeitung »Toronto Globe and Mail« warf im Februar 1998 die mehr als berechtigte Frage auf, ob ein weiteres Abschlachten der Wolfspopulation weiterhin gerechtfertigt sei, nachdem hauptsächlich aus der Provinz Saskatchewan stammende Jäger in einem Winter alleine in der so genannten Rennie Lake Area 635 Wölfe von Schneemobilen aus im wörtlichen Sinne über den Haufen schossen. Bis heute ist nicht bekannt, welchen Einfluss dieses »Jagdvergnügen« auf den Gesundheitszustand der Bathurs- und Beverly-Karibuherde haben wird.

Zu allem Übel hat der Mensch einmal mehr ausbeutbare Ressourcen in Form von Diamanten, Gold, Öl und Gas gefunden und verändert das sensible Landschaftsgefüge äußerst massiv. Zwangsläufig stellt sich die Frage, wie die Nordwestterritorien Kanadas in ca. fünfzig Jahren aussehen werden. Diese Frage ist besonders berechtigt, da die Ausbeutung von Bodenschätzen in einem geradezu rasanten Tempo vonstatten geht. Alleine in der ca. 213.000 km^2 umfassenden Slave-Geological-Provinz baut man nicht nur sehr massiv Bodenschätze ab, sondern verändert das komplette Landschaftsgefüge (Abbau von natürlich vorkommendem Schotter- und Sandmaterial), um damit Straßen und Minenkonstruktionen zu errichten. Die sich oft bis zu 30 Kilometer und mehr ausdehnenden Gesteins-, Schotter- und Sandformationen dienen Wölfen und anderen Tierarten jedoch als Wanderrouten und zur Höhlengestaltung, eine drastische Reduzierung bedeutet demnach eine kritisch zu betrachtende Beschneidung wertvollen Lebensraumes. Heute wird die menschliche Einflussnahme wissenschaftlich untersucht. 1997 und 1998 fing man insgesamt 35 Wölfe aus zwölf unterschiedlichen Rudeln ein, stattete sie zumindest teilweise mit Satellitenhalsbändern aus und verfolgt ihr Wanderverhalten seither sehr genau.

Generell ernährt sich der Wolf in den Weiten der offenen Tundra hauptsächlich von Karibus, aber auch von Moschusochsen *(Ovibos moschatus)*, Bisamratten und anderen Kleinnagetieren, von Vögeln und deren Gelegen. Grundsätzlich jedoch richtet sich das Verhalten der Tundrawölfe nach der Art, den Gewohnheiten und dem Sozialverhalten der Karibus aus. Bei den Karibuarten der NWT unterscheidet man zwischen den Barren Ground Karibus *(Rangifer tarandus groenlandicus)*, die lange Wanderungen über hunderte von Meilen vornehmen, und den Woodland Karibus *(Rangifer tarandus)*, die verhältnismäßig ortsbezogen leben. Außerdem sind noch erwähnenswert die Peary Karibus *(Rangifer tarandus peari)*, deren Heimat das arktische Archipel ist, und letztlich die Grant's Karibus *(Rangifer tarandus caribou)* an der Grenze zu Alaska (USA) und der kanadischen Provinz des Yukon.

Alle von uns beobachteten Wölfe, die man zu Forschungsbeginn teilweise mit Radiohalsbändern ausstattete, brachten ihre Welpen ausschließlich weit oberhalb der Baumgrenze zur Welt. Die erwachsenen Wölfe wanderten per Jagdstreifzug aufgrund saisonal bedingter Nahrungsknappheit teilweise bis zu mehreren hundert Meilen und folgten somit dem Zug der Karibus, die sich zu jener Zeit schon in erheblich nördlicheren Gefilden aufhielten. Laut wissenschaftlichem Datenmaterial unterschied sich die Wanderbereitschaft von männlichen und weiblichen Wölfen während der Sommermonate enorm. So errechnete man das maximale Operationsfeld, das ein Wolf vom jeweiligen Höhlenkomplex ausgehend zurücklegte, auf ca. 3.400 km^2 für männliche Tiere und nur ca. 1.350 km^2 für weibliche Wölfe. Mit Beginn des kurzen Sommers stellen die Wölfe jeglichen Versuch ein, dem Karibu in Richtung ihrer sommerlichen Reproduktionsstätten zu folgen. Warum legen die Wölfe keine Höhlen in unmittelbarer Nähe der neu geborenen Karibukälber an? Warum verzichten sie auf einfach zu erreichende Nahrungsgrundlagen? Warum wandern sie stattdessen lieber hunderte von Kilometern von ihren Höhlenkomplexen in Richtung sommerlicher Karibueinstände? Die Antwort ist sicherlich komplex und stellt Feldforscher vor einige Schwierigkeiten. Die Vermutung liegt nahe, dass Nahrung nicht alles ist und die Wölfe vielleicht bessere Reproduktionsstätten in den weiter südlich gelegenen Gegenden der Tundra vorfinden. Hier stellen die schon erwähnten Stein- und Sandformationen (Eskers) sehr wahrscheinlich jenen Vorteil dar, den die Wölfe zur sicheren Einrichtung ihrer Höhlen brauchen. Erste Resultate umfangreicher Feldstudien legen jedenfalls eine deutliche Verbindung zwischen Stein- und Sandformationen und quantitativem Vorkommen von Wolfshöhlen nahe. Derartige Eskers werden nicht nur von Wölfen genutzt, sondern auch von Raubtieren wie zum Beispiel Grizzlybären, Rot- oder Polarfüchsen als bequeme Wanderrouten, zur Rast und als ideale Höhlenstandorte angenommen. Weitere Untersuchungen sind notwendig, um diese These zu untermauern.

Interessant sind auch die Verhaltensweisen der Wölfe im Winter. Im Gegensatz zu allen anderen mehr in südlicheren Gefilden beheimateten Unterarten des Wolfes folgen die Vertreter der Tundra den Wanderzügen der Karibus über unglaublich riesige Distanzen, verhalten sich aus diesem Grund nicht oder zumindest deutlich reduziert territorial. Da genügend Nahrung in Form abertausender Karibus vorhanden ist, arrangiert man sich. Die strikte Verteidigung von Nahrungsressourcen macht weder Sinn, noch ist sie für ein Überleben in der Tundra notwendig. Aussagen, nach denen die Wölfe des Nordens besonders im Winter Reviere von bis zu 10.000 km^2 kontrollieren sollen, halten viele Feldforscher für geradezu abenteuerlich.

Kommen wir nun auf unsere eigenen Beobachtungen aus dem Sommer 1993 zurück. Während unserer gesamten Aufenthaltszeit (immerhin ein kompletter Monat) sahen wir in der Nähe der Höhlenkomplexe nicht einen einzigen Karibu. Somit waren die Wölfe manchmal nicht in der Lage, den an der Höhle zurückgelassenen Welpen Nahrung zu bringen, was die Sterblichkeitsrate unter den Wolfs-

Auch in der Tundra kommen schwarzgefärbte Tiere vor, sind aber eher die Ausnahme. Die Welpen wachsen schnell und müssen bis zum Winteranfang ungefähr 30 kg Körpergewicht erreicht haben, um ausreichend Energie für lange Wanderungen zu haben.

welpen im Mittelwert bis auf ca. 85% ansteigen ließ.

Insgesamt observierten wir zwei Wolfshöhlen. An der einen Höhle observierten wir zunächst eine Wölfin, die auf sich allein gestellt versuchte, vier Welpen (zwei cremefarbene und zwei pechschwarze) zu versorgen. Wir erlebten, dass sich diese grazil schlanke und außergewöhnlich hochbeinige Mutter ständig nach Kleingetier, unvorsichtigen Vögeln oder Eiern umschaute, um ihre vier Welpen einigermaßen zu ernähren. Später erfuhren wir, dass es sich doch um ein Rudel mit weiteren (insgesamt drei) Mitgliedern handelte. Diese kehrten allerdings erst nach sechs vollen Tagen zum Ausgangspunkt ihrer Aktivitäten, dem Höhlenstandort, zurück. Wie sich nun herausstellte, handelte es sich bei dem Alpharüden um einen schwarzen Wolf. Er lieferte uns somit eine Erklärung in Bezug auf die Fellfärbung der zwei dunklen Welpen. In der Tundra variiert die Fellfarbe der Wölfe zwar nicht so gravierend wie in den Rocky Mountains, schwarz gefärbte Tiere kommen aber durchaus vor. Leider war eine kontinuierliche Beobachtung dieses Rudels aufgrund der extrem hügeligen Landschaft nicht möglich, ohnehin wirkte das ganze Tal irgendwie unübersichtlich. Am nächsten Morgen erwartete uns bereits das über Radiofunk angeforderte Wasserflugzeug auf einem nahegelegenen See, um uns, inklusive kompletter Campingausrüstung, in ein mehrere Kilometer entferntes Gebiet zu fliegen. Dort sollte uns eine Wolfsfamilie erwarten, deren weithin sichtbare Höhle geradezu optimale Beobachtungsmöglichkeiten bot. Die zweite aufgrund der menschenleeren Gegend völlig ungeschützt im offenen Gelände angelegten Höhle »spuckte« in zeitlich versetzten Abständen bis zu sieben Welpen aus, alle von ihnen entweder weiß oder cremegrau. Feldforscher nahmen bald etwas verblüfft zur Kenntnis, dass diese Wolfsfamilie in direktem Kontakt mit einer zweiten Gruppe stand, deren Höhlenstandort nur wenige Kilometer entfernt lag. Beide Wolfsgruppen tolerierten sich nicht nur, sondern brachen laut Auskunft des Biologen Dr. Marc Willliams oft zur gemeinsamen Jagd auf. Vermittelt man dem Laien nicht stets die generelle Aussage der exklusiven Verpaarung der Alphatiere eines Rudels? Soll nicht angeblich nur das Alphapaar Nachwuchs zeugen?

Wochen später erfuhren wir über verschiedene Biologen, dass die Geburt von Doppelwürfen, ja sogar Dreifachwürfen in manchen Gegenden der kanadischen Tundra fast schon an der Tagesordnung sei, um somit die extrem hohe Sterblichkeit unter den welpen auszugleichen. Eine Anpassungsstrategie zur Arterhaltung. Zudem versicherte man uns, die oft generell beschriebene Territorialität unter Wölfen habe sich hier »noch nicht ganz herumgesprochen.« Dr. Williams widersprach schon 1993 der These, dass die Territorien von Tundrawölfen mehrere tausend Quadratkilometer umfassen. Seine Aussagen klangen umso schlüssiger, je klarer er den Zwang zur Nahrungsbeschaffung über riesige Distanzen (somit also die Verfolgung der Karibuherden) formulierte. Er riet uns, Nahrungsbeschaffung und die hohe Sterblichkeitsrate der Welpen als Schlüssel für dieses nicht territoriale Verhalten anzusehen. Wieder einmal erlebten wir sozusagen »live«, und das sollte sich über die Jahre hinweg in der Summe aller Beobachtungen wie ein roter Faden durchziehen, die Ausnahme von der Regel. Heute wissen wir zum Beispiel durch intensive Forschungen im Yellowstone Nationalpark/USA erheblich mehr über das Verhalten von Wölfen, hören fast schon regelmäßig von zwei oder gar drei reproduzierenden Weibchen in einem Familienverband. An dieser Stelle wollen wir schon vorweg erwähnen, dass wir auch in Banff 1995 doppelten Nachwuchs dokumentieren konnten.

Außergewöhnlich war auch das Verhalten der Wolfswelpen. Verglichen mit dem interaktiven Spielverhalten der in etwa gleichaltrigen Timberwolfwelpen, die sich während unserer Observationen im Banff Nationalpark gewissermaßen ganze Abhänge rauf und runter »prügelten«, sich ständig balgten und im direkten Vergleich mit den Geschwistern ihre Fähigkeiten testeten, wirkten die Aktionen der Tundrawolfwelpen meist eher sporadisch und lethargisch. Manchmal fragte man sich, wie diese Welpen jemals eine Beißhemmung aufbauten. Wo waren die uns aus den Rocky Mountains bekannten Rennspiele, wo jagten die Welpen einander? Die Zurückhaltung der Welpen lag sicherlich in der schlechten Nahrungssituation begründet. Die Welpen schnüffelten schon mit Beginn unserer Forschungsarbeiten im Alter von ca. sieben bis acht Wochen weitläufige Areale ab, fraßen sogar Insekten, suchten ständig nach Futter. Sie waren wahrlich zu bedauern und es fiel uns manchmal richtig schwer, nur passiver Beobachter der Szenerie zu sein. Während unseres vierwöchigen Observationszeitraums mussten wohl auch zwei Welpen regelrecht verhungert sein, zumindest sahen wir sie nie wieder. Genervt von hunderttausenden von Moskitos, versteckten sich die Welpen mitunter stundenlang unter Buschwerk, ihre Pfoten über den Gesichtern verschränkt, harrten sie der Besserung, die sich nur zu selten einstellen wollte. Auch wenn keine wissenschaftliche Arbeit vorlag (und bis heute unseres Wissens nicht vorliegt), schwächen diverse Plagegeister wie Moskitos oder Schwarzfliegen ganz bestimmt das Immunsystem der ohnehin schlecht ernährten Welpen. Das interaktive Verhalten der Welpen beschränkte sich auf das Wesentliche. Gegenüber den Alttieren des Rudels, die sich im Übrigen interaktiv auch sehr zurückhielten, zeigten die Welpen extremes Futterbettelverhalten. Selbstverständlich sind Welpen allgemein stets enthusiastisch, wenn es um Futter geht, im Vergleich zu den in den Rocky Mountains geborenen Welpen offenbarte sich jedoch eine überproportional hohe Futteraggression, die mitunter in tumultartigen Auseinandersetzungen um winzige Happen endete. Hier ging es absolut ums blanke Überleben und mancher Welpe erinnerte uns im Hinblick auf seine Verfressenheit an Labradore, Cocker Spaniel oder Beagle. Selbst Federn und umher liegende Knochen versuchten sie herunterzuwürgen.

Natürlich dienten solche Utensilien den Welpen auch als Spielzeug. Kehrten die Erwachsenen von der Jagd zurück, führten sie die Welpen ein wenig abseits des Höhlenstandortes, um sie zu füttern. Die Welpen verfolgten die Alttiere begeistert bis aufdringlich, machten sich nach ausgeprägtem Futterbetteln über das vorgewürgte Futter her und schlangen auch die kleinsten Futterbrocken gierig herunter. Es stellte sich die Frage, warum die erwachsenen Tiere überhaupt so lange Zeit Futter vorwürgen, wo die Welpen doch an sich auch schon feste Nahrung aufzunehmen in der Lage waren.

Je länger wir Wölfe beobachten, desto mehr kommen wir zu dem Schluss, dass es sich nicht nur um ein Ritual handeln konnte (Futterbetteln und reaktives Vorwürgen), sondern auch um Nahrungskontrolle. In der Tundra ist Nahrung knapp, zwangsläufig kontrollieren Alttiere lieber, was und wie viel ihre Welpen fressen. Der Jagderfolg eines erwachsenen Individuums hatte sicherlich wiederum etwas mit seiner sozialen Stellung innerhalb der Familienstruktur zu tun, denn manche Wölfe nahmen nie an der gemeinsamen Jagd teil, sondern verblieben fast immer am Höhlenstandort, um hier die Welpen zu bewachen. Diese Babysitter, oder korrekter formuliert, meist Babysitterinnen ordneten sich den anderen Familienmitgliedern unter, verhielten sich niederrangig. Soziale Beziehungen und soziale Bindungen, die sich mitunter sehr exklusiv darstellen, sind für den Zusammenhalt eines Rudels, aber auch für jedes einzelne Individuum der Gruppe extrem wichtig. Jeder weiß, wo er steht. Vielleicht liegt hier einer der Gründe, der das komplexe und sehr erfolgreiche Versorgungssystem einer Wolfsfamilie erklärt.

Zum besseren Verständnis sollte vielleicht noch Erwähnung finden, dass unser Beobachtungsgebiet innerhalb der Nordwestterritorien etwa 250 Kilometer nordöstlich der Hauptstadt Yellowknife gelegen war, einem Gebiet weit oberhalb der Baumgrenze, geprägt von einer leicht hügeligen Landschaft mit sumpfigen Tälern, schroffen Felswänden und Buschwerk. Wenn man vereinzelt überhaupt auf kleinere Baumgruppen traf, sahen diese recht mickrig aus und die Bäume waren nie mehr als vier Meter hoch. Da sich hier die Durchschnittstemperatur bei ca. 10 – 15 Grad Celsius einpendelt und hier im Sommer andauernde Helligkeit ohne jeglichen Sonnenuntergang vorherrscht, somit also Massen an Insekten beste Lebensbedingungen vorfinden, wandert das Hauptbeutetier der Wölfe, der Karibu, von Juni bis September in kühlere Regionen des Nordens ab.

Ausgerechnet an einem lauen Nachmittag im Juli, als kein erwachsener Wolf weit und breit in Sicht war, trottete ein (für diese Region normalerweise völlig ungewöhnlich) stattlicher Elchbulle direkt über den Höhlenkomplex. Für einige Minuten war unser Teleskop regelrecht blockiert, weil sich der Elch genau davor postiert hatte. Die mit einem solchen Anblick nicht vertrauten Wolfswelpen sprinteten auch gleich in die Schutz versprechende Höhle, versteckten sich und lugten nur hin und wieder misstrauisch aus dem Eingangsbereich. Der Elch ignorierte sie und entfernte sich. Mit seinem Verschwinden gingen auch mehrere hundert Kilogramm Nahrung dahin. Unsere Vorfreude auf ein Festmahl für die Wölfe währte demnach nicht allzu lange.

»Schade auch«, sagte mein Freund Joep. »Ja, echt schade«, erwiderte ich damals. So saßen wir dann wieder in unserem halbwegs Moskito sicheren Beobachtungszelt, zwanzig Stunden pro Tag, 300 Meter von der Höhle entfernt, Fotoapparat und Videokamera im Anschlag, Ferngläser griffbereit, jederzeit bereit für aufkommende Aktionen. Die Zählung des wölfischen Beutespektrums beschränkte sich von nun an wieder auf Kleinsäugetiere, wobei wir natürlich auch Vogelnester im Auge behielten.

Der Alpharüde vermittelte uns recht bald eine kleine Lektion zum Thema Gefahrenvermeidung: Tagsüber schritt er in unregelmäßigen Zeitabständen umher, näherte sich bis auf fünfzig Meter unserem Beobachtungszelt, heulte, wirkte etwas unruhig oder vielleicht auch ungehalten darüber, dass sich dieses merkwürdige Gebilde in Form eines Zeltes in solch dreister Weise einfach in der Nähe seines Kernterritoriums platzierte. Derweil wartete das Alphaweibchen stets ab, ob der Vater der Welpen auch die Familienbelange ernsthaft vertrat. Zwei Tage stand der Alpharüde sozusagen misstrauisch vor unserer »Haustür«, beäugte uns aus der Distanz, urinierte, ohne dass wir es merkten, nachts an unser Zelt und scharrte dort unmissverständlich. Für ihn war die Angelegenheit damit erledigt.

Von nun an ignorierte uns die ganze Wolfsfamilie und folgte fortan ihrem ganz normalen Tagesgeschehen. Unsere Präsenz wurde toleriert und es offenbarten sich uns erstaunliche Einsichten in das Leben eines Wolfsrudels. Wenn die erwachsenen Wölfe erfolgreich von ihrer Jagd zurückkehrten, notierten wir klassisches Futter-Vorwürge-Verhalten und die darauf erfolgende Reaktion der Welpen. Auch wenn wir zuvor von Nahrungskontrolle sprachen, fand natürlich auch eine Art Auslese unter den Welpen statt. Bei allem Bemühen der Alttiere Nahrung an alle zu verteilen, setzten sich die stärksten und aggressivsten letztlich immer wieder durch. Sie versuchten unter Einsatz aller Kräfte eine vorteilhafte Position in der unmittelbaren Nähe der Futter vorwürgenden Schnauze eines Alttieres zu erlangen. Schließlich stand das Schicksal jedes einzelnen Welpen auf dem Spiel. Im Alter von zwei bis drei Monaten bekommen sie nämlich keine Milch mehr von ihrer Mutter. Dafür brauchen sie bald besonders viel feste Nahrung, denn sie wachsen unglaublich schnell und sind in diesem Alter noch völlig unfähig, sich alleine zu ernähren.

Interessanterweise vermerkten wir zweimal, dass auch eine an der Höhle verbliebene junge Wölfin, die ohnehin hauptsächlich als Babysitterin fungierte, regelrecht gefüttert wurde. Sie schlang die ihr überlassene Nahrung jedesmal gierig herunter und nahm im Übrigen keine Rücksicht auf die Welpen, denn Teilen war in dieser Situation nicht angesagt. Es nahte eine Zeit, die für alle Wölfe Besserung versprach.

Für den Karibu ist es äußerst wichtig geeignete Nahrung zu finden, um eine hohe Prozentzahl Kälber durchzubringen. Offensichtlich waren weiter nördlich eigentlich schon aufgetaute Tundraflächen erneut zugefroren, die Oberfläche zwangsläufig wieder spiegelglatt. Da viele Karibus unter diesen widrigen Witterungsverhältnissen Schwierigkeiten hatten, mit ihren Hufen Nahrung frei zu graben, erhöhte sich die Sterblichkeitsrate drastisch. Außerdem waren wohl Parasiten wie Moskitos und Schwarzfliegen in erheblichem Umfang dafür verantwortlich, dass sowohl erwachsene Karibus als auch gerade geborene Kälber durch übertragene Infektionskrankheiten starben. Weiter beobachteten einige Biologen gelegentlich panikartige Fluchten. Kälber fanden ihre Mütter nicht wieder, einige wurden tot getrampelt, verendeten. Ein Drama für die Karibuherde, die Rettung für einige Wolfsfamilien. Der Kreislauf der Natur.

Offene Landschaftsgefüge haben den großen Vorteil, dass alle Aktivitäten schon aus großer Entfernung wahrzunehmen sind. Wir einigten uns darauf, in unterschiedlichen Schichten zu operieren und somit kontinuierlich alle beobachteten Verhaltensweisen aufzulisten. Unser Hauptaugenmerk richtete sich jedoch auf die Frage, wer die Gruppe bei Annäherung in Richtung Höhle anführte, wer das Rudel später wieder aktiv vom Höhlenkomplex wegführte, wer zuerst heulte oder welches Tier andere Individuen der Gruppe dominierte beziehungsweise wer körpersprachlich gesehen Unterwürfigkeitsgesten demonstrierte. Immer wenn die insgesamt sechs erwachsenen Tiere in Gruppenformation am Horizont auftauchten beziehungsweise erkennbar vom Höhlenkomplex ausgehend zur Jagd aufbrachen, stellte sich unweigerlich die Frage nach dem Führungsverhalten innerhalb eines Wolfsrudels. Der bekannte Forscher David Mech definiert Führungsverhalten dahingehend, dass »ein ganz bestimmtes Individuum offensichtlich die Aktionen der anderen Tiere kontrolliert, regiert, leitet, deren Marschrichtung oder auch Ruhephasen bestimmt oder zur Attacke auf Beutetiere anführt«. Diese Art Gruppenleitung ist jedoch keinesfalls als pauschale Regel anzusehen und bedarf nach unseren Erfahrungen einer genaueren Analyse. Im nächsten Kapitel konzentrieren wir uns deshalb noch einmal ausführlich auf die detaillierte Beschreibung von Führungsverhalten.

Vorläufiges Fazit: Während unseres Beobachtungszeitraums notierten wir insgesamt acht typische Aufbruchssituationen. Fünfmal leitete der Alpharüde die Aktivitäten des Rudels, das Alphaweibchen hingegen nur dreimal. Interessant fanden wir

In Gefahrensituationen initiierte besonders der Leitrüde abwechselnd vorgetragenes »Alarmbellen« und »Alarmheulen« und betätigte sich somit am häufigsten als Beschützer und Wächter der übrigen Familienmitglieder. Der Gipfel einer Felswand diente sehr oft als »Aussichtsplattform«, von wo aus Alttiere eine hervorragende Sicht über ihr größtenteils baumloses Kernrevier genossen.

dann aber, dass unser Rudel bei der Heimkehr in Richtung Höhlenkomplex mit Ausnahme einer einzigen Beobachtung stets (insgesamt fünfmal) klar erkennbar vom ranghöchsten Weibchen angeführt wurde.

Rückblickend ließen diese Beobachtungen durchaus den Schluss zu, dass eine Mutter wohl von einer höheren Motivation angetrieben wird, schneller zu ihren Welpen zu gelangen als alle anderen Mitglieder eines Rudels. Außerdem sehr aufschlussreich: Wir beobachteten in der Nähe der Höhle so gut wie keine aggressiven Auseinandersetzungen unter den einzelnen Familienmitgliedern. Zwar zeigten die jugendlichen Tiere besonders gegenüber dem dominanten Rüden aktive bzw. passive Unterwerfungsgesten, Maulwinkellecken und Auf-den-Boden-Rollen, insgesamt herrschte aber in Bezug auf das interaktive Verhalten innerhalb des Gruppengefüges ein sehr harmonisches Bild.

Die einzige Ausnahme war die spontane, unterwürfige Annäherung eines Jungwolfes in Richtung eines drohenden Alttieres. Eigentlich nahmen wir an, dass ein solches (meist) ruhendes Tier durch seine Drohmimik erreichen wollte und würde, den sich nähernden Jungwolf auf Distanz zu halten. Anstatt eine solche Handlungsweise augenblicklich zu unterbrechen und den ruhenden Wolf in Ruhe zu lassen, schien der jeweilige Jungwolf jedoch eher motiviert, sich noch intensiver zu bemühen, ein in der Norm dominantes Tier anzusteuern, als ob dadurch dessen Aggression Einhalt geboten werden könnte. Stattdessen drohte der »belästigte« Wolf natürlich noch ausgiebiger.

Das extrem unterwürfige Verhalten eines Jungwolfes provozierte also eher eine Eskalation der Ereignisse. Meistens erhielt ein solchermaßen belagertes Alttier eher seine Ruhe, indem es jegliches »Treiben« einfach ignorierte, bis die Motivation des Jungwolfes erlahmte. Diese Beobachtung sollte besonders Hundehalter interessieren.

Damit hier kein Missverständnis entsteht, verweisen wir auf die Wichtigkeit einer hierarchischen Ordnung. Das Leben eines jeden Wolfsindividuums wird von seiner Rangstellung innerhalb der Rudelstruktur bestimmt. Manche Tiere demonstrieren ihren in der Vergangenheit erarbeiteten Gewinn an Macht und Prestige radikaler als andere, geht es doch schließlich um den Erhalt sozialer Vorteile. Über- oder untergeordnetes Verhalten sollten wir aber nicht als permanente Gegebenheit betrachten, denn auch rangniedrige Tiere nehmen sich unter bestimmten Umständen das Recht des Protestes beziehungsweise des aufmüpfigen Verhaltens heraus. Selbst der Prügelknabe einer Gruppe stellt manchmal seine Beute zur Schau, verteidigt sie knurrend und mit aufgerichteter Rute.

Im Sommer scheinen die Hauptaktivitäten ohnehin die Versorgung der Welpen und deren Fürsorge zu sein. Was aber ist die Motivation, bei den Welpen zu bleiben und nicht an der gemeinsamen Jagd teilzunehmen? Wird die Babysitterin von den anderen Wölfen gezwungen, am Höhlenstandort zu verweilen? Nach vielen Beobachtungsstunden kamen wir zu dem Schluss, dass die Babysitterin dieses Rudels soziale Vorteile genoss, indem die Mutter der Welpen sie bevorzugt behandelte. Wie schon dargestellt, erhielt die junge Wölfin nach der Rückkehr der Alttiere Nahrung. Können wir aus dieser Beobachtung schließen, dass Babysitterinnen aus blankem Kalkül handeln und geschickt egoistischen Opportunismus umsetzen? Wir glauben das nicht. Vielmehr scheint die Berücksichtigung individueller Charaktere eine logischere Erklärung zu sein. Auch wenn sich alle erwachsenen Wölfe an der Versorgung der Welpen beteiligen, sind es gerade die ausgeglicheneren Individuen, denen das gelegentlich überschäumende Temperament der Welpen weniger auf die Nerven zu gehen scheint.

Über die Jahre hinweg bestätigte sich auch die These der Ablenkungsstrategie. Meistens handelte es sich bei der Babysitterin um ein rangtieferes Tier des Rudels, das einerseits keine Konkurrenz für das Alphaweibchen der Gruppe darstellt, sich andererseits immer dann auffällig intensiv mit den Welpen beschäftigt, wenn es von einem anderen erwachsenen Familienmitglied gerade in seiner Bewegung eingeengt wird oder über einen fixierenden Blick Unannehmlichkeiten zu erwarten hat. Der Trick: Beschäftigt man sich mit den Welpen, genießt man das Wohlwollen der Alphawölfin, hat also soziale Vorteile und wird in einem solchen Moment sicherlich nicht vor den Augen der ranghöchsten Wölfin attackiert bzw. aktiv untergeordnet. Andererseits konnten wir diese These nicht immer aufrecht erhalten, denn manchmal beobachteten wir auch mehrere Babysitter beziehungsweise Babysitterinnen.

Kommen wir nun zum Heulverhalten. Rein statistisch gesehen ergriff der Vater der Welpen die Initiative zur aktiven Einleitung von Chorheulen insgesamt zwölfmal. Er fiel ohnehin durch sein großes Selbstbewusstsein, seine physische Stärke, seinen Entscheidungswillen und seine Führungsfähigkeit auf. Das Alphaweibchen, Mutter der Welpen, auffällig sanft und sehr tolerant gegenüber den anderen weiblichen Tieren, heulte viermal zuerst, die restlichen Familienmitglieder hingegen kein einziges Mal. Auffällig war ein gewisses Ritual vor dem gemeinsamen Jagdbeginn. Es schien die Wölfe regelrecht aufzuputschen, sie in Jagdstimmung zu versetzen und den Zusammenhalt der Gruppe zu stärken. Man heulte minutenlang, ehe sich dann meistens der Alpharüde zuerst aufmachte und die Entscheidung traf, die Gruppe vom Höhlenkomplex wegzuführen.

Im Alter von sechs Wochen beteiligten sich auch schon die Welpen, machten in subjektiv brenzligen Situationen auf sich aufmerksam, antworteten auf das Heulen der Alttiere aus der Distanz. Hunger schien eine andere Motivation zu sein, warum die Welpen heulten. Mit zunehmender Abwesenheit der erwachsenen Tiere nahm auch bei den Welpen die Intention ihrer Heulversuche zu. Meistens wirkte ihre Vokalisation jedoch eher kläglich. Da die Wölfe nie mit Menschen konfrontiert wurden, heulten sie im Gegensatz zu Wölfen, die ihre Höhle in der Nähe menschlicher Infrastruktur anlegen müssen, zu jeder Tages- und Nachtzeit. In regelmäßigen Zeitabständen verschwand das Alphaweibchen inklusive mehrerer, mitunter sogar aller Welpen in der Höhle. Da »Mama«

Clownhaftes Verhalten scheint bei manchen Jungwölfen oft eine Strategie zu sein, ranghohe Tiere von der Gesamteignung für die Familie zu überzeugen. Gerade sehr verspielte Jungtiere betätigen sich als Babysitter der Welpen, beschäftigen sich mit ihnen sehr intensiv und bewachen sie bei Abwesenheit der Alttiere.

ihre Welpen noch sporadisch säugte, zeigten diese weiterhin eine sehr enge Sozialbindung und folgten ihr auf Schritt und Tritt.

Aufschlussreich war vor allem das Verhalten des Alpharüden gegenüber dem Alphaweibchen. Er verhielt sich zwar kein einziges Mal direkt unterwürfig, legte jedoch körpersprachlich gesehen in der Nähe der Höhle stets die Ohren an und vermied direkten Blickkontakt, wenn sich Mutter und Welpen dort aufhielten. Zuvor grollte das sich in der Höhle befindliche Weibchen den Rüden unmissverständlich an, warnte ihn näherzutreten und forderte ganz klar die Einhaltung einer gewissen Individualdistanz ein. Eine Ausnahme bildeten Situationen, in denen das Alphaweibchen mit den Welpen an der Höhle zurückblieb, während alle anderen Tiere zur Jagd aufbrachen. Nach Rückkehr der Gruppe steuerte der ranghöchste Rüde den Höhlenkomplex als Erster an. Nun kam ihm das Weibchen mit angelegten Ohren und in abgeduckter Körperhaltung entgegen, riss ihm aber ohne jede Vorwarnung Futterbrocken aus dem Maul, sicherte sie ab und trug sie zu den Welpen. Diese Verhaltensweise beobachteten wir leider nur zweimal, eine generelle Regel wollen wir aufgrund mangelnder (quantitativer) Überprüfung deshalb nicht ableiten. Mit zunehmendem Alter der Welpen übernahm die schon erwähnte junge Babysitterwölfin nach und nach die Fürsorge. Prozentual gesehen spielte sie mit den Welpen auch erheblich häufiger als alle anderen Familienmitglieder.

Abseits des eigentlichen Höhlenbereichs beschränkten sich die Interaktionen des Reproduktionspaares immer auf freundliche Sozialkontakte wie zum Beispiel Fellstupsen, Schwanzwedeln oder Parallellauf, wobei das Weibchen hin und wieder gegenüber dem Rüden aktives Um-die-Schnauze-Lecken initiierte. Ansonsten zeigten alle anderen Mitglieder des Rudels in Richtung Alphapaar offensives Futterbettelverhalten, Schwänzeln und Pföteln, Maulwinkellecken und respektierten die Einhaltung einer Individualdistanz während gemeinsamer Ruhephasen.

Die Gruppenstruktur war streng hierarchisch organisiert, jedes Individuum nahm seinen genau definierten Rang ein, trotzdem unterschieden sich die einzelnen Charaktere drastisch.

Ein junger Rüde fungierte offensichtlich als eine Art Hofnarr mit besten Entertainerqualitäten. Er rannte manchmal unbekümmert im Kreis, rutschte auf seinem Rücken kleinere Anhöhen hinunter, agierte wie ein leibhaftiger Clown. Während das Rudel wohlverdiente Ruhepausen einlegte, war er aktiv, schnappte sich einen alten Knochen, um ihn in die Luft zu schleudern. Mitunter vermittelte er uns den Eindruck, vor Publikum eine kleine Schaueinlage einzulegen. Leider konnten wir aufgrund extrem ähnlicher Fellfärbung nicht alle Mitglieder des Rudels individuell bestimmen, zumal sie meistens ohnehin zur Nahrungsbeschaffung ausschwärmten, den Höhlenstandort nur sporadisch ansteuerten und sich nach ihrer Rückkehr zum Schutz vor Moskitos in dichtem Buschwerk versteckten.

Trotz alledem verflog die Zeit in rasender Geschwindigkeit und bald fanden wir uns auch schon auf den Sitzen unseres Wasserflugzeuges in Richtung Yellowknife wieder. Der Rückflug konnte - oder besser gesagt, musste - beginnen. Hinter uns lag eine wahrlich erinnerungswürdige Zeit. Eine Zeit voller spannender Erlebnisse, vieler unvergessener Eindrücke, der eigenen Fortbildung, des Kampfes mit zehntausenden dieser nervenden Plagegeister, deren Präsenz unser gelbes Zelt nicht nur regelmäßig schwarz färbte, sondern die sich vereinzelt sogar durch den Reißverschluss des Zeltes zwängten. Unvergessen blieben etliche kleine krater- und beulenähnliche Landschaften, die diese verdammten Moskitos und Schwarzfliegen für einige Tage auf unserer Haut hinterließen.

Trotz all dieser unangenehmen Begleitumstände bedauerten mein Freund Joep und ich die Abreise, denn der einzigartige Charme der Tundra hatte auch unsere Herzen im Sturm erobert. Es sollten aber nicht unsere letzten Erlebnisse mit Wölfen sein, vielmehr sollten die aufschlussreichsten Jahre noch vor uns liegen. Damals war uns aber noch nicht bewusst, welche bahnbrechenden Erkenntnisse wir noch sammeln würden.

Anfang 1991 gründeten die Journalistin Elli Radinger aus Wetzlar, meine Frau Karin und ich in der amerikanischen Forschungsstation Wolf-Park die deutsche »Gesellschaft zum Schutz der Wölfe e.V.«. Aufklärungsarbeit zum Thema Wolf war dringend geboten, nachdem die ersten Exemplare, noch sporadisch und sehr vereinzelt, die Oder in Richtung Ostdeutschland durchquerten. Was damals mit kleinsten Finanzmitteln und viel Idealismus entstand, hat bis zum heutigen Tage erfreulicherweise Bestand. Die Gesellschaft, die Elli, Karin und ich aus der Taufe hoben und deren Vorsitz wir nach zehn Jahren aufregender Tätigkeit an die nächste Generation übergaben, hat heute über 1.000 Mitglieder, ist weiterhin äußerst aktiv und wird sich hoffentlich intensiv um die Erhaltung der deutschen Wölfe verdient machen.

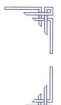

FELDSTUDIEN IN EUROPA:
SPORADISCHE BEGEGNUNGEN MIT EINER EXTREM SCHEUEN SPEZIES

Die Rückkehr von Canis lupus nach Deutschland

Auch Europa beherbergt heute noch eine zumindest teilweise als gesund zu bezeichnende Wolfspopulation. Dies ist umso erstaunlicher, wenn man bedenkt, dass der Mensch den Wolf in der Vergangenheit immer höher ins Gebirge zurückdrängte, seine natürlichen Beutetiere wie Hirsch, Reh oder Wildschwein dezimierte und ihn als Nahrungskonkurrent jahrtausendelang gnadenlos verfolgte.

Im westlichen Teil des Kontinents leben nach neuesten Schätzungen insgesamt etwa 2.500 Tiere, die primär in Spanien (1.500 Wölfe), Portugal (250 Wölfe) und Italien (500 Wölfe) vorkommen. Im Seealpengebiet Frankreichs hält sich trotz illegaler Verfolgung hartnäckig eine kleine Population von 30 - 40 Wölfen, in die Schweiz wandern hin und wieder einmal einzelne Individuen ein, werden dort jedoch vom Menschen extrem misstrauisch beäugt. In osteuropäischen Ländern sieht das allgemeine Wolfsvorkommen gottlob etwas erfreulicher aus. Alleine Rumänien beherbergt um die 2.000 Tiere. Konkrete Schutzmaßnahmen sorgten in der jüngeren Vergangenheit zum Beispiel in Polen für einen leichten Anstieg der Population, so dass, basierend auf einer sprichwörtlich großen Wanderlust, besonders 1 - 2-jährige Jungwölfe immer wieder deutschen Boden betreten können. Alle diese europäischen Wölfe vereint ein gemeinsames Schicksal: Sie alle erlitten eine gnadenlose Hatz und wurden letztlich wohl nur deshalb nicht gänzlich ausgerottet, weil sie das Kunststück fertig brachten, einerseits den Menschen zu meiden, andererseits aber direkt in seiner unmittelbaren Nähe zu überleben. Sie verhielten sich extrem flexibel, lernten die Aktivitäten der Menschen einzuschätzen und kennen uns sicherlich besser als wir sie jemals werden kennen lernen. Ihre Vorsicht geht so weit, dass viele Feldforscher schier verzweifeln, wollen sie einen Wolf einfangen und mit einem Radiohalsband ausstatten. Wölfe in Europa zu beobachten stellt ein schwieriges Unterfangen dar, so bleibt ihre Erforschung fast immer auf Spurensuche, Kotanalysen und die Registrierung ihres unnachahmlichen Heulverhaltens beschränkt.

Mit Beendigung des Kalten Krieges zwischen der Nato und dem Warschauer Pakt, dem Fall der Mauer und dem Abriss sonstiger unnatürlicher Grenzen, die West- und Osteuropa unsinnigerweise so lange Zeit voneinander trennten, wanderten einige Vertreter des aus Osteuropa kommenden Wolfes *(Canis lupus lupus)* Anfang der neunziger Jahre sogar nach Deutschland ein. Heute schreiben wir das Jahr 2002 und können erfreut feststellen, dass sich im Grenzgebiet zwischen Deutschland, Polen und der Tschechei mittlerweile tatsächlich eine kleine Wolfspopulation etabliert hat. Es hat sich zwar noch nicht ganz herumgesprochen, dass der »böse« Wolf innerhalb unseres wohlgeordneten Industrielandes auf dem Vormarsch ist, wir sollten jedoch langsam darauf gefasst sein. Auch innerhalb deutscher Grenzen könnte langfristig durchaus eine kleine Wolfspopulation überleben, wenn wir nur Toleranz walten lassen. Wild ist reichlich vorhanden, Unterschlupfmöglichkeiten zur erfolgreichen Aufzucht seiner Welpen findet der anpassungsfähige Wolf sicherlich überall und kann somit, garantiert weitestgehend vom Menschen unerkannt, zu einem natürlicheren Lebensraum beitragen. Heute durchstreift Isegrim auf leisen Pfoten schon mehrere Gebiete Deutschlands. Den Aussagen einiger ortskundiger Forstbeamter vertrauend, lebt das erste aus 5 - 6 Tieren bestehende Kleinrudel derzeit schon permanent auf deutschem Boden. Im letzten Jahr bestätigte man sogar die erste Sichtung von Wolfswelpen, nach über einhundertfünfzig Jahren mehr oder weniger ständiger Abwesenheit ein wahrlich sensationelles Ereignis. Dieses Wolfsrudel agiert auch heute noch primär innerhalb eines ca 14.000 ha großen militärischen Sperrgebietes in der Oberlausitz. Dort hat es seine Ruhe und sollte im Hinblick auf die Etablierung eines zukünftig hoffentlich gesunden Bestandes erst einmal möglichst ungestört bleiben, um im Idealfall 1 - 2 Jahre Welpen aufzuziehen.

»Dass Bundesforstamt, Bundeswehr und Sächsisches Umweltministerium die Wolfsansiedlung nicht an die große Glocke hängten, war richtig«, sagt die Biologin Gesa Kluth. Laut der Reporterin

Sybille Bockenheimer »durften am 13. März 2002 erstmals rund 70 Wissenschaftler aus dem In- und Ausland sowie Fachleute aus der Naturschutz- und Forstverwaltung auf Exkursion durch das Reich der Wölfe gehen«. Da wir die enorme Wichtigkeit einer absolut störungsfreien Welpenaufzuchtphase nur allzu gut kennen und keine vorschnell aktiven Menschen unterstützen wollen, wird an dieser Stelle keine nähere Standortbestimmung des Rudels vorgenommen.

Auch wenn zum X–ten Male wiederholt und deshalb eigentlich als unnötig zu erwähnen anzusehen, wollen wir es dennoch nicht versäumen nachfolgendes Statement abzugeben:

Für die bundesdeutsche Bevölkerung geht keine Gefahr aus, da die in der Vergangenheit in Europa massiv verfolgten Wölfe jeglichen Kontakt mit dem Menschen strikt vermeiden! Zwangsläufig ist die direkte Sichtung eines frei lebenden Wolfes in unseren Breitengraden eher von Zufällen geprägt. Ausnahmen bestätigen die Regel. So berichtete der Wolfsfreund Erik Zimen erst kürzlich, dass es einem Bekannten gelang, ein Foto von einem im Grenzgebiet zwischen Böhmer- und Bayerischem Wald umherstreifenden Wolf zu schießen. Was hatte dieser Mensch nur für ein unverschämtes Glück. Erfreulicherweise erhöhte sich in den letzten Jahren zwar die Präsenz des osteuropäischen Luchses im Bayerischen Wald, hingegen kommt Gevatter Isegrim leider immer noch nur sehr selten und nur gelegentlich vor. Da diese Gegend dünn besiedelt, weitläufig und vor allem zusammenhängend bewaldet ist, zudem bislang noch wenig frequentiert und sehr wildreich, sollten wir Menschen diesen zwischen der Tschechei und Bayern angesiedelten Mittelgebirgszug normalerweise als ein für Raubtiere sehr animierendes Rückzugsgebiet ansehen. Die Zukunft wird zeigen, ob wir wenigstens eine Lektion aus der Vergangenheit gelernt haben. Nämlich die Unterlassung rücksichtsloser Vernichtung wertvollen Lebensraumes für die heimische Tierwelt. Eine reichhaltige Flora und Fauna wird es uns danken. Ist der menschliche Geist wirklich souverän und entwickelt genug, Fehler einzusehen und gegenüber weitestgehend ungefährlichen Raubtieren Toleranz zu üben? Luchs und Wolf, mittlerweile in einige Gebiete Deutschlands still und außerdem unspektakulär zurückgekehrt, könnten unseren Lebensraum durchaus bereichern, wenn wir sie denn dulden würden. Wölfe brauchen keine Wildnis, wie fälschlicherweise oft behauptet wird. In Europa gibt es sowieso keine Wildnis mehr. Wölfe brauchen ein ruhiges Rückzugsplätzchen, um ihre Welpen ungestört aufzuziehen, Nahrungsressourcen, die in unseren Breitengraden reichlich vorhanden sind, und ..... Was sonst noch? Gar nichts, außer unserem Wohlwollen und unserer Toleranz. Es bedarf aufgeklärter Menschen, die weder an das Märchen vom Rotkäppchen glauben, noch aus reinem Egoismus, aus Selbstgefälligkeit und/oder unsinnigem Konkurrenzgehabe den Wolf zum Monstrum abstempeln. Ist das eine zu hohe Erwartung an eine moderne, aufgeklärte und reiche Gesellschaft?

Feldforschung an Wölfen in Südpolen und der Slowakei

Dieses Buch beschäftigt sich inhaltlich mit Verhaltensbeschreibungen, so dass meine Feldstudien in Südpolen und der angrenzenden Slowakei in Bezug auf direkte Wolfsbeobachtungen sehr schnell wiedergegeben sind. Zwischen 1993 und 1996 fingen wir unter der tatkräftigen Mithilfe des kanadischen Biologen Peter Krizan insgesamt zwei Wölfe ein. Peter, ursprünglich in der Slowakei geboren und mit seinen Eltern auf abenteuerliche Weise aus Osteuropa geflohen und nach Kanada emigriert, ist der slowakischen Sprache bis heute mächtig, was der Kommunikation vor Ort natürlich sehr dienlich war. Wir nannten den 1994 im Hohe Tatra Nationalpark eingefangenen Wolfsrüden »Slavomir« und identifizierten 1995 die in der Niederen Tatra eingefangene und damals reproduzierende »Karinka« an Hand ihrer Zitzen als Alphawölfin. Wir verfolgten ihre Wanderungen täglich, lernten nach und nach einige ihrer typischen Gewohnheiten kennen und konnten per Spurenanalyse im Schnee später sogar die Stärke des gesamten Rudels ermitteln.

Ein nicht zu unterschätzender Teil der Arbeit beschäftigte sich mit einem in der Slowakei erstmals durchgeführten Herdenschutzhundeprojekt, dessen Aufbau und Resultat im nächsten Teilkapitel noch näher erläutert wird. In diesem Zusammenhang knüpften wir viele Kontakte mit einer äußerst gastfreundlichen Bevölkerung, lebten mit Schäfern unterschiedlicher Regionen, sprachen mit Bauern, Förstern und Jägern, die unsere Bemühungen um den Wolf im Grunde nur belächelten. In der Vergangenheit maß man den Wert eines Wolfes schließlich nur anhand einer Tabelle für Trophäenjäger: Wie in Jägerkreisen leider Usus, prämierte man nach Abschuss eines Wolfes und großem »Halali« große, kräftige Tiere mit der Goldmedaille, mittlere mit der

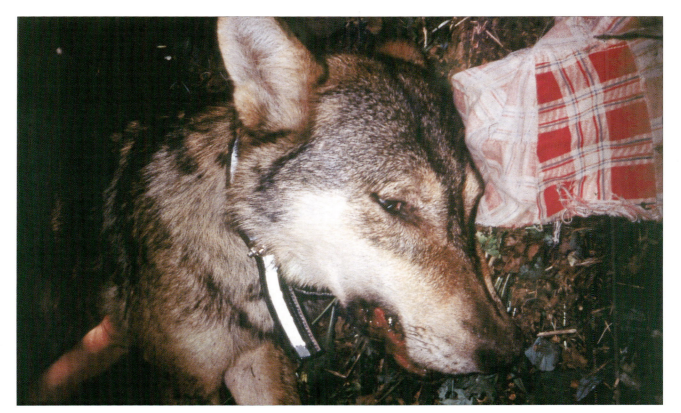

Osteuropäische Wölfe sind aufgrund massiver Bejagung extrem scheu. Nur die Besenderung einzelner Tiere mit ca. 500 gr. schweren und vier Jahren funktionstüchtigen Radiohalsbändern ermöglicht Feldforschern, die Lebensgewohnheiten des Wolfes zu studieren. Leitwölfin »Karinka« hatte gelernt, sich während der Jagdsaison möglichst in der Nähe von Dörfern aufzuhalten, wo zum Schutz des Menschen aus Sicherheitsgründen ein generelles Schießverbot herrschte. Dieses clevere Verhalten rettete über Jahre hinweg ihr Leben. Außerdem bestand eine Abmachung mit der Jägerschaft, keine Wölfe mit reflektierenden Radiohalsbändern zu erschießen.

Silbernen und kleine, meist juvenile Tiere mit der Bronzenen. Was für eine Einteilung, zumal man mit dem Abschuss älterer Wölfe auch das »kulturelle« Verhalten eines Rudels zerstörte und dadurch Übergriffe auf Nutzvieh geradezu provozierte. Den oftmals orientierungslosen und dadurch hungrigen Jungwölfen blieb oft nichts anders übrig, als sich an einfach zu erbeutenden Schafen oder Ziegen zu vergreifen. Der Abschuss von Leittieren, die keinerlei Schaden anrichten und sich zurückgezogen verhalten, ist somit in der logischen Konsequenz nur als blanker Unsinn zu bezeichnen. Leider sehen »Trophäenjäger« das naturgemäß anders.

Wirklich schlimm gestaltete sich zudem die Zusammenarbeit mit vielen Vertretern administrativer Stellen. Sie waren nämlich an kommunistische Seilschaften gewöhnt, von Misstrauen und für uns nicht nachvollziehbarem Konkurrenzdenken geprägt, behandelten ihre Mitmenschen sehr unfreundlich und verhielten sich vor allem gegenüber Praktikantinnen (vielleicht auch generell Frauen gegenüber) extrem machohaft. So hatten auch wir unser sprichwörtliches Päckchen zu tragen. Hinzu kam, dass sich eine normale Unterhaltung wegen der ständigen Trunkenheit örtlicher Distriktleiter als nahezu unmöglich erwies. Wir diskutierten stundenlang über irgendwelche völlig belanglosen Dinge, so zum Beispiel, ob es uns gestattet sei, einem Waldweg in westlicher statt östlicher Richtung zu folgen oder wie ein Formular zum Erwerb einer Hundehütte korrekt auszufüllen sei. Es ist kaum zu glauben, aber der Kauf einer Hundehütte zog sich sage und schreibe zwei ganze Tage hin. Grünes Formular, rotes Formular, gelbe Seite oder etwa doch die weiße als Durchschrift? Dies waren die hoch brisanten Fragen, die es zu beantworten galt. Außerdem wurden wir oft bestohlen und Teile unserer Feldforschungsausrüstung landeten auf irgendeinem Schwarzmarkt.

An der Grenzstation zwischen Polen und der Slowakei, die bis heute das Hoheitsgebiet des Hohe

Tatra Nationalparks bestimmt, mussten wir uns mit der Willkür und den Launen des dort stationierten Personals herumärgern. Natürlich kümmerte sich unser in diesem Grenzgebiet aktives Wolfsrudel nicht um von Menschen bestimmte Grenzverläufe, wechselte die Seiten mitunter dreimal pro Nacht und versetzte uns somit ungewollt in Schwierigkeiten. An guten Tagen passierten wir den Grenzübergang total problemlos, an schlechten Tagen merkte ein Beamter an, dass man Telemetrie-Empfangsgeräte nicht nach Polen einführen könne, ohne vorab einen wahren Wust an Formularen auszufüllen.

Derweil war unser Wolfsrudel selbstverständlich längst über alle Berge. Frustriert mussten wir zur Kenntnis nehmen, dass die Beamten der Grenzstation am längeren Hebel saßen, praktisch gesehen den Verlauf unserer Feldforschung diktierten. Das Logo unseres Geländewagens, sogar in der Landessprache konkret auf das Wolfsforschungsprojekt hinweisend, zudem den Grenzbeamten bestens bekannt, ignorierte man geflissentlich. Den Launen des Grenzpersonals ausgeliefert, zogen Monate ins Land. Monate der Freuden, aber auch des Kopfschüttelns, des Unverständnisses, ja mitunter der blanken Wut. Eigentlich wollten wir doch nur das Verhalten der Wölfe dokumentieren. Die Umsetzung dieser Absicht gestaltete sich jedoch als extrem schwierig.

Indes lernten wir freilich direkte Wolfssichtungen als wahre Highlights der Forschungsarbeit zu schätzen. Während der drei Jahre harter Arbeit bekam ich persönlich die Wölfe des im Hohe-Tatra-Nationalpark ortsansässigen Rudels nur ganze dreimal zu Gesicht. Und das, obwohl wir durch die Vorzüge der modernen Telemetrietechnik unterstützt wurden.

Zum wiederholten Mal bezogen wir an einem kalten Dezembermorgen Posten auf unserem Beobachtungsposten, das vor uns liegende und weitestgehend unbewaldete Tal genau im Auge. Eigentlich war an diesem Morgen alles wie immer. Der Kälte entsprechend gut in warme Kleidung verpackt, empfingen wir auf unserem Receiver einen lauten Signalton: »Bang, Bang«. Dann traten sechs vom Alpharüden angeführte Wölfe vorsichtig auf eine kleine Lichtung, ihre Nasen in Richtung eines ca. 500 Meter entfernten Skilifts vorgestreckt. Der Rüde urinierte demonstrativ gegen den Pfahl eines Verkehrsschildes, kratzte und scharrte kräftig nach, drehte sich zu den anderen fünf Wölfen um und gab schließlich die weitere Marschrichtung an. Alle Wölfe folgten ihm gemäß Konrad Lorenz' »Graugans–Prinzip«: aufgezogen wie Perlen an einer Schnur.

Beim letzten Wolf dieser Formation schien es sich um ein Jungtier zu handeln, denn er sprang total verspielt und sorglos umher, kniff seinem Vordermann kräftig in die Hinterbeine und musste prompt dessen Reaktion in Form eines heftigen Über-die-Schnauze-Greifens ertragen. Die anderen Wölfe marschierten unbeirrt weiter, dem großen graubraunen Leittier folgend, drehten sie sich noch nicht einmal um. Bald verschwand das komplette Rudel im Wald und wir konnten die Verhaltensbeobachtungen somit nach nur vier Minuten wieder beenden.

Vier Wochen später ruhte das gleiche Rudel auf einer felsigen Anhöhe. Wieder war es uns gelungen, zur richtigen Zeit am richtigen Ort gewesen zu sein. Die sechs Wölfe verbrachten den späten Nachmittag ziemlich inaktiv, einzelne Individuen richteten sich zwar hin und wieder auf, streckten sich, um sich dann aber auch schon wieder zu einem kleinen Schläfchen einzurollen. Nach ca. einer Stunde stand der schon erwähnte Leitrüde auf, trottete ohne jegliche Kommunikationsaufnahme in den Wald und verschwand. Etwas zeitversetzt standen die restlichen fünf Wölfe auf, reckten ihre Körper der untergehenden Sonne entgegen und formierten sich schwanzwedelnd zum allgemeinen Aufbruch. Sie verschwanden ebenfalls recht bald im dunklen Forst, folgten wohl der Spur des vorangeschrittenen Rüden. Das war's.

Rückblickend gibt es in Bezug auf direkte Verhaltensbeobachtungen an osteuropäischen Wölfen nicht mehr zu berichten. Unsere Forschungsarbeit beschränkte sich also auf die Feststellung hunderter so genannter Fixpunkte, die ausnahmslos unter Zuhilfenahme der Telemetrietechnik entstanden, umfangreiche Spurensuche und natürlich auf Kotanalysen. Somit ergab sich wenigstens schrittweise ein grobes Bild, wann sich die Wölfe zu welcher Tageszeit wo aufgehalten hatten, welche Tiere sie wann und wo erbeuteten, ob sie sich auf ihren Wanderungen Schafpferchen oder anderen Nutztiergattern näherten beziehungsweise diese angriffen.

Die Resultate unserer Forschungsarbeit zum Thema Einsatz von Herdenschutzhunden wollen wir nun näher betrachten. Trotz dieser zeit- und arbeitsintensiven Analysen blieben viele Fragen zur Ökologie, zur Populationsdynamik, zur Territorialität und zu der Kommunikation innerhalb und zwischen den einzelnen Wolfsrudeln weiter offen.

Der Einsatz von Herdenschutzhunden zur Verteidigung gegen Wölfe in Südpolen

Einleitung

Über Jahrhunderte hinweg stellte der Wolf innerhalb Europas eine große Gefahr für das Nutzvieh dar, so dass besonders Schäfer einen Hirtenhundtypus entwickelten, der ihre Herden effektiv gegen eventuelle Übergriffe verteidigte. Aufgrund der Präsenz aufmerksamer Herdenschutzhunde vermeiden es die allermeisten Beutegreifer, durch direkte Konfrontation in Schwierigkeiten zu geraten. Über die Effektivität dieser speziellen Hunde gibt es leider in Europa kein quantitativ relevantes Datenmaterial. Würden die Hirten allerdings nicht an die Schutzfunktion ihrer Hunde glauben, wären diese nicht bis zum heutigen Tag in Gebrauch. Warum sollten die oft in ärmlichen Verhältnissen lebenden Hirten große Hunde durchfüttern, wenn sie nicht vorteilhaft für sie wären. Von alters her züchten die Hirten Europas große, oft weiße Herdenschutzhunde, die für alle mittel- und südeuropäischen Gebirge, wo Wölfe und Bären vorkommen, typisch sind. Viele von ihnen tragen sogar schwere, nach außen weisende Stachelhalsbänder zum Schutz gegen angreifende Raubtiere. Die Hunde leben vom Welpenalter an mit Schafen, Ziegen oder Rindern zusammen. Die Bindung zwischen Hund und Nutztier ist sehr eng, nachdem ein Hundewelpe von Geburt an Schafe oder Ziegen riecht und im weiteren Verlauf seiner Entwicklung sieht und hört. Sein Gehirn, anfangs in etwa 8 ccm groß, wächst in den ersten acht Wochen um das Zehnfache und alle Gehirnzellen »vernetzen« jene geruchlichen Informationen, die der Welpe innerhalb eines Schaflagers erhält und als Routine abspeichert. Mit dem Erreichen der 16. Lebenswoche hat das Gehirn des Welpen schon 80% der Kapazität eines erwachsenen Hundes erreicht und der Junghund betrachtet jetzt alles misstrauisch, was sich außerhalb dieses »gespeicherten« Routineablaufes ereignet.

In vielen Regionen Europas dagegen, wo Raubtiere wie Wolf oder Bär ausgerottet sind, weidet das Nutzvieh ohne ständige menschliche Betreuung. Eine Kultur geht verloren. Zudem entwickeln sich wieder irrationale Ängste vor dem in manche Regionen Europas zurückkehrenden Wolf, und das trotz massiver Aufklärung und des heute vorherrschenden wissenschaftlichen Weltbildes. Besonders schlimm ist es in der Schweiz.

Eigentlich unverständlich, denn an die von großen, mitunter äußerst aggressiven Hunden bewachten Herden trauen sich Wölfe meist nicht heran. Zumal angeheuerte Hirten, unterstützt von dem lauten Gebell ihrer Hunde, furchtlos auf die Wölfe losgehen und diese, meist nur mit ihrem Schäferstock bewaffnet, vertreiben.

Gottlob übernahmen viele US-amerikanische Farmer das Herdenschutzhundesystem aus Europa und Vorderasien (z.B. mit Anatolischen Hirtenhunden). Von 1977 bis 1987 importierten sie die Herdenschutzhunde beziehungsweise deren Welpen, und setzten sie von der West- bis zur Ostküste der USA ein. Erstes wissenschaftliches Datenmaterial wurde innerhalb eines Zeitraumes von zehn Jahren durch Biologen der Hampshire-Universität/Massachusetts und den Kollegen der US-Schafherdenversuchsstation/Idaho gesammelt. Heutzutage existiert dadurch ein umfangreicher Literaturnachweis über die Verhaltensweisen und die Effektivität von Herdenschutzhunden. Nach Abschluss der Experimentierphase waren einige US-Farmer so überzeugt, dass sie nach und nach selber Hunde züchteten und innerhalb des ganzen Landes verbreiteten. Im Staate Utah gab es zum Beispiel noch vor zehn Jahren keinen einzigen Herdenschutzhund, heute arbeiten sie auf 90% des Schafverbreitungsgebietes. Die Daten zeigen insgesamt, dass sich die Hunde den sehr verschiedenen Umweltbedingungen der USA gut angepasst haben und dass die Hunde besonders effektiv gegenüber Kojoten sind. Prof. Ray Coppinger testete Herdenschutzhunde zudem im Staate Minnesota, wo sie ihre Tauglichkeit auch gegenüber Wölfen unter Beweis stellten. Dieser Wissensstand sollte nunmehr eine Basis für uns in Europa sein, um die stets vermutete Effektivität von Herdenschutzhunden im Einsatz gegenüber dem Wolf auch statistisch zu überprüfen und nachzuweisen. Wie uns in persönlichen Gesprächen immer wieder bestätigt wurde, sind Herdenschutzhunde nämlich auch ein wirksames Mittel gegen Übergriffe durch streunende Hunde. Leider ist es immer noch Usus, den Wolf generell für Übergriffe auf Nutzvieh durch streunende Hunde verantwortlich zu machen. Mehrere Autoren des Buches »Wolves of the World« berichten von der vom Wolf ausgehenden Gefahr in Russland, Israel, Iran oder auch Italien. Gleichzeitig wird in diesem Buch aber auch die Effektivität von Herdenschutzhunden, welche oftmals mit erwähnten speziellen Stachelhalsbändern ausgestattet sind, hervorgehoben. Der portugiesische Biologe Dr. Petrucci Fonseca wies in den letzten Jahren sogar wissenschaftlich nach, dass »Schafherden, welche durch die Präsenz dieser Hunde besser geschützt sind, seitens des Wolfes wesentlich seltener attackiert wurden«. Prof. Ray Coppinger setzte Herdenschutzhunde im afrikanischen Namibia äußerst erfolgreich zum Schutz der Nutzviehherden gegenüber Geparden und Leoparden ein. Das ist erstaunlich genug, denkt man nur an die Kraft und tödliche Wirkung, die diese großen Raubkatzen entfalten können. Für die afrikanischen Massai stellt der Einsatz von Herdenschutzhunden geradezu eine Selbstverständlichkeit dar, schätzt man doch deren Alarmbereitschaft und Zuverlässigkeit seit Jahrhunderten. Das eigentliche System, nämlich effektiver Schutz von Nutzviehherden vor diversen Raubtieren und Streunern stellt im Gegensatz zu Tötungs- und Vergiftungskampagnen eine der wenigen Methoden dar, Schaf- und Ziegenherden wirksam zu verteidigen, ohne den Wolf oder andere Raubtiere direkt ganz ausrotten zu müssen. Der traditionelle Einsatz von Herdenschutzhunden soll glücklicherweise heutzutage wieder forciert werden. Wir wollen uns aber jetzt mit einem konkreten Projekt beschäftigen, bei welchem die Effektivität von Herdenschutzhunden detailliert untersucht wurde und erstmalig mit Radiohalsbändern ausgestattete Wölfe involviert waren, um präziseres Datenmaterial sammeln zu können.

Der Aufbau eines Herdenschutzhunde-Projektes

Auf Einladung der Gesellschaft zum Schutz der Wölfe e.V. bereisten wir im August 1994 mit Prof. Coppinger und seiner Frau Lorna für vierzehn Tage die Slowakei, um vor Ort mit diversen Biologen des Forschungsinstituts Zvolen zu sprechen. In den Gebirgslandschaften der Niederen und Hohen Tatra suchten wir verschiedene Schaf-Camps auf, um einen ersten Einblick in die Situation der dort lebenden Hirten zu erhalten.

Herdenschutzhunde sollten normalerweise rund um die Uhr dicht bei den Herden verweilen und vor allem auf die Schafe sozialisiert sein. Die Hunde sollten die Hirten besonders nachts durch massives Bellen auf Gefahren hinweisen oder aber selbstständig eine Präsenz zwischen Schafherde und Beutegreifer demonstrieren.

Unglücklicherweise fanden wir innerhalb der Gebirgslandschaften der Tatra die unterschiedlichsten Probleme. Während der kommunistischen Ära war das traditionelle System teilweise verloren gegangen. Zudem wurde der Wolf in vielen Regionen des Landes ausgerottet. Herdenschutzhunde waren zwar präsent, jedoch mit Eisenketten so festgebunden, dass sie keinesfalls ihr Verteidigungspotenzial entfalten konnten. Wir kamen schnell zu dem Schluss, dass der richtige Einsatz von Herdenschutzhunden keinesfalls endgültig verloren gehen dürfe. Der landestypische Slovensky Cuvac als Verteidiger der Schafherden gehört langsam der Vergangenheit an und wird zunehmend nur als Haus- und Familienhund gehalten.

Außerdem ist das Verhaltensrepertoire dieser ehemals zuverlässigen Arbeitshunde dort bedroht, wo sie sich ungehemmt mit Hunderassen verpaaren können, die nicht gewünschte Jagdverhaltenssequenzen (Fixieren und Anpirschen in Richtung Nutzvieh) aufzeigen. Letztlich erhöhen die slowakischen Hirten die Wahrscheinlichkeit, dass ihre Hunde durch Anketten einerseits aggressiver wurden und sogar Menschen bissen, andererseits unangeleint auf die Jagd gingen. Prof. Coppinger wurde während seiner Reisen durch das ehemalige Jugoslawien, Italien, Spanien, Portugal oder die Türkei niemals von frei laufenden Herdenschutzhunden attackiert oder gebissen. Jene Hunde zeigten ihre Präsenz durch massives Bellen an und hielten stets ein wachsames Auge auf menschliche Annäherung. Im Kantabrischen Gebirge Spaniens näherten auch wir uns in der Vergangenheit oft dem dort typischen Mastin Español ohne attackiert zu werden.

Wir beobachteten damals fast täglich Dutzende Arbeitshunde und waren eher von deren stoischer Ruhe und Gelassenheit überrascht. Vorausgesetzt, wir hielten eine gewisse Distanz zu den Schafen oder Ziegen ein, reagierten die Hunde stets sehr gutmütig. Auch während diverser Aufenthalte im italienischen Gebirge der Abruzzen hatten wir nicht die geringsten Schwierigkeiten und beobachteten die heimischen Maremmanos stundenlang bei der Arbeit.

Auf unseren Besuch in der Slowakei zurückkommend: Es sollte nun als Erstes ein umfangreiches Aufklärungsprogramm gestartet werden, welches Vertreter der Landwirtschaft, Biologen, Schafhirten und Hundezüchter einband. Ziel war es, in einem landesweiten Bemühen die Konflikte zwischen frei lebenden Raubtieren und der Viehwirtschaft zu minimieren. Vertreter der Hampshire-Universität und Repräsentanten unserer deutschen Wolfsgesellschaft erarbeiteten eine spezielle Informationsbroschüre. Nach einem ausführlichen Gespräch mit den Hirten sollte dann eine erste Demonstration mit gut sozialisierten Hundewelpen in der Niederen Tatra

Herdenschutzhunde fungieren auch als selbstständig agierende Lagerhunde. Heroische Kämpfe mit Raubtieren sind die absolute Ausnahme, auch wenn die Mythologie um diese Hunde eine andere Sprache spricht. Herdenschutzhunde unterbrechen vielmehr schon in der Distanz die Jagdsequenzen von Raubtieren durch massives Bellen, Markierungsverhalten und Imponierhaltung.

erfolgen. Wir hatten bereits eine mehrjährige Studie mit telemetrierten Wölfen im Hohe Tatra Nationalpark begonnen, um diese Tiere innerhalb der Weidegebiete von Schafen und Ziegen lokalisieren zu können.

Unsere Gesellschaft leitete die Feldforschungsstudien im Tatra Nationalpark, welcher sich, wie schon erwähnt, im Nordosten der Slowakei entlang der Grenze zu Polen erstreckt. Innerhalb einer Gesamtfläche von ca. 750 km² waren alle Beutegreifer inklusive Wolf ganzjährig geschützt. Die Geländestruktur besteht hauptsächlich aus einer Hochgebirgslandschaft, die vornehmlich Tannen- und Fichtenbestände beheimatet.

Im Nordosten des Nationalparks hatten wir bereits im Winter 1993 mit einer Spurenanalyse begonnen, so dass wir über die grenzignorierenden Wanderrouten der Wölfe einigermaßen informiert waren. Im Sommer 1994 telemetrierten wir den ersten Wolf, sammelten über täglich durchgeführte Messungen Daten bezüglich des Rudelumfangs, des Territoriums, der Wanderrouten und des genauen Standortes des Höhlengebietes. Vor allem aber führten wir umfangreiche Standortbestimmungen durch, um alle eventuellen Aktivitäten der Wölfe in der Nähe von Schafweidegebieten außerhalb des polnischen Tatra Nationalparks zu bestimmen. Diese Graslandschaften grenzten unmittelbar an unser slowakisches Studienareal. Das von uns begleitete, aus insgesamt sieben Tieren bestehende Wolfsrudel hatte seine Höhle ca. 200 Meter nördlich des Grenzverlaufs auf slowakischem Territorium eingerichtet. Bald stellten wir fest, dass unsere Wölfe die Grenzlinie fast täglich überschritten und sich zudem regelmäßig innerhalb der Weidelandschaft aufhielten. Für die Standortbestimmungen benutzten wir transportable Empfangsgeräte (150.000 - 153.000 Mhz) und Handantennen. Wir führten Dreiecksmessungen durch, wobei zwischen Ende Juli und Anfang Oktober sogar in speziellen Nachtschichten gearbeitet wurde.

Wir stellten den jeweiligen Aufenthaltsort unseres telemetrierten Wolfes Slavomir alle fünfzehn Minuten rund um die Uhr fest, um dessen Wanderungen später auf topografischen Landkarten (1 : 50.000) darzustellen.

Anschauungsunterricht bei professionell arbeitenden Hirten und ihren Hunden

Das hauptsächlich frequentierte Weidegebiet in unmittelbarer Nähe zum polnischen Tatra-Nationalpark nutzten die Hirten von Anfang Mai bis Anfang Oktober. Um die Effektivität ihrer lokal genutzten Tatra Berghunde (Podhalaner, Liptak und Mischlinge) zu überprüfen, listeten wir detaillierte Daten auf. Die erwachsenen Herdenschutzhunde zeigten primär jene drei unverzichtbaren Verhaltensweisen die sie aufweisen müssen, um auch wirklich effektiv zu sein:

1. Die Hunde waren vertrauensvoll, weil sie keine Schafe attackierten und deren Routineablauf des Weidens, der Verpaarung und des Gebärens der Lämmer in keiner Weise beeinflussten.
2. Die Hunde zeigten sich immer aufmerksam, weil sie stets selbstständig und nicht angekettet bei den Schafen blieben.
3. Die Hunde waren verteidigungsbereit, wenn ein Beutegreifer in unmittelbarer Nähe der Schafherde auftauchte oder die Hunde ein Raubtier schon in der Entfernung rochen.

Die Tatra Berghunde dieser Region wurden im Gegensatz zu unseren in der Slowakei gesammelten Erfahrungen bis spätestens 12. Lebenswoche auf Schafe sozialisiert, vom Welpenalter an nicht angekettet und arbeiteten laut Auskunft der Hirten seit Generationen sehr zuverlässig. Während der Nacht pferchte man die ca. 500 Schafe in einem speziell eingezäunten und leicht zu transportierenden Gatter ein. Die Hunde blieben entweder innerhalb des Gatters oder hielten sich in dessen unmittelbarer Nähe auf. Wie schon erwähnt, nutzten wir die Radiotelemetrietechnik, um die Tages- und Nachtaktivität unseres Wolfsrudels zu bestimmen. Wir besprachen unsere Ergebnisse mit den erstaunten Hirten, die allerdings ohnehin in der Lage waren, anhand des unterschiedlichen Bellverhaltens ihrer Hunde zu erkennen, ob sich nachts irgendwelche Wölfe dem Gatter genähert hatten. Wir hinterfragten die Angaben der Hirten, wann und wie lange sich die Wölfe in der Nähe ihrer Schafe aufhielten. Direkte Beobachtungen blieben Mangelware, so dass wir während der gesamten Studienzeit nur einmal einen Wolf beim Anpirschversuch auf das Schafgatter erwischten. Vor Beginn unserer sommerlichen Untersuchungen meldeten die Hirten keinen einzigen Übergriff auf ihre Herde, die sie innerhalb des Studiengebietes schließlich schon seit Mitte Mai begleiteten.

Obwohl zwischen dem Weidegebiet und der Wolfshöhle unseres Rudels nur ca. zwei Kilometer Distanz lagen und man deshalb wahre Massaker hätte erwarten können, töteten die Wölfe während des zweimonatigen Studiums nur ein Schaf, welches zudem offensichtlich krank und erschöpft abseits der Herde Opfer der Raubtiere wurde. Unser auf Telemetriemessungen basierendes Datenmaterial bekräftigte nicht nur die Vermutung, dass sich die Wölfe ausnahmslos nur nachtaktiv verhielten, sondern auch, dass direkte Interaktionen zwischen Wölfen und Hunden als absolute Ausnahme anzusehen waren. Vielmehr schien das sehr massive Bellen und das regelmäßig zu beobachtende Markierverhalten der drei kräftigen Hunde ausreichend zu sein, die Raubtiere vom Gatter fernzuhalten.

Jenes Schaf, welches am 14. August 1994 getötet worden war, fand man ca. 500 Meter vom Nachtgatter entfernt. Die Hirten beobachteten zuvor einige hundert Meter entfernt drei Wölfe, schrien die Raubtiere an und verscheuchten sie mühelos mit einigen hektischen Handbewegungen. Abermals konnten wir von den Hirten keine Bestätigung bezüglich eines direkten Kontaktes zwischen den Wölfen und Hunden erhalten. In den Weidelandschaften des Tatragebirges war man auf die Präsenz des Wolfes bestens vorbereitet und sah eventuelle Attacken ohne jegliche Hektik als Tagesgeschehen an.

Abschließend untersuchten wir die Frage, ob Wanderer von den drei Herdenschutzhunden belästigt oder gar attackiert wurden. Zum besseren Verständnis sei an dieser Stelle erwähnt, dass der Tatra Nationalpark jährlich von über 4,5 Millionen Menschen besucht wird. Wir verteilten einen speziellen Fragebogen, auf dem alle Kontakte zwischen Parkbesuchern und den Hunden dieses Weidegebietes notiert werden konnten. Laut den Angaben von 284 Personen wurde nur ein älterer Herr von einem der Herdenschutzhunde attackiert und gebissen. Hierbei handelte es sich um einen Mann, der Beeren sammelte und sich plötzlich inmitten der grasenden Schafherde wiederfand. Um in der weiteren Zukunft solche Zwischenfälle zu vermeiden, stellte man spezielle Hinweisschilder (wie sie auch in einem Bärengebiet üblich sind) auf. Nach Auswertung des kompletten Datenmaterials konnte man damals durchaus zu dem Schluss gelangen, dass Herdenschutzhunde keinesfalls generell eine Gefahr für Wanderer darstellen. Andererseits sind Unfälle nicht mit absoluter Sicherheit auszuschließen, Aufklärungsarbeit hinsichtlich der Verhaltensweisen von Herdenschutzhunden sollte deshalb als Selbstverständlichkeit angesehen werden.

Studienresultate
Die nachfolgende Tabelle zeigte damals erste in Europa durch Vertreter der Gesellschaft zum Schutz der Wölfe e.V. gesammelte Daten, welche an telemetrierten Wölfen in unmittelbarer Nähe zu einem Schafweidegebiet mit drei Herdenschutzhunden erstellt wurden.

Fazit
Der Einsatz von Herdenschutzhunden als Verteidigung gegen Wölfe war sicherlich nicht neu. Traditionell arbeiten diese Hunde innerhalb Europas seit Jahrtausenden. Umso verwunderlicher ist es, dass ihre Effektivität mancherorts bis zum heutigen Tage angezweifelt wird. Das Verhaltensinventar von Herdenschutzhunden unterscheidet sich von dem anderer Hunderassen enorm. Herdenschutzhunde dürfen Nutztierverhalten keinesfalls beeinflussen, ganz im Gegensatz zu Hütehunden, die selbstverständlich Nutzviehverhalten unter Kommando des Hirten beeinflussen müssen, um zum Beispiel eine Herde von A nach B zu bewegen. Herdenschutzhun-

de müssen nach umsichtiger Sozialisation und Selektion auf Nutzvieh vertrauensvoll, aufmerksam und verteidigungsbereit sein. Direkte Interaktionen zwischen Wölfen und Herdenschutzhunden sind sehr selten, vielmehr unterbrechen die Hunde die Jagdverhaltenssequenzen (Fixieren, Anpirschen, Hetzen) von Raubtieren durch massives Bellverhalten, Markierverhalten oder auch Imponiergestik. Ihre Präsenz reicht also aus, um Raubtieren zu vermitteln, sich nicht leichtfertig in Schwierigkeiten zu begeben. Von Herdenschutzhunden bewachte Nutztierherden veranlassen Wölfe normalerweise dazu, sich alternativ nach nicht geschützten Herden umzusehen.

Wir konnten somit nicht nur die Effektivität einer Kombination aus dem Gebrauch von Herdenschutzhunden und der Nachtgatterung von Schafen nachweisen, sondern auch eine ganze Reihe nicht wissenschaftlicher Informationen (Erfahrungen von Hirten, Wanderern, Parkbesuchern) sammeln. Alle diese Informationen veranlassten uns zu der damals getroffenen Aussage, dass der Wert von Herdenschutzhunden in vielen Diskussionen maßlos unterschätzt wurde. Dieses Fazit hat bis zum heutigen Tage Bestand und der Einsatz von Herdenschutzhunden sollte deshalb Gegenstand eines jeden Managementplans werden. Schließlich stellt dieses System neben dem Gebrauch von Elektrozäunen und Flatterbändern eine der wenigen Methoden dar,

Datum / Zeitpunkt der Wolfsankunft	Distanz des Wolfes zum Schafsgatter	Reaktion der Hunde	Durch Wölfe getötete Schafe
29.07.94 (23.30 h)	300 Meter	Massives Bellen	Keine
31.07.94 (22.05 h)	500 Meter	Markierverhalten	Keine
05.08.94 (23.45 h)	200 Meter	Massives Bellen	Keine
06.08.94 (00.30 h)	300 Meter	Massives Bellen	Keine
14.08.94 (05.45 h)	500 Meter	Markierverhalten	1 Schaf
19.08.94 (05.15 h)	700 Meter	Massives Bellen	Keine
21.08.94 (00.15 h)	300 Meter	Massives Bellen	Keine
26.08.94 (23.30 h)	800 Meter	Massives Bellen	Keine
27.08.94 (06.31 h)	700 Meter	Markierverhalten	Keine
10.09.94 (06.00 h)	800 Meter	Massives Bellen	Keine
11.09.94 (05.30 h)	300 Meter	Massives Bellen	Keine
16.09.94 (05.45 h)	800 Meter	Massives Bellen	Keine
17.09.94 (23.15 h)	300 Meter	Massives Bellen	Keine
18.09.94 (00.45 h)	100 Meter	Massives Bellen	Keine
23.09.94 (09.55 h)	200 Meter	Markierverhalten	Keine
24.09.94 (06.45 h)	900 Meter	Imponierverhalten	Keine
25.09.94 (05.30 h)	700 Meter	Massives Bellen	Keine
30.09.94 (06.00 h)	300 Meter	Massives Bellen	Keine
01.10.94 (06.33 h)	400 Meter	Markierverhalten	Keine
02.10.94 (22.05 h)	600 Meter	Imponierverhalten	Keine

die eine Tötung von Raubtieren unnötig erscheinen lässt. Wenn Überfälle auf Nutztierherden auch nicht hundertprozentig zu verhindern sind, so lassen sie sich durch die Präsenz von Herdenschutzhunden zumindest doch deutlich reduzieren. Eine neuerdings wieder entfachte Diskussion über den angeblich fehlenden Beweis im Hinblick auf die Effektivität von Herdenschutzhunden ist nach den ausführlichen Studien in Südpolen für uns nicht nachvollziehbar.

Boris und Dolina:
Die Sozialisation und Jugendentwicklung von zwei Tatra–Berghunden in der Slowakei
Einleitung
Arbeitet man mit Herdenschutzhunden, stellt sich zunächst eine spannende Frage: Da alle Caniden im Grunde mehr oder weniger als Beutegreifer anzusehen sind, wie kann dann ein bestimmter Hundetypus Schafe und Ziegen beschützen? Zunächst ist die Entwicklung bei allen Vertretern von Hundeartigen (Wölfe, Schakale, Kojoten, Füchse etc.) gleich und nach der Geburt sehen sie auch nahezu gleich aus. Sie werden mit geschlossenen Augen geboren und sind blind, die Ohren sind an den Kopf angesetzt, die Welpen können noch nicht hören. Sie sind in der Lage, die Zitzen ihrer Mutter zu finden und zu saugen. Ist die Mutter nicht anwesend, liegen die Welpen eng zusammen und wärmen sich gegenseitig. Der Meinung vieler Biologen folgend, sollte die Welpen- und Jugendentwicklung, während der sich (durch schon erwähnte Gehirnvernetzungen) auch bestimmte Verhaltensweisen formen, besonderer Aufmerksamkeit unterliegen.

Auf das frühe Entwicklungsstadium von arbeitenden Herdenschutzhunde zurückkommend, scheint dieser Hundetyp erst erheblich später »erwachsen« zu werden.

Selbstverständlich spielen die Welpen miteinander, viele von ihnen ignorieren aber schon das Werfen eines Balles, rennen ihm nicht nach, bekauen

Boris und Dolina verhielten sich gegenüber Ziegen und Schafen wegen falscher Fütterung zu aktiv. Nach Umstellung auf energieärmere Nahrung zeigten sie ein erheblich ausgeglicheneres Verhalten und konnten optimal mit den Nutztieren sozialisiert werden.

ihn höchstenfalls. Auch als Erwachsene sehen sie wie Welpen aus, haben relativ kurze Schnauzen, oft abgerundete Köpfe und vor allem Hängeohren. Sie leben mit Schafen oder Ziegen wie Welpen innerhalb eines Wurfes, lecken das Gesicht von erwachsenen Schafen, wie sie es als Welpen bei ihrer Hundemutter taten. Im krassen Gegensatz zu Hütehunden vermeiden bereits junge Herdenschutzhunde durch strenge Selektion direkten Blickkontakt zum Nutzvieh, auch das Anpirschen und somit die Tendenz, sich an Beute heranzuschleichen und diese zu Fall zu bringen, entwickelt sich als Verhaltensweise bei guten Herdenschutzhundewelpen gar nicht oder zumindest in stark abgeschwächter Form.

Vielmehr bewegen sich die Welpen zwischen dem Nutzvieh eher bedächtig, ducken bei Annäherung nicht den Kopf ab, unterbrechen und beeinflussen somit also keinesfalls das Verhalten von grasenden oder wiederkäuenden Schafen. Selbstverständlich hetzen gerade schlecht sozialisierte Herdenschutzhunde Wild wie andere Hundetypen auch, so dass eine strenge Selektion dringend geboten erscheint. Aussagen so genannter »Experten«, wonach Herdenschutzhunde generell kein Jagdverhalten zeigen, sind somit fachlich falsch. Wir haben solche Behauptungen auch niemals aufgestellt, wenngleich es immer wieder behauptet wird.

Wenn nicht von Geburt an, werden Welpen bereits im Alter von 6 – 7 Wochen mit Nutzvieh zusammengebracht, brauchen kein oder maximal ein wenig spezielles Training und scheinen vor allem instinktiv zu wissen, was sie zu tun haben. Innerhalb dieses alles entscheidenden Sozialisierungsprozesses müssen jedoch die meisten Schafe erst lernen, dass die Hunde später ihre Beschützer sein werden und keine Gefahr für sie selbst darstellen. Nutztiere wie z.B. Schafe, Ziegen oder Rinder verhalten sich je nach Erfahrung sehr unterschiedlich bei dem Versuch, Hundewelpen in Nutztierherden zu integrieren. Der Erfolg eines zu startenden Herdenschutzhunde-Projektes steht und fällt unter anderem mit der Kategorisierung des zu erwartenden Nutzviehverhaltens (aktives oder passives Nutzvieh, aggressives oder ängstliches Nutzvieh).

Auch der Hundewelpe sollte einem ersten Test unterzogen werden, wobei auch hier eine Kategorisierung vorzunehmen ist (aggressive Welpen, ignorante Welpen, ängstliche Welpen, neugierige Welpen).

Die Sozialisierung von Boris und Dolina

Nach Beginn unseres Feldforschungsprojektes am Wolf in der Niederen Tatra besuchten wir erneut das schon beschriebene Schafcamp in Südpolen, welches in etwa 150 km von unserem Studiengebiet entfernt gelegen war. Die Wölfin Karinka hatten wir schon einige Wochen zuvor mit einem Radiohalsband ausgestattet, waren ihren Spuren gefolgt und stellten sehr bald fest, dass sie sich nachts regelmäßig diversen ungeschützten Schafcamps näherte. Die Hirten sahen das aus sechs Wölfen bestehende Rudel hin und wieder in unmittelbarer Nähe ihrer Schafe und fluchten über die »verdammten Raubtiere«.

Nun war es an der Zeit ein Herdenschutzhunde-Projekt zu starten. So schauten wir uns im Frühsommer 1995 in dem südpolnischen Camp um, zumal gerade einige Herdenschutzhundewelpen von den uns bestens vertrauten und gut arbeitenden Tatra-Berghunden geboren worden waren. Die Welpen lernten, im Gegensatz zu den slowakischen Beispielen, von ihrer Hundemutter, dass Schafe und Ziegen zum alltäglichen Geschehen gehörten. Bereits im Alter von sechs Wochen hatten die weißen Fellknäuel täglich Kontakt mit der Schafherde, mit Kindern und anderen Menschen der näheren Umgebung. Sie wurden mit Schafmilch, Käseabfallprodukten und manchmal Schaffleisch ernährt. Sie zeigten schon, wann immer notwendig, aufmerksames Bellverhalten, blieben Tag und Nacht als integraler Bestandteil der Herde mit den Schafen zusammen. In der Abenddämmerung, somit also mit Beginn der kritischen Zeit eventueller Übergriffe durch den Wolf, vermieden die Hirten jeglichen Kontakt zu ihren Hunden. Sie schickten sie sogar zurück, wenn sich ihnen die Hunde näherten. »Zurück zu den Schafen« war das einzige Kommando, welches die Hunde vom Menschen empfingen. Immer wieder patrouillierten die Hunde den nahegelegenen Waldrand, wohl wissend, dass von dort die größte Gefahr aus drohte.

Die Tatra-Berghunde dieses am Eingang zum Nationalpark gelegenen Schafcamps waren den regelmäßigen Besuch durch Touristen gewohnt, zeigten sich Menschen gegenüber deshalb nicht aggressiv. Wir beobachteten das Schafcamp in Südpolen über mehrere Tage sehr intensiv und verabredeten schließlich den Kauf von zwei Hundewelpen, um diese in die Slowakei zu bringen und die alte Tradition der Sozialisation hier wieder aufleben zu lassen.

Die Mutter von Boris und Dolina war eine seltene Liptakhündin. Die bei diesem regional vorkommenden Herdenschutzhundeschlag oft zu beobachtende Stummelschwänzigkeit vererbte die Mutter dominant, so dass der Nachwuchs ebenfalls mit Stummelschwänzen geboren wurde.

Zurück in der Niederen Tatra tauften wir unseren männlichen Hundewelpen »Boris« und das Weibchen »Dolina«. Beide waren am 12. Juli 1995 geboren und nun nach unserer Rückkehr in die Slowakei also etwa sieben Wochen alt. Nach langen Diskussionsabenden war der Vizepräsident des slowakischen Schafsverbandes bereit, der Prägung der Hunde auf seine Schafe und Ziegen eine Chance zu geben, die Arbeit konnte also beginnen.

Unsere Sozialisierungsarbeit in der Scheune eines Farmhauses in Dolna Lehota mit drei erwachsenen Schafen und zwei ausgewachsenen Ziegen begann am 05.09.1995. Bauer Martin beäugte die beiden Herdenschutzhundewelpen sehr skeptisch, war er doch nur Hütehunde gewöhnt. Es dauerte einige Tage, während derer wir zunächst Basisinformationen vermittelten. Wir erklärten Martin, dass die meisten Hirten in Südpolen zum Start einer Sozialisation auf Nutztiere zwei Hundewelpen nehmen, denn es erscheint sinnvoller, Welpen miteinander spielen zu lassen als mit Schafen, die sich vielleicht verletzen könnten. Wir führten aus, dass die Hundewelpen vom ersten Tag an bei den Schafen gefüttert werden müssten, keinesfalls separat im Farmhaus, damit sie nicht lernen, das Nutzvieh während der Nahrungsaufnahme unbeaufsichtigt zu lassen. Wir listeten alle Verhaltensweisen in einem Intervall von fünf Minuten auf, um später keinesfalls unbrauchbare Hunde zur Weiterzucht zu verwenden. Als goldene Regel gilt generell: Nur Hundewelpen von schon zuverlässig arbeitenden Alttieren geben eine gewisse Garantie. Welpen von Schauhunden können hingegen sehr oft gewünschte Instinkte vermissen lassen. Bei der Auswahl eines Hundewelpen aus einem ganzen Wurf sind die besonders aktiven Tiere meistens schlechter für die spätere Aufgabe geeignet, weil sie sich oft vom Nutzvieh entfernen, die Nähe des Menschen bevorzugen und deshalb schwieriger mit Nutzvieh zu halten sind. Keinesfalls darf natürlich ein völlig lethargisch wirkender Welpe gekauft werden, denn er ist meistens krank.

Wichtigste Voraussetzung für das Training ist, die optimalen Umweltbedingungen für eine Sozialisation bereits im Vorfeld zu schaffen. Die Arbeit kann sowohl in einer Scheune als auch in einem präparierten Pferch erfolgen. Entscheidend ist - nochmals - die Sozialisation, das heißt, eine möglichst umfassende Identifikation und ein enges Zugehörigkeitsgefühl zwischen Hunden und Nutztieren muss erreicht werden. Ist der Herdenschutzhund herangewachsen, wird er aus diesem Grund das verteidigen, auf was er sozialisiert wurde. Deshalb ist es notwendig, den Sozialisierungsprozess so früh wie möglich zu beginnen und sorgsam zu beobachten. Auch unter besten Voraussetzungen ergeben sich mitunter nicht bedachte Schwierigkeiten. Dieses Teilkapitel beschäftigt sich deshalb eingehend mit praktischen Erfahrungen aus der Sozialisation zweier Tatra-Berghunde auf Schafe und Ziegen. Es soll helfen, durch uns begangene Fehler in Zukunft zu vermeiden. Im Allgemeinen stellen diverse Schafbesitzer eines Dorfes eine Herde für die Sommermonate zusammen und heuern zu deren Überwachung Hirten an, die dann mit dem Nutzvieh in die Berge ziehen. Sind während dieser Zeit Herdenschutzhunde integraler Bestandteil des Teams, haben gut arbeitende Hunde eine nicht zu unterschätzende Idolfunktion für ihre Welpen. Sichtet etwa einer der Alttiere einen heranpirschenden Beutegreifer und zeigt durch massives Bellen und Imponiergehabe eine Gefahr für die Herde an, sind alle anderen Herdenschutzhunde sofort alarmiert und zeigen augenblickliche Präsenz. Im kollektiven Miteinander sind es jedoch letztlich die Hirten, die Raubtiere durch lautes Gebrüll oder Schwenken ihrer Jacken vertreiben.

Bei unseren Beobachtungen in diversen Ländern Europas zählten wir im Durchschnitt drei Herdenschutzhunde je 500 Schafe. Ist bekannt, dass Wölfe innerhalb eines bestimmten Gebietes nicht etwa paarweise, sondern in größeren Rudelverbänden auftreten, empfiehlt sich zwangsläufig die Haltung von mehreren Hunden. Haben Wölfe in der Nähe von Schafweideplätzen ihren Höhlenkomplex beziehungsweise ihren Rendezvousplatz angelegt, ist während der Aufzuchtzeit ihrer Welpen zwischen Juli und September verstärkt mit dem Versuch von Überfällen auf Nutztiere zu rechnen. In dieser kritischen Zeit empfiehlt sich neben einem Einsatz von Herdenschutzhunden die Aufstellung eines transportablen Nachtgatters oder die Nutzung von Elektrozäunen. Herdenschutzhunde sollten sich insbesondere nachts frei bewegen und somit ihr volles Verteidigungspotenzial ausschöpfen können. Vom Anketten der Hunde ist dringend abzuraten, da der so genannte Ketteneffekt zu einer unnatürlichen Aggressivität gegenüber Menschen führt. Je nach er-

lebter Aktivität rund um ein Schafcamp entscheidet sich für einen Herdenschutzhund, was zum alltäglichen Routineablauf gehört. Besonders im Welpenalter findet eine Gewöhnung an den regelmäßig vorbeischauenden Nachbarn, an den Besuch von Touristen, an Fahrradfahrer oder Jogger, an den Umgang mit anderen Hunden und an unterschiedlichste Geräuschkulissen statt. Herdenschutzhunde, die während der Sozialisationsphase mit diversen Situationen des zuvor beschriebenen Alltagsgeschehens aufgewachsen sind, beobachten zwar die sich nähernden Subjekte und Objekte, reagieren aber im Gegensatz zu isoliert aufgewachsenen Hunden im Normalfall nicht aggressiv, sondern melden bellend aus der Distanz. Die meisten Hirten mögen ohnehin keine Hunde mit übertriebenem Schutzinstinkt, die jeden fremden Menschen sofort attackieren wollen.

Außerdem muss beachtet werden, dass die Hunde nicht mit zu kalorienreicher Nahrung gefüttert werden, denn zu viel Energie kann die Aktivität und somit die Verhaltensweisen eines Hundes negativ beeinflussen. Ruhige Tiere hingegen tendieren nicht zu Überreaktionen, fressen weniger und verbrennen zwangsläufig weniger Energie. Selbstverständlich entwickeln Hunde unterschiedliche Temperamente, so dass die Nahrung nicht alleiniger Faktor von unterschiedlichen Verhaltensweisen sein kann.

Kommen wir nun auf unsere Arbeit mit Boris und Dolina zurück. In der Scheune konnten sich die beiden Hundewelpen unter einen Stuhl zurückziehen, wenn ihnen die Schafe zu nahe auf »den Pelz« rückten. Zu unserer Überraschung verhielten sich die Hunde nicht aggressiv, wurden aber von den etwas verunsicherten Schafen provoziert, indem diese mit ihren Hufen aufstampften und direkten Blickkontakt zu den Welpen aufnahmen. Nach einigen Tagen hatten die Welpen gelernt, jeglichen Blickkontakt zu den Schafen tunlichst zu vermeiden und sich ruhig und abwartend zu verhalten. Der erste Schritt in Richtung einer Sozialisierung war vollbracht, denn auch die Schafe wurden nun eher von einer gewissen Neugierde getrieben. Nach dem ersten Kennenlernen näherten sich die Hundewelpen sowohl Schafen als auch Ziegen schon öfter an, das Nutzvieh reagierte gelassen. Fortan beobachteten wir das ganze Geschehen durch eine Öffnung in der Holzwand, unsere direkte Anwesenheit war somit beendet. Nach einer Woche ohne nennenswerte Zwischenfälle baute unser Hausherr Martin in der Nähe des Farmhauses ein ca. 50 m² großes Gehege im Außengelände auf, wohin wir dann die komplette

Bagage umquartierten. Nun zeigten die Schafe gegenüber den Hundewelpen erneut Drohverhaltensweisen, wann immer sich diese ihnen näherten. Da der Rahmen des Gatters aus Holzlatten bestand, kletterten die Welpen an ihnen hoch und flüchteten in regelmäßigen Abständen. Wir kauften Kaninchendraht, präparierten das Gatter und stellten eine geräumige Hundehütte auf, die den Welpen als Rückzugsmöglichkeit dienen sollte. Wir fütterten die Welpen dreimal täglich innerhalb des Gatters, die Futterschüsseln platzierten wir hierbei am äußersten Ende. Die Welpen mussten somit zwischen den Schafen und Ziegen hindurchlaufen, um an das Futter zu gelangen.

Schon nach kurzer Zeit bewegten sich die Hundewelpen innerhalb des Gatters erheblich freier, verbrachten nun mehr Zeit außerhalb der Hundehütte und lernten, direkten Blickkontakt zu den Nutztieren zu vermeiden. Drohten die Schafe anfangs noch, zeigten die Welpen stressbedingte Übersprungshandlungen in Form von Gähnen, auf dem Boden schnüffeln oder kratzten sich minutenlang hinter den Ohren. Bald ignorierten sie das Drohverhalten der Schafe, legten sich nieder und schliefen mitunter mehrere Stunden. Daraufhin zeigten die Nutztiere sogar erstes Kontaktliegen mit den Hunden, gingen gewohntermaßen dem Wiederkäuen nach und kümmerten sich ansonsten um nichts mehr. Die Hundewelpen fassten immer mehr Vertrauen, näherten sich jetzt den Nutztieren in regelmäßigen Abständen, leckten deren Gesichter und zeigten körpersprachliche Signale der Unterwerfung. Mitunter konnten wir sogar aktives Futterbettelverhalten beobachten. Die Hundewelpen legten sich neben die wiederkäuenden Schafe und Ziegen oder bellten am Rande des Gatters, wenn fremde Personen oder Hunde in der Nähe auftauchten. Besonders Boris liebte es, außerhalb der Routine stehende Dinge zu verbellen. Nun, im Alter von zwölf Wochen, zeigten die beiden Hundewelpen also schon gesteigertes Aufmerksamkeitsverhalten.

Gab es nichts Aufregendes zu entdecken, spielten Boris und Dolina ausgelassen miteinander, zeigten sogar Spielaufforderungen gegenüber den Schafen und Ziegen, die das ausgelassene Gehopse jedoch geflissentlich ignorierten. Gegenseitiges Kontaktliegen zwischen Nutztieren und Hundewelpen konnte nun immer regelmäßiger beobachtet werden. Sie hatten sich offensichtlich endgültig zusammengerauft. Legte sich ein Schaf neben einen Welpen, leckte dieser sofort dessen Gesicht, wedelte kräftig mit seinem Schwanz und schien jederzeit bemüht »gut Wetter« zu machen. Beide Welpen vermieden bei den Interaktionen stets direkten Blickkontakt und formten ganz augenscheinlich einen sozialen Bund. Die Sozialisation war beendet, wir konnten Nutztiere und Hunde auch nachts bedenkenlos alleine lassen. Natürlich fiel uns ein Stein vom Herzen, nachdem die anfangs doch etwas unklare Situation bereinigt war und die Sozialisierungsarbeit letztlich doch geklappt hatte. Bauer Martin war begeistert, kein Schaf hatte sich verletzt und er schloss Boris und Dolina in sein Herz. Das anfängliche Misstrauen war gänzlich verflogen, die beiden Hundewelpen letztlich vollends adoptiert.

Die juvenile Entwicklungsphase von Boris und Dolina

Der Winter nahte in raschen Schritten und das Nutzvieh lebte nun mit den Hunden in der Scheune. Bald brachten die hoch tragenden Weibchen ihre Lämmer zur Welt, so dass Boris und Dolina sich auf die Nachgeburt stürzen durften, ohne jemals auch nur ansatzweise irgendwelche Aggressionen gegen die Lämmer zu zeigen. Wir begannen im April 1996 mit den Verhaltensbeobachtungen der juvenilen Phase, nachdem sich die Schafbesitzer des ganzen Dorfes getroffen hatten.

Sie stellten eine ca. 600-köpfige Herde zusammen, drei Hirten wurden angeheuert und ab ging es in die Berge. Boris und Dolina, nunmehr knapp zehn Monate alt, akzeptierten auch die ihnen nicht bekannten Schafe und Ziegen auf Anhieb. Anfangs durchaus noch misstrauisch, beobachteten die im Umgang mit Herdenschutzhunden noch unerfahrenen Hirten das Geschehen sehr genau, vertrauten jedoch nach einigen Tagen der Selbstständigkeit und dem souveränen Verhalten dieser Junghunde. Im Verlauf des Sommers ergaben sich allerdings einige Schwierigkeiten, die hier zur Vermeidung von Fehlern detaillierter geschildert werden sollten. Aus den umfangreichen Notizen haben wir hier nur die markanten Beobachtungen des jeweiligen Tages herausgegriffen.

Verhaltensbeobachtungen am Rüden Boris
28. April 1996

Während des Weideauftriebs lief der zehn Monate alte und oft kaum von den Nutztieren zu unterscheidende Boris inmitten der Herde und ignorierte das Treibeverhalten des älteren Hütehundes. Boris bewegte sich sehr bedächtig, vermied direkten Blickkontakt zu den Nutztieren und bellte hin und wieder beim Auftauchen von unvorhergesehenen Ereignissen. Am Schafcamp angekommen, zeigte er Spielaufforderungen gegenüber einem jüngeren Hütehund, legte sich aber bald neben die wiederkäuenden Schafe und schlief über mehrere Stunden.

01. – 05. Mai 1996
Bereits in den ersten Tagen bevorzugte Boris die Nutzung einiger Anhöhen, von wo aus er einen guten Blick über die gesamte grasende Herde genoss. Nachts favorisierte er einen bestimmten Liegeplatz vor dem Eingang des Schafgatters, reagierte bezüglich seines Bellverhaltens allerdings ausnahmslos auf die Initiative von Dolina, die bei potenzieller Gefahr (Annäherung von Wölfen, siehe Tabelle) als Erste warnte.

14. – 23. Mai 1996
Boris zeigte nun im Alter von 10 ½ Monaten großes Interesse am Treibeverhalten des älteren Hütehundes, sah in ihm wohl eine gewisse Idolfigur, ahmte die Initiative des Hütehundes nach. Bald sprang er einzelnen Schafen ins Genick oder versuchte sie an den Hinterbeinen zu packen. Nachts warnte er die Hirten jedoch sehr zuverlässig durch massives Bellen.

17. Juni - 01. Juli 1996
Im Alter von ca. elf Monaten begann Boris rund um die Herde an ganz bestimmten Punkten zu markieren und territoriale Ansprüche zu unterstreichen. Nachdem die Herde jeden Abend zum Melken bergab getrieben und für die Nacht eingepfercht worden war, zeigte er besonders hier massives Bellverhalten, wenn er etwas nicht zur Routine Gehörendes schon auf Abstand registrierte.

01. – 16. Juli 1996
Im Alter von zwölf Monaten lief Boris Beeren- und Pilzsammlern laut bellend entgegen und stellte sie. Je nach Verhaltensweise des jeweiligen Menschen wurde dieser entweder weiter bedrängt oder aber schnell ignoriert. Boris reagierte nicht auf Rückruf der Hirten.

Im Gegensatz zu den Gepflogenheiten in den USA, wo Herdenschutzhunde fast ausschließlich selbstständig arbeiten, bewachen Hirten und Hunde in Europa und Teilen Asiens seit Jahrtausenden gemeinsam Nutzviehherden. Der Begriff »Herdenschutzhund« kommt aus der englischen Übersetzung »Livestock Guarding Dog« oder »Livestock Protection Dog« und soll die Verwendung dieses Hundetyps ausdrücken. Die Bezeichnung »Hirtenhund« kann irreführend sein, weil man unter diesem Sammelbegriff auch Treibehunde und Hütehunde einordnet.

01. August 1996
Zwei Wochen später wurde Boris mit der direkten Präsenz eines Braunbären konfrontiert, dem es auch gelang, ein Schaf zu reißen. Beide Hunde bellten wütend und äußerst aufgebracht, umringten den Bären und veranlassten ihn von seiner Beute abzulassen. Der Bär flüchtete in den Wald, wurde einige hundert Meter von den Hunden verfolgt, ehe sie beide von ihm abließen. Mehrfach hatte Boris zuvor bei Gefahr durch Wölfe aufmerksames Bellverhalten gezeigt (siehe Tabelle).

07. August 1996
Durch Nachahmung von Dolina versuchte Boris eine Woche später Milch zu trinken (siehe Verhaltensbeobachtung Dolina). Wann die Hunde mit dieser Verhaltensweise begannen, konnten uns die Hirten nicht exakt sagen. Ihre erste direkte Beobachtung notierten sie in der ersten Juliwoche.

10. – 13. September 1996
Boris und der ältere Hütehund arbeiteten sehr unkonzentriert, weil die Hündin Dolina deutliche Anzeichen einer beginnenden Hitze anzeigte. Sie wurde zum Farmhaus verbracht und über vier Wochen von den Rüden komplett getrennt. Ab Mitte Oktober 1996 verbrachte man die Schafe wieder zu ihren Besitzern und Boris und Dolina lebten nun wieder in der Scheune von Bauer Martins Farmhaus.

Verhaltenskorrektur bei Boris
Da das sporadisch aufgezeigte Treibeverhalten keinesfalls geduldet werden konnte, unterrichteten wir die Hirten über den korrekten Umgang mit so genannten Disc-Scheiben. Das von John Fisher aus England eingeführte Trainingssystem fruchtete bei Boris sehr schnell. Nur wenige Übungsintervalle waren notwendig, um ihn auf das intensive Schüttelgeräusch der Disc-Scheiben zu konditionieren, sein Fehlverhalten zu korrigieren und somit das Scheuchen von Nutztieren und das Attackieren von Menschen schon im Ansatz zu stoppen. Auf Anraten von Prof. Coppinger verbanden wir außerdem einen Autoreifen mit seiner Leine, der ihn am überschnellen Vorpreschen hinderte und seinen Bewegungsradius einengte. Nachts, wo ohnehin keine Menschen unterwegs waren, konnte auf jegliche Erziehungshilfsmittel verzichtet werden und Boris ungehindert frei umherlaufen. Die Hirten mussten außerdem sehr intensiv unterrichtet werden, auf die Ausdrucksfor-

---

»Dolina« bedeutet auf slowakisch »Tal«. Im Gegensatz zum Rüden Boris verhielt sich Dolina wesentlich ortsgebundener und gegenüber Touristen allgemein sanfter bzw. toleranter. Außerhalb der Routine stehende Abläufe quittierte aber auch sie mit massivem Bellverhalten und zeigte gegenüber Wölfen und Bären mit Einbruch der Dämmerung ständige Präsenz.

men des Hundes zu achten und ihn ohne Leine nicht aus ihrem Einwirkungskreis zu entlassen. Nochmals intensivierten wir das Disc-Training, und Boris war bald gewohnt in der Nähe der Hirten zu bleiben. Die Verhaltenskorrektur war abgeschlossen.

Verhaltensbeobachtungen an der Hündin Dolina
28. April 1996
Dolina lief während des Weideauftriebs ebenfalls inmitten der Herde, zeigte aber im Gegensatz zu Boris gegenüber den Schafen aktives Futterbettelverhalten und leckte deren Gesichter ab. Sie ignorierte das Treibeverhalten des Hütehundes komplett.
01. – 05. Mai 1996
Während Boris Anhöhen bevorzugte, lag Dolina oft zwischen den Nutztieren oder saß direkt in unmittelbarer Nähe der Herde. Nachts postierte sie sich innerhalb des Gatters vor dem Eingang und blieb dort auch - soweit beobachtbar - wenn sie bellte. Dolina initiierte jegliches Bellverhalten.
14. – 23. Mai 1996
Dolina zeigte weiterhin kein Interesse am Treibeverhalten des Hütehundes, bellte im Gegenteil sogar Boris an, wenn dieser Schafe scheuchte. Dolina blieb jederzeit eng bei der Herde, hielt Abstand zu den Hirten und bevorzugte stattdessen direktes Kontaktliegen mit wiederkäuenden Schafen.
17. Juni – 01. Juli 1996
Dolina markierte nicht, zeigte aber gewohnt zuverlässiges Bellverhalten, wann immer notwendig.
01. – 16. Juli 1996
Dolina lief einige Meter hinter dem vorpreschenden Boris in Richtung fremder Menschen her, stoppte je-

doch, bellte aus der Distanz und lief dann wieder zurück zur Herde.
01. August 1996
Bei Annäherung des Bären bellte Dolina erneut zuerst und veranlasste ihn letztlich zusammen mit Boris zum Rückzug in Richtung Wald.
07. August 1996
Die Hirten berichteten uns, dass sich Dolina schon seit geraumer Zeit vor dem allabendlichen Melken der Schafe unter bestimmte Tiere legte, deren Gesäuge beleckte, um somit an die begehrte Milch zu kommen. Die Schafe blieben bei dieser Prozedur sehr geduldig stehen, genossen die Handlung offensichtlich mit leicht gesenktem Kopf und geschlossenen Augen. Der Rüde Boris ahmte Dolinas Aktionen per Beobachtungslernen nach und beide Hunde tranken fortan regelmäßig jeden Tag Schafsmilch.
14. September 1996
Dolina wurde von Tag zu Tag unruhiger. Sie wurde von den Rüden des Schafcamps aufdringlich verfolgt und schließlich zum Bauernhof nach Dolna Lehota verbracht, weil die erste Hitze eindeutig bevorstand. Für die nächsten vier Wochen wurde Dolina separiert.

Verhaltenskorrektur bei Dolina
Im Gegensatz zu Boris konnte die Hündin von Welpenalter an als wesentlich sanftmütiger angesehen werden. Einerseits zeigte sie den Hütehunden gegenüber mitunter Spielbereitschaft, andererseits aber auch eine extrem enge Verbundenheit zum Nutzvieh. Regelmäßig leckte sie die Gesichter erwachsener Schafe. Ihr Verhalten musste niemals korrigiert werden, keinerlei Training war notwendig, um ihr eigen-

Datum / Zeitpunkt der Ankunft	Wolf / Bär	Distanz zum Schafgatter	Reaktion der Hunde	Durch Raubtier getötete Schafe / Ziegen
02.05.96 (22.45)	Wolf	350 Meter	Massives Bellen	Keine
17.05.96 (00.10)	Wolf	250 Meter	Massives Bellen	Keine
23.05.96 (05.05)	Bär	400 Meter	Massives Bellen	Keine
17.06.96 (06.55)	Wolf	800 Meter	Markierverhalten	Keine
23.06.96 (12.13)	Bär	700 Meter	Bellverhalten/Kotfund	1 Schaf
01.07.96 (23.35)	Wolf	250 Meter	Massives Bellen	Keine
04.07.96 (14.32)	Bär	800 Meter	Pfotenabdrücke	Keine
15.07.96 (23.10)	Wolf	150 Meter	Imponierhaltung	Keine
17.07.96 (05.45)	Wolf	300 Meter	Massives Bellen	Keine
01.08.96 (06.55)	Bär	Unm. Überfall	Bellen/Imponierhaltung	1 Schaf
16.08.96 (00.15)	Wolf	250 Meter	Massives Bellen	Keine
22.08.96 (01.20)	Wolf	250 Meter	Massives Bellen	Keine
03.09.96 (06.40)	Wolf	750 Meter	Markierverh./Imponierhaltung	Keine
10.09.96 (21.25)	Wolf	600 Meter	Massives Bellen/Markierverh.	Keine

ständiges Agieren aufzubauen. In vielerlei Hinsicht erinnerte uns Dolina an ihre in Südpolen arbeitende Mutter, die ebenfalls umsichtig, sanft und abgeklärt handelte.

Studienresultate
Während des gesamten Sommers 1996 testeten sowohl Wölfe als auch Braunbären in regelmäßigen Abständen unsere Nutzviehherde auf eventuelle Schwächen. Die Tabelle auf Seite 49 zeigt die ausgewerteten Daten aus dieser Sommersaison. Das Datum und Erscheinen der Wölfe konnten wir mittels Telemetrietechnik bestimmen. Die Annäherung eines Braunbären wurde entweder direkt beobachtet oder nach der Auswertung einer Spuren- und Kotanalyse bestätigt.

Zusammenfassende Beurteilung der Effektivität der beiden Herdenschutzhunde
Nach und nach erhielten wir erste Informationen aus einigen benachbarten Schafcamps über Attacken und Übergriffe durch Wölfe und Bären. Diese Herden verteidigte man durch die Präsenz von Hirten, durch angekettete Hunde beziehungsweise ohne Hunde. Die Hirten trugen ihre Besorgnis an uns heran, den Übergriffen der Raubtiere doch relativ schutzlos ausgeliefert zu sein. Im Gegensatz dazu bellten unsere Hunde fast jede Nacht äußerst massiv und warnten die Hirten bis auf eine Ausnahme stets rechtzeitig. Die Ausnahme stellte jener 01. August 1996 dar, an welchem ein Schaf durch einen Braunbären gerissen wurde. Die Wölfe testeten also offensichtlich unsere Herdenschutzhunde auf Zuverlässigkeit und Verwundbarkeit, fanden aber schnell heraus, dass ein Angriff auf die schlecht bewachten Schafcamps der Nachbarschaft wesentlich vielversprechender war und nutzen diesen sich bietenden Vorteil insgesamt sage und schreibe 23 Mal aus.

Mitunter richteten die Wölfe dort wahre Massaker an und töteten jedesmal Dutzende von Schafen. Natürlich war auch unser Schafcamp nicht vor regelmäßigen Wolfsbesuchen gefeit. Peilmessungen an unserer telemetrierten Wölfin Karinka bestätigten, dass sie sich vornehmlich in den frühen Morgenstunden oder am späten Abend an das Schafgatter heranpirschte. Da unsere Hunde jedoch jedesmal massiv bellten, intensiv über Kot und Urin markierten oder sich körpersprachlich sehr imponierend vor den Schafen aufbauten, ließen Karinka und ihr Rudel von unserer Herde ab. Es war einfach kein Herankommen an die nachts immer eingepferchten Schafe möglich.

Wie hoffentlich aus unseren Verhaltensbeschreibungen ersichtlich, entwickelten sich Boris und Dolina sehr unterschiedlich, obwohl beide während der Sozialisierungsphase gleichermaßen aufgezogen wurden. So war der Einfluss des älteren Hütehundes zwischenzeitlich nur bei dem Rüden Boris erkennbar. Insgesamt kamen wir jedenfalls zu dem Schluss:

Auch wenn sich die Hunde im Sommer und Herbst 1996 erst in der juvenilen Phase befanden und ihre Entwicklung noch einige Zeit brauchte, um volles Verteidigungspotenzial darzustellen, waren die Ergebnisse doch als sehr zufriedenstellend zu bezeichnen. Anfang 1997 berichteten unsere Hirten über ihre positiven Erfahrungen mit ihren Herdenschutzhunden, um andere Hirten aus der näheren Umgebung von der Effektivität der Hunde zu überzeugen und zudem ein gemeinsames Zuchtprogramm zu besprechen. Mein Kollege aus der Hundeerziehungsbranche, Michael Eichhorn, sieht Boris und Dolina auch heute noch ab und zu. Beide Hunde arbeiten wie gewohnt zuverlässig an den Schafen, über die Jahre hat sich mehrfach hoffnungsvoller Nachwuchs eingestellt, so dass unsere Pionierarbeit zumindest einige Früchte getragen hat. Wir konnten somit nicht nur die Effektivität von Herdenschutzhunden nachweisen, sondern vor allem etwas Konkretes für den aktiven Wolfsschutz leisten.

Hoffen wir, dass nach der Rückkehr des Wolfes in unsere heimatlichen deutschen Gefilde Besonnenheit einkehrt. Schaf- oder andere Nutztierherden würden durch den Einsatz dieser außergewöhnlichen Hunde zukünftig präventiv geschützt, damit Schlagzeilen wie die aus der Westfälischen Rundschau vom 03.05.2002 nicht mehr zur Verteufelung des Wolfes in Deutschland beitragen können:

»Wildes Wolfsrudel riss 20 Schafe
Weißwasser. (dpa) Vier Jungwölfe haben in Sachsen nahe Weißwasser 20 Schafe auf einer Weide gerissen. Ein Schaf aus der rund 260 Tiere starken Herde wurde fast völlig aufgefressen. Das Wolfsrudel gilt in Deutschland als das einzige in freier Wildbahn und lebt seit längerem auf einem abgelegenen Truppenübungsplatz. Künftig sollen die Tiere mit Gummigeschossen von den Schafen fern gehalten werden.«

Typisch - warum einfach, wenn es auch kompliziert geht! Und die Effizienz von stationären Gummigeschossen dürfte aufgrund der wölfischen Intelligenz recht niedrig sein!

DIE VERHALTENSÖKOLOGIE VON VIER TIMBERWOLF-FAMILIEN IM BANFF NATIONALPARK IM SOMMER

KONTINUIERLICHE VERHALTENSBEOBACHTUNGEN AN IHREN HÖHLENSTANDORTEN VON 1992 BIS 2002

Kanada und seine Nationalparks in den Rocky Mountains

Kanada gilt nach Russland als zweitgrößtes Land der Erde. Seine in den Rocky Mountains gelegenen Nationalparks sind mittlerweile weltweit bekannt. Alle diese Nationalparks rechnet man dem kanadischen Teil der Rocky Mountains zu, der mit seinen ca. 1.400 km Länge (ab der Grenze zu den USA im Süden bis zum Liard River im Norden) wiederum als nördliches Segment der gesamten Rocky Mountains Gebirgskette gilt. Die westlichen Provinzen Kanadas (Britisch Kolumbien und Alberta) teilen sich gleichermaßen die Ehre, diese »Juwelen« der Rocky Mountains auf ihrem Territorium zu beherbergen. Der Mensch hat Kanadas »wilden« Westen im Verlauf des letzten Jahrhunderts immer weiter gezähmt und schließlich nach und nach eine breit angelegte Infrastruktur geschaffen. Heutzutage fühlen sich mehrere Millionen Besucher pro Jahr von dieser spektakulären Gebirgslandschaft angezogen.

Es ist gerade erst einmal ca. 150 - 200 Jahre her, dass abenteuerlustige Pioniere in den Westen Kanadas vordrangen und bei ihren anfangs noch sehr beschwerlichen Expeditionen auch die wie eine riesige Barriere vor ihnen liegenden Rocky Mountains überquerten. Mit dem Auftauchen der ersten Europäer veränderte sich auch die Tierwelt der Rocky Mountains drastisch. Anthony Henday, der erste europäische Fellhändler der Provinz Alberta, beobachtete viele Wölfe, deren Hauptbeute noch um 1754 Bisons darstellten. Auch ca. hundert Jahre später berichteten diverse Expeditionsleiter von wahren Wolfskonzentrationen, die allerdings schon mit der Ausrottung großer Bisonherden zwischen 1860 und 1870 eine massive Dezimierung erfuhren. Erste Siedler überjagten außerdem Hirsch- und Rehpopulationen und drängten den Wolf immer weiter in Richtung Hochgebirge zurück. Doch damit nicht genug: Die Landwirtschaft weitete sich aus, Wölfe vernichtete man durch die Aufstellung von Fallen, das Auslegen von Strichnin und anderer hoch konzentrierter Gifte und durch Abschuss. Um 1900 war der Wolf zumindest im südlichen und westlichen Teil von Alberta stark dezimiert, 1952 schätzte man die gesamte Wolfspopulation dieser Provinz auf nur noch 500 bis 1.000 Exemplare.

Nach ersten Schutzmaßnahmen in den Nationalparks der Rocky Mountains schätzte der 1970 verantwortliche Biologe Dr. Ludwig Carbyn die Wolfspopulation im Jasper Nationalpark auf nur noch rund 50 Tiere (4 Wölfe/1000 km^2). Dr. Paul Paquet ging nach umfangreichen Recherchen im Banff Nationalpark noch im Jahre 1990 von einer Wolfspopulation von ca. 60 Exemplaren aus. Seitdem hat sich an dieser sehr spärlichen Wolfsdichte nicht viel verändert. Im Gegenteil, sie ist eher noch geringer geworden. Heute stehen zwar durch die Ausweitung der Nationalparks Zehntausende Hektar unter strengen Schutzbestimmungen. Ob dieser großzügig geschaffene, aber leider auch recht isolierte Lebensraum jedoch letztlich für die Überlebenssicherung großer Säugetierpopulationen (besonders für Grizzlybären und Wölfe) ausreicht, bleibt abzuwarten. Fest steht jedenfalls, dass sich die Tierwelt nun mit den neuen Herausforderungen unserer modernen Gesellschaft auseinandersetzen muss. Massentourismus zum Beispiel setzte schon sehr früh ein.

Bereits Ende des 18. Jahrhunderts entdeckten pfiffige Geschäftsleute die außerordentliche Bedeutung einiger natürlich sprudelnder, heißer Schwefelquellen für den Tourismus. Man erzielte sehr schnell Einigkeit darüber, diesen Ort zu erschließen und somit einer breiten Öffentlichkeit zugänglich zu machen. Mit Beendigung des Jahres 1885 war der

Wölfe können ihren Reproduktionsbedarf den jeweiligen Lebensumständen anpassen. Wenn möglich, bleiben die beiden Elternteile über viele Jahre zusammen und ziehen ihren Nachwuchs gemeinsam groß, der dann normalerweise im Alter von zwei Jahren abwandert. Wie viel Prozent einer Wolfspopulation durch den Menschen »schadlos« eliminiert werden kann, ist stark umstritten, weil mit dem Abschuss von Alttieren »Familientraditionen« und Kulturen zerstört werden.

erste Nationalpark Kanadas geboren. Alte Dokumentationsschriften verraten, dass in Banff schon während der Wintersaison 1916 regelrechte Wettkämpfe im Langlaufski, Abfahrtski, Skispringen, Schlittschuhlaufen und sogar Eishockey stattgefunden haben müssen. Man baute den zu jener Zeit nur einige Quadratkilometer umfassenden Banff Nationalpark im Verlaufe der weiteren Jahrzehnte immer weiter aus und etablierte, wie gesagt, weitere Nationalparks.

Heute umfasst der weltweit bekannte Banff Nationalpark ein Gebiet von ca. 6.600 km². Im Nordwesten ist er mit dem über 10.000 km² aufweisenden Jasper Nationalpark verbunden. Im Jahre 1811 gelangte David Thompson zu historischer Berühmtheit, nachdem er den Athabasca Pass, der als höchstgelegener Pass des Jasper Nationalparks gilt, als erster Mensch mit einem Hundeschlitten erfolgreich überquerte. Hier sei nochmals erwähnt, dass zu jener Zeit Expeditionsleiter regelmäßig über riesige Herden von Hirschen und Dickhornschafen berichteten. Die Jagd war eröffnet. Nach und nach wanderten wahre Horden von Fallenstellern ein. Diese boten verschiedenen Handelsposten unter anderem auch Wolfspelze an. Wolfsfelle galten zu jener Zeit als unerschöpliches Reservoire. Der schwunghaft ansteigende Pelzhandel stellte natürlich neben einem stetig wachsenden Tourismus eine willkommene Einnahmequelle dar.

Die damals noch sehr umstrittene Einrichtung von Schutzgebieten führte schließlich zur Gründung des Kootenay Nationalparks und des Yoho Nationalparks. Diese westlich von Banff und Jasper gelegenen Parks bilden bis zum heutigen Tag einen gültigen Verbund der Rocky Mountains Nationalparks. Das Panorama aller vier Nationalparks, samt der angrenzenden Provinzparks Peter Logheed Provincialpark, Kananaskis Country und Spray Lakes Provincialpark gilt als besonders spektakulär.

Aufgrund ihrer atemberaubenden Schönheit wurden die vier Nationalparks von der UNESCO zum Weltkulturerbe erklärt und beherbergen im Verlauf eines Jahres etliche Millionen Touristen aus aller Welt.

Banff Nationalpark - seine heutige Infrastruktur und Tierwelt

Da der Banff Nationalpark, von dem im weiteren Verlauf primär die Rede sein wird, nur etwa 1 ½ Autostunden von der durch die Olympischen Spiele des Jahres 1988 bekannt gewordenen Millionenstadt Calgary entfernt ist, steuern außerhalb der Saisonzeiten natürlich auch Tausende von Wochenendurlaubern diesen magischen Punkt an. Leider wird der Nationalpark heute durch den Trans-Canada-Highway 1, die Eisenbahntraße der CP-Railway-Company, den Parkway 1A (Panoramastraße) durchschnitten und durch etliche andere Einrichtungen (Campingplätze, Grillstationen, Aussichtsplattformen, Wanderwege, Ferienhaussiedlungen) in Mitleidenschaft gezogen. Der Hauptanziehungspunkt ist allerdings die Stadt Banff selbst, welche rund 7.000 bis 8.000 permanent dort lebende Einwohner zählt. Während der Sommermonate (Ende Juni bis Mitte August) schnellt die Einwohnerzahl von Banff allerdings aufgrund von Hotelübernachtungen und Campingplatzreservierungen weit über das zehnfache hoch. Hinzu kommen Tagestouristen, die man in ganzen Busladungen herankarrt. Die logische Folge ist, dass Banff zu bestimmten Jahreszeiten geradezu im Massentourismus ertrinkt. Die Panoramastraße, welche sich im Bowtal parallel zur Autobahn von Banff bis zum Wintersportort Lake Louise erstreckt, ist zwar vom 01. März bis 15. Juni eines jeden Jahres zwischen 6:00 h abends und 9:00 h morgens für jeglichen Autoverkehr gesperrt, aber keiner hält sich an diese Weisung, weil ein Verzicht auf ihre Nutzung leider nur an die Freiwilligkeit der Autofahrer appelliert. Sinnvoller wäre sicherlich, die Panoramastraße durch ein verschließbares Tor komplett abzugrenzen, damit die Tierwelt wenigstens in den Dämmerungszeiten Ruhe hätte.

Trotz dieser Menschenmassen haben erstaunlicherweise bis zum heutigen Tag alle Großraubtiere wie zum Beispiel Wolf (Canis lupus), Grizzlybär (Ursus arctos), Schwarzbär (Ursus americanus), Puma (Felis concolor), Luchs (Lynx canadensis), Vielfraß (Gulo gulo) und Kojote (Canis latrans) in unmittelbarer Nähe zur Stadt Banff überlebt. Alle diese Raubtiere konzentrieren sich zu bestimmten Jahreszeiten auf die wenigen Talsohlen des Nationalparks, um Nahrung zu finden. Außerdem kann der interessierte Urlauber mit einem bisschen Glück ein weites Spektrum an Huftieren und Greifvögeln beobachten: Wapitihirsche (Cervus elaphus), Dickhornschafe (Ovis canadensis), Elche (Alces alces), Bergziegen (Oreamnos americanus), Weißwedelhirsche (Odocoileus virginianus), Waldkaribu (Rangifer tarandus), Steinadler (Aquila chrysaetos), Weißkopfseeadler (Haliaeetus leucocephalus), Fischadler (Pandion haliaetus), Rotschwanzbussarde (Buteo jamaicensis), Rauhfußbussarde (Buteo lagopus), Turmfalken (Falco sparversis) und Merlin (Falco columbarius), um nur einige zu nennen.

In vielen offenen Wiesenlandschaften bringen Erdhörnchen (Spermophilus columbianus), Streifenhörnchen (Tamias ruficaudus) und andere Kleinnagetiere ihre unverwechselbaren Warnlaute zu Gehör. Dieses Warnsystem ist auch dringend erforderlich, denn marderatige Raubtiere wie etwa Baummarder (Martes americana), Fischer (Martes pennanti) oder Hermeline (Mustela erminea) lauern jederzeit auf Beute. In den frühen Morgenstunden und ab dem späten Nachmittag droht zusätzliche Gefahr von oben: Der Uhu (Bubo virginianus), die große Graueule (Strix nebulosa) oder die Langohreule (Asio otus) setzen zum überraschenden Sturzflug an. In höheren und kaum noch bewaldeten Lagen ab etwa 1.800 Meter über NN trifft der geübte Wanderer auf Murmeltiere (Marmota flaviventris) und Pfeifhasen (Ochotona princeps) und in den zahlreichen Ge-

Die Landschaftsstruktur der Nationalparks besteht zum größten Teil aus alpinen und subalpinen Zonen, die für die Wölfe relativ »unproduktiv« sind. Da Täler und Wasserläufe hauptsächlich vom Menschen beansprucht werden, verringert sich zwangsläufig der Lebensraum für die Tierwelt. Wolfsreviere umfassen in den Rocky Mountains wegen einer dünnen Beutetierdichte meist um tausend Quadratkilometer.

Viele Tiere werden von unvernünftigen Touristen gefüttert. Futterkonditionierung führt aber in der Konsequenz zu dreistem und aggressivem Verhalten, so dass etwa bettelnde Bären oft zu »Problemtieren« erklärt werden und letztlich ihr Leben lassen müssen.

birgsbächen, Flüssen und Sumpflandschaften leben Biber (Castor canadensis), Bisamratten (Ondatra zibethicus), Nerze (Mustela vison) und Otter (Lutra canadensis).

Fast alle Vertreter der zuvor kurz erwähnten Tierarten müssen hochadaptive Verhaltensstrategien entwickeln, um nicht als Opfer der massiven Infrastruktur zu enden. Im Verlauf unserer Forschungsjahre starben etliche hundert Hirsche, Dutzende Elche, Rehe, jeder fünfte Schwarzbär, Kojoten, Pumas und natürlich auch Wölfe eines qualvollen Todes, indem sie von einem Zug oder Automobil erfasst und zermalmt wurden.

Oft wurde den Tieren ihre eigene Unbedarftheit, Naivität, Neugierde oder die Notwendigkeit der Nahrungssuche zum Verhängnis, denn die meisten, sich selbst als »Naturfreunde« klassifizierenden Parkbesucher nehmen wenig Rücksicht auf die Belange der Tierwelt.

Sie überschreiten mit ihren Mietwagen pausenlos Tempolimits (Autobahn: 90 km/h, Panoramastraße: 60 km/h), nähern sich den oftmals gestressten Tieren (besonders Bären) bis auf wenige Meter und versuchen diese mitunter sogar zu füttern, obwohl dies per Gesetz strikt verboten ist. Kurzum: Sie verhalten sich so, als ob sie gerade einen Zoologischen Garten besuchten und sich die Tierwelt an ihrer Präsenz sogar noch erfreuen sollte. Außerdem rollen pro Tag bis zu fünfzig Eisenbahnen mit bis zu hundert Waggons durch den Nationalpark und viele Tiere werden durch diese »Monster der Schiene« getötet. An Rekordtagen werden bis zu fünf Hirsche von Eisenbahnen dahin gerafft.

Schwer beladene Lastkraftwagen, deren Bremsweg ohnehin sehr lang ist, scheinen als »heilige Kühe« zu gelten, zumindest werden sie von der Polizei trotz massiver Geschwindigkeitsüberschreitungen nie angehalten und zurückgewiesen. Stattdessen »brettern« sie durch die Landschaft und nehmen auf nichts und niemanden Rücksicht.

Wohin wird der Weg des Banff Nationalparks zukünftig führen?

Laut einer repräsentativ durchgeführten Umfrage sind 68% der kanadischen Bevölkerung der Meinung, dass die durch einen Nationalstatus geschützten Flächen Kanadas »optimale Rückzugsrefugien für die heimische Tierwelt darstellen«.

Der völlig subjektiven Meinung der Befragten folgend, könnten besonders die großen Beutegreifer wie Puma, Bär und Wolf innerhalb der Nationalparkgrenzen bestens vor menschlicher Willkür bewahrt werden. Kanadische Naturschutzorganisationen hielten oben genannte Umfrage bereits vor Jahren für angebracht, nachdem diverse Nationalparks aufgrund negativer Schlagzeilen sogar weltweit ins Gerede gekommen waren. »Wir sind nicht weit davon entfernt, unsere Nationalparks zu Tode zu lieben«, meinte der in Kanada sehr populäre Naturalist David Suzuki. Sowohl der Prince Edward Island Nationalpark (Provinz Nova Scotia) als auch der Banff Nationalpark sind laut Umfrage derzeit am ärgsten bedroht. Nicht enden wollende Besucherströme rollen durch die Parks und die Infrastrukturmaßnahmen (zum Beispiel der weitere Ausbau der Transkanada Autobahn) nehmen weiter zu. Fauna und Flora müssen sich wieder einmal menschlichen Vorstellungen anpassen.

Für die Tierwelt werden lebensnotwendige Äsungsflächen und Wandermöglichkeiten innerhalb des langgestreckten, und von bis zu 3.000 Metern hohen Bergen umgebenen Haupttals (Bowtal, 1.000 bis 1.800 m ü. NN) immer mehr zur Rarität, auch wenn man mit sehr hohem finanziellem Aufwand (mehrere Millionen Dollar) zwei doch recht schmal anmutende Ökobrücken über die Transkanada Autobahn baute. Erfreulicherweise nahmen zwar einige Raubtiere, wie etwa einzelne Bären oder Pumas, das neue Angebot an, insgesamt hielt sich die Wanderfreudigkeit der Raubtiere allerdings in Grenzen. So folgen die Wölfe des Bowtal Rudels bis zum heutigen Tag lieber ihren traditionell angestammten Pfaden, nutzen nur ganz bestimmte Autobahntunnel und verhalten sich zudem noch individuell sehr unterschiedlich. Einzelne Tiere, wie etwa die uns bestens bekannte Jungwölfin Nisha, die sich beharrlich 1 ½ Jahre weigerte, jeglichen Autobahntunnel zu nutzen, lehnten derartige Hilfestellungen lange Zeit ab.

Durch das Bowtal, immerhin Stammterritorium des Bowtal Rudels, schlängelt sich der naturbelassene, gottlob nicht begradigte Bowfluss. Die stellenweise durch Biber aufgestauten und sehr weitverzweigten Flussarme produzieren jene Vegetationsvielfalt, die an und für sich Elchen, Hirschen und Rehen elementare Nahrungsgrundlagen bieten soll. Das für Raubtiere (biologisch gesehen) ergiebigste Tal des Banff Nationalparks wird allerdings aufgrund der bereits erwähnten Infrastruktur sehr stark zerschnitten.

Da weder Teile der Autobahn noch die komplette Eisenbahntrasse eingezäunt sind, avancierten diese technischen »Errungenschaften« im Laufe der Jahre zur Todesfalle Nr. 1. Die traditionellen Wanderwege des Bowtal Rudels und des Fairholme Rudels machen es zwingend notwendig, z.B. Autobahn- und Eisenbahntrasse in regelmäßigen Abständen zu überqueren. Seit Jahren bleiben insbesondere unerfahrene Jungwölfe, aber auch Alttiere, deren Sinnesleistungen offensichtlich mit zunehmendem Alter abnehmen, im wahrsten Sinne des Wortes auf der Strecke. Diese Tatsachen veranlassten den bekannten Verhaltensökologen Dr. Paul Paquet bereits vor einiger Zeit zu der Aussage, dass »in einigen Jahren womöglich keine Wölfe mehr im Bowtal zu finden sein werden«.

Zur Ehrenrettung der Nationalparkverwaltung muss allerdings unbedingt erwähnt werden, dass sich ihre verantwortlichen Stellen zumindest mitunter bemühen, dem allseits bekannten Problem einigermaßen Herr zu werden. So veränderte man in den letzten Jahren bereits kleinere Teile der Infrastruktur, indem man u. a. einzelne Campingplätze und ein Ausbildungslager für »Naturpolizisten« dauerhaft schloss, ein Gehege für Büffel (Bison bison) entfernte und die Landeerlaubnis für kleinere Flugzeuge nahe der Stadt Banff drastisch einschränkte. Durch diese landschaftlichen Veränderungen gewährte man der ortsansässigen Tierwelt die Möglichkeit, den vorhandenen Lebensraum erheblich flexibler zu nutzen.

Das Fairholme Rudel, welches sich erst im Jahre 1999 aus drei »Pionierwölfen« rekrutierte, ergriff die neu entstandene Chance, die die neuen Wanderrouten boten, auch gleich »beim Schopfe«. Die Wölfe reproduzierten in relativer Stadtnähe, zogen im Sommer 2000 erfolgreich sechs Welpen auf, entwickelten erstaunliche Verhaltensanpassungsfähigkeiten und verhielten sich für nordamerikanische Verhältnisse schon fast europäisch. Die veränderte Landschaftsstruktur schien der Tierwelt tatsächlich zu helfen.

Werden diese ersten Maßnahmen allerdings auch für die zukünftige Erhaltung von Raubtierpopulationen ausreichen? Fest steht allenfalls, dass uns hierüber nur die Zeit Auskunft geben kann. Nach unserer Meinung, aber auch nach Meinung der Biologen Paul Paquet und Marc Hebblewhite sind die nachfolgend aufgelisteten Vorschläge ernsthaft ins Kalkül zu ziehen, ja versprechen sogar eine konkrete Problemlösung:

TIMBERWOLF YUKON & CO.

Eine Kojotin, Mutter mehrerer Welpen, versucht in der Hauptsaison eine Straße zu überqueren, um zu ihrem Nachwuchs zu gelangen. Da Touristen wenig Rücksicht auf die Belange der Tierwelt nehmen, müssen die Tiere oft extreme Stresssituationen meistern und ihr Verhalten ständig wechselnden Lebensbedingungen anpassen.

1. Drastische Beschränkung der Zahl von Nationalparkbesuchern beziehungsweise Aufbau eines Quotensystems.
2. Vollständige Einzäunung der gesamten Trans-Kanada-Autobahn.
3. Geschwindigkeitsreduzierung und strikte Geschwindigkeitskontrollen auf allen Straßen und Bahngleisen des Nationalparks, weil bisher weder Radarkontrollen durchgeführt werden, noch ausreichend polizeiliche Präsenz die Autofahrer am Rasen hindert.
4. Teilschließung der Panoramastraße bei gleichzeitiger Einrichtung eines Pendelbetriebes für Sightseeing Busse wie in Nationalparks Afrikas, Europas, Asiens oder Indiens absolut üblich.

Das Bowtal, hauptsächlicher Lebensraum von zwei Wolfsfamilien, ist zwar ungefähr 100 km lang, aber nur ca. zwei bis drei km breit und zu allem Übel von einer massiven Infrastruktur zerschnitten. Jedes Jahr sterben hier etwa 50% der ansässigen Wölfe, 20 - 25% der Bärenpopulation und unzählige Hirsche, Rehe und Kojoten.

5. Errichtung von mehr und vor allem breiter gestalteter Ökobrücken und Autobahntunnel.
6. Komplette Umzäunung der Stadt Banff, zumindest aber Umzäunung einiger kritischer Campingplätze in Stadtnähe und die Schaffung klar ausgewiesener, saisonal für den Publikumsverkehr geschlossener Wanderkorridore. Außerdem besteht ein Nachholbedarf für bessere Schulungsprogramme, das sich endlich mit dem Verhalten von Touristen in Nationalparks auseinandersetzt.

Auf die Ausgangsfrage dieses Teilkapitels zurückkommend, führen oben formulierte Vorschläge sehr wahrscheinlich dazu, der ortsansässigen, aber eben auch wanderfreudigen Tierwelt ein dauerhaftes Überleben zu ermöglichen. Wenn nicht bald gehandelt wird, dominiert weiterhin ausnahmslos die Interessenlage des Menschen vor dem Recht der Tiere, sich wenigstens innerhalb von Nationalparkgrenzen frei entfalten zu können. Leidtragend in diesem Prozess ist die Natur selbst - inklusive der Tierwelt - in ihrer bereits jetzt schon kleinräumigen Vielfalt. Es besteht also dringender Handlungsbedarf, ansonsten bleiben alle Anstrengungen im Rahmen des Naturschutzes Flickwerk, kaschieren allenfalls die wirklichen Probleme. Die Lebensbedingungen der frei lebenden Tiere des Banff Nationalparks sind heute fast völlig dem ökonomisch orientierten Verhalten des Menschen untergeordnet.

Die verantwortlichen Stellen des Parkmanagements sind indes wahrlich nicht zu beneiden. In welche Richtung das Pendel der Entscheidung auch immer ausschlägt: Die Manager müssen ständig um einen Kompromiss zwischen den unterschiedlichsten Interessengruppen ringen. Fast täglich stehen die Interessenvertreter der Wanderer, Golfer, Mountainbiker, Camper, Angler, Bootfahrer, Skiläufer oder natürlich auch Tierschützer (um nur einige zu nennen) auf dem Plan, um der Parkverwaltung ihr Anliegen vorzutragen. Andererseits, und das sollte hier ganz deutliche Betonung finden, sind sie natürlich verpflichtet, das Ökosystem Nationalpark so unberührt wie möglich für die Nachwelt zu erhalten. Bei diesem Unterfangen kann man sich von den verantwortlichen Managern nur sehr viel Umsicht, Vorausschau und Verantwortungsgefühl wünschen. Das wird allerdings schwierig, denn wie schrieb einst der bekannte Amerikaner Frank Egler so schön: »Ökosysteme sind nicht nur komplexer als wir denken, sondern mehr komplex als wir denken können«. Man darf gespannt sein, welche Entschei-

dungen in welche Richtung getroffen werden. Weiterhin darf man gespannt sein, wohin der Weg dieses (und selbstverständlich auch anderer betroffener) Nationalparks in Zukunft führen wird.

Auf die Wölfe zurückkommend, diese leben bereits jetzt schon - zumindest saisonbedingt - vor allem notgedrungen in steileren, unzugänglicheren und zugleich dicht bewaldeten Teilen der Rocky Mountains. Gerade weil Wölfe generell sehr sparsam mit Energie haushalten müssen, ist anzunehmen, dass sie auf der Suche nach Beute in diesem Bemühen durch den Menschen zukünftig mehr und mehr gestört werden. Die ständige Vorsicht, der saisonbedingt hohe Stress, dazu die weiten Strecken, die sie zurücklegen müssen, kosten die Wölfe unnütz viel Energie und Kraft. Wapitihirsche und Rehwild, die natürlichen Beutetiere des Wolfes, wurden hauptsächlich durch menschliche Manipulation weitestgehend dezimiert. Da sich viele Hirsche in den Stadtrandlagen von Banff aufhielten und mitunter unvorsichtige Touristen attackierten, transportierte man in den letzten Jahren fast 300 Stück Rotwild in andere, oft außerhalb der Nationalparkgrenzen angesiedelte Gebiete, wo die Huftiere dann auch gleich durch begeisterte Jäger zum Abschuss kamen. Man veränderte so das Raubtier-Beute-Verhältnis nachhaltig und nahm den Zusammenbruch eines Ökosystems in Kauf. Ein gut durchdachtes »Wildlife-Management-Konzept« stellt man sich irgendwie anders vor. Selbst ein Nationalpark garantiert also heute keinesfalls das langfristige Überleben von Raubtierpopulationen. Der ewige Konflikt zwischen Ökonomie und Ökologie hält auch den Banff Nationalpark im Würgegriff. Wie schrieb der bekannte Zoologe Erik Zimen schon vor über zehn Jahren: »Doch auch ich weiß jetzt, dass der Ausgleich zwischen Natur und Kultur, zwischen Ökonomie und Ökologie, von dem alle heute reden, eine Illusion ist. Solange der Profit alles bestimmt, auch die Höhe unserer Almosen für die Natur, wird es keine Gemeinsamkeit geben.« Eine aktuelle Beschreibung des Ist-Zustandes der Situation des kanadischen Banff Nationalpark könnte nicht treffender formuliert werden.

Nach wie vor bleibt die Frage offen, ob alle heute im Bowtal lebenden und in einer Art Symbiose miteinander vernetzten Tierarten mittelfristig überhaupt noch werden überleben können. Schon vor 11.000 Jahren mussten Stoney-, Cree- und Ktunaxa-Indianerstämme lernen, dass die Tierwelt des Bowtales sehr sensibel auf Störungen reagierte. Eine Besiedelung dieser harschen Gebiete war nie von Dauer, weil die majestätische Bergwelt im Winter von einer meterhohen Schneedecke beherrscht wird und die Temperaturen bis auf minus 40 °C sinken können. Die Durchschnittstemperatur variiert im Winter allerdings zwischen minus 5 °C und minus 20 °C. Warme Fallwinde, hier in den Rocky Mountains auch »Chinook« genannt, lassen die Tagestemperaturen mitunter auf plus 10 °C ansteigen.

Mag auch vielen Menschen heute das Bild einer malerischen Gebirgslandschaft mit allem dominierenden Weißfichten, Douglas-Tannen, Kiefern, Espen, Sümpfen und trockenen Wiesenlandschaften positiv in Erinnerung sein, haben die Tiere derweil mit »hausgemachten« Problemen schwer zu kämpfen. Sie verlieren Quadratmeter um Quadratmeter wichtigen Lebensraum. Besonders im Frühjahr konzentriert sich jegliches Geschehen auf die wenigen vorhandenen Talsohlen und Grizzly- bzw. Schwarzbär, die zuvor eine mehrere Monate lange Winterruhe einlegten stehen wie Puma und Wolf, aber auch Hirsch, Elch und Reh in harter Nahrungskonkurrenz zueinander. Raubtiere und Huftiere kämpfen gleichermaßen um immer knapper werdende Ressourcen.

Wird der evolutionäre Prozess letztlich die Tierwelt zwingen, dieses Ökosystem notgedrungen zu verlassen? Noch können sich Raubtiere wie Bär und Wolf, wann immer machbar, mehr schlecht als recht aus dem Weg gehen. In direkten Konfrontationssituationen verdrängen geschlechtsreife Grizzlies Wölfe von einem Beutetierkadaver und setzen sich dominant durch. In Ausnahmesituationen beobachtet man allerdings auch, dass Wölfe eine solche Nahrungsressource erfolgreich verteidigen. Auf das Verhältnis zu Pumas werden wir noch eingehen.

Die kleine Wolfskunde
Der Wolf gehört zur Ordnung der Raubtiere und dort zur Familie der Hundeartigen wie Kojote, Schakal, Fuchs und Hund. Größe, Gewicht und Fellfarbe von Canis lupus sind so unterschiedlich, dass die Zahl der Unterarten in der Forschung nach Meinung des Biologen Dr. Henryk Okarma noch nicht einheitlich definiert ist. Der amerikanische Populationsbiologe Prof. R. Coppinger geht ohnehin von einer Vermischung bestehender Wolfsbestände aus und sieht keinerlei Notwendigkeit, ständig Subspezies neu zu definieren. In Kanada, USA, Süd- und Mitteleuropa und vor allem in Asien trifft man heute die größten Wolfspopulationen an.

Hier berichten wir allerdings primär über die Verhaltensökologie des kanadischen Timberwolfes. Dieser Typus weist eine riesige Farbvariation auf: von schneeweiß über braun und grau bis pechschwarz. Timberwölfe leben in den Waldregionen Nordamerikas, kommen aber durchaus auch wieder in Landwirtschaftsgebieten vor, wo sie weiterhin vom Menschen gnadenlos verfolgt werden.

Aufgrund der unglaublichen Artenvielfalt (Rotwolf, Mexikanischer Wolf, Tundrawolf, Arktikwolf, Präriewolf, Semiwüstenwolf etc.) variieren Größe und Gewicht des Wolfes von zirka 50 bis 85 cm Widerristhöhe und von gerade einmal 15 Kilogramm bis über 70 Kilogramm. Wölfe sind nicht nur Großwildjäger mit einer Laufgeschwindigkeit von bis zu 65 km/h, sondern ernähren sich je nach Verbreitungsgebiet und Lebensumstand auch von Kleinnagern, Fischen, Vögeln, Insekten, Getreide, Obst, Aas und Müll.

Wölfe leben sowohl in großen Familienverbänden von bis zu 35 Tieren als auch paarweise oder ganz solitär. Ihre Familienstrukturen und ihr Reproduktionsverhalten gestalten sich ausgesprochen unterschiedlich. Im Normalfall leben zwei bis sechs Wölfe zusammen.

Wölfe kommunizieren sehr differenziert und schenken der optischen Kommunikation besondere Beachtung. Das typische Heulen der Wölfe dient dem Zusammenhalt im Rudel, der Kommunikation untereinander und mit versprengten Tieren, als Signal zum Jagdaufbruch und auch zur Kennzeichnung territorialer Ansprüche.

»Normalerweise« paaren sich nur die Leittiere eines Rudels, Ausnahmen von der Regel sind jedoch unter bestimmten Bedingungen immer wieder möglich. Die Leitwölfin bringt normalerweise nach 60 bis 63 Tagen Tragzeit zwei bis sieben Welpen zur Welt, die ca. vier Wochen in einer Höhle aufwachsen und danach alle erwachsenen Familienmitglieder kennen lernen. In der Höhle ist nur die Mutter präsent, alle anderen erwachsenen Familienmitglieder halten sich ständig im Freien auf. Die Lebenserwartung des Wolfes ist enorm unterschiedlich. Im Durchschnitt werden Wölfe in freier Wildbahn nicht älter als sieben Jahre, ein mögliches Alter von zehn bis elf Jahren erreichen sie nur äußerst selten. Auch die Sterblichkeitsrate unter den Welpen und den juvenilen Tieren variiert (je nach Lebensraum und Nahrungsangebot) beträchtlich.

Wölfe gelten als hervorragende Beutegreifer und in Wildnisgebieten als Indikator einer intakten Umwelt. Sie sind aber auch in durch Menschen dicht besiedelten Landschaftsgefügen zuhause, solange gute Nahrungsgrundlagen, Unterschlupfmöglichkeiten und sichere Reproduktionsstätten vorhanden sind. Wölfe können unter Umständen beträchtliche Schäden an Nutzviehherden verursachen, weshalb sie in den meisten Ländern einer unnachgiebigen Verfolgung ausgesetzt sind. In der Vergangenheit haben sich Elektrozäune, Flatterbandsysteme, die Nachtgatterung und der Einsatz von Herdenschutzhunden als effektivste Mittel erwiesen, um Wölfe an der Attacke auf Nutzvieh zu hindern.

Bis auf ganz wenige Ausnahmen (zum Beispiel nach Futterkonditionierung oder bei Tollwut) greifen Wölfe keinen Menschen an, sondern meiden ihn, wo immer sie können.

Bevor wir uns nun endgültig mit der Welt der Wölfe beschäftigen, möchten wir vorab noch das typische Beutetierspektrum der kanadischen Timberwölfe der Rocky Mountains darstellen:

1. Wapitihirsch (Hauptbeutetier des Wolfes)
2. Rehwild
3. Dickhornschaf
4. Elch
5. Bergziege

Einleitende Bemerkungen zu unseren Verhaltensstudien

Wenn wir an Wölfe denken, tendieren wir gedanklich dazu, uns im Wald verborgene, mythenbehaftete Tiere vorzustellen. Es ist sicherlich nicht leicht, ein solch geheimnisvolles Tier wie den Wolf zu studieren, besonders, wenn man Informationen in Bezug auf seine individuelle Verhaltensentwicklung beschreiben will. Um die Evolution wölfischen Verhaltens innerhalb eines Territoriums zu verstehen, muss man zunächst einen Weg finden, diese frei lebenden Tiere ohne inakzeptable Störungen direkt observieren zu können.

Vor Beginn unserer Verhaltensstudien war den verantwortlichen Stellen des Banff Nationalparks über die Verhaltensaktivitäten der Wölfe in der Nähe ihrer Höhlenkomplexe, geschweige denn über die sensible Sozialisierungsphase und frühe Jugendentwicklung der Welpen, nicht viel bekannt. Überhaupt gibt es bis zum heutigen Tage nur wenige empirische Daten über Wölfe, die in Bergregionen leben. Derartige Informationen sind jedoch sehr wichtig, um die Struktur des Lebensraumes der Wölfe und hier im Speziellen die Verfremdung des Banff Nationalparks durch den Menschen zu verstehen. Trotz der vermutlich hohen Anpassungsfähigkeit der im Banff Nationalpark heimischen Wölfe kamen wir zu dem Schluss, dass ihr Lebensraum durch die Präsenz des Menschen erheblich eingeschränkt und über die Jahre hinweg qualitativ verschlechtert wurde.

Wapitis werden ca. 30% größer und schwerer als unser vergleichbares Rotwild. Alte Bullen wandern als Einzelgänger umher. Weibliche und männliche Jungtiere werden von einer erfahrenen Leitkuh geführt, die sich im Revier in Bezug auf Nahrungsbeschaffung und Gefahrenvermeidung am besten auskennt. Wapitis haben im Verlauf der letzten Jahre Nahrungskonkurrenten wie Elche und Rehe verdrängt und dominieren heute das Landschaftsgefüge. In den Nationalparks der Rocky Mountains gelten Hirsche als Hauptbeutetier des Wolfes.

Wenn Wölfe mit Menschen um Lebensraum in Konkurrenz stehen, könnte die Verdrängung der Wölfe aus wichtigen Teilen ihres derzeitigen Verbreitungsgebietes die langfristige Folge sein. Sollte der Wolf solche Gebiete nicht mehr rekolonisieren, könnte dies unter anderem auch tiefgreifende Auswirkungen auf die Beutetierpopulationen des Nationalparks haben. Die nachfolgenden Verhaltensbeobachtungen enthalten deshalb nicht nur Details über die Verhaltensökologie von Wölfen im Sommer und während der Wintermonate, sondern

In Banff trifft man sowohl auf das »Whitetaled Deer« als auch auf das »Muledeer«. Beide Rehformen leben meist in kleinen Gruppen und halten sich zur Vermeidung von Raubtieren am Tage in dichten Waldstreifen auf. Findet der Wolf keinen angreifbaren Hirsch, jagt er ersatzweise Rehe, die allerdings aufgrund ihrer Schnelligkeit oft entkommen.

Dickhornschafe halten sich meistens in Felsregionen auf und lassen sich nicht so einfach vom Wolf erbeuten. Besonders männliche Tiere, auch Widder genannt, sind sehr wehrhaft. Unvorsichtige Jungtiere hingegen fallen Raubtieren regelmäßig zum Opfer.

Elche gelten unter bestimmten Umständen als besonders aggressiv und angriffslustig. Im Banff Nationalpark ist ihr Bestand durch Lebensraumvernichtung und andere Faktoren drastisch zurückgegangen. Bis auf die Paarungszeit sind Elche Einzelgänger, können ein Gewicht bis zu 500 kg erreichen und bevorzugen Sumpflandschaften, an deren Landschaftsstruktur sie bestens angepasst sind.

Bergziegen machen nur einen extrem geringen Prozentsatz wölfischer Nahrung aus, weil sie sehr behende Kletterer sind und Raubtieren in der Norm mühelos entkommen. Einige Wölfe sind bei der Verfolgung von Bergziegen in Felswänden schon abgestürzt oder in Lawinen umgekommen.

beleuchten zudem den drastischen Rückgang vieler Tierarten.

Um den Banff Nationalpark vor potenziell negativen Einflüssen durch den Menschen zu schützen, möchten wir zumindest ein Grundverständnis über ökologische Prozesse und störungsanfällige Verhaltensmuster vermitteln. Nur unter dieser Voraussetzung ist es möglich, Management-Aktionen zu stoppen, die mit hoher Wahrscheinlichkeit das gesamte Ökosystem des Parks verändern würden beziehungsweise über die letzten Jahre bereits verändert haben. Durch die übermäßige Nutzung von Ressourcen (zum Beispiel durch den Ausbau von Transport- und Nutzwegen, wirtschaftlicher Bebauung, Luft- und Wasserverschmutzung) können leider dauerhaft Schäden entstehen, die logischerweise die Entfremdung und letztlich den Verlust von Lebensraum, die Zerstückelung von natürlichen Wanderkorridoren und die Verinselung von Lebensräumen zur Folge haben. Der primäre Effekt dieser Veränderungen liegt im Verlust der biologischen Vielfalt.

Heute, im Jahre 2002, zeigt sich, dass die Sicherheit vieler Landsäugetiere trotz Teileinzäunung der Autobahn stark durch Sinnesstörungen, physische und psychologische Behinderung des Bewegungsspielraumes und physische Verdrängung aus bislang traditionell genutzten Gebieten bedroht ist.

Vor dem Beginn unserer Verhaltensstudien arbeitete Dr. Paul Paquet viele Jahre im Banff Nationalpark und erfasste neben der Wolf-Beute-Beziehung vor allem auch die Landschaftsnutzung durch verschiedene Tierarten. Seine bahnbrechenden Studien beinhalteten die Analysierung menschlicher Aktivitäten und Landschaftsnutzung, die die Bewegung im und den Zugang zum Lebensraum für Raubtiere und deren Beute ermöglichen bzw. verhindern. Er quantifizierte die Landschaftsnutzung durch Wölfe mittels Radiotelemetrie und Spurensuche. So wurden die Aufenthaltsorte von Wölfen hinsichtlich der relativen Verfügbarkeit von Höhenunterschieden (inklusive alpiner und subalpiner Zonen), Abhängen, der Beschaffenheit des Ökosystems, der Vegetationsbewuchs und die Qualität des Lebensraumes verglichen. Schließlich beauftragte uns Paul Paquet Anfang der neunziger Jahre, direkte Beobachtungen an Wölfen durchzuführen, um neue Details hinsichtlich ihrer Verhaltensökologie zu erfahren. Ein Unterfangen, das mit sehr viel Geduld, strenger Disziplin und unbeirrbarem Enthusiasmus umzusetzen ist.

Direkte Verhaltensbeobachtungen an Wölfen mögen in Europa fast undurchführbar sein, da die Wölfe hier extrem vorsichtig sind und jeglichen Kontakt zum Menschen aufgrund massiver Verfolgung in der Vergangenheit meiden. Zwar leben europäische Wölfe zum Beispiel in Portugal, Spanien, Italien oder auch Rumänien mitunter in unmittelbarer Nähe zum Menschen, haben aber durch jahrtausendelange massive Bejagung gelernt, dem menschlichen Aktivitätsrhythmus besondere Beachtung zu schenken und ihr eigenes Verhalten darauf abzustellen. Die direkte Sichtung eines Wolfes ist und bleibt deshalb eine absolute Seltenheit.

Über die Jahrtausende hat eine strenge Selektion beim Wolf auf äußerste Vorsicht vor dem Menschen stattgefunden, wir können somit getrost von seiner Ungefährlichkeit dem Menschen gegenüber ausgehen. Feldstudien in etlichen europäischen Ländern bestätigen diese These.

Dr. Erik Zimen beschrieb seine Erfahrungen so: »Wir haben zum Beispiel Wölfe in Spanien beobachtet, die ihre Welpen in einem Kornfeld nur 200 Meter von einem Dorf aufzogen. Alle Dorfbewohner wussten um die Existenz der Wölfe, aber keiner von ihnen sah sie jemals. Die Wölfe verhielten sich vorsichtig und mieden alles, was mit dem Menschen in Verbindung gebracht werden konnte. Trotzdem wanderten sie fast jede Nacht entlang der Hauptstraße und durchquerten das Dorf unbeobachtet.«

Auch in anderen Teilen Europas, wie etwa Italien oder Rumänien, kommt es immer wieder vor, dass Wölfe hier nachts mitten durch die Dörfer oder Vorstädte laufen, denn sie kennen die Sitten der Menschen genau und wissen, dass um diese Zeit nichts mehr los ist. Unerkannt vom Menschen, nahezu unsichtbar, leben sie vom und neben den Menschen und bleiben doch Tiere natürlicher Ursprünglichkeit. Aufgrund dieser Fähigkeiten mussten europäische Verhaltensforscher ihre direkten Verhaltensbeobachtungen an Wölfen wohl primär auf Gehegetiere beschränken.

Im Gegensatz zu Gehegetieren verhalten sich auch die freilebenden Wölfe Nordamerikas gegenüber dem Menschen erheblich scheuer, sind folglich wesentlich schwieriger zu observieren. Trotzdem verfolgten wir stets das Ziel, detaillierte Informationen in Bezug auf wölfisches Sozialverhalten, ihre Kommunikationsgrundlagen, ihr interaktives Verhalten und das Welpenaufzuchtverhalten zu sammeln. Wie aber ist es möglich, ein solches Vorhaben zu realisieren? Verhalten sich Nordamerikas Wölfe anders als ihre europäischen »Kollegen«? Im Vergleich zum freilebenden europäischen Wolf verhalten sich viele nordamerikanische Verwandte erstaunlich kooperativ. Mit der Besiedelung Nordamerikas durch die Europäer begann zwar eine beispiellose Verfolgung des Wolfes, und seine Ausrottung hält in vielen Gegenden dieses Kontinents bis zum heutigen Tage an, dennoch hat das Bejagen des europäischen Wolfes eine wesentlich längere »Tradition«.

Die Ursache zur Beobachtungsmöglichkeit des nordamerikanischen Wolfes mag darin begründet liegen, dass der Mensch große Schutzzonen in Form von Nationalparks kreierte, den Wolf dort nicht mehr verfolgte und zwangsläufig keine Selektion mehr auf extreme Vorsicht vor Zweibeinern stattfand. Hinzu kam sicherlich eine fortschreitende Anpassung an die Infrastruktur, die zum Beispiel den Wölfen des Banff Nationalparks keine große Wahl ließ und zwangsläufig evolutionäre Prozesse in Richtung neuer Ökosysteme (Nationalparks) förderte. Da wir nunmehr auf eine komplett neue Situation schauen, nämlich die Adaption von Wölfen ohne jeglichen Jagddruck des Menschen, untersuchen wir die Frage, wie sich das Verhaltensinventar der Wölfe unter diesen außergewöhnlichen Umständen anpasst. Ist eine Nichtbejagung des Wolfes gleichzusetzen mit dem schrittweisen Abbau von Furcht? Verlieren solche Wölfe jeglichen Respekt vor dem Menschen und verhalten sie sich dann in der Konsequenz »aggressiver«?

Wir wollen solche Fragen gemeinsam erörtern, dabei aber auch die Individualität einzelner Wölfe berücksichtigen und deren unterschiedliche Verhaltensanpassungen im Hinblick auf eine Koexistenz mit dem Menschen besprechen. Hierbei wird von besonderer Bedeutung sein, welchen Einfluss der Mensch auf die Rudelstrukturen, individuelle Restriktionen oder das adaptive Verhalten von Wölfen hat. Aus zuvor benannten Gründen sollten unsere im Banff Nationalpark gesammelten Erfahrungen von höchstem Interesse sein.

Wir observierten im Verlauf der letzten zehn Jahre insgesamt vier verschiedene Wolfsrudel: Das Bowtal Rudel, das Panther Rudel, das Reddeer Rudel und schließlich seit dem Jahre 2000 das neu formierte Fairholme Rudel. Wir ordneten alle Verhaltensaktivitäten des jeweiligen Rudels natürlich erst dann einem Ethogramm zu, nachdem wir jedes einzelne Individuum anhand unterschiedlicher Fellfärbung, Körperform, seines Verhaltens und anderen eindeutigen Merkmalen identifizieren konnten. Leider waren fast nie alle Familienmitglieder eines Rudels zur gleichen Zeit anwesend, so dass die von uns veröffentlichten Soziogramme nur einen groben Überblick in Bezug auf die Struktur der sozialen Rangordnung einer Wolfsfamilie wiedergeben können.

Die beobachteten Interaktionen unter Welpen beinhalteten zumeist Spielverhalten (inklusive dem Aufbau von Beißhemmung), Maulwinkellecken gegenüber den erwachsenen Wölfen (Futterbettelverhalten, das zum Vorwürgen von Nahrung stimuliert) und Spielverhalten zwischen Welpen und Alttieren (zumeist mit juvenilen Tieren eines Rudels).

Aufgrund der bewaldeten Landschaftsstruktur und somit vieler Versteckmöglichkeiten beobachteten wir logischerweise am häufigsten die Aktivitäten der mitunter sehr naiven Welpen, besonders wenn diese auf Waldlichtungen in der Nähe eines Höhlenkomplexes oder Rendezvousgebietes sorglos spielten.

Selbstverständlich beobachteten wir, wenn auch nur sporadisch, interaktives Verhalten zwischen Alttieren und Welpen, wenn sie entweder zusammen kleinere Wanderungen innerhalb des Kernterritoriums unternahmen oder sich in offenen Landschaftsarealen aufhielten. Immer, wenn wir zu den Welpen direkten Augenkontakt aufnahmen, was im Übrigen nicht gerade selten vorkam, beobachteten sie uns eine ganze Weile, um uns dann entweder komplett zu ignorieren oder aber irgendeinem Alternativverhalten zu folgen. Dieses Alternativverhalten konnte die Jagd auf einen Vogel, eine Maus oder ein Eichhörnchen sein, beziehungsweise das Kauen auf einem Stock oder Knochen oder das aktive Spiel mit anderen Welpen beinhalten. Manchmal saß ein Welpe einfach nur da, beobachtete uns sehr intensiv, drehte dabei seinen Kopf in eine seitliche Position und schwankte dabei zwischen Neugierde und Vorsicht.

Derweil unterschied sich die Scheuheit erwachsener Wölfe von Individuum zu Individuum sehr drastisch. Oft näherten sich uns ganz bestimmte Alttiere völlig unbedarft, schnüffelten in Richtung unseres Verstecks, um dann sogar mitunter direkten Augenkontakt aufzunehmen. Andere Tiere hielten sich wiederum grundsätzlich zurück, blieben stets in Deckung und musterten uns eher misstrauisch aus der Distanz.

Ein Fazit können wir bereits vorab ziehen: Kein einziger Wolf verhielt sich uns gegenüber auch nur im Ansatz aggressiv oder bedrohte uns in irgendeiner unvorhersehbaren Weise, und das, obwohl sie durch den Menschen im Nationalpark weder bejagt noch getötet werden.

Gegenteil hatten wir niemals das Gefühl, uns in einer prekären Situation zu befinden. Der angeblich so »böse« Wolf tolerierte uns Menschen sogar in der Nähe eines Höhlenstandortes oder Rendezvousgebietes.

Chester Starr, im Wolfsclan der Heiltsuk Nation geboren, schrieb unlängst: »Eine Überlieferung unserer Eltern sagt, ein Wolf zeigt sich nicht, es sei denn, er hat uns etwas mitzuteilen.«

Basierend auf den Studienergebnissen des Verhaltensökologen Dr. Paul Paquet, wanderten die ersten Wölfe im Jahre 1974 wieder in den Banff Nationalpark ein. Erste Sichtungen einer erfolgreichen Reproduktion fanden Bestätigung, nachdem die Spezies Wolf zuvor (in den 60er und 70er Jahren) über ein so genanntes Raubtierkontrollprogramm komplett eliminiert worden war.

Damals erschoss man die Wölfe wegen einer angeblichen Tollwutgefahr, so dass sich reproduktionsfähige Paare erst wieder in den Jahren 1981 – 1984 in den Randregionen des Nationalparks etablierten. In den Wintern zwischen 1982 und 1986 bestätigte man immer wieder einmal diverse Wolfsaktivitäten, stellte alle im Nationalpark vorkommenden Raubtierarten unter strengen Schutz und fing schließlich im Jahre 1987 eine Wölfin im Bowtal ein. Diese Wölfin erhielt ein Radiohalsband, wurde vermessen, gewogen und danach in die Freiheit entlassen.

In den nachfolgenden Jahren fingen Parkangestellte insgesamt drei weitere Wölfe aus zwei verschiedenen Rudeln ein, hingen ihnen Radiosender um und starteten somit das erste Forschungsprojekt im Banff Nationalpark. Mit Beginn der 90er Jahre baute man das Wolfsprojekt weiter aus, erste Verhaltensbeobachtungen wurden in einem Seitental nahe der Stadt Banff durchgeführt und schließlich auf andere Gebiete im Hinterland des Parks ausgedehnt.

Unsere eigenen, unter der Leitung von Paul Paquet durchgeführten Verhaltensbeobachtungen begannen im Mai 1992. Ab diesem Zeitpunkt verbrachten meine Frau Karin und ich jeden Frühsommer kontinuierlich mindestens vier bis fünf Wochen in der Nähe wölfischer Höhlenkomplexe, um mehr über das Verhaltensrepertoire der scheuen Raubtiere in freier Wildbahn zu lernen.

Die Studiengebiete und Studienmethodik

Bevor wir weiter ins Detail gehen, wollen wir einige wichtige Informationen über Begriffe aus der Feldforschung und den generellen Ablauf einer typischen Einfangaktion und der Handhabung von Wölfen geben.

So werden Wölfe an Straßen oder Pfaden in Gebieten gefangen, die dem Touristen nicht zugänglich sind. Sie werden am häufigsten mit getarnten Beinfallen mit Ködern gefangen. Um die Verletzungsgefahr möglichst gering zu halten, werden die Fallen mit 1,8 mm langen, abgerundeten Zähnen und einer Drehgelenkvorrichtung an der Zugkette präpariert. Die Wölfe werden dann später mit Telazol oder Ketamin betäubt, die Medikamente intramuskulär unter Zuhilfenahme eines gegabelten Stocks, der den Wolf am Boden hält, verabreicht. Die eingefangenen Tiere werden anschließend auf Verwundungen, Geschlecht und Gewicht untersucht, ihre Größe wird festgestellt und Blutproben werden entnommen. Das jeweilige Alter schätzt man aufgrund von Zahnfehlern, Zahnlücken und Abnutzung der Zähne. Danach wird der eingefangene Wolf mit einem konventionellen Radiosender (Radiohalsband) ausgestattet. Mit Hilfe einer Richtantenne kann man die Tiere dann später im Gelände orten.

Blut- und Fäkalproben der Wölfe werden für virologische, parasitologische und genetische Analysen benutzt. Sofern verendete Wölfe gefunden werden, schickt man sie zur Autopsie in ein Labor.

Informationen über das Wanderverhalten der Wölfe, räumliche Beziehungen und Nahrungsgewohnheiten werden dann mittels Radiotelemetrie per Flugzeug, Boden-Radiotelemetrie und Fährtensuche im Schnee gesammelt. Wölfe mit Radiosender werden unter Zuhilfenahme von transportablen Empfangsgeräten aus der Luft mittels Flugzeug, aus einem Fahrzeug oder direkt vom Boden aus lokalisiert. Bei der Bodentelemetrie werden transportable Empfänger, in alle Richtungen drehbare Handantennen und auf dem Dach eines Fahrzeugs montierte Universalantennen verwendet, um so das Signal eines mit Radiosender ausgestatteten Wolfes zu empfangen.

Die Ortung am Boden wird durch Dreiecksmessungen (drei unterschiedliche Standorte führen letztlich zur Triangulation) durchgeführt. Es werden stets genügend Signale gesammelt, um eine genaue Bestimmung eines Standortes innerhalb eines spezifizierten Areals vornehmen zu können. Alle Standortbestimmungen werden auf topografischen Karten festgehalten. Telemetrie bedeutet also zusammengefasst nichts anderes, als mit Sendern ausgestattete Wölfe über ein Empfangsgerät und eine spezielle Antenne zu orten und dadurch den Aufenthaltsort eines Wolfes zu bestimmen.

Seit Einführung der Telemetrietechnik vor einigen Jahrzehnten sind Wildbiologen in der Lage, Daten über Rudelgröße, Rudelstruktur, Höhlengebiete, Sterblichkeitsrate, Wolfsrisse und mitunter sogar interspezifische Interaktionen zu sammeln. Die Radiotelemetrie kann allerdings kein geduldiges Warten ersetzen, so dass erst direkte Verhaltensbeobachtungen an Wölfen wirkliche Details preisgeben, die zum besseren Verständnis interaktiven Verhaltens dringend erforderlich sind.

Mit den Daten aus der Luft- und Bodentelemetrie werden, nachdem festgestellt wurde, dass die Bodenortung nicht durch Straßen oder Wege verfälscht worden ist, letztlich die territorialen Grenzen skizziert. Ergebnis ist dann das so genannte »home range«, welches das eigentliche Kerngebiet eines Wolfsterritoriums bestimmt, in denen sich 75% der Radiopeilungen konzentrieren müssen. Alle Signale, die außerhalb dieses Gebietes liegen, zählt man nicht zum Kerngebiet eines Wolfsrudels.

In regelmäßigen Abständen wird außerdem Wolfskot gesammelt, um so die generellen Nahrungsgewohnheiten von Wölfen zu bestimmen. Felduntersuchungen und die Überwachung von Rissen durch Beutegreifer werden genutzt, um Informationen aus der Kotanalyse zu untermauern und um festzustellen, ob bei der Nahrungsaufnahme Aas, frisch gerissenes Wild oder beides konsumiert wurde. Der Kot von Wolfswelpen wird je nach Fundort (Wolfshöhle oder Rendezvousplatz) unterschieden.

Wenn möglich, werden von einem gerissenen Beutetier Proben des Oberschenkel- oder Schienbeinknochenmarks, des Unterkiefer- oder Zahnknochens entnommen.

Bei Tieren im Alter von 2 $\frac{1}{2}$ Jahren oder jünger wird eine Altersbestimmung anhand von Zahnlücken, Zahnfehlern und Abnutzung der Zähne vorgenommen. Bei älteren Tieren erfolgt eine so genannte Zahnzementanalyse.

Der ungefähre Todeszeitpunkt wird geschätzt durch die Kombination verschiedener Kriterien, die je nach Saison, Wetter, Art des Lebensraumes und Zustand des Kadavers variieren. Sind in der Nähe oder am Kadaver viele Raben, vermutet man, dass der Tod erst vor kurzem eingetreten ist, weil Raben ein totes Beutetier nicht ohne die Hilfe von großen

Über eine Handantenne wird das Signal eines Radiohalsbandes empfangen, welches dem Feldforscher die Richtung und ungefähre Distanz zu einem angepeilten Tier mitteilt. Nach Wiederholung dieser Prozedur an unterschiedlichen Standorten wissen wir, ob ein Wolf aktiv oder inaktiv ist, in welcher Landschaftsstruktur er sich gerade aufhält und in welcher Geschwindigkeit er gerade unterwegs ist.

Raubtieren öffnen können. Wolfsspuren oder Anzeichen, dass der Kadaver immer wieder angefressen wurde, frischer Kot oder Urin und das Datum des letzten Schneefalls geben besonders im Winter zusätzliche Auskunft.

Wir hoffen einleuchtend verständlich gemacht zu haben, dass die Feldforschung ein sehr komplexes Betätigungsfeld darstellt, wollen uns aber nun im weiteren Verlauf ausnahmslos mit den Ereignissen und den Resultaten unserer Verhaltensbeobachtungen an Wölfen beschäftigen.

Unsere Observationen fanden insgesamt in vier unterschiedlichen Gebieten des Banff Nationalparks statt, nachdem eine genaue Standortbestimmung jedes einzelnen Höhlenkomplexes vorgenommen und diese Areale außerdem von der Parkverwaltung weitläufig für jeglichen Publikumsverkehr gesperrt worden waren.

Die ca. fünf Quadratkilometer umfassenden Sperrzonen beinhalteten sowohl den jeweiligen Höhlenkomplex als auch durch ein Wolfsrudel genutztes Rendezvousgebiet. Nähere Standortbestimmungen können und wollen wir zur Vermeidung jeglicher Störung durch unerfahrene Menschen und somit zum allgemeinen Schutz der Wölfe nicht näher beschreiben. Wir bitten den interessierten Leser ausdrücklich um Verständnis.

Die Höhlenbeobachtungen führten wir von 1992 bis einschließlich 2001 stets in den Sommermonaten zwischen Ende Mai und Mitte Juli durch. Die ersten Tage verbarrikadierten wir uns in einem ca. 800 bis 1.000 Meter vom eigentlichen Höhlenkomplex entfernten Versteck, starteten unsere kontinuierlichen Beobachtungen am frühen Morgen, bezogen dort Posten für zehn bis vierzehn Stunden und hielten uns dort bis zum Einbruch der Dunkelheit auf. Stets ein Fernglas oder später auch Teleskop zur Hand, observierten wir alle Aktivitäten zunächst aus der Distanz. Diese Maßnahme war dringend erforderlich, um die scheuen Wölfe nicht zu stören. Wir prüften die Windrichtung zu einer Höhle, um einen ersten Überblick in Bezug auf die allgemeine Situation zu erhalten.

Abhängig von der individuellen Situation verringerten wir später die Entfernung zu einer Höhle beziehungsweise zu einem Rendezvousgebiet auf ca. 200 bis 400 Meter und erhielten somit (zumindest manchmal) eine exzellente Ausgangsposition zu direkten Verhaltensbeobachtungen. Wiederum versteckt in Buschwerk oder Baumformationen verfolgten wir von nun an alle Aktivitäten der Wölfe, notierten deren Verhalten auf speziellen Formularen, die auf dem Ethogramm des Forschungszentrums Wolf Park (Indiana/USA) basierten und verharrten in unseren Beobachtungsposten.

Es gibt unterschiedliche Wege, Wölfe zu observieren. Einerseits kann man einfache Feldnotizen anlegen, oder aber in einem speziellen Zeitrahmen aufschreiben, was ein individuelles Tier gerade tut. Wir haben uns für die sicherlich schwierigere Methode entschieden, kontinuierlich die Verhaltensweisen aller Tiere zu sammeln und aufzulisten.

Besonders während der Aktivphasen der Wölfe war es mitunter schwierig, korrekt zu analysieren. Deshalb machten wir von einigen technischen Hilfsmitteln Gebrauch, die unsere Arbeit erheblich erleichterten.

Fotografiert wurde – wenn die Möglichkeit dazu bestand – mit einer Nikon F 4 und mit einem Novoflex 600 mm, einem Tamron 300 mm und mit einem Nikon 400 mm Objektiv. Zu Bewegungsanalysen und zur allgemeinen Dokumentation benutzten wir eine Sony Hi 8 Kamera. Zur Aufnahme von Lautäußerungen und zur permanenten Berichterstattung benutzten wir ein Sony Diktiergerät. Zur eigenen Standortbestimmung benutzten wir neben der Telemetrietechnik ein globales Positionssytem (GPS).

Interessanterweise beantworteten die Wölfe unsere Präsenz kein einziges Mal mit Alarmbellen oder Alarmheulen, sondern verhielten sich vielmehr äußerst routiniert. Zu dieser Routine gehörte primär die Versorgung der Welpen, das Komfortverhalten, allgemeines Spielverhalten und selbstverständlich der Aufbruch zur beziehungsweise die Rückkehr von einer Jagd.

An Hand der wölfischen Verhaltensweisen konnte man ohne irgendwelche Fehlinterpretationen schnell erkennen, dass wir einerseits keinen Störfaktor darstellten, andererseits aber tatsächlich unser großes Ziel ohne schlechtes Gewissen verfolgen konnten. Gleichzeitig wurde ein Traum wahr: Nicht nur einfach irgendwelche direkten Wolfsbeobachtungen durchzuführen, sondern vor allem alle Verhaltensweisen später einem Ethogramm und einem Soziogramm zuzuordnen und so die Hierarchie und sozialen Strukturen jeder einzelnen Wolfsfamilie zu bestimmen. Dabei blieben die Soziogramme selbstverständlich unvollständig, denn wenn zum Beispiel Wolf A gerade seinen Kontrahenten Wolf B dominierte, konnten Wolf C oder D anwesend sein oder eben nicht.

Von Seiten der Parkverwaltung und der Biologen Dr. Paul Paquet und Carolyn Callaghan gab man die nachfolgend kurz skizzierten Ziele aus:

1. Die Bestimmung des Geschlechts und Alters jedes erwachsenen Tieres in einem Rudel.
2. Die Bestimmung der Anzahl der Welpen, inklusive Geschlecht und das ungefähre Alter sowie der allgemeine Gesundheitszustand.
3. Die Bestimmung individueller Charakteristika an Hand unterschiedlicher Fellfärbung und Körperform.
4. Die Meldung jeglicher Störung durch Menschen innerhalb gesperrter Gebiete.
5. Die Bestimmung interaktiven Verhaltens zwischen Alttieren und Welpen.
6. Die Bestimmung eventueller Strukturveränderungen in einem Wolfsrudel.
7. Die Bestimmung des Heulverhaltens der Wölfe im Hinblick auf unterschiedliche Höhlenstandorte und Störungen durch Touristen.

Mit Diane fing alles an. Sie erhielt ihren Namen von der Biologin Diane Boyd, die diese Wölfin einfing, um sie zu besendern. Die Leitwölfin war uns gegenüber sehr tolerant und duldete sogar, dass ihre Welpen bis auf wenige Meter an unseren Beobachtungsposten herantraten.

Direkte Verhaltensbeobachtungen am Bowtal Rudel im Sommer 1992

Im Frühsommer 1992, präzise am 29. Mai 1992, traten wir also voller Enthusiasmus an, um das so genannte Bowtal Rudel in der Nähe seiner traditionellen Höhle bei der Aufzucht des Nachwuchses zu beobachten. Mit einer Sondergenehmigung für gesperrte Gebiete ausgestattet und mit Stolz geschwellter Brust nahm ich den zuvor genau bestimmten Beobachtungsposten zunächst alleine ein. Selbstverständlich werde ich niemals jenen 29. Mai 1992 vergessen, an dem sich mir die grau gefärbte Alphawölfin Diane schon am ersten Beobachtungstag bis auf etwa 300 Meter näherte. Sie bewegte sich in dem für Wölfe typischen Kreuzgang, senkte ihren Kopf zwecks Nahorientierung zum Boden und schnüffelte mit schräg nach unten gehaltener Schnauze entlang eines Wildpfades. Ihre Ohren standen aufrecht und ihr Schwanz hing schräg nach unten. Dieses Verhalten zeigen Wölfe, wenn sie sich nicht ganz sicher sind, was als Nächstes auf sie zukommt. Bald wechselte sie die Schrittfolge und verfiel in eine Art Trab, bis sie sich schließlich an einem Waldrand hinlegte, indem sie ihre Hinterläufe einknickte und sich auch sogleich einrollte.

Die Mitarbeiter des Wolfsprojektes hatten mich vorher ausdrücklich vor allzu übertriebenen Hoffnungen gewarnt. Manche von ihnen arbeiteten schon mehrere Monate in diesem Projekt, ohne jemals einen leibhaftigen Wolf gesehen zu haben. Und nun ein solcher Auftakt: Ruhig und gelassen richtete sich Diane erneut auf, steuerte einen windgeschützten Ruheplatz an, drehte sich drei- bis viermal im Kreis, um schließlich nochmals ihre bevorzugte Liegeposition einzunehmen. Auch unsere Haushunde verhalten sich oft recht ähnlich. Zuvor hatte sie ihren Blick zur optischen Orientierung auf mich gerichtet. Sie hielt ihren Kopf nur für einige Augenblicke ganz still. Ihre Ohren standen weit geöffnet nach vorne gerichtet. Dann streckte sie ihren Hals nach vorne, senkte ihre Rute, fixierte mich einen Augenblick, um sich dann hinzulegen. Nach dem geschilderten Beobachtungsstehen folgte das für Wölfe so typische Beobachtungsliegen. Anscheinend war ich weit genug entfernt und bedeutete keine Gefahr. Ich nahm meinen Fotoapparat nebst 600 mm Objektiv zur Hand, schoss einige Bilder, die allerdings wie sich später herausstellte, aufgrund meiner nervösen und hektischen Grundstimmung allesamt verwackelt waren.

Diane war übrigens damals das einzige Tier, das man innerhalb dieses Rudels mit einem Radiohalsband ausgestattet hatte. Das Signal ihres Radiohalsbandes konnte ich über ein spezielles Empfangsgerät nebst dazugehöriger Spezialantenne sehr gut empfangen. So schlug die Anzeigennadel des Receivers heftig aus, hämmerte im wahrsten Sinne des Wortes vor sich hin. Diane stand nach einer guten halben Stunde wieder auf, streckte sich und verschwand bald darauf im Wald. Weitere direkte Sichtungen: Fehlanzeige. Schnell wurde deutlich, dass es bei der gewissenhaften Umsetzung von Feldforschung trotz Nutzung der Telemetrietechnik darauf ankam, in erster Linie geduldig in einem zuvor gut präparierten Versteck auszuharren. Außerhalb des eigentlichen Höhlengebietes war außerdem präzise Spurensuche angesagt.

Weil das Territorium des Bowtal Rudels innerhalb einer umfangreichen Infrastruktur angesiedelt war, die vor allem jene schon beschriebene Autobahntrasse beinhaltete, musste ich im 12-Stunden-Rhythmus den mit Sand aufgeschütteten Bodenbelag der nahegelegenen Autobahnunterführung überprüfen. Der Sandboden gereichte mir zur unverzichtbaren Hilfe. Er wurde mittels einer Harke nach intensiver Überprüfung aller Spuren erneut glattgezogen und gab Auskunft, wie viele Wölfe aus welcher Richtung kamen und durch diese Autobahnunterführung gewandert sein mussten. Zusätzlichen Aufschluss hinsichtlich der allgemeinen Wolfsaktivitäten gab die Frische des regelmäßig aufgesammelten Kotes. Im Labor des Parks in seine Bestandteile zerlegt, vermittelten nicht verdaute Haarstrukturen und Knochenstücke Informationen über das Beutetierspektrum des Wolfes.

Die Tage vergingen wie im Flug und meine kontinuierlich durchgeführten Verhaltensbeobachtungen trugen langsam aber sicher reiche Früchte. Mittlerweile konnte ich fast täglich die Aktivitäten von vier erwachsenen Wölfen und zwei Welpen beobachten. Die beiden offensichtlich juvenilen Tiere der Gruppe stießen sich beim Laufen im engen Rudelverband mit den Alttieren oft gegenseitig mit der Schnauze an. Ein großer, kompakter Rüde, offenbar das Leittier, lief bei solchen Gelegenheiten vorneweg, blieb zwischenzeitlich immer wieder stehen, schaute zurück, um Kontakt zu den langsam nachkommenden Jugendlichen zu halten. Die soziale Kontaktaufnahme zwischen dem Leitrüden und seiner »Gattin« Diane war vielfältig. Die beiden Tiere berochen sich gegenseitig in der Schnauzenregion, zeigten intensi-

ves Fellwittern, beknabberten das Fell des Partners, leckten sich gegenseitig ab und berochen und beleckten den Genitalbereich des anderen. Auch wenn das Beriechen der Genitalregion bei neutraler Stimmung innerhalb einer Wolfsfamilie allen Tieren grundsätzlich erlaubt ist, sich nur ein unterdrücktes und zuvor angegriffenes Tier diesem Sozialkontakt in Form einer genitalen Kontrolle durch das Einkneifen der Rute und Einknicken der Läufe entzieht, beobachteten wir dieses Verhalten doch am häufigsten beim Alphapaar.

Besonders auffällig war das freundlich gestimmte Umeinanderlaufen (rallying) der gesamten Gruppe. Es kam immer wieder zu körperlichen Kontakten zwischen allen Wolfsindividuen. Diese liefen förmlich federnden Schrittes, die Ruten in einem leichten Bogen nach oben gehalten und heftig wedelnd, umeinander herum. Die juvenilen Tiere winselten, hoben ihre Köpfe und legten ihre Ohren nach hinten. Wiederum alle Individuen zeigten Schnauzenstoßen, Schnauzenlecken, Hochspringen, kurzfristiges Drängeln, doch konzentrierte sich das freundliche und teilweise demütige Umeinanderlaufen fast immer um die ranghöchsten Tiere.

Letztlich beendeten die Leittiere alle Aktivitäten der Jungwölfe durch leichte Drohsignale und beteiligten sich nicht mehr an irgendwelchen Interaktionen. Insgesamt befand sich die ganze Wolfsfamilie allerdings in einer freundlich erwartungsvollen Stimmung. Ich beobachtete dieses Verhalten zumeist nach einer längeren Schlafperiode. Die Initiative ging fast immer von den juvenilen Tieren aus. Laut dem Verhaltensforscher Prof. Rudolph Schenkel entwickelte sich diese Gruppenzeremonie aus dem Futterbettelverhalten. Einmal entstand aus dieser Zeremonie ein klassisches Chorheulen. Initiiert vom Leitrüden brach die gesamte Gruppe anschließend zur Jagd auf.

Das Rudel hatte sich mittlerweile längst an meine Anwesenheit gewöhnt. Die Distanz zwischen einzelnen Wölfen und mir betrug an manchen, zugegebenermaßen Ausnahmetagen gerade einmal zehn Meter. Die Neugierde mancher Individuen, besonders aber von Diane, überwog nun deutlich. Ihre noch während erster Beobachtungstage aufgezeigte Zurückhaltung war verflogen. Es herrschte eine gewisse Duldung vor. Ich hätte mit Studienbeginn niemals geglaubt, dass direkte Verhaltensbeobachtungen an frei lebenden Wölfen aus einer solchen Distanz überhaupt möglich sein würden. Aber es sollte noch besser kommen. Ich wertete es als absoluten Vertrauensbeweis, dass Diane schon nach einigen Tagen der Gefahrenüberprüfung sogar ihre beiden damals etwa sechs Wochen alten Welpen auf eine Lichtung direkt zu meinem Beobachtungsposten führte. Die kleinen Wolfswelpen traten von nun an fast täglich aus dem Schutz vermittelnden Unterholz hervor, interagierten mit den erwachsenen Wölfen des Rudels, zeigten aktives Futterbettelverhalten und tobten völlig unbedarft umher. Ich beobachtete die Aktivitäten gespannt aus nächster Nähe und sammelte natürlich weiterhin Daten in Hülle und Fülle. Die beiden grauen Welpen forderten sich zum Sozialspiel auf, indem der eine über Vorderkörpertiefstellung, dabei heftig mit der Rute wedelnd den anderen, nun weglaufenden Welpen verfolgte.

Hier wurde deutlich, dass das Spiel der Welpen von unterschiedlichen Motivationen und immer wieder überlappenden Funktionskreisen bestimmt wurde (Spielverhalten, Beutefangverhalten). Wolfswelpen üben im Spiel also sowohl Jagdfertigkeiten ein, als auch das individuelle Durchsetzen gegenüber Geschwistern. Aus dem resultierenden Aufforderungslauf beziehungsweise Rennspiel, auf das auch wiederholt spielerisches Über-den-Rücken-Beißen und spielerisches Hinwerfen folgte, entwickelte sich oft ein relativ sinnlos erscheinendes Spielscharren. Das agonistisches Spiel mehrerer Spielpartner beinhaltete naturgemäß auch Signale von Aggression. Mitunter folgten objektbezogene Spiele, indem ein Welpe unter Kopfschleudern und plötzlichem Losrennen einen Gegenstand davontrug. Typisch bei all diesen Spielformen war die Rollenverteilung. Bei den Beißspielen beobachtete ich im fliegenden Wechsel Angreifer und Verteidiger, bei den Rennspielen Verfolger und Verfolgten. Die Rollen waren im Spiel stets austauschbar und richteten sich nicht nach einer sozialen Rangfolge. Schnell verschwanden Lockerheit und Spielbewegungen, wenn zum Beispiel ein Welpe, die Nackenhaare sträubend, in eine Ecke gedrängt wurde und der andere Welpe eine Spielsequenz so heftig und anscheinend Schmerz verursachend vortrug, dass die Körperhaltung des ersteren angespannt und steif wirkte. Eine nachhaltige Wirkung war jedoch nicht zu beobachten, die Spannung löste sich schnell und das unterbrochene Spiel wurde entweder fortgesetzt oder beide Welpen lagen einige Minuten später in engem Körperkontakt dösend vor dem Waldrand. Mit zunehmendem Alter widmeten die Wolfswelpen dem Spiel immer mehr Zeit. Ihre Bewegungen wurden nun schneller, koordinierter und geschickter. Rennspiele, inklusive Packen, Schnappen und Beißen in den Hinterlauf, beobachtete ich sehr häufig. Ob ein objektbezogenes Spiel eher einem Erkundungsverhalten als einem interaktiven Spielverhalten zuzuordnen war, wie manche Verhaltensforscher meinen, blieb für uns relativ unerheblich.

Natürlich beteiligten sich auch erwachsene Tiere am Spiel, oft jedoch ohne die Präsenz der Leittiere. Geht man bei einer bestimmten Spielatmosphäre von Lockerheit, Bereitschaft zum gespielten Spiel, verlockenden Spielsignalen oder Spiellust aus, war die zumeist aufgezeigte Zurückhaltung der Leittiere während der späteren Welpenaufzucht durchaus erklärbar. Sie mussten nun einmal etliche Kilometer in anstrengendem und energieraubendem Gelände hinter sich bringen, um die Welpen mit Nahrung zu versorgen. Die Spielbereitschaft der Leittiere wies allerdings ohne Zweifel Tagesschwankungen auf. Erhöhte Handlungsbereitschaft bestand nach einer ausgiebigen Ruheperiode, die wiederum von Länge und Erfolg der Jagdausflüge abhing.

Interessant war, dass die erwachsenen Wölfe im Spiel mit den Welpen oft »untergeordnet« agierten und eine häufige Rollenverteilung zur Beobachtung kam. Nach Rückkehr der erwachsenen Wölfe mit Jagdbeute beziehungsweise vorverdauter Nahrung versorgten sie die beiden Welpen und legten sich dann zur Ruhe. Das Spiel mit den Welpen war ihnen nun sichtlich unangenehm, auch wenn sich der Nachwuchs größte Mühe gab. Aus unseren Unterlagen schloss ich, dass die Welpen insgesamt 15-mal mehr miteinander spielten, als mit erwachsenen Wölfen, wobei hier Spielperioden und nicht Zeitintervalle Berücksichtigung fanden. In den ersten Wochen blieb die Ortsbindung der Welpen an den Höhlenstandort und Rendezvousplatz sehr ausgeprägt, auch wenn sich die Welpen schon mehrere hundert Meter von der Höhle entfernten. Der Boden glich in solchen Gegenden einem Schlachtfeld. Das Gras war niedergetrampelt und sämtliche Äste und Zweige der umliegenden Büsche und Bäume abgerissen oder zumindest umgeknickt.

Um den Anspruch einer verhaltensökologisch umsichtig durchgeführten Feldforschung aufrecht zu erhalten, bezogen sich meine Observationen im weiteren Verlauf auf alle anderen Tierarten, welche sich neben den Wölfen ebenfalls im Studiengebiet aufhielten. So notierte ich auch Anzahl, geschätztes Alter und Geschlecht eines jeden beobachteten Tieres und erhielt somit interessante Informationen über Hirsche, Rehe und das Verhalten von Nahrungskonkurrenten wie Bären, Kojoten oder Mardern. Ich fand heraus, dass im Gegensatz zu den Schlussfolgerungen mancher Publikationen eine Koexistenz dieser Tierarten unter ganz bestimmten Bedingungen durchaus möglich ist. So fiel mir eine Kojotenfamilie auf, die ihre Welpen nur ca. 800 Meter von den Wölfen entfernt aufzog, ohne jemals durch den größeren Nahrungskonkurrenten attackiert zu werden. Die Toleranz - oder besser formuliert - Ignoranz der Wölfe erstaunte mich, zumal ich an anderer Stelle bisweilen schon überfallartige Attacken auf Kojoten beobachtet hatte. Vielleicht war es einfach nur dem ruhigen und ausgeglichenen Charakter von Diane und Babysitterin Aster zuzuschreiben, dass sie die Kojotenfamilie gewähren ließen. Zwischenzeitlich attackierten mich zwei Fischadler, die mit meinem Beobachtungsposten in der Nähe ihres Horstes überhaupt nicht einverstanden zu sein schienen. Im Sturzflug und laut zeternd kamen sie auf mich zu, streiften hin und wieder mein zum Schutz hochgehaltenes Stativ und machten ihrem Unmut Luft. Aber auch Familie Adler beruhigte sich schon bald, tolerierte meine tägliche Präsenz und versorgte weiterhin ihre nimmersatte Brut, ohne mich weiterer Beachtung zu würdigen. Fischadler (Osprey) kommen in Banff bis zum heutigen Tage noch recht zahlreich vor. Sie sind wahre Flugkünstler und stehlen ihrem größeren Verwandten, dem Weißkopfseeadler manchmal Futter. Fischadler verhalten sich ausgesprochen territorial und ziehen jeden Frühsommer im Durchschnitt zwei bis drei Jungtiere auf. Dabei favorisieren sie traditionell angelegte Nester, die sie jedes Jahr weiter ausbauen.

Einmal wagte sich ein unvorsichtiger Schwarzbär zu nahe an die Höhle heran und wurde vom Leitrüden, Diane und einer anderen Wölfin wütend auf die Autobahn gescheucht. Gottlob schaffte es der völlig überrumpelte Bär, die Straße unbeschadet zu überqueren. Die Wölfe trabten zufrieden zum Höhlenkomplex zurück. Überhaupt scheinen Schwarzbären im Vergleich zu Grizzlies die Nähe zu Wölfen zu meiden. Jedenfalls haben wir noch nie einen Schwarzbären an einem Beutetierkadaver gesehen, wenn sich Wölfe in der Nähe aufhielten, Grizzlies hingegen schon häufig. Männliche Schwarzbären werden in Banff durchschnittlich hundert bis einhundertfünfzig Kilogramm schwer, ernähren sich hauptsächlich vegetarisch, verschmähen aber weder Aas noch gelegentliche Hetzjagden auf unvorsichtige oder gar verletzte Huftiere. Ihr Reproduktionszyklus ist langsam. Der normalerweise als Zwillinge geborene Nachwuchs bleibt mindestens für 1 ½ Jahre bei der Mutter.

Derweil verblüffte mich Dianes Verhalten immer mehr. An manchen Tagen schaute sie kurz zu mir und meinem Versteck herüber, um sich dann bald wieder in stoischer Ruhe ein kleines Schläfchen zu gönnen. Die Fürsorge der Welpen hatte primär längst die junge Aster übernommen, eine schlaksig wirkende, hochbeinige, fast schwarze Wölfin. Im Umgang mit den Welpen war sie äußerst bemüht und aktiv, weshalb ich sie auch als Babysitterin bezeichnete. Ihre Art der Tabuisierung beziehungsweise Ignorierung unerwünschter Verhaltensweisen stand im Vordergrund meiner Beobachtungen. Ich widerspreche hier ausdrücklich allen Verhaltensforschern, die eine spezielle Babysitterfunktion in Frage stellen und von der generellen Bewachung von Welpen durch alle juvenilen Tiere einer Wolfsfamilie ausgehen.

Die Welpen nutzten Aster's Rücken als Rutschbahn, zwickten sie in Schwanz und Ohren und zeigten wenig Respekt. Mitunter wurde es Aster dann doch zu bunt und ein gezieltes Drohknurren sorgte für Ordnung. Insgesamt erstaunte mich allerdings die unglaubliche Toleranz und Friedfertigkeit der erwachsenen Wölfe, und dies nicht nur im Umgang mit den Welpen. Kaum aggressive Auseinandersetzungen, kein großer Zoff, keine Stellungsspielchen untereinander. Die Aktionen des gesamten Rudels strahlten Harmonie, Ruhe und Ausgeglichenheit aus. Alle erwachsenen Wölfe waren geradezu verrückt nach den Welpen, forderten sie in gelöster Stimmung hin und wieder zum Spiel auf und trugen im objektbezogenen Spiel Knochen voran, welche die Welpen erhaschen sollten.

Als professioneller Hundetrainer wartete ich außerdem wochenlang auf die Disziplinierung der Welpen über das allseits propagierte »Nackenschütteln«. Nichts dergleichen geschah. Nichts dergleichen habe ich bis zum heutigen Tage observiert. Stattdessen ergriffen die Alttiere ab und an die Schnauzen beziehungsweise den ganzen Kopf eines zu aufmüpfigen Welpen, der daraufhin sein kesses Verhalten tief beeindruckt einstellte.

Diane hielt sich aus solchen Interaktionen komplett heraus, ignorierte die Annäherungsversuche der Welpen während der Ruhephasen oder stand auf, um sich in etlichen Metern Entfernung erneut in Schlafposition zu rollen. Sie beteiligte sich an fast allen Jagdstreifzügen sehr aktiv, indem sie stets dem

Aster war eine sehr sanfte und tolerante Jungwölfin, welcher im Alter von 14 Monaten der »Job« einer Babysitterin zukam. Aster entwickelte sich später zur Leitwölfin und sollte im Bowtal noch für Furore sorgen.

kompakten Leitrüden folgte. Meistens brach das ganze Rudel – mit Ausnahme der Babysitterin Aster – in den späten Nachmittagsstunden ohne jegliches Vorzeichen auf. Der große graue Rüde führte die Gruppe vom Rendezvousplatz aus in Richtung eines ausgedehnten Sumpfgebietes.

Bei Rückkehr der Jagdformation, die im Durchschnitt alle vier Tage aufbrach und zwischen zehn und maximal dreißig Stunden unterwegs war, trotteten alle Alttiere auf die enthusiastisch entgegenkommenden Welpen zu, würgten nach aktiv aufgezeigtem Futterbettelverhalten Nahrung hervor, um sich dann wieder eine wohlverdiente Auszeit zu nehmen.

Die gut abgefüllten und vollgefressenen Welpen rannten nach der Fütterung noch einige Zeit umher, veranstalteten wieder einmal Rennspiele und Ringkämpfe um diverse Weidenbüsche oder große Baumstämme.

Zwischendurch musste »Tante Aster«, die schon gegenüber den von der Jagd heimkehrenden Alttieren aktive Unterwürfigkeit demonstriert hatte, etliche Attacken der Welpen über sich ergehen lassen. Tante Aster blieb mit den Welpen fast immer in der Nähe des Höhlenstandortes zurück, bewachte sie und führte sie zum Beispiel beim Auftauchen eines Grizzly-Bären schützend in den Wald.

Diane verhielt sich ihr gegenüber sehr tolerant und großzügig. Einmal ließ sie sich sogar ein Rehbein aus dem Maul ziehen, ohne Aster auch nur anzublaffen. Gegenüber dem Vater, den wir der Einfachheit halber Grey tauften, zeigten die Welpen schon erheblich mehr Respekt, näherten sich ihm oft schwänzelnd, pfötelnd und stets mit angelegten Ohren. Seine Antwort richtete sich nach seiner jeweiligen Gemütsverfassung und Stimmungslage. Im ausgeruhten Zustand ließ er sich durchaus gerne zu einem kleinen Spielchen animieren, streckte seine langen Beine auf dem Rücken liegend in den Himmel, ruderte in der Luft herum und sprang anschließend mit abgeducktem Vorderkörper vor den Welpen hin und her. Während ausgiebiger Ruhephasen hatte seine Toleranz allerdings deutliche Grenzen und die Welpen hielten mitunter großzügig gewählte Individualdistanzen ein. Manchmal leitete er die beiden Welpen zu Kurzausflügen. Bei diesen Spaziergängen blieben die Welpen eng in der Nähe ihres Beschützers. Waren keine Erwachsenen anwesend, bewegten sich die Welpen weitestgehend im Pulk und hielten

Diane starb im Frühjahr 1993 an Räude, nachdem sie die Bowtal-Wolfsfamilie schon im Spätherbst 1992 verlassen hatte und vergeblich versuchte, sich als Einzeltier durchzuschlagen.

engen Kontakt. So waren sie auch für die Alttiere jederzeit leicht auffindbar, wenn diese ihnen Nahrung brachten. Ein kurzes »Wimmern« oder ansatzweises Heulen und schon wussten die Erwachsenen, wo sich ihr Nachwuchs aufhielt.

Diane verließ den Höhlenkomplex anfänglich wesentlich seltener und kürzer als alle anderen Familienmitglieder. Im Gegensatz zu ihr verließ der die Jagdformation leitende Leitrüde die Aufzuchtstätte wesentlich länger, wobei außerdem bei ihm eine früh abendliche Tendenz bestand (19 – 21 Uhr aus 20 direkten Observationen). Seine Rückkehr stellte ich hauptsächlich zwischen 6 und 8 Uhr morgens fest (73% aus 11 direkten Observationen/Telemetriemessungen).

Alle erwachsenen Tiere der Gruppe akzeptierten den grauen Rüden als Leittier, indem sie meistens auf seine Aktionen reagierten, bei Annäherung körpersprachliche Signale der Unterwürfigkeit demonstrierten, Individualdistanzen während gemeinsamer Ruhephasen respektierten und ihn generell als zentralen Mittelpunkt der Familienstruktur betrachteten. Diane schien hingegen aufgrund ihrer sehr engen Sozialbindung zu dem Leitrüden eine absolute Sonderstellung zu genießen. Beide begrüßten sich oft schwanzwedelnd und respektvoll, trotteten mitunter gemeinsam in einer Art Parallellauf und wechselten sich in der Führung der Gruppe je nach Situation ab. Diane genoss außerdem das soziale Privileg, bei Begrüßungsszenen die Genitalien des Rüden beschnüffeln zu dürfen und direkten Blickkontakt aufrecht zu erhalten, ohne dabei - im Gegensatz zu allen untergeordneten Wölfen im Rudel – ihre Ohren anzulegen. Umgekehrt duldete Diane exklusiv regelmäßige Überprüfungen ihres Genitalbereichs durch ihren Paarungspartner. Beide Leittiere vermieden ganz offenkundig gegenseitig demonstrierte Körperhaltungen eines Drohverhaltens. So beobachtete ich während des gesamten Verlaufes meiner Studien zwischen dem Leitrüden und Diane keine einzige

Erwachsene Wölfe nehmen ihre Welpen mit zunehmendem Alter mit zu kleinen Ausflügen, um sie mit dem heimischen Revier nach und nach vertraut zu machen. Die Welpen lernen, Gefahren zu vermeiden und halten zwischenzeitlich über Heulverhalten von Rendezvousplätzen aus mit den Alttieren Kontakt.

Dominanzgeste wie etwa Bewegungseinengung, T–Stellung, gegenseitiges Fixieren, Imponierhaltung oder Bereitschaft zu einer Beißattacke. Nur in Verbindung mit Nahrung zeigte Diane hin und wieder leichtes Abwehrschnappen, was der Rüde immer akzeptierte.

Wenn auch selten, forderten sich die beiden Alttiere für kurze Zeit zum gegenseitigen Sozialspiel auf. Deshalb widersprechen wir auch der These, dass Wölfe generell keinem separaten Spiel-Funktionskreis folgen, dem eine eigene Motivation zugrunde liegt, zumal die »Spielgesichter« der Leittiere eine andere Sprache sprachen. Diese Tiere kannten sich sehr gut und brauchten ihre Rangstellung nicht über Spielsignale zu testen.

Die untergeordneten Tiere vermieden gegenüber dem Leitpaar hingegen oft direkten Blickkontakt, das Überprüfen der Genitalbereiche, jegliche Störung der Ruhephasen und sie verzichteten aufgrund ihres jugendlichen Alters ohnehin auf Imponierhaltungen. Sie fielen stattdessen durch aktives Demutsverhalten wie etwa Schnauzenlecken, das Heben

einer Vorderpfote, auf den Rücken rollen und Kopf wegdrehen in rangunterlegener Haltung auf. Manchmal gingen sie besonders dem Leitrüden »tierisch auf den Geist«. In völliger Hemmungslosigkeit und sehr aufdringlich warfen sie sich vor dem Leitrüden Grey auf den Rücken, strampelten mit den Beinen in der Luft und suchten immer wieder Schnauzenkontakt. Dann beließ es der Leitrüde nicht mehr bei einem Drohknurren, sondern biss mitunter etwas fester zu. Nun konnte auch eine regelrechte Attacke folgen. Sofort ging die aktive Unterwerfung eines juvenilen Tieres in passive Unterwerfung oder aber in Protestverhalten über. War der Leitrüde aber einigermaßen freundlich gestimmt, ging die aktive Unterwerfung sofort über in Spielaufforderungen, Rennspiele und Kopfschleudern.

Die Motivationsmuster jedes einzelnen Familienmitgliedes waren insgesamt von arbeitsteilender Bewegungsaktivität geprägt. Sie haben in regelmäßigen Abständen (ca. alle 4 bis 5 Tage) größere Huftiere erbeutet, um so das Überleben eines möglichst hohen Prozentsatzes der Welpen zu gewährleisten. Besonders die Leittiere brachten mit fortschreitendem Alter der Welpen große Beutetierstücke (zum Beispiel komplette Hinterläufe eines Hirsches) heran. Wie oft und wie viel Nahrung von unterschiedlichen Gruppenmitgliedern zum Höhlenkomplex getragen wurde, hing generell vom Alter, der Jagderfahrung, dem Sozialstatus und anderen Faktoren ab.

Im Laufe der Jahre konnten wir feststellen, dass Alphaweibchen zahlenmäßig schwächerer Rudel wesentlich mehr in die Nahrungsbeschaffung eingebunden sind, als Weibchen umfangreicher Gruppengemeinschaften. Im Sommer 1992 wurden die Welpen innerhalb der Altersphase von vier bis elf Wochen nur 10 bis 15% der Beobachtungszeit gänzlich unbewacht zurückgelassen. Der überwiegend anwesenden Babysitterin Aster fiel somit der höchste Anteil im Interaktionsbereich mit den beiden Welpen zu. Generell stellten wir fest, dass es sich in der Gesamtheit aller aufgelisteten Interaktionen vornehmlich entweder um Reaktionen erwachsener Wölfe auf das Futterbettelverhalten ihrer Welpen handelte oder um allgemeine Aktivitätshandlungen, die von den im Höhlenbereich verweilenden Wölfen mehrheitlich ignoriert wurden. Aus dem sehr umfangreichen Verhaltensrepertoire wurden vier hauptsächlich aufgezeigte Reaktionen erwachsener Wölfe aufgelistet:

Interaktionen zwischen erwachsenen Wölfen und ihren Welpen exklusiv Babysitterin Aster:
(n = 35)
Über–die–Schnauze–Fassen (29%)
Ignorieren (45%)
Auf–den–Boden–Drücken (20%)
Spielen (6%)

Betrachten wir zum Schluss die an spezielle Umweltbedingungen angepasste Verhaltensökologie des Bowtal Rudels.

Diese Wolfsgruppe lebte in der Nähe der Stadt Banff und somit unter dem starken Einfluss einer ausgebauten Infrastruktur. Die Höhle war zwar nur ca. hundert Meter von der Transkanada Autobahn entfernt, aber gut versteckt im dichten Wald angelegt. Die Wölfe waren fast ausschließlich erst ab Dämmerung aktiv, nutzten erst dann die vom Menschen angelegte Infrastruktur in Form von Straßen, Wanderwegen, Autobahnunterführungen und Parkplätzen.

Dieses Verhalten schloss ein, dass kein Wolf innerhalb eines Radius von ca. zwei Kilometer den genauen Standort der Höhle durch intensives Heulen preisgab. Im Interaktionsbereich mit den Welpen fiel auf, dass dieser zielgerichtet auf den späten Abend und den frühen Morgen fixiert war. Am Tage mieden die Alttiere jegliches Ansteuern des Höhlenkomplexes, oder verhielten sich äußerst zurückhaltend und ruhig. Die Welpen hatten sich mit zunehmendem Alter besser an infrastrukturtypische Geräuschkulissen gewöhnt und zeigten je nach Umstand sehr differenziertes Fluchtverhalten. Die Anpassung an diesen speziellen Lebensraum ging sogar so weit, dass einige erwachsene Wölfe regelmäßig Softdrinkdosen und andere Menschen zuzuordnende Utensilien als Spielzeug für die Welpen zur Höhle schleppten.

Jede schöne Zeit geht irgendwann einmal zu Ende. Seit Ende Juni begleitete mich ein holländischer Praktikant namens Joep van de Vlasakker, von dem ja bereits schon mehrfach die Rede war. Oft diskutierten wir, ob sich diese Wölfe schon zu sehr an unsere Präsenz gewöhnt hatten, ob diese Gewöhnung positiv oder negativ zu bewerten sei und ob dieser Gewöhnungseffekt gegenüber der menschlichen Art verallgemeinert würde.

Bald konnten wir diese Bedenken jedoch wieder verwerfen, denn die Wölfe entschieden schließlich, wie sie sich verhalten wollten und zeigten vor allem außerhalb des Höhlenstandortes gegenüber anderen Menschen die notwendige Distanz. So konnten wir getrost davon ausgehen, dass sich diese Wölfe nicht etwa belanglos verhielten, sondern ganz gezielt bestimmte Menschen akzeptierten.

Zudem kennen wir ja ähnliche Phänomene in Bezug auf tolerante Begegnungen zwischen Raubtieren und ganz bestimmten Menschen aus anderen Teilen der Welt: Begegnungen zwischen Gorillas oder anderen Primaten und Menschen, afrikanischen Großkatzen und Menschen, Wildcaniden und Menschen, ja sogar zwischen Riesenwaranen oder Haien und Menschen. Wir müssen uns nur die Zeit nehmen, unendliche Geduld aufzubringen, Ruhe und Respekt auszustrahlen, nicht ängstlich sein und bereit sein, die typischen Verhaltensweisen einer Tierart zu respektieren.

»Unsere« Wölfe folgten auch noch nach Beendigung der Verhaltensstudien ihrem täglichen Routineablauf, versorgten vorbildlich ihren Nachwuchs und zogen weiterhin völlig unbeeindruckt ihr »Wolfsding« durch.

Meine Tränen des Abschieds und mein emotionales Aufgewühltsein veränderte diese Situation sicherlich nicht.

Verhaltensbeobachtungen im Sommer 1993
Indirekte Begegnungen mit den Wölfen des Bowtal Rudels

Dr. Paul Paquet hatte extra einen Helikopter angefordert, um meine Frau und mich in ein Seitental des Banff Nationalparks einfliegen zu lassen. Er vermutete, dass sich die Wölfe in jenem Jahr für einen anderen Höhlenstandort entschieden hatten, vielleicht weil Diane zu unserem größten Entsetzen im Frühjahr des Jahres 1993, gezeichnet von einer Räudeerkrankung, verstorben war. Die mittlerweile fast zehn Jahre alte Diane hatte das Wolfsrudel schon im Winter verlassen, sich abgesondert, mehr schlecht als recht von Kadavern entlang der Autobahn und der Zugtrasse gelebt und verendete letztlich bis auf Haut und Knochen abgemagert und ausgemergelt. Leider gab es keinen konkreten Hinweis darauf, was während der üblicherweise im Februar stattfindenden Paarungszeit vorgefallen war und ob möglicherweise eine Auseinandersetzung mit anderen Weibchen zu dieser unschönen Situation geführt hatte.

In einer vom Nationalpark freundlicherweise zur Verfügung gestellten romantischen Holzhütte, die uns für eine Woche beherbergen und vor den noch recht kühlen Nächten schützen sollte, angekommen, packten wir schnell einige wenige Habseligkeiten aus, um auch schon gleich am selben Nachmittag die erste Spurensuche einzuleiten. Die Wölfe schienen ihr tägliches Wanderverhalten anscheinend primär auf die Nutzung einer schmalen Schotterstraße verlegt zu haben. Jedenfalls wurde die Konsistenz ihrer dort hinterlassenen Kothaufen in nördlicher Richtung immer trockener und somit älter, umgekehrt in südliche Richtung immer weicher und frischer. Erste Anhaltspunkte also, wohin die Bewegungsmuster der Wolfsfamilie wiesen.

Feldforschungsarbeit ist oft mühsam, erfordert einen gewissen Gleichmut und den stoischen Willen, sinnbildlich Stein um Stein zusammenzutragen. Bald war klar, dass die Wölfe nicht den vermuteten Höhlenstandort bewohnten, sondern offensichtlich kurz vor unserer Ankunft durch die Präsenz eines Grizzlybären gestört worden waren. Die Sicherheit des Nachwuchses hat stets Priorität, ein mächtiger Bär in Nähe der Aufzuchtstätte kann somit für die unbedarften Welpen eine große Gefahr bedeuten. Frische Ausgrabungen in unmittelbarer Nähe des Höhleneingangs, überdimensionale Kothaufen und die neuerlich hinterlassenen Abdrücke einer Bärenpranke ließen leicht nachvollziehen, warum sich die Wölfe für einen ca. 500 Meter entfernten Standort zur Aufzucht ihrer Welpen entschieden hatten. Pech gehabt. Der neu ausgewählte Höhlenstandort lag verborgen tief im Wald, zudem eingefasst in ein kleines Sumpfgebiet. Keine Chance also, direkte Verhaltensbeobachtungen durchzuführen. Zwar bezogen wir täglich einen bestimmten Beobachtungsposten, machten uns gegenseitig Hoffnung, erkannten aber bald, dass sich die sensationellen Ereignisse des Vorjahres nicht wiederholen sollten.

Einige Tage nach unserer Rückkehr in Dr. Paquets Haus fing ein beauftragter Fallensteller aufgrund der genauen Beschreibung des vermuteten Höhlenstandortes eine ca. zweijährige, fast schwarze Wölfin ein. Man stattete sie mit einem Radiohalsband aus, stellte ihren hervorragenden Gesundheitszustand fest und taufte sie auf den Namen Aster. Im Nachhinein sind wir nicht nur davon überzeugt, dieses Weibchen schon im Sommer 1992 als aktive Babysitterin des Bowtal Rudels kennen gelernt zu haben, sondern es sollten im weiteren Verlauf unserer Studien noch mannigfaltige, unvergessene Begegnungen mit dieser außergewöhnlichen Wölfin

Wolfshöhlen sind im Schnitt zwei bis drei Kubikmeter groß, haben mitunter mehrere Ein- und Ausgänge, werden an windgeschützten Orten angelegt und ohne Störung des Menschen sehr traditionell bewohnt. Wölfe übernehmen gerne ehemalige Fuchs- oder Kojotenhöhlen, in deren Nähe Wasser zu finden ist.

bevorstehen. Wie wir noch erfahren werden, verstarb Aster im Alter von 10 ½ Jahren im November 2001.

Sommerliche Begegnungen mit dem Panther Rudel im Hinterland des Banff Nationalparks

Wir bitten nochmals um Verständnis dafür, dass in diesem Buch keinerlei konkrete Hinweise auf irgendeinen Höhlenstandort gegeben werden. Die Gefahr ist einfach zu groß, dass unbefugte Personen die Gunst der Stunde nutzen und durchaus unbeabsichtigt Störungen verursachen, die dem Wohlbefinden der Wölfe sicherlich abträglich wären. Unser Standpunkt mag ein wenig egoistisch und arrogant klingen, schließlich sind wir ja auch nur Menschen, die ungefragt in das Kernrevier einer Wolfsfamilie vordringen. Zu unserer Verteidigung sei angeführt, dass wir zumindest ganz klar umrissene Regeln respektieren, die der Laie nicht kennen kann. Diese Regeln sind unter anderem vom Wissen um eine Verhaltenseinschätzung geprägt, verlangen unter bestimmten Umständen sogar einen kompletten Rückzug von einem Beobachtungsposten oder zwingen uns zumindest manchmal, eine Distanzerweiterung zu einem Höhlenstandort vorzunehmen. Als Verhaltensexperten genießen wir natürlich besondere Privilegien, derer wir uns auch bewusst sind. Unser Bemühen ist deshalb immer darauf ausgerichtet, an Wölfen interessierte Menschen so anschaulich wie möglich zu informieren, ihnen diese faszinierenden Geschöpfe näher zu bringen, um weltweit für ihre Belange eintreten zu können. Letztlich beurteilt der Leser, ob dieser aus tiefstem Herzen entsprungene Wunsch erfüllt werden konnte.

Ein Hubschrauber brachte uns im Juni 1993 in eine jener Gegenden des Banff Nationalparks, die, unberührt und von jeglichem menschlichen Einfluss verschont, den unbeschreiblichen Charme von Wildnis versprüht. Hier durchstreiften noch zahllose durch den Menschen kaum beeinflusste Bären das natürliche Hinterland, grasten große Gruppen von Wapitihirschen, leckten Dickhornschafe lebenswichtige Mineralien vor einem alten Höhleneingang auf. Wir blicken auf eine durch Menschen unverdorbene Landschaft, in der noch Wölfe jagten, als ob die Zeit stehen geblieben wäre. Hier hat sich seit Jahrhunderten nichts verändert, nichts gewandelt. Keine Menschen haben hier gelebt, keine Holzindustrie die wunderschöne Landschaft verschandelt. Das ganze Tal ist noch als echte Wildnis zu bezeichnen. Ein Rundumblick durch das Tal und auf die ca. 2500 m hohen Berge bestätigte dann auch schnell: Kein Mensch weit und breit, überall gewöhnungsbedürftige Ruhe, ein Kleinod. Welches Paradies muss der gesamte Gebirgszug der Rocky Mountains wohl vor Ankunft des Menschen gewesen sein?

Vor Ort in einem kleinen Zelt relativ komfortabel eingerichtet, trafen wir dann auch schon bald auf viele geradezu naiv anmutende Tiere. Rehe näherten sich uns bis auf fünf Meter, nicht durch Menschenfutter konditionierte Erdhörnchen ignorierten unsere Präsenz völlig, einzelne von Neugierde getriebene Grizzlybären und auch Wölfe vergewisserten sich unserer Harmlosigkeit, inspizierten uns, ohne jegliche Aggression, vorsichtig aus nächster Distanz, um danach sofort wieder ihrem routinemäßigen Tagesablauf zu folgen. Haben wir Menschen schließlich dieses ursprünglich tolerante und unbedarfte Verhalten der Tiere durch Unkenntnis, Furcht und oft auch durch blanken Hass so verändert? Diese Frage haben sich meine Frau und ich in einer solchen Umgebung mehr als einmal gestellt. Wir sind zu dem Ergebnis gekommen, dass wir Menschen sicherlich zu den schlimmsten und unerbittlichsten Raubtieren des Planeten Erde zählen und wir dankbar sein müssen, noch nicht allen Tieren ihre Naivität und Toleranz geraubt zu haben. Wie oft haben uns daheim in Deutschland naturentfremdete Verwandte und Bekannte gefragt, ob Wölfe eine Gefahr für den Menschen darstellen. Nun, in der Abgeschiedenheit dieses atemberaubend schönen Tales bot sich die Gelegenheit, die Verneinung der zuvor gestellten Frage noch einmal auf ihren Wahrheitsgehalt hin zu überprüfen. Hier durfte man jedenfalls noch von einem anderen Leben träumen und Kraft schöpfen, um die Wirklichkeit in der so genannten Zivilisation zu meistern.

Hier im Hinterland beobachteten wir die Wölfe über einen Zeitraum von vierzehn Tagen. Wir fragten uns oft, wer hier eigentlich wen beobachtet. An und für sich unbeabsichtigt nahmen wir mit ihnen nicht weniger als vierunddreißig Mal direkten Blickkontakt auf. Bei acht Gelegenheiten betrug die Distanz zwischen einem (oder mehreren) Wölfen und uns nicht mehr als fünfzig Meter. Die Mehrheit der Begegnungen (sechsundzwanzig) spielte sich jedoch in einer Distanz von ca. einhundertfünfzig bis zweihundert Metern ab. Diese Wölfe schienen ziemlich arglos, sie kannten keine über Jahrtausende gesammelten Erfahrungen der massiven Verfolgung, so wie ihre europäischen Verwandten.

Wir hatten uns auf einer Anhöhe in Augenhöhe zum Höhlenkomplex postiert, lagen oder saßen im Buschwerk versteckt und observierten alle Aktivitäten der Wölfe über mindestens zehn Stunden pro Tag. Die meiste Zeit ruhten sich die ebenfalls durch Büsche perfekt getarnten Wölfe von der Jagd aus, während sich fünf Anfang Mai geborene Welpen um keinerlei Ruhephasen scherten und sich stattdessen kräftig balgten. Die Welpen durften wieder einmal alles machen. Ein erwachsener Wolf wurde gerade durch einen Welpen beim Schlaf gestört, drohte nicht, sondern ging selbst weg. Etwas versetzt lag eine junge Wölfin in einer gemütlichen Mulde, die sich auf Annäherung eines zweiten Welpens stark belästigt fühlte und ihn über die Schnauze packte. Der Welpe kreischte leicht hysterisch auf. Eigentlich wollte sich das offensichtlich juvenile Tier nur vor weiteren Störungen retten, rempelte aber unabsichtlich das ruhende Alphaweibchen an. Diese knurrte, zeigte die Zähne, biss den verdutzten Aufdringling ebenfalls über die Schnauze und behauptete so aktiv die eingeforderte Individualdistanz. Die junge Wölfin ging in eine Vorderköpertiefstellung mit gebogenem Rücken über und wollte zum Spielen auffordern. Diese Körperstellung zeigen Wölfe auch beim Antesten von Beutetieren, man kann also bei einer solchen Handlung nicht auf generelle Spielbereitschaft schließen. Vielmehr ist ein Wolf dann in einer Position, um entweder vorwärts zu springen und sogar unter Umständen anzugreifen, oder er springt zurück und anschließend seitlich hin und her. Eine solche Verhaltensweise zeigt eher, dass ein Wolf nicht genau weiß, was als Nächstes passiert. Gegenüber einem Beutetier testet ein Wolf so dessen eventuell festzustellende Schwäche. Ist das Gegenüber stark und unbeeindruckt, stellt ein Wolf seine Testbemühungen nach einigen Minuten ein. Ob die junge Wölfin das Alphaweibchen tatsächlich »antesten« wollte, blieb im spekulativen Bereich. Zumindest war diese völlig unbeeindruckt, ignorierte das »Gehopse« und schlief weiter. Manche behaupten, dass sich Wölfe im interaktiven Bereich ständig auf Schwäche testen. Wir glauben eher, dass souveräne Leittiere ihren Nachwuchs fast automatisch dominieren. Aber zu dieser These später mehr

Die Interaktionen zwischen den erwachsenen Wölfen und ihren Welpen verteilten sich insgesamt wie folgt: n = 36.

Schnauzgriff unterschiedlicher Intensität: 31%
Ignorieren/Weggehen: 40%
Auf–den–Boden–Drücken: 16%
Säugen: 3%
Spielen: 10 %

Betrachtet man eine Gruppe erwachsener Wölfe, erkennt man sehr schnell, dass die einzelnen Wolfsindividuen zueinander oft einen gewissen Mindestabstand, die Individualdistanz, einhalten. Natürlich gibt es Ausnahmen von der Regel, die mit exklusiver Bindung zwischen einzelnen Wölfen zu tun haben. So beobachtete ich zum Beispiel auch vor der Läufigkeit schon mehrfach Kontaktliegen zwischen den Leittieren. Normalerweise aber legt sich das auf eine schon schlafende Gruppe zukommende Tier gleich so hin, dass es niemanden stört. Man geht sich zur Vermeidung von irgendwelchen Schwierigkeiten aus dem Weg. Bald stellten wir fest, dass die Wölfe nicht als Einheit, sondern in kleineren instabilen Gruppen zur Jagd aufbrachen. Neben den Eltern beteiligten sich generell noch drei weitere Tiere an der Aufzucht der Jungen. Höhlenkomplex und Rendezvousplatz lagen einige hundert Meter auseinander, so dass die Wölfe mitunter für einige Zeit schwierig zu beobachten waren. Bald näherte sich aber wieder ein erwachsenes Tier den fünf Welpen, die wohl

Erst nach genauer Beobachtung der Umgebung und Prüfung der Windrichtung kann sich der erfahrene Feldforscher einer Wolfshöhle nähern. Eine genaue Spuren- und Kotanalyse gibt Auskunft über viele Wolfsaktivitäten, kann aber keine direkten Verhaltensbeobachtungen ersetzen.

Eigentlich bewacht primär der Leitrüde einen Höhlenkomplex, bei dessen Abwesenheit übernimmt fast immer eine Babysitterin die Beschützerrolle für die wehrlosen Welpen. Hier bewacht eine Babysitterin die in der Höhle schlafenden Welpen.

schon einige Zeit alleine zurückgeblieben sein mussten. Die Welpen sprangen aus den unterschiedlichsten Winkeln einer Buschgruppe auf, rannten sofort winselnd zu dem Alttier hin, wobei sie alle aufgeregt mit der Rute wedelten. Dann drängten sie sich kriechend und mit zurückgelegten Ohren um das Alttier, leckten ihm die Lefzen und hofften auf Nahrung. Der Rüde lief aber nochmals fort - nur einige Schritte zwar - blieb dann endlich stehen und würgte die sehnlichst erwartete Nahrung aus. Die fünf Welpen stürzten sich gierig auf den Futterbrei und verschlangen alles bis zum kleinsten Krümel. Sekunden später war nichts mehr übrig. Keiner der Welpen hatte lange überlegt, jeder war sich selbst der Nächste.

Der Leitrüde, vermutlich der Vater der graubraunen Welpen, lag, in eine privilegierte Mulde postiert, zumeist auf der Spitze des Höhlenkomplexes und schien zu schlafen. Seine ständig wechselnde Ohrstellung verriet hingegen permanente Wachsamkeit.

Ihm entging nichts. Ab und an hob er seinen Kopf und schaute sich nach den anderen im Schlaf versunkenen Familienmitgliedern und dem aktiven Treiben der Welpen um. Seine Welt schien nach kurzer Überprüfung wieder in Ordnung zu sein. Dem Aussehen nach glich das ranghöchste Weibchen einer Huskyhündin: Sie war sehr schlank, hochbeinig und aufgrund ihres schneeweißen Kopfes einfach zu identifizieren. Noch säugte sie ihre Welpen zwischenzeitlich, nahm aber andererseits auch schon an den gemeinsamen Jagdstreifzügen der Gruppe teil, während derer ein hellgraues juveniles Weibchen die aufmerksame Bewachung des Nachwuchses übernahm.

Sowohl der Leitrüde, den wir zur besseren Identifikation Black-Grey nannten, als auch das ranghöchste Weibchen, welches wir Light-Grey tauften, markierten fast täglich mit angehobenem Hinterlauf vor dem eigentlichen Höhlenstandort. Oft suchten sie dabei den direkten Blickkontakt mit uns und teilten auf diese Weise unmissverständlich mit, wo exakt die Grenze ihrer Toleranz endete und welche Individualdistanz es zu respektieren galt. Wir hielten diese Grenzmarkierung jederzeit ein und wurden für diesen Respekt mit der Möglichkeit belohnt, natürliche Verhaltensweisen observieren zu können.

Eines Nachts schreckten wir aus tiefstem Schlaf auf. Einer der Wölfe musste wohl gerade erstmalig auf unser Zelt gestoßen sein. Jedenfalls verkündete er seinen Unmut über mehrere Minuten: Alarmbellsequenz folgte auf Alarmbellsequenz. Offensichtlich war der Standort unseres Zeltes unbeabsichtigt auf einen Hauptwanderkorridor der Wölfe geraten. Am nächsten Morgen stellten wir beruhigt fest, dass auf die nächtliche Aktion keine negativen Konsequenzen folgten und sich die komplette Wolfsfamilie unverändert mit der Versorgung ihrer Welpen beschäftigte. Trotzdem packten wir das Beobachtungszelt vorsichtshalber ein, um es in weiterem Abstand und vor allem auf neutralem Boden erneut aufzubauen. In der Konsequenz kam es des Nachts zu keinen weiteren Zwischenfällen. Wir hatten für zukünftige Zeiten eine wichtige Lektion gelernt: Beobachtung ja, aber nicht um jeden Preis. Seitdem wir diese goldene Richtlinie befolgen, sind wir nie wieder von einem Wolf verbellt worden. Großes Indianerehrenwort!

Von jetzt an verbrachten wir eine relativ unspektakuläre Zeit. Die Wölfe gingen ihrem Tagesgeschäft nach, indem sie, stets vom Leitrüden angeführt, in regelmäßigen Abständen (alle drei bis vier Tage) zur Jagd aufbrachen. Die schon erwähnte juvenile Wölfin blieb immer bei den Welpen, wurde nach Rückkehr von den anderen Wölfen nebst aller Welpen mit Futter versorgt und spielte mit dem Nachwuchs auffallend oft. Sie konnte somit als perfekte Babysitterin bezeichnet werden. Interessanterweise bestätigte sich, dass außerhalb jeglicher Infrastruktur lebende Wölfe völlig unabhängig von der Tageszeit heulen. Dieses Verhalten waren wir von dem mit vielen Menschen konfrontierten Bowtal Rudel überhaupt nicht gewohnt. Auch der Standort variierte drastisch. Die Wölfe des Bowtal Rudels bevorzugten immer Höhlenstandorte im Wald. Diese im Hinterland lebende und nicht mit Menschen konfrontierte Wolfsfamilie platzierte ihren traditionellen Höhlenkomplex auf einer doch recht weit sichtbaren Anhöhe. Auch die Verhaltensgewohnheiten der beiden Wolfsgruppen hätten nicht unterschiedlicher sein können. Während das Bowtal Rudel ausnahmslos an den späten Nachmittagsstunden bis zum frühen Morgen aktiv war, schien es im Hinterland keine erkennbare Regel zu geben. Die einzige Ausnahme diktierten unterschiedliche Wetterbedingungen. An sonnigen und sehr warmen Tagen hielten sich Black–Grey und Co. hinsichtlich jeglicher Jagdaktivität zurück, an bedeckten oder regnerischen Tagen hingegen waren sie hochaktiv. Mit ziemlicher Regelmäßigkeit pflegten die Wölfe, wenn das Wetter schön und vor allem warm war, zwischen 19 und 22 Uhr zur Jagd aufzubrechen, bei bedecktem und kühlem Wetter auch während des Tages. Leitwölfin Diane verbrachte mehr Zeit an der Höhle als Leitwölfin Light-Grey. Prozentual lag ihre direkte Präsenz zwischen 81,5% und 96,8% (Mitte Mai bis Anfang Juni). Einjährige Wölfinnen aus dem größeren Bowtal Rudel verbrachten bedeutend mehr Zeit als Helfer als ihre Altersgenossinnen des zahlenmäßig kleineren Panther Rudels. Die schwanzwedelnden und Ohren anlegenden Welpen zeigten nach Rückkehr der erwachsenen Tiere aktives Futterbettelverhalten. Offensichtlich werden Wolfswelpen so generell über ihre sofortige Folgebereitschaft fest an die erwachsenen Wölfe gebunden. Babysitterinnen waren in der Nachfolgezeit mindestens 85% der Zeit an den Höhlen präsent.

Schon diese ersten Vergleiche zeigen klipp und klar, dass man sich vor einer Generalisierung wölfischen Verhaltens sehr hüten sollte. Leider sind solche pauschalen Argumentationen besonders innerhalb der Hundeausbildungsszene bis zum heutigen Tage sehr beliebt. So wird zum Beispiel unter anderem oft behauptet, Wölfe würden einem Jagdautomatismus folgen, sobald sich Beutetiere in ihrer Nähe aufhalten. Diese pauschale Ansicht können wir anhand eines konkreten Beispiels widerlegen.

Eines Tages beobachteten wir zwei juvenile Wölfe, die eine kleine, vor dem Höhlenkomplex grasende Hirschgruppe fixierten, sich heran pirschten und aus zwei Richtungen attackierten. Das ebenfalls am Höhlenstandort anwesende Leitpaar verfolgte die Szene sehr aufmerksam. Die Hirsche befanden sich zu diesem Zeitpunkt nur ca. einhundert Meter entfernt, entdeckten die angreifenden Jungwölfe und rannten in voller Panik los. Wir erwarteten natürlich, dass das Alphapaar augenblicklich Führungsaufgaben übernimmt und einen strategisch geleiteten Angriff einleiten würde. Die beiden erfahrenen Alttiere fixierten zwar eine der Hirschkühe, hielten jedoch ihre liegende Position bei, verweilten starr und angespannt und beteiligten sich zu unserem Erstaunen nicht am Hetzverhalten der Jungwölfe. Unerfahren und etwas planlos jagten die Youngster eine aus der Herde zunächst separierte Hirschkuh, scheuchten sie mehrfach durch einen Gebirgsbach, verloren aber bei der Verfolgung zunehmend an Boden. Die immer noch auf ihren Beobachtungsposten verharrenden Alttiere bewerteten die uns als unübersichtlich erscheinende Szenerie als nicht besonders erfolgversprechend. Längst hatten sie ihre Anspannung aufgegeben und sich bereits in Ruheposition zusammengerollt. Mit weit heraushängender Zunge kehrten die beiden Jungwölfe nach einer Viertelstunde zum Höhlenstandort zurück und begrüßten die sichtlich gelangweilt wirkenden Alttiere sehr überschwänglich. Daraufhin stand der Leitrüde auf, drehte seinen Kopf demonstrativ zur Seite, gähnte kurz, um auch schon wieder postwendend eine Schlafposition einzunehmen. Light-Grey verhielt sich ähnlich, obwohl die Jungwölfe doch ihre ganze Kraft aufgewandt hatten, um erfolgreich Hirsche zu jagen. Das Weibchen schaute die Jungwölfe noch einmal eher beiläufig an, als ob sie sagen wollte: »Hoffentlich habt ihr eure Lektion gelernt. Man verschwendet keine wertvolle Energie, wenn ein Beutetier aufgrund einer eindeutigen Körpersprache ›strotzende‹ Gesundheit demonstriert. Betrachtet zukünftig körpersprachliche Signale eurer potenziellen Opfer, bevor ihr planlos losrennt«. Dieses Beispiel beweist außerdem, dass juvenile Wölfe durchaus ohne die Führung von Leittieren eigenständig handeln, Erfahrungen sammeln und eigene Charaktere entwickeln dürfen. Ja, so läuft die Sache in der Natur ab. Schon in der juvenilen Phase muss man ab und zu Frustration ertragen können, aus Fehlern lernen und daraus die richtigen Schlüsse ziehen.

Je länger wir die Wölfe beobachteten, desto klarer wurden uns deren individuelle Charaktere. Wolf war hier noch lange nicht Wolf. Eigentlich sollten wir Menschen um unterschiedliches Temperament, Sensibilität, Ängstlichkeit beziehungsweise Ausgeglichenheit einzelner Individuen wissen. Wir sollten respektieren, dass es auch in der Tierwelt den stark erregbaren und bisweilen hemmungslosen Choleriker, den ruhig und phlegmatisch erscheinenden Schwerfälligen, den sehr beweglichen Aktiven, den stark gehemmten und oft reaktionslosen Melancholiker oder den zwar aufmerksamen, aber meist abwartenden Typus gibt. Statt Tiere und Tierverhalten zu verallgemeinern, sollten wir zumindest versuchen, uns so gut es geht über individuelle Erscheinungsbilder zu informieren. Dieses Fazit zogen wir jedenfalls schon zu Beginn der Feldforschungen und

große Vorbilder wie etwa die populäre Primatenforscherin Jane Goodall berichten seit Jahren über erstaunliche Entwicklungen individuellen Verhaltens. Sie war auch die erste Verhaltensforscherin, die ihren Tieren eine Gefühlswelt zugestand. Lange Zeit belächelt, gelten Jane Goodall's Beobachtungen heute als allgemein anerkannt und sie genießt den Respekt der allermeisten Forscher.

Light-Grey war ganz offensichtlich die Mutter der fünf Welpen und verbrachte viel Zeit an der Höhle. Sie war ein kompaktes Weibchen, hatte ein schneeweißes Gesicht und war ca. fünf Jahre alt. Sie war ständig hungrig und riss dem Leitrüden mitunter Futterbrocken regelrecht aus dem Maul. Black-Grey war das Tier mit dem größten Selbstbewusstsein. Er demonstrierte seine Überlegenheit über die anderen Wölfe regelmäßig, verhielt sich aber zu Light-Grey sehr sanftmütig. Er kümmerte sich mehr als die anderen Rüden um die Welpen. Er war schwarzgrau gefärbt, ca. sieben Jahre alt und fiel uns stets durch seine weiße Schnauze auf. Die ranghohe Position der beiden Leittiere bestätigte sich mehrere Male durch verschiedene Verhaltensweisen, die als typisch anzusehen sind. Bei Dark–Grey wiederum handelte es sich um ein graues, mittelgroßes, ca. zwei Jahre altes Weibchen mit auffallend dunkler Rute. Zudem liefen deutlich erkennbare dunkle Streifen über ihren ganzen Rücken. Sie hielt sich oft ein Stück abseits von den übrigen Wölfen und schien generell auch deutlich scheuer zu sein als die Leittiere. Außerdem beobachteten wir noch drei weitere als typisch zu bezeichnende Grauwölfe, deren Geschlecht, Alter und genauer Status wir nicht bestätigen konnten. Fest stand nur, dass alle drei Wölfe in bestimmten Situationen Gesten der Unterwürfigkeit und Beschwichtigung gegenüber dem Leitrüden zeigten, der daraufhin unerwünschte Verhaltensweisen durch konkrete Signalgebungen unterbrach. Er stand einige Male auf der Spitze des Höhlenkomplexes, stellte sich mit steil erhobener Rute und aufgerichteten Ohren steifbeinig in Position, knurrte mitunter laut und deutlich, woraufhin sich sein Gegenüber demütig verhielt. Ein anderes der Wolfsfamilie eigentlich zuzurechnendes Weibchen mit dem Namen Snowy tauchte während unserer Beobachtungen kein einziges Mal an der Höhle auf. Die verwandtschaftlichen Beziehungen und sozialen Bindungen der anwesenden Wölfe erklärten das hohe Maß an gemeinschaftlicher Verantwortung, das wir bei der Versorgung der fünf Welpen beobachten konnten. Arbeitsteilung war angesagt. Regelmäßig steuerten alle Wolfsindividuen die Höhle an, schließlich war die Fürsorge um die fünf Welpen der einzige Grund, warum sie hierhin nach der Jagd zurückkehrten. Die Leitrüden beider Wolfsfamilien wurden prozentual am längsten und häufigsten abseits der Höhlen in der Nähe von Beutetierkadavern beobachtet. Wir nehmen an, dass Leitrüden eine Art Bewacherrolle von Biomasse zukommt. Im Gegensatz zu den Weibchen verließen sie die Höhlenstandorte wesentlich länger (bis zu 38 Stunden), wobei außerdem eine frühabendliche Tendenz (zwischen 18 - 21 Uhr) bestand. Generell konnte das Verlassen der oder die Ankunft am Höhlenstandort zwischen 11 - 18 Uhr am seltensten registriert werden. Die Alttiere des Panther Rudels waren insgesamt fast um 50 % aktiver als die Tiere des Bowtal Rudels. So fiel z.B. auf, dass Leitwölfin Light-Grey im Schnitt mehr als 13 Stunden, niemals aber weniger als 5 Stunden aktiv war. Leitwölfin Diane war hingegen nie mehr als 8 Stunden, durchschnittlich sogar nur 4 Stunden aktiv. Tendenziell schien es für Diane als Mitglied einer größeren Familie nicht so notwendig zu sein, an gemeinsamen Jagdausflügen teilzunehmen. Allgemein verfolgten Mütter solcher Familienkonstellationen wohl die konstantere Aufzucht ihrer Welpen. In der Konsequenz kommen wir zu dem Schluss, dass Rudel, die nur aus einer sehr geringen Anzahl erwachsener Tiere bestehen (manchmal sogar nur aus zwei Erwachsenen) nicht zu einer qualitativen und quantitativen Nahrungsbeschaffung in der Lage sind, ohne dass die Leitwölfin wesentlich dazu beiträgt.

Generell führt eine Wolfsfamilie eher ein Nomadenleben innerhalb eines großen Reviers, sucht aber auch außerhalb der sommerlichen Aufzuchtphase immer wieder einmal den Höhlenstandort auf. Ihre ausgezeichneten Sinnesleistungen erlauben ihnen auch nachts zu jagen. Besonders um die Vollmondzeit sind die Lichtverhältnisse für den Wolf geradezu optimal. Da Wölfe oft vor einem Jagdaufbruch heulen, somit also besonders um die Vollmondzeit, kamen viele Menschen fälschlicherweise zu der Schlussfolgerung, dass sie den Mond »anheulen«. Wie wir sehen, hat das Heulverhalten jedoch mit irgendwelcher Esoterik nichts gemein und kann stattdessen völlig rational erklärt werden.

Auch wenn uns das vielfältig erscheinende Ökosystem des Hinterlandes in seinen Bann gezogen hatte, das auch ohne die Präsenz des Menschen bestens zurechtkommt, dessen Wölfe hier noch eine Lebensqualität genießen können, die innerhalb von Menschen gestalteten Bebauungsgebieten so nicht möglich ist, nahte schließlich der Tag des Abschieds. Den Wölfen schien unser Abflug freilich egal zu sein. Aus dem Helikopter heraus beobachteten wir sie noch ein letztes Mal. Friedlich, in Schlafstellung auf der Spitze des Höhlenkomplexes liegend, schweiften ihre Blicke in das weite, offene Tal, das auch uns für einige Wochen beheimatet hatte.

Verhaltensbeobachtungen im Jahre 1994
Wiedersehen mit dem Bowtal Rudel

Alle im weiteren Verlauf dokumentierten Forschungsergebnisse basieren auf Beobachtungen, die wir zwischen dem 2. und 19. Juni 1994 durchführten. Die Wolfsfamilie war mittlerweile in das Bowtal eingewandert und in Bezug auf einen sicheren Höhlenstandort fündig geworden. Ein unverwechselbarer muffiger Geruch lag in der Luft. Überall verstreut lagen Wolfshaare, Kothaufen sowohl erwachsener Tiere als auch von Welpen. Unzählige Knochenreste diverser Beutetiere, angeknabberte Stöcke und sonstiges Spielzeug der Welpen lag herum. Der Höhlenkomplex lag in der Nähe eines Campingplatzes, den die Parkverwaltung unter Berücksichtigung aller Störfaktoren schon weitläufig gesperrt hatte. Es stellte sich auch recht bald heraus, dass die Wölfe Teile des Campingplatzes zu ihrem Rendezvousplatz erklärt hatten. Wann immer machbar, beobachteten wir alle Aktivitäten kontinuierlich und begrenzten die Störung der Wölfe auf ein Minimum. Wir schätzten das Alter der innerhalb einer Lichtung umhertobenden Welpen auf acht Wochen. Drei Welpen waren pechschwarz, ein etwas kleinerer Welpe dunkelgrau gefärbt. Mehrere Raben und ein Bussard stahlen gerade Futter, ohne dass die offensichtlich überraschten Welpen ängstlich reagierten. Sie waren die mehr oder weniger permanente Anwesenheit von Raben schon gewohnt. Zwei erst kürzlich mit Radiohalsbändern ausgestattete Rüden mit Namen Ben und Raven beobachteten das wilde Treiben der Welpen. Sie schienen als Bewacher abkommandiert worden zu sein. Hin und wieder stand Ben auf, verfolgte die dreisten Raben in einer Art Scheinattacke, ohne ihnen wirklich gefährlich werden zu wollen.

Wölfe und Raben pflegen ein ausgeprägtes symbiotisches Verhältnis. Mit der Zeit konnten wir sogar das permanente Zusammenleben ganz bestimmter Individuen bestätigen. Uns war nämlich aufgefallen, dass wir einzelne Raben nicht nur an Hand von Federlücken identifizieren, sondern später auch ganz konkreten Wolfsfamilien zuordnen konnten. Raben-

Wolfswelpen halten sich in den ersten Lebenswochen in unmittelbarer Nähe zur Höhle auf, um bei schlechten Wetterbedingungen oder in Gefahrensituationen Schutz zu suchen. Sie wärmen sich durch gegenseitiges Kontaktliegen, treten meist im Pulk auf und erkunden die nähere Umgebung sehr neugierig. In Abwesenheit von erwachsenen Wölfen zeigen die Welpen gegenüber Menschen relativ wenig Scheu.

paare bleiben ein Leben lang zusammen, unterhalten sehr intensive und diffizile Sozialkontakte und sind wahre Überlebenskünstler.

Weitere Verhaltensbeobachtungen bestätigten die Präsenz von insgesamt sieben erwachsenen Wölfen und vier Welpen. Neben der bekannten und schon zur Betawölfin aufgestiegenen Aster schauten wir hin und wieder auf den 1992 als Leitrüde identifizierten Grey, die Alphawölfin Black, die beiden etwa zwei Jahre alten Rüden Ben und Raven sowie zusätzlich auf einen grauen Jungrüden, der später, im Jahre 1998, eingefangen wurde und den Namen Storm erhielt. Ein weiterer dem Bowtal Rudel zugehöriger Rüde namens Timber verhielt sich so vorsichtig, dass wir ihn während des Beobachtungszeitraumes nicht einmal zu Gesicht bekamen.

Die soziale Struktur des Rudels hatte sich im Vergleich zum Jahre 1992 sehr verändert. Ursprünglich ist jedes Rudel zunächst einmal als ein Familienverband anzusehen. Zwei Tiere schließen sich zu einem Paar zusammen und produzieren im Normalfall jedes Jahr neuen Nachwuchs. Ein Wurf Welpen bedeutet ungeheuer viel für die Gruppe, denn es handelt sich nun einmal um die Nachkommenschaft für ein ganzes Jahr. Oft bleiben die Jungtiere nicht länger als zwei bis drei Jahre bei den Eltern, besonders junge Rüden wandern ab und versuchen, eine eigene Familie zu gründen. Manchmal bleiben die Tiere aber noch einige Zeit in der Nähe ihrer Eltern, in deren Revier also, antworten auf ihr Heulen und halten so losen Kontakt oder schließen sich erneut zu einem gemeinsam operierenden Verband zusammen.

Da sich die Sichtverhältnisse fast nie optimal gestalteten und das Scheueverhalten der Wölfe zumindest anfangs noch von Individuum zu Individuum sehr stark variierte, blieb die Bestimmung der Familienstruktur und die Zuordnung der sozialen Bindungen zwischen den einzelnen Wölfen, zumindest teilweise, im Unklaren. Wir konnten aber die schwarzgrau gefärbte, hochbeinige und ca. sieben Jahre alte Black als Mutter der vier Welpen und den nun etwas heller erscheinenden, äußerst kompakten Grey als Alpharüden bestätigen.

Wölfe sind nicht nur sehr interessante Tiere, sie machen es dem Menschen auch nicht gerade leicht, sie individuell kennen zu lernen. In den Medien wird diese Tatsache oft verschwiegen. Viele Filme über Wölfe vermitteln dem Zuschauer den Eindruck, es sei ganz leicht, frei lebende Wölfe zu beobachten und ihre Bekanntschaft zu machen. In Wirklichkeit handelt es sich bei den wunderschönen, ja man konnte sogar sagen bisweilen zu schönen Aufnahmen um Bilder von Gehegewölfen oder gar um Tiere, die der Mensch schon als Welpe mit der Flasche aufzog. Selbstverständlich ist es besonders schwierig, die Höhle frei lebender Tiere zu finden und das Verhalten einer Wolfsfamilie zu studieren.

Wir wollten die Wölfe keinesfalls veranlassen, mitsamt ihren Welpen zu verschwinden, nur weil wir zu nahe an ihre Höhle herangetreten waren. So konzentrierten wir uns auf die Windrichtung, vermummten uns in dicker Kleidung, trotzten den manchmal unangenehmen Wetterverhältnissen, dem Regen und den mit 10 °C ungemütlichen Temperaturen und glaubten an unsere Mission.

Drei Wölfe trabten im Rendezvousgebiet gerade einen Hügel hinab, verschwanden bald hinter einigen Weidenbüschen und somit aus meinem Sichtfeld. An diesem Tag war ich alleine unterwegs. Einige Stunden später konnte ich jedoch mit großer Erleichterung feststellen, dass ein Tier sich offenbar an mich erinnerte. Aster wagte sich bis auf fünfzig Meter an mich heran. Mein Herz schlug mir bis zum Hals. Aster umkreiste mich laut Telemetriemessungen in einigen Metern Entfernung und schien sehr neugierig, keineswegs ängstlich zu sein. Auch Grey umkreiste mich, ohne dass ich ihn zu Gesicht bekam. Es war 21 Uhr und unangenehm windig und kalt. Die Temperatur war mittlerweile auf 2 °C abgesunken, was selbst im Juni immer wieder einmal vorkam. Meine Nerven waren zum Zerreißen gespannt. Grey bog plötzlich von der anderen Seite in Richtung meines Unterstandes ab, blieb stehen und beobachtete mich aufmerksam. Nun konnte ich ihn am Waldrand in voller Größe sehen. Ich verharrte regungslos. Nach einer Weile, die mir allerdings wie Stunden vorkam, liefen die beiden Wölfe hinunter zu einem kleinen Wildbach, um an dessen sumpfigen Ufer zu trinken. Ohnehin führten viele Spuren zu diesem Bach. Die Wölfe überquerten diesen Wasserlauf offensichtlich regelmäßig und liefen von dort aus über eine offene Wiesenlandschaft, die sich vor

Nach behutsamer Gewöhnung an unsere Präsenz verließen die erwachsenen Tiere der Bowtal-Wolfsfamilie den Höhlenstandort, um zur Jagd aufzubrechen. Nach ihrer Rückkehr näherte sich zunächst fast ausnahmslos Leitwölfin Black als erste der Höhle und versorgte ihre Welpen.

dem eigentlichen Höhlenstandort erstreckte. Nun sah ich kurzfristig auch Black mit ihren deutlich entwickelten Zitzen und ihrem hervortretenden Bauch. Ganz klar, es handelte sich eindeutig um das Muttertier, das die vier Welpen zur Zeit noch säugte. Wenig später waren auch die quicklebendigen Welpen da, rannten umher, jagten einander und balgten sich mit wedelnden Ruten.

Das Gewicht der kleinen Irrwische schätzte ich auf ca. fünf Kilogramm, sie waren somit um die sieben bis acht Wochen alt und schienen mir schon recht kräftig zu sein. Ich saß weiter wie angewurzelt da, rührte mich keinen Millimeter, während Grey, Aster und Black mit ihren Welpen einen Hügel hinab liefen und verschwanden.

Einige Tage später waren, wie meistens, überhaupt keine erwachsenen Wölfe an der Höhle auszumachen. Wir erkannten, dass sie uns Menschen offensichtlich akzeptierten, da sie uns nicht anbellten, empfanden sie uns also auch nicht als Bedrohung. Sie ließen die Welpen ohne Bewachung zurück, obwohl sie doch genau wussten, dass wir in der Nähe ihrer Höhle waren. Spät abends schlichen wir (wie wir meinten unbemerkt) von dannen und erreichten mit strahlenden Gesichtern bald jenen Wildpfad, der zur Hauptstraße führte.

Drei Tage blieb die Höhle unbewacht. Nicht einmal eine Babysitterin war zurückgeblieben. Bald erfuhren wir, dass die ganze Gruppe zwischenzeitlich auf einem Jagdstreifzug in einer Sumpflandschaft nahe der Stadt Banff gesichtet worden war. Diese Region war mindestens dreißig Kilometer vom Höhlenstandort entfernt. Was für den Laien außergewöhnlich klingen mag, ist in Wirklichkeit nichts Besonderes. Wölfe schaffen bei normaler Gangart je nach Geländestruktur zwischen sieben und acht Kilometer pro Stunde, vor allem halten sie dieses Tempo über längere Zeiträume locker durch. Wenn sie aber auf einem Jagdstreifzug sind, ein bestimmtes Ziel haben, oder einer konkreten Motivation folgen, sind sie noch wesentlich schneller, durchschnittlich bis zu 12 km/h. Ältere Tiere scheinen eine bedächtigere Gangart vorzuziehen, denn sie wissen, wie entbehrungsreich das Leben sein kann. Im Gegensatz zu unerfahrenen Jungwölfen gehen Alttiere vorausschauend mit Energie um und richten ihre Bewegungsaktivitäten darauf aus.

In den kommenden Tagen sahen wir Blacks Sozialstatus schlicht und ergreifend über die Tatsache bestätigt, dass sie alleine die Welpen säugte, im Höhleneingang verschwand, ja von dort aus sogar dem Leitrüden drohte und ihn anknurrte. Eigentlich hielt sie sich sehr viel am Höhlenkomplex auf, wenn gleich sie auch Aster's Bemühungen um die Welpen durchaus zu schätzen schien. Aster ließ keinen Zweifel an ihrer untergeordneten Sozialstellung aufkommen, vermied direkten Blickkontakt zu Black, pfötelte und zeigte aktives Maulwinkellecken. Auch den anfangs nicht klar zu identifizierenden sozialen Status der Rüden Ben und Raven konnten wir mit zunehmender Beobachtungsdauer in Bezug auf Grey als untergeordnet bestätigen. Der ca. zwei Jahre alte Ben war klassisch grau gefärbt, groß und kräftig und sehr wahrscheinlich der Betarüde. Bei Raven handelte es sich um einen schwarzen, je nach Lichtverhältnissen auch schokoladenbraunen, ca. zwei Jahre alten Rüden. Er hatte einen sehr lang gestreckten Körperbau.

Im Gegensatz zu »Schnösel« (wie wir Jährlinge generell zu nennen pflegen) Storm, kamen Ben und Raven offensichtlich keine besonders aktive Rolle im Hinblick auf das Babysitting der vier Welpen zu. Die beiden Rüden waren eher zurückhaltend und hielten sich nicht selten vom Höhlenstandort fern. Der junge Storm, ein grauer, mittelgroßer, ca. ein Jahr alter Rüde mit dunklem Rücken, spielte hingegen auf dem Campingplatz begeistert mit den Jungen. Er war anscheinend der Clown der Gruppe und selbst verspielt wie ein Welpe. Storm unternahm wohl regelmäßig kleinere Wanderungen mit den stürmisch folgenden Welpen, führte sie auf den als Rendezvousgebiet genutzten Campingplatz und bewachte sie jederzeit umsichtig. Unter seiner Obhut präsentierten uns die jetzt neun bis zehn Wochen alten Welpen ein beachtliches Repertoire unterschiedlicher Verhaltensweisen: Rennspiele, Verfolgungsspiele, Versteckspiele, Ringkämpfe, Schwanzziehen, Nackenfellschütteln oder auch perfekt initiiertes Mobbing. Alle Welpen erfreuten sich eines hervorragenden Gesundheitszustandes, wohl genährt, mitunter kugelrund, genossen sie ihr in diesem Entwicklungsstand noch sorgloses Leben.

Es war eine wahre Freude, den sorglosen und total unbedarften Wolfswelpen beim Spiel zuzuschauen. Wann immer möglich, wechselte das Spiel in gegenseitige Attacken. Ein kleiner Hügel wurde zum Zentrum des »König-der-Burg« Spiels erklärt. Häufig kam es zu ausgedehnten und sehr intensiven Unterwerfungszeremonien zwischen den vier Welpen. Alle beteiligten sich abwechselnd für einige Zeit mit großer Intensität an diesem Spiel. Ein Welpe bewachte die Burg, verteidigte den Hügel also.

Andere versuchten sich dem Gipfel des Hügels zu nähern. Jedesmal, wenn sie dem sich auf dem Hügel befindlichen Welpen gegenüberstanden, wurden sie im Spiel stürmisch unterwürfig begrüßt. Wir konnten beobachten, dass einzelne Welpen, die weit von der Spielgruppe schliefen oder aber einfach nur herumliefen, plötzlich aufstanden, zu den Spielenden hin liefen, um sich dann am Burgspiel zu beteiligen. Manchmal wurden umherlaufende Welpen regelrecht von den Spielenden überrannt. Diese spielten dann für einige Zeit mit. Das Spielverhalten beinhaltete gegenseitiges Testen eines Spielpartners und machte deutlich, das die Bewegungsabläufe jenen glichen, die auch erwachsene Wölfe beim Testen von Beutetieren zeigen.

Bei jugendlichen Wölfen beobachtet man oft, dass ein regelmäßig verfolgtes Tier bald am Ende der Rangordnungsskala ankommt und häufigen Mobbingattacken ausgeliefert ist. Natürlich variieren die Attacken in ihrer Intensität und das »Opfer« ändert mitunter seine Verhaltensweisen, indem es aktiv wird, wenn die übrigen Familienmitglieder schlafen. Andererseits nehmen stark untergeordnete Wölfe manchmal trotzdem an gemeinsamen Heulzeremonien, Jagden oder am Umeinanderlaufen teil, solange sie in Konfrontationssituationen mit allen anderen Wölfen nur Unterwürfigkeit bekunden. Einen solchen Wolf nennt man gemeinhin »Omegatier«, denn kein anderes Familienmitglied unterwirft sich ihm gegenüber. Besonders während der Paarungszeit scheint ein Omegatier oft als »Blitzableiter« allgemeiner Aggressionen zu fungieren. Eine generelle Regel kann daraus aber nicht abgeleitet werden.

Aufgrund unseres konstant gewählten Beobachtungsstandortes gestaltete sich ein eindeutig zu bestimmender Versorgungsrhythmus sehr schwierig. Es schien uns generell wenig erfolgversprechend, die Wölfe auf ihren Jagdstreifzügen durch den dichten Wald oder gar über große Sumpflandschaften hinweg zu verfolgen. Viel lohnender war die direkte Observation der vier Welpen.

Nach einer Jagd ruhten die erwachsenen Wölfe mindestens drei bis vier Stunden. Leitrüde Grey brachte es sogar einmal fertig, einen Rekord aufzustellen: Er schlief 10 $\frac{1}{2}$ Stunden durch, was wir als besonders außergewöhnlich empfanden. Damals fehlte uns allerdings noch die Routine und schlichtweg der Wissensstand, um die zu lückenhaft gesammelten Informationen richtig einordnen zu können. Wenn wir unseren Beobachtungsposten aufgrund

zunehmender Dunkelheit einfach verlassen mussten, überkam uns in solchen Momenten ein Gefühl der Ohnmacht. Wir nahmen an, dass wir unsere Arbeit ganz leicht zunichte machen konnten, ein unbedachter Schritt, eine falsche Reaktion beziehungsweise ein Fehlschritt, und die gesamte Wolfsfamilie konnte für alle Zeit verschwinden. Wir standen jeden Abend vor der gleichen Aufgabe: 21 Uhr, Zeit zum Aufbruch, aber bloß keine Unruhe unter den Wölfen verursachen. Heute sind wir felsenfest davon überzeugt, dass Wölfe nach umfangreicher Prüfung bestimmten Menschen vertrauen, sie tolerieren und unter bestimmten Voraussetzungen sogar in der Nähe ihrer Höhlenstandorte akzeptieren.

Im Sommer 1994 hatten wir, so gut es eben ging, umfangreiche Notizen über das Verhalten zu jedem einzelnen Wolf gemacht. Wir hatten unterschiedliche Eigenheiten im Verhalten festgestellt, die manchmal sehr beträchtlich erschienen. Aster und Storm waren sicherlich die unbedarftesten Tiere der gesamten Wolfsfamilie. Der Alpharüde Grey war da schon aus anderem Holz geschnitzt. Er kam niemals an uns heran, näherte sich nur bis zum Waldrand und zeigte dann einen sehr strengen und kühnen Blick. Er blieb eher misstrauisch und neigte niemals zu irgendwelchen Vertraulichkeiten. Seine Ranghoheit, seine Entscheidungsgewalt und Führungspersönlichkeit konnten wir nur erahnen. Er war offenbar der zentrale Punkt, der alle anderen nur durch seine Präsenz irgendwie zu beeindrucken schien. Später sollte sich herausstellen, dass eine Wolfsgruppe unter bestimmten Umständen auch von einer Leitwölfin angeführt werden kann. Aber darüber später mehr.

Wenn man Wölfe und ihre Verhaltensweisen wirklich verstehen will, braucht man unendlich viel Zeit und Muße. Über ähnliche Erfahrungen berichtet der Verhaltensforscher David Mech seit vielen Jahren, wenn auch die Wölfe von Ellesmere Island als besonders naiv oder besser gesagt tolerant gelten. Aber auch der Biologe Jason Badridze verbrachte etliche Wochen in der unmittelbaren Umgebung eines Höhlenkomplexes, ohne den natürlichen Ablauf und somit das Verhaltensrepertoire der in Georgien unter Wildnisbedingungen lebenden Wölfe zu stören. Wir sollten die Entscheidungsgewalt den Tieren überlassen und nicht herum spekulieren, was nach unserer subjektiven Meinung gut oder schlecht für sie ist. Nach heutigem Wissensstand gibt es jedenfalls kein einziges Beispiel dafür, dass Wölfe aufgrund direkter Verhaltensbeobachtungen in der Nähe ihrer Höhlenstandorte verallgemeinert die Scheu vor Menschen verlieren. Eine Ausnahme liegt sicherlich in der Futterkonditionierung von Wölfen begründet, die für uns nicht in Frage kommt.

In vielen Situationen wäre es leicht gewesen, zumindest den neugierigen und vertrauensvollen Wölfen der Familie etwas zum Knabbern anzubieten und ihnen einen kleinen Snack zu offerieren. Sicherlich hätten wir auch die an der Höhle allein gelassenen Welpen füttern können. Die Gelegenheiten waren da.

Vielleicht wäre so das uns entgegengebrachte Vertrauen noch verstärkt worden. Vielleicht hätte sich aber auch das Verhalten der Wölfe aufgrund von Futtergaben seitens des Menschen generell verändert, indem sie sich zu Gelegenheitsbettlern und Abstaubern entwickelt hätten. Deshalb haben wir stets von der Fütterung frei lebender Tiere Abstand gehalten und lehnen es bis heute ab, obwohl es uns manchmal schwerfällt. Wenden wir uns zum Schluss dem Soziogramm und einigen Tabellen zu, die Auskunft über die Struktur der sozialen Rangordnung dieser Wolfsfamilie geben sollen.

Tabelle 1:
(Der Pfeil zeigt stark vereinfacht die soziale Struktur des Bowtal Rudels und die Beziehungen zwischen den einzelnen Wolfsindividuen. Die Pfeilspitze weist auf das Tier hin, welches in der Summe aller beobachteten einzelnen Zweierbeziehungen während unserer Studienzeit dominant war. Die Pfeilherkunft weist auf das Tier hin, welches in der Summe aller beobachteten einzelnen Zweierbeziehungen aktive oder passive Unterwerfung gegenüber einem dominanten Individuum zeigte. Die Pfeildicke gibt die relative Häufigkeit des beobachteten Verhaltens an.)

Tabelle 1: Beobachtete Verhaltensmatrix der aktiven und passiven Unterwerfung

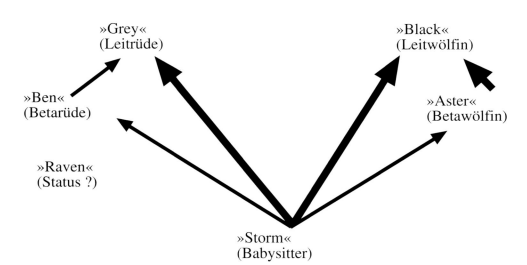

Tabelle 2: Beobachtete Reaktion eines erwachsenen Wolfes auf die Annäherung eines futterbettelnden Welpen (n = 28)

Reaktion des Wolfes	Ignorieren	Schnauzgriff	Futter vorwürgen	Säugen	Spielen
Grey	4 x	1 x	1 x	Keine Beob.	1 x
Black	4 x	1 x	0	4 x	1 x
Ben	Keine Beob.	Keine Beob.	Keine Beob.	Keine Beob.	Keine Beob.
Aster	2 x	Keine Beob.	Keine Beob.	Keine Beob.	Keine Beob.
Raven	Keine Beob.	Keine Beob.	Keine Beob.	Keine Beob.	1 x
Storm	Keine Beob.	Keine Beob.	Keine Beob.	Keine Beob.	6 x

Aster begrüßt die ruhende Leitwölfin Black. Um in einer freundlichen Grundstimmung interagieren zu können, legt ein niederrangiges Tier die Ohren an, wedelt mit der Rute und orientiert sich in Richtung der Schnauze des hochrangigen Tieres, um sie zu belecken. Oft winselt das niederrangige Tier dabei.

Unsere Rückkehr zum Panther Rudel im Hinterland des Nationalparks

Wir konnten es nur als wahre Freude empfinden, wieder zu jenem schon geschilderten Tal im Osten des Banff Nationalparks zurückzukehren und unsere Ungeduld war kaum zu beherrschen. Nichts hatte sich seit unserem Aufenthalt im Sommer 1993 verändert. Der eiskalte Gebirgsbach glitzerte wie eh und je im Sonnenlicht. Der Wind durchfegte die offene Landschaft und ein wilder Schneesturm hatte die Sicht unseres Hubschrauberpiloten stark beeinträchtigt. Die Talsohle war im Mittelwert auf ca. 1.800 ü. NN. Schneeschauer und kalte Temperaturen brechen auch im Juni immer wieder einmal über diese Region herein. Im Juni ist es durchschnittlich 15 °C, manchmal jedoch bis zu 30 °C warm.

Sofort gingen wir, das heißt meine Frau, die Praktikantin Gabriella Stubekoff und ich an die Arbeit. Wir packten die Zelte aus und bauten sie schnell auf, auch einen kleinen Unterstand, der uns zum einigermaßen trockenen Essraum gereichte. Unsere gesamte Nahrung platzierten wir zum Schutz vor Bären wie üblich hoch oben in den Bäumen. Unsere Selbstreinigung, das Zähne putzen und Haare waschen, erledigten wir fortan verständlicherweise in Rekordzeit.

Schon aus der Luft hatten wir einige Wölfe erspäht, die sich weit verstreut auf der Spitze des Höhlenkomplexes versammelt hatten. Ein Tier erwachte gerade, ging von einem zum anderen Wolf und schnüffelte überall ein bisschen herum. Dann blieb es stehen und blickte unschlüssig zu den übrigen noch vor sich hin dösenden Wölfen. Aber wo waren die von uns erwarteten und erhofften Welpen? Vorerst sahen wir sie nicht.

Normalerweise bringt das weibliche Familienoberhaupt jedes Jahr Junge zur Welt. Die Spannung stieg ins Unermessliche. Der Höhlenstandort unserer Wolfsfamilie hatte sich im Vergleich zum Vorjahr nicht verändert. Die auf uns wie ein Feldherrnhügel wirkende Erhebung lag in unmittelbarer Nähe zum Bach, denn Wölfe legen ihre Höhlen fast immer in Wassernähe an.

Leider landete unser Helikopter fälschlicherweise zu nahe an der Höhle, was für eine gewisse, kurzfristige Aufruhr unter den Wölfen sorgte. Nach Überprüfung der Windrichtung war der gewohnte Beobachtungsposten im Handumdrehen eingenom-

Nach der Rückkehr von einer Jagd laufen die Welpen den Alttieren enthusiastisch entgegen, um sie zum Vorwürgen vorverdauter Nahrung zu stimulieren. Futterbettelverhalten geht mit zunehmendem Alter der Welpen fast automatisch in Unterwerfungsgesten über. Juvenile Tiere müssen zwar noch sehr viel lernen, beteiligen sich aber schon sehr früh an der gemeinsamen Versorgung der Welpen.

men. Kurz darauf notierten wir auch schon glückselig die ersten Informationen. Nun war es an der Zeit die unverwechselbaren Merkmale wiederzufinden, die jedes Wolfsindividuum kennzeichnen. Also mussten wir die Wölfe von unterschiedlichen Seiten und selbstverständlich in verschiedenen Situationen genauer beobachten. Dabei konnte die Farbe des Fells durchaus irreführend sein, denn diese verändert sich nicht nur jahreszeitlich, sondern auch mit zunehmendem Alter eines Wolfes. Bald war klar, dass sich der Sozialstatus des Alphapaares im Vergleich zum Vorjahr nicht verändert hatte. Light-Grey war erneut die uneingeschränkte Leitwölfin und ihr Gesäuge bestätigte das Vorhandensein von Nachkommenschaft! Welch Glück! Dann sahen wir ihre ca. acht Wochen alten Welpen. Fünf braungraue Fellknäuel drängelten sich um ihre Zitzen. Ein anderes junges, klassisch graues Weibchen mit schwarzen Fellabzeichen schaute ihr dabei wie ein Lehrling über die Schulter, während der schwarzgraue Leitrüde Black-Grey wie gewohnt in seiner favorisierten Schlafmulde auf der Spitze des Höhlenstandortes thronte. Wir konnten ihn wieder einmal aufgrund seiner unverwechselbaren weißen Schnauze sofort identifizieren. Das Weibchen Dark-Grey hatte sich wohl gerade zu nahe an die säugende Mutter der Welpen gewagt. Light-Grey drohte situationsbedingt recht heftig, woraufhin das eindeutig rangtiefere Tier der ranghöheren Mutter sofort auswich. Insgesamt zählten wir zwar sechs erwachsene Wölfe und fünf Welpen, konnten aber drei graue Wölfe nicht sofort identifizieren, da sie sich von der Fellfärbung und den Fellabzeichen extrem ähnelten. Zwei Welpen knickten gerade ihre Hinterbeine leicht ein und drückten die Genitalregion ein wenig nach unten. Es handelte sich also um zwei männliche Tiere.

Wir werden oft gefragt, wie wir denn bitte schön Männlein und Weiblein so klar identifizieren können. Die Antwort auf diese Frage ist einfacher als von den meisten angenommen: Wir warten und warten, bis sich schließlich alle observierten Welpen dazu entschlossen haben zu urinieren. Üblicherweise setzen sich weibliche Tiere hin, die Hinterbeine werden eingeknickt, die Knie etwas nach außen gebogen und die Genitalregion nach unten gedrückt.

Die Vorderbeine bleiben gestreckt, der Schwanz wird schräg nach oben gebogen. Männliche Tiere hingegen urinieren, egal ob Welpen oder juvenile Wölfe, indem sie die Hinterbeine ganz leicht einknicken und nur die Genitalregion ein wenig nach unten drücken. So einfach ist das und doch so schwer, denn es dauert bisweilen sehr lange, bis alle, natürlich vorher auch über ihre Fellfärbung und andere typische Charakteristika eindeutig identifizierten Welpen letztlich uriniert haben.

Nach etwa 2 ½ Stunden kehrte der Helikopter mit diversen Utensilien zurück. Aus Sicht der Wölfe war die Toleranzgrenze zur Höhle abermals unterschritten. Jetzt reichte es dem Leitrüden. Er schoss aus seiner Mulde hervor, heulte und bellte in abwechselnd abgestuften Sequenzen und Frequenzen und machte so seinem Unmut Luft. Wir beobachteten nicht zum ersten Mal, wem innerhalb einer Wolfsfamilie die Rolle des Beschützers zukommt. Erstaunt lasen wir Jahre später in einer, im Jahre 2000 von David Mech veröffentlichten Publikation, dass die Mutter mehrerer Welpen auf Ellesmere Island letztlich die Initiative ergriff, einen vor der Höhle stehenden Moschusochsen zu verbellen sowie die anderen Wölfe - inklusive des Leitrüden - nach und nach strategisch geschickt auf einer bestimmten Seite des Höhlenkomplexes zu versammeln. Das Rudel offerierte so dem zuvor eingekesselten Moschusochsen eine offene Fluchtmöglichkeit. Wie auch immer, bei mehreren Ereignissen, die wir mit Bären in unmittelbarer Nähe zu einer Höhle beobachteten, stellten wir zwar einen regelrechten Aufstand unter allen anwesenden Wölfen fest, letztlich attackierte aber der Leitrüde den Eindringling am aggressivsten und positionierte sich ihm gegenüber am nächsten. Hinsichtlich der geschilderten Attacke in Richtung Helikopter und weiterer Beobachtungen im Hinblick auf Gefahrensituationen kommen wir zu dem Schluss, dass der Leitrüde mit Abstand am häufigen als Beschützer der Familie tätig wird. Natürlich mag es immer wieder die berühmte Ausnahme von der Regel geben, aber im Normalfall wird auch unter Haushunden (soweit denn Mehrhundehaltung angesagt ist) meist der höchstrangige Rüde relativ exklusiv gefahrenvermeidend tätig. Das heißt nicht, Hündinnen würden sich nicht territorial verhalten. Im Gegenteil, Hündinnen können im heimischen Revier manchmal wahre Furien sein. Im Falle der Wölfe vermuten wir allerdings, dass eine reproduzierende Mutter regelmäßig durch den Leitrüden abgegrenzt wird. In der Vergangenheit erhielten wir

auch Kenntnis aus der Forschungsstation »Wolfswinkel«, wo der bekannte Eberhard Trumler oft über die Schutzrolle eines Leitrüden berichtete. Beobachtungen einiger Naturpolizisten suggerierten eine führende Rolle des dominierenden Wolfsrüden, wenn dieser ganz eindeutig Reiter und Pferde oder aber Wanderer in der Nähe eines Höhlenkomplexes oder Rendezvousplatzes aktiv verbellte. Wir werden später nochmals ausführlich auf das Thema Gefahrenvermeidung eingehen.

Nun aber zurück zu den Ereignissen im Sommer 1994. Noch während der sich minutenlang hinziehenden Wachaktion des Leitrüden Black-Grey in Richtung Helikopter, die von Elementen aggressiven Ausdrucksverhaltens gekennzeichnet war, versammelte Light-Grey ihre Welpen geschwind um sich. Die Mutter der Jungen senkte ihren Kopf und legte die Ohren an. Ihre Hinterläufe waren leicht eingeknickt. Sie wirkte sehr verunsichert, führte die Welpen aber trotzdem zielgerichtet mehrere hundert Meter bergauf in den schützenden Wald. Die anderen Wölfe folgten ihr augenblicklich. Auch Black-Grey, der Leitrüde, rannte nach Beendigung seiner heroischen Aktion, die er in aggressiver Imponierhaltung mit steil nach oben gehaltenem Hals, angehobenem Kopf und durchgedrücktem Körper vorgetragen hatte, hinterher. Dr. Paul Paquet berichtete später von einem ähnlichen Erlebnis. Nachdem er eines Tages mit einem Hubschrauber gelandet war, attackierte der Wolf Peter das ihm ungewöhnlich erscheinende Gebilde. Er bellte den Hubschrauber damals an, näherte sich ihm zunächst im Trabgang, sprang und hüpfte dann fast auf der Stelle, wirkte unruhig ob der Gefahrenquelle. Peters Augen und Ohren waren exklusiv auf die Informationsquelle Hubschrauber gerichtet. Einige Minuten später blieb Peter dann kurz stehen, reckte seinen Hals nach oben und unten, dreht sich missmutig um und steuerte den nahegelegenen Wald an.

Bald verschwand die komplette Wolfsfamilie auf Nimmerwiedersehen. Nach dem schockierenden Ereignis mieden die Wölfe den offenen Höhlenstandort wie die Pest. Für uns brachen schwierige Zeiten an. Sie ließen sich von nun an allenfalls noch sporadisch auf einem ca. 1 km entfernten Plateau blicken. Somit waren direkte Verhaltensbeobachtungen eher unmöglich. Außerdem regnete es jetzt auch noch über Tage hinweg in Strömen. Somit gestaltete sich auch jede Kochaktion zum Abenteuer. Gottlob befand sich eine große Plastikplane in unserem Gepäck, die wir zum Ausbau des kleinen Unterstandes

An Beutetierkadavern herrscht zwischen Bären und Wölfen Nahrungskonkurrenz. Meist verteidigt ein Grizzly seine Beute erfolgreich. Umfangreiche Wolfsverbände sind aber manchmal in der Lage, einen Grizzly zu vertreiben. Im Banff Nationalpark »streiten« sich Wölfe und Bären mitunter auch mit Pumas um eine begehrte Nahrungsressource.

nutzten. Die allgemeine Stimmung war auf dem Nullpunkt angekommen. Karin kochte eine Portion Spaghetti mit Tomatensoße. In Vorfreude auf das Mahl atmeten wir den Duft der vor sich hin köchelnden Sauce ein.

Plötzlich und natürlich absolut unvorbereitet tauchte ein junger Grizzlybär in unserem Lager auf. Die soeben angerührte, wohlduftende Tomatensoße wirkte auf ihn unwiderstehlich. In der allgemeinen Aufregung rannte Praktikantin Gabriella los und missachtete dabei grundsätzliche Verhaltensregeln. Braunbären sind in der Lage, eine Spitzengeschwindigkeit von etwa 50 km/h zu erreichen. Davonrennen war also die schlechteste Lösung. Eigentlich beabsichtigte Gabriella ihr Pfeffer-Abwehrspray aus dem Zelt zu holen, um auf diese Weise den Bär zu vertreiben. Dumm nur, dass ihr Zelt mehr als hundert Meter von unserem Unterstand entfernt war. Nachdem ich sie zum augenblicklichen Stehenbleiben aufgefordert und mit zwei Kochtopfdeckeln kräftig Lärm verursacht hatte, entfernte sich der verschreckte Bär und gab Fersengeld. Meine Frau verhielt sich bei aller berechtigten Aufregung vorbildlich. Sie blieb einfach nur ruhig sitzen. Der Bär war mittlerweile ohnehin über alle Berge. Wir diskutierten nochmals die Notwendigkeit, niemals vor einem Bären davon zu rennen, um ihm kein Beuteschema zu eröffnen.

Am nächsten Morgen beobachteten wir eine Ansammlung Raben, Indikatoren für ein verendetes Tier. In der Nähe musste also ein Kadaver vorhanden sein, den ich beschloss zu untersuchen. Mehrere hundert Meter bergauf und schon leicht außer Puste stieß ich schließlich auf eine Gruppe Weidenbüsche. Die Raben, aber auch Elstern, Grauhäher und andere Vögel stritten sich um die besten Futterpositionen, kommunizierten aufgeregt und selbst für jeden Laien unüberhörbar. Völlig unerwartet ragte plötzlich ein riesiger Bärenkopf empor und musterte mich missmutig aus einer Distanz von maximal zehn

Metern. Ich war bis ins Mark getroffen. Nur wenige Augenblicke später beschäftigte sich der Grizzlybär schon wieder mit »seinem« Kadaver und würdigte mich überraschenderweise keines weiteren Blickes.

Ich schätzte kurz und knapp die nähere Umgebung ab. Mein Herz pochte dabei laut und heftig. Instinktiv entschloss ich mich auf einen Baum zu klettern, dort zu verharren und den Lauf der Dinge zunächst einmal abzuwarten. Der Bär blickte zwar einige Male kurz auf, wirkte aber überhaupt nicht aggressiv. Er fraß einfach weiter. So hing ich sage und schreibe fast zwei Stunden in leicht chaotischer Position in diesem Baum gefangen. Nichts Erwähnenswertes passierte. Dann geschah das Unfassbare: Sechs Wölfe schossen aus dem Wald und vertrieben den total entsetzten Bären von seinem Kadaver. Sie heulten und bellten abwechselnd und feierten alsbald den Triumph der erfolgreichen Übernahme des Hirschkadavers. Ich war total perplex. Einen Augenblick dachte ich in einen Film versetzt worden zu sein. Mit leicht eingeknickten Beinen, Kopf und Hals etwas gesenkt, gingen sie auf den Kadaver zu und umringten ihn. Sie bewegten ihre Schnauzen über dem verendeten Hirsch hin und her und beschnupperten ihn vorsichtig. Einer der Wölfe hob einen Hinterlauf schräg nach vorne und spritzte eine kleine Menge Urin auf das Hirschgeweih. Dann entdeckten sie mich. Durch meine Anwesenheit irritiert verließen sie den Kadaver, um schnell in dem Wald zu verschwinden aus dem sie zuvor gekommen waren.

Es dauerte noch eine Weile, bis ich die ganze Situation verarbeitet hatte. In Selbstgespräche vertieft, ließ ich das eben Erlebte noch einmal Revue passieren. Ich stapfte bergab und erreichte unser Lager nach ca. einer Stunde. Karin empfing mich etwas ungehalten, denn sie sorgte sich schon längere Zeit. Natürlich war mir irgendwie entgangen, stundenlang abwesend gewesen zu sein, die Zeit war einfach im Nu verflogen. Nachdem ich Karin über die abenteuerlichen Geschehnisse der letzten Stunden ausführlich unterrichtet hatte, saßen wir noch lange kopfschüttelnd da. Ich brauchte eine geraume Zeit der Verarbeitung und kam schließlich zu dem Schluss, eine extrem außergewöhnliche Ausnahmesituation erlebt zu haben. Karin berichtete von zwei Kojoten, die sich in meiner Abwesenheit der Wolfshöhle genähert hatten. Der Rüde lief voran, renkte seinen Kopf in die Luft und hatte offensichtlich Witterung von den Wölfen erhalten. Er drehte auf dem Absatz um und rannte in die entgegengesetzte Rich-

tung, dicht gefolgt von seiner völlig entsetzten »Gattin«. Beide Kojoten ergriffen geradezu panikartig die Flucht und waren schnell außer Sicht.

Einige Tage später landete der Helikopter erneut in der Nähe unseres kleinen Lagers. Wir hatten derweil den fast schon obligatorischen Schneeschauer überstanden und die Temperaturen sollten nun gemäßigter ausfallen. Nun wurde es sogar richtig heiß und wir schwitzten. Die Hitzeperiode war allerdings nicht von langer Dauer. Die Biologin Carolyn Callaghan und eine weitere Praktikantin, Barb Johnston, wollten Fallen aufstellen, um einen Wolf mit einem Peilsender auszustatten. Wir unterrichteten beide Neuankömmlinge über den damaligen Aufenthaltsort der Wölfe. Carolyn und Barb packten am nächsten Tag die Fallen in einen Bastkorb und marschierten los. Wiederum einen Tag später sollte die gleiche Prozedur wiederholt werden. Ich begleitete sie.

Wir stiegen einige hundert Meter bergauf und untersuchten ein kleines Waldstück. Carolyn war gerade im Begriff, eine der vorpräparierten Fußfallen einzugraben, als sich uns, wiederum völlig unerwartet, drei graue Welpen näherten. Sie setzten sich auf eine kleine Anhöhe, verweilten dort minutenlang, neugierig ihre Köpfe zur Seite drehend. Wir waren wohl die ersten Menschen, die sie je in ihrem Leben gesehen hatten. Wir verhielten uns absolut ruhig und abwartend, zumal wir auch erwachsene Wölfe in der unmittelbaren Nähe vermuteten.

Falsch gedacht, kein Alttier weit und breit. Offensichtlich hatten sich die Welpen dazu entschlossen, auf eigene Faust einen kleinen Ausflug zu unternehmen. Vielleicht folgten sie dabei auch den Geräuschkulissen, die unsere Fallenaufbauaktion verursachte. Schreckhaft verhielten sich diese Welpen jedenfalls nicht. Im Gegenteil, sie schnüffelten noch einige Zeit den Waldboden ab, um schließlich in eine Art Rennspiel vertieft das Waldstück wieder zu verlassen.

Da es die ganze Zeit geregnet hatte, war meine Kamera natürlich gut verpackt in meinem Rucksack verstaut. Ich ärgerte mich, wie so oft, über die verpasste Chance, einige Bilder zu schießen. Natürlich war diese Zusammenkunft keineswegs geplant, manchmal hat man einfach nur das Glück, zum richtigen Zeitpunkt am richtigen Ort zu sein.

Am nächsten Morgen kontrollierten meine Frau und Carolyn Callaghan alle Standorte der am Vortag vorsichtig getarnten Fallen. Statt eines Wolfes war jedoch ein Reh in eine der Fallen getappt, mit aufgerissenen Augen harrte es der Dinge die folgen sollten. Nachdem sich meine Frau vorsichtig genähert hatte und es sogar schaffte, dieses Reh durch einige Streicheleinheiten zu beruhigen, öffnete Carolyn die Falle und befreite das Tier kurz entschlossen aus seiner misslichen Lage. Unverletzt und um eine unangenehme Erfahrung reicher sprang das Reh auf und entfernte sich auf Nimmerwiedersehen.

Der Versuch, einen Wolf einzufangen, misslang leider auf ganzer Linie, woraufhin wir die Fallen einige Tage später alle wieder einsammelten. Ordentlich gesäubert lagen sie schließlich zum Abtransport bereit. Die sorgfältig geplante Einfangaktion mussten wir als beendet betrachten. Vermutlich hatten die Wölfe »den Braten gerochen«. Jedenfalls mieden sie das durch Fallen bestückte Waldstück wie der sprichwörtliche Teufel das Weihwasser.

Erik Zimen stellt oft die Leichtigkeit dar, mit der man angeblich nordamerikanische Wölfe einfangen kann. In diesem Fall agierten die Wölfe jedenfalls erheblich cleverer als wir Menschen.

Zwei Tage später beobachteten wir die Wölfe zum letzten Mal. Sie hielten sich wiederum etliche hundert Meter entfernt auf dem gleichen Plateau auf, von dem aus sie wahrlich einen optimalen Überblick genossen.

Was verheißungsvoll begann, endete in Frustration. Der Helikopter hatte die ganze Wolfsfamilie einfach zu misstrauisch werden lassen. Die Struktur der sozialen Rangordnung des Panther Rudels können wir aufgrund mangelnder Gelegenheiten nicht entschlüsseln, deshalb verzichten wir auf ein Soziogramm. Wir wollen aber das Heulverhalten der Wölfe darstellen:

Verhaltensbeobachtungen am Bowtal Rudel im Sommer 1995
Zwei Mütter und zwei Würfe Welpen in einem Wolfsrudel

Die zentrale Figur innerhalb eines Wolfsrudels ist neben dem Leitrüden die reproduzierende Wölfin, das so genannte Alphaweibchen. Ihre Stellung ist mit einem entscheidenden Privileg verbunden: dem Vorrecht auf alleinige Mutterschaft. Im Allgemeinen berichtet man, dass dieses Vorrecht mit Zähnen und Klauen verteidigt wird. Besonders zur Paarungszeit im Winter verhält sich die Leitwölfin mitunter überaus aggressiv gegen alle anderen geschlechtsreifen Weibchen.

Unter ihrer Fuchtel versuchen diese oft gar nicht erst, einen Rüden zur Paarung zu animieren beziehungsweise werden von der Leitwölfin an solchem Vorhaben massiv gehindert. Kommt es zu Ausnahmesituationen, setzt die Leitwölfin dem Treiben umgehend ein Ende.

Es soll vorkommen, dass sich das Alphaweibchen auch mit anderen Rüden eines Rudels paart, meist allerdings erst, nachdem der Leitrüde den Nachwuchs bereits gezeugt hat. Dieses Verhalten gilt als kleiner Trick des reproduzierenden Weibchens, um möglichst viele Rüden an die Versorgung der Welpen zu binden, denn alle glauben, als Väter des Nachwuchses zu fungieren. Im Allgemeinen ist das gesamte Interesse des Leitrüden auf die Genitalregion des paarungsreifen Weibchens gerichtet. Er läuft in kurzem Abstand andauernd hinter dem Weibchen her, präsentiert sich, drängt sich an das Weibchen, um nach erfolgter Paarungsaufforderung mit ihr zu kopulieren. Das Paar hängt bis zu dreißig Minuten zusammen, wie es auch unter unseren Haushunden durchaus vorkommt.

Tabelle 3: Beobachtetes oder wahrgenommenes Heulverhalten der Wölfe

20. Juni 1994 (13.20 Uhr)	Der Leitrüde bellt und heult in Richtung Helikopter (2,5 Minuten)
20. Juni 1994 (13.25 Uhr)	Der Leitrüde heult am Höhlenkomplex (0,55 Minuten)
20. Juni 1994 (22.30 Uhr)	Chorheulen 800 m über dem Höhlenkomplex (1,25 Minuten)
21. Juni 1994 (08.20 Uhr)	Chorheulen 800 m über dem Höhlenkomplex (0,30 Minuten)
28. Juni 1994 (11.05 Uhr)	Chorheulen 800 m über dem Höhlenkomplex (0,45 Minuten)

Basierend auf eigenen Beobachtungen sahen wir diese Regel bestätigt. Wir blickten stets auf einen Wurf Welpen mit unterschiedlicher Anzahl Junger. Zumindest bis zum Jahre 1995. Doch Ausnahmen bestätigen die Regel, heißt es im Volksmund. Um dieses Sprichwort zu untermauern, berichteten diverse Forscher in der Vergangenheit gelegentlich von zwei Wolfsweibchen, die ihre Jungen sogar manchmal gemeinsam aufzogen. Alle diese Berichte hatten allerdings einen gemeinsamen Nenner:

Die Beobachtungen fanden unter Gehegebedingungen statt. Nur eine relativ kleine Datendatei gab bisher darüber Auskunft, dass sich Wölfe auch in der Wildnis unter bestimmten Bedingungen nicht an das exklusive Reproduktionsrecht halten.

So berichten zum Beispiel die Verhaltensforscher L. Packard, D. Mech, A. Murie oder G. Haber von durchschnittlichen 7 - 9% Anteilen von Doppelwürfen innerhalb ihrer erforschten Wolfspopulationen. Folgt man jedoch den neuerlichen Argumenten einiger Feldforscher der kanadischen Tundra (M. Williams, D. Cluff, P. Paquet, M. Musiani, L. Walton) oder der Ansicht von Douglas Smith, der für das Yellowstone-Wolfprojekt verantwortlich zeichnet, sind Doppelwürfe, ja sogar Dreifachwürfe, also drei reproduzierende Weibchen in einer Wolfsfamilie, gar nicht so selten wie ursprünglich vermutet.

Uns soll hier aber kein quantitatives Zahlenmaterial interessieren, sondern die Verhaltensweisen und die Beziehungen zwischen den reproduzierenden Müttern, ihr Verhältnis zum Leitrüden und den übrigen Familienmitgliedern.

Da es über Wolfsrudel mit zwei reproduzierenden Weibchen nur sehr spärliche Informationen gibt und natürlich auch die Rollenverteilung zwischen den Weibchen selten beobachtet wurde, können wir vielleicht einige interessante Aspekte beisteuern, die mehr Licht ins Dunkel bringen.

Im Banff Nationalpark erblickten wir im Juni 1995 jedenfalls nachgewiesenermaßen zum ersten Mal einen doppelten Wurf Welpen und beschrieben die damals beobachteten Verhaltensweisen folgendermaßen: Wie üblich fanden unsere Verhaltensbeobachtungen auch im Sommer 1995 zwischen Ende Mai und Anfang Juli statt. Das uns nun schon etwas vertraute Bowtal Rudel bezog auch 1995 wieder den selben Höhlenkomplex.

Zunächst beobachteten wir nur das Treiben von acht Welpen, denn erwachsene Wölfe waren an der Höhle nicht präsent. Später hatte ich das unverschämte Glück, die erwachsenen Tiere zu sichten. Im Vergleich zum Jahr 1994 hatte sich allerdings die Sozialstruktur nahezu komplett verändert. Die ehemaligen Leittiere Grey und Black, noch im Vorjahr uneingeschränkte Führungspersönlichkeiten dieser Wolfsfamilie, waren nicht mehr präsent. Außerdem betrauerten wir den Tod des Altrüden Timber. Ihn hatte Anfang Juni 1995 ein Zug erfasst, Timber verstarb noch an Ort und Stelle.

Leider blieb völlig im Dunkeln und somit hoch spekulativ, welches Schicksal die Leittiere des Rudels ereilt hatte. Zumindest eine konkrete Information besagte, dass Raven das Bowtal Rudel schon im vorangegangenen Winter zumindest kurzfristig verlassen hatte. Er war allerdings im benachbarten Territorium des Cascade Rudels in eine gefährliche Auseinandersetzung geraten, wurde stark verletzt und hielt sich nun im Sommer 1995 wiederum nur sporadisch im angestammten Revier des Bowtal Rudels auf.

Ben, Betarüde des Jahres 1994, war zwischenzeitlich ebenfalls abgewandert. Er hielt sich für einige Zeit in einem weit entfernten Seitental des Nationalparks auf, bevor sich alle Spuren verwischten und wir sein weiteres Schicksal nur noch erahnen konnten. Somit bestätigte sich, dass Jungwölfe eine hohen Motivation folgen, eine eigene Familie zu gründen.

Die neue Familienformation bestand also nun im Juni 1995 aus folgenden Wolfsindividuen:
1. Dem schätzungsweise zwei Jahre alten Storm, der, wie sich im weiteren Verlauf unserer Recherchen herausstellen sollte, bis zum heutigen Tag als Leitrüde fungiert.
2. Der ca. vierjährigen Aster, welche seit diesem Zeitpunkt die Position des ranghöchsten Weibchens bekleidet.
3. Einem 1 bis 2 Jahre alten, zunächst namenlosen Weibchen, das uns nicht bekannt war und deshalb neuerlich zugewandert sein musste.
4. Der einjährigen Browny, die definitiv leider als einziger Welpe des Vorjahres überlebt hatte. Die drei schwarzen Welpen des Vorjahres waren auf der Autobahn durch die Kollision mit Lastwagen und PKW umgekommen.
5. Dem nur sporadisch auftretenden, ca. zwei bis drei Jahre alten Rüden Raven.

Natürlich mussten wir uns erst einmal für einige Tage an diese völlig neue Situation gewöhnen. Wir spekulierten viel über die möglichen Gründe für eine solch gravierende Veränderung der Sozialstruktur dieses Rudels. Es ist generell bekannt, dass die meisten Jungwölfe ihre Eltern am häufigsten im Alter zwischen 2 bis 3 Jahren verlassen, eigene Wege gehen und sehr oft neue Bindungen suchen. Die neuen Partner paaren sich dann und bauen im Normalfall neue Familienstrukturen auf.

In diesem speziellen Fall aber waren nicht nur Jungtiere abgewandert, sondern wir vermissten schließlich auch die Leittiere des Vorjahres. Was war geschehen? Waren die Wölfe etwa völlig unbemerkt gestorben? Letztlich blieben mannigfaltige Fragen unbeantwortet. Wir fragten uns natürlich auch, ob uns die Wölfe wieder in der Nähe ihrer Höhle dulden würden. Eigentlich standen die Zeichen gut, denn Aster und Storm hatten mit uns im Jahre 1994 keine schlechten Erfahrungen gemacht und schließlich nun, im Juni 1995, den gleichen Höhlenstandort als sicher genug empfunden, wieder Welpen aufzuziehen.

In diesem Sommer war meine Frau in Deutschland geblieben, statt ihrer begleitete mich Peter Nawrath, ein Bekannter, den ich im Zusammenhang mit der Gesellschaft zum Schutz der Wölfe e.V. kennen gelernt hatte. An einem sonnigen Nachmittag beobachteten wir insgesamt sechs erwachsene Wölfe (Timber, Aster, Storm, Raven, Browny und eine schwarze Wölfin, die wir zur Vereinfachung wiederum Black nannten), die sich gerade am Flussufer niedergelegt hatten. Storm streckte seinen Hals nach vorne und witterte in der Distanz einen Touristen mit dessen Hund. Storm beobachtete Herrn und Hund sehr genau. Da der Hundehalter allerdings einige hundert Meter entfernt war, von ihm also offensichtlich keine Gefahr ausging, blieb Storm beim Beobachten liegen. Er war allerdings jederzeit hoch konzentriert, wohl auch etwas unsicher, was uns das häufige Heben und Senken seines Kopfes verriet. Auch Aster stand kurz auf, senkte ihren Kopf etwas und schnüffelte mit der Nase nahe am Boden. Die restlichen Wölfe würdigten uns keines Blickes, gingen vielmehr einer ihrer Lieblingsbeschäftigungen nach: Schlafen. Einige Minuten später stand die junge Browny auf, packte ein anscheinend festgeklemmtes Objekt mit den Zähnen, stemmte sich mit allen vier Beinen nach hinten, zerrte und bewegte gleichzeitig ihren Kopf und Körper mehrmals ruckartig nach hinten. Sie schleppte dann einen nicht zu identifizierenden Gegenstand mit schräg gehaltenem Kopf voran und legte sich alsbald zwischen einige Büsche. Schließlich stand Storm auf, streckte sich mit nach vorne gerichtetem Hals, um dann in einer Art Beobachtungslauf geradezu voranzutänzeln. Die übrigen Wölfe folgten ihm, und der ganze Spuk war innerhalb von nur zwei Minuten vorbei. Für Peter war die Beobachtung von erwachsenen Wölfen damit beendet. Immer, wenn er mich zur Wolfshöhle begleitete, zeigten sich nur die Welpen. War ich hingegen alleine unterwegs, blickte ich zumindest auf einige erwachsene Tiere.

Die darauffolgenden Tage verbrachten wir wieder auf unserem Beobachtungsposten in der Nähe des Höhlenkomplexes. Zuvor hatten wir einen alten Knochen gefunden, der uns bewies, dass sich hier in der Vergangenheit schon viele Generationen von Wölfen aufgehalten hatten. Plötzlich erspähten wir wieder die acht kleinen Wolfswelpen, die gerade dem uns schon bekannten Burgspiel frönten. Einer von ihnen, ein dunkelgrauer und fast schon huskyartig aussehender Welpe, war besonders hübsch. Seine Schnauze war ziemlich stumpf, seine Ohren noch etwas rund und seine kleinen Stummelbeinchen wirkten besonders knuffig. Feldforscher sollten zwar nicht sentimental sein, was aber nicht bedeutet, dass sie überhaupt keine Gefühle zum Ausdruck bringen dürfen. Mein Herz pochte jedenfalls wieder einmal einen Tick schneller als sonst, das Adrenalin schoss in meine Venen.

Fünf Welpen, vier schwarze und ein grauer, waren im Vergleich zu den restlichen drei Tieren, die dunkelgrau und braungrau gefärbt waren, erheblich größer. Wir schätzten das Alter der fünf größeren Welpen auf acht Wochen, das Alter der drei anderen auf maximal sechs bis sieben Wochen. Es war kaum zu glauben und unser verdutztes Gesicht wohl mehr als nachvollziehbar. Nach einer Phase der allgemeinen Beruhigung konzentrierten wir uns wieder darauf, Feldnotizen zu sammeln. Die weitere Fortführung der Beobachtungen bestätigte eine noch ausstehende Geschlechtszuordnung der Welpen. Es handelte sich bei den acht Welpen um fünf Rüden und drei Weibchen. Die fünf deutlich größeren Welpen unterteilten wir in drei Rüden und zwei Weibchen, die anderen drei, mindestens eine Woche später geborenen Welpen, waren zwei Rüden und ein Weibchen.

Es galt jetzt, der Beantwortung der entscheidenden Frage auf die Spur zu kommen: Welcher Wurf Welpen war welcher Mutter zuzuordnen? Eigentlich dauerte es nicht allzu lange, bis ich auch dieses Geheimnis lüften konnte. An einem völlig verregneten Abend entdeckte ich zunächst zwei verschiedene

Im Jahre 1995 konnten wir erstmals zwei Wolfsmütter beobachten, die ihren Nachwuchs gemeinsam am gleichen Höhlenstandort aufzogen, ohne sich aggressiv auseinanderzusetzen. Die Welpen spielten zusammen und bauten schrittweise eine Beißhemmung auf. Noch ist unter Wissenschaftlern sehr umstritten, wie häufig mehrere Wölfinnen eines Rudels in freier Wildbahn reproduzieren und welche Motivation sie dazu veranlasst. Hier sieht man anhand des Größenunterschiedes der Welpen eine Entwicklungsdifferenz von ca. 10-14 Tagen.

Höhlengebilde, die höchstenfalls hundert Meter auseinander lagen. Die drei kleinwüchsigeren Welpen hielten sich gerade freundlicherweise inklusive ihrer Mutter Black in unmittelbarer Nähe zu einem Höhleneingang auf. Die fünf älteren und deshalb größeren Welpen erforschten zum gleichen Zeitpunkt unter der Leitung ihrer Mutter Aster die nähere Umgebung des zweiten Höhlenstandortes. Nächste Frage: Welche der beiden Mütter war nun die Dominante? War überhaupt eine der reproduzierenden Tiere dominant?

Zunächst ging ich davon aus, dass es sich bei dem Weibchen Black sehr wahrscheinlich um eine frisch zugewanderte Wölfin handelte und sie aus diesem Grund höchstwahrscheinlich keine direkte Verwandte von Aster war. Natürlich zog ich auch die Möglichkeit in Betracht, Black als möglichen Welpen des Vorjahres einzustufen. In der Konsequenz hätte sie im Februar 1995, somit schon im Alter von ca. zehn Monaten von einem Rüden gedeckt worden sein müssen. Beispiele aus dem Forschungszentrum Wolf Park bewiesen die prinzipielle Möglichkeit, denn hier kamen vereinzelt schon weibliche Jungwölfe nicht nur in Hitze, sondern wurden auch erfolgreich gedeckt.

Auch wenn die Beantwortung einer möglichen verwandtschaftlichen Beziehung zwischen Aster und Black offen blieb, konnte ich aber bald über den sozialen Status präzise Auskunft geben. Aster verhielt sich zwar sehr tolerant, aber definitiv auch als dominante Führungspersönlichkeit. Alle anderen Weibchen, inklusive der zweiten Mutter Black, zeigten ihr gegenüber Unterwerfungsgesten und Signale der Beschwichtigung. Dabei achtete ich peinlich genau darauf, dass mir keinesfalls nur die Haltung und die Bewegung eines einzelnen Körperteils für die Bewertung der sozialen Situation und die Stimmung, in der sich das jeweilige Tier befand, heranzog. Im Gegensatz zu Peter Nawrath, bei dem es sich eher um einen Laien auf dem Feld der Verhaltenseinschätzung handelte, hatte ich vor Zeiten noch von Eberhard Trumler persönlich gelernt, dass sich nur in der Kombination aller einzelnen Ausdruckselemente eines Tieres Schlüsse ziehen lassen, welche die Stimmung oder das Rangverhältnis verschiedener Tiere in der jeweiligen Situation wiedergeben. Der Zoologe R. Schenkel, der schon 1946 (!) umfangreiche Verhaltensstudien im Zoologischen Garten der Universität Basel durchführte, definierte aktive Unterwerfung folgendermaßen:

»Alle Tiere können zu jeder Zeit, oft scheinbar unmotiviert, plötzlich die aktive Unterwerfung zeigen. Hauptsächlich tun dies aber Jungtiere gegen die Erwachsenen und rangniedrige gegen höherrangige Tiere. Meist sind die Tiere vorher relativ aktiv und die Stimmung im Rudel ist freundlich. Aber auch gegen leicht aggressive Tiere, die über die Schnauze beißen, Zähne fletschen, knurren und fauchen, benehmen sich Jungtiere und rangtiefe Tiere oft aufdringlich. Sie werfen sich auf den Rücken und strampeln mit den Beinen in der Luft und suchen immer wieder Schnauzenkontakt. Beißen die ranghohen Tiere dann fester zu, geht die aktive Unterwerfung in eine passive Unterwerfung oft über Spielaufforderung, Kopfschleudern, Buckelrennen ins Spiel über, wobei nicht mehr die Ausdrucksstruktur ausschließlich auf das ranghohe Tier gerichtet ist, sondern auf alle Rudelmitglieder.«

Spielaufforderungen beobachtete ich zwischen Aster und Black zwar nicht, aber das soziale Privileg durch Black über Maulwinkellecken, angelegte Ohren und Sich-auf-den-Boden-Werfen begrüßt zu werden, kam in den entscheidenden Situationen eindeutig Aster zu. Außerdem stand Black mitunter in rangunterlegener Haltung neben Aster, drehte den Kopf weg, vermied direkten Blickkontakt und zeigte auch Bereitschaft zur passiven Unterwerfung. War Aster nicht besonders aktiv, warf sich Black demonstrativ vor ihr auf den Rücken. Drohte Aster über einen fixierenden Blick oder knurrte gar, warf sich Black regelrecht auf den Boden und strampelte mit den Beinen in der Luft. Der junge Leitrüde Storm hielt sich in solchen Situationen vornehm zurück und beobachtete das Streitverhalten der beiden Weibchen lieber aus der Distanz. Vor allem aber fiel mir auf, dass Storm bei besonderen Anlässen nur den Genitalbereich von Aster beschnupperte, nicht aber den von Black. Ich kam später zu der Überzeugung, dass im Februar 1995 eine Verpaarung zwischen Storm und Aster stattgefunden hatte und schlussfolgerte nicht, dass es auch zu einer Paarbildung mit Black gekommen war.

Generell sagen Begrüßungsszenen unserer Meinung nach sehr viel über soziale Bindungen aus. Ich beobachtete zwar keine wirklich aggressiven Auseinandersetzungen zwischen den beiden Müttern, ihr Verhältnis zum Leitrüden Storm gestaltete sich jedoch sehr unterschiedlich. Anhand einiger auffällig freundlich vorgetragenen Interaktionen zwischen Storm und Aster ging ich von einer sehr exklusiven Bindungsbereitschaft aus. Ihr interaktives Verhalten beinhaltete zum Beispiel Parallelläufe (eigentlich typisch während der Paarungszeit), spontane Zusammenkünfte inklusive Schnauzenkontakt, freundliches Umeinanderlaufen, heftiges Schwanzwedeln, sich aneinander reiben, gelegentliche Bereitschaft zum Kontaktliegen und gegenseitiges Überprüfen des Genitalbereiches. Das Verhalten von Black in Richtung Storm bestätigte hingegen eher ihre subdominante Stellung, auch oder gerade weil, sie oft direkten Blickkontakt vermied und sich vor ihm auf den Boden rollte. Außerdem bestand Aster einmal auf eine bewegungseinengende Maßnahme, postierte sich in Querstellung zu Black und sicherte auf diese Weise sogar ihre eigenen fünf Welpen ab. Aster markierte exklusiv den gesamten Höhlenkomplex als einziges Weibchen mit Urin. Das war schon sehr auffällig.

Anfangs war auch die Versorgung der Welpen sehr aufschlussreich, die ich insgesamt dreimal beobachtete. Während Aster ihren Nachwuchs völlig entspannt in seitlich liegender Position versorgte (zwei Observationen), säugte Black ihre drei Welpen in stehender Position (eine Observation). Ob mir dieser Vergleich allerdings irgendeine Information in Bezug auf Stressverhalten und das soziale Verhältnis der beiden Weibchen zueinander hätte geben sollen, kann ich bis heute nicht sagen. War Aster abwesend, bewachte jedenfalls Black den gesamten Nachwuchs, eine Unterscheidung zwischen den beiden Würfen im Hinblick auf irgendeine Bevorzugung bestimmter Welpen konnte ich während unserer gesamten Observationszeit nicht feststellen. In seltenen Fällen, nämlich insgesamt nur zweimal, brachen Aster und Black gemeinsam zur Jagd auf, wobei Aster eindeutig vorauslief. Ein weiteres Indiz für ihren dominanten und unangefochtenen Sozialstatus.

Ich beobachtete noch eine weitere, meines Wissens nach zuvor noch nie dokumentierte Begebenheit. Wann immer Aster zur Jagd aufbrach oder zum Höhlenstandort zurückkehrte, führte sie die gesamte Gruppe inklusive des Rüden Storm an. Später werden wir noch gesondert darlegen, dass die Leitung eines Wolfsrudels nicht gerade selten der Entscheidungskraft eines Weibchens unterliegt. Diese Führungsaktivität ist sicherlich nicht permanent, richtet sich jedoch laut unseren Beobachtungen unter anderem nach der Altersverteilung zwischen Leitrüden und reproduzierendem Weibchen. Ist letztere älter als der Rüde und verfügt das Weibchen somit also über größere Detailkenntnisse in Bezug auf das

Territorium, scheint es die Gruppe öfter anzuführen. Wie wir später noch erfahren werden ist die Führung einer Wolfsfamilie unter Wissenschaftlern noch stark umstritten und gestaltet sich erheblich dynamischer als bisher angenommen. Vorweg genommen: Es bestimmte Leitwölfin Betty über Jahre hinweg die Aktivitäten des Cascade Rudels, ehe sie im November 2000 im Alter von 10 bis 11 Jahren verstarb.

Die Rangordnung zwischen den Rüden des Bowtal Rudels blieb insgesamt zwar etwas unklar, besonders nachdem Altrüde Timber im Juni 1995 verstarb. Zwar beobachtete ich weder Storm noch Raven beim Urinieren, registrierte aber durchaus Raven's Unsicherheitsgesten gegenüber Storm, die von passiver Unterwerfung sowie Blickkontaktvermeidung mit angelegten Ohren gekennzeichnet war. Von der engen Bindungsbereitschaft zwischen Storm und Aster ausgehend, schloss ich auf dessen dominanten Sozialstatus über andere Rüden: Storm positionierte sich nämlich bei gemeinsamen Wanderungen direkt hinter die führende Aster.

An einem anderen Nachmittag beobachtete ich das Rudel nochmals während einer längeren Ruhephase am Fluss. Die soziale Bindung von Storm und Aster bestätigte sich wieder einmal durch Kontaktliegen. Es ist allgemein bekannt, dass exklusiv aufgezeigtes Kontaktliegen sehr viel über eine enge Sozialbindung zwischen einzelnen Tieren aussagt. Ich klassifizierte Storm deshalb fortan als den dominierenden Rüden der Gruppe. Aster und Storm sollten bis in den Winter 2001 hinein das reproduzierende Paar des Bowtal Rudels bleiben.

Die junge Browny agierte in allen Situationen als unterwürfigstes Tier der Gruppe. Ihr interaktives Verhalten bei Aster und Black sprach Bände. Ständiges Pföteln, um Futter betteln, Maulwinkellecken, aktive Unterwerfungsgesten wie zum Beispiel Auf-den-Boden-Rollen oder sich einfach nur fallen lassen gehörte zu ihrem Standardrepertoire. In Aster's Abwesenheit schränkte Black den Bewegungsradius von Browny stark ein. Meistens thronte sie auf der Spitze des Höhlenkomplexes und verfolgte die Aktivitäten der acht Welpen sehr aufmerksam. Interessanterweise durfte sich Browny erheblich mehr entfalten, wenn Aster anwesend war. Browny wusste offensichtlich, wie sie Aster's Wohlwollen erlangen konnte. Sie nahm Aster viel Arbeit ab, indem sie sehr viel mit den Welpen spielte und sie bewachte, während Aster zusammengerollt schlief. Gemäß unseren Feldnotizen konnte man davon ausgehen, dass Browny als Hauptbabysitterin bezeichnet wer-

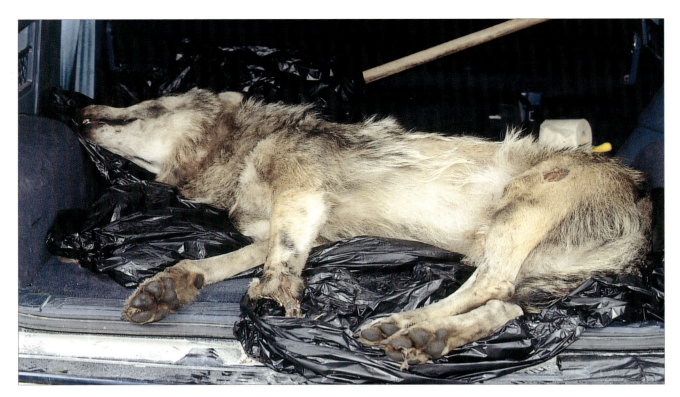

Mag in manchen Gebieten die hauptsächliche Todesursache bei Wölfen in ihrem territorialen Verhalten und somit in tödlichen Auseinandersetzungen von zwei benachbarten Wolfsrudeln liegen, so kommen im Banff Nationalpark bei weitem die meisten Tiere innerhalb der Infrastruktur um. Hier wird gerade der durch eine Eisenbahn getötete Wolfsrüde »Timber« verladen und zur näheren Untersuchung in ein Labor verbracht.

den konnte. Brownys Geduld im Umgang mit den Welpen schien jedenfalls oft grenzenlos, wenngleich sie mitunter einen von ihnen anknurrte oder per Schnauzengriff auf den Boden der Tatsachen beförderte, wenn ein Welpe an ihren Zitzen versuchte zu saugen. Schrie einer der Welpen auf, reichte ein von Aster in Richtung Browny abgesandter starrer Blick völlig aus, die Babysitterin zu warnen. Zur Beruhigung der allgemeinen Sachlage folgten Unterwürfigkeitsbekundungen geradezu postwendend.

Alle acht Welpen erfreuten sich eines hervorragenden Gesundheitszustandes. Viele Interaktionen involvierten drei oder vier miteinander spielende Individuen, während andere entweder schliefen oder auf Knochen kauten. Die Aktivgruppe demonstrierte derweil Rennspiele, Ringkämpfe, Nackenschütteln, Schwanzziehen und diverse objektbezogene Spiele. Sehr beliebt war der strategische Kampf um ein im Bach fest geklemmtes Wurzelwerk. Ein Welpe verteidigte es beispielsweise über Leerschnappen, hin und her Springen, Brummen und Scheinattacken, während andere versuchten, diesen beliebten Spielplatz zu erobern. Die etwas abseits liegende Browny überwachte alle Aktionen, ohne jedoch selbst ins Geschehen einzugreifen. Zwischendurch unterbrachen die Akteure das Spiel und schauten in Richtung unseres Beobachtungspostens. Manchmal setzten sie sich ganz gespannt hin, fixierten uns regelrecht und schienen förmlich zu überlegen, ob sie sich uns nähern oder lieber doch einen gewissen Abstand einhalten sollten. Oft überwog die Neugierde.

Einzelne Welpen näherten sich uns auf dem Boden schnüffelnd bis auf wenige Meter, um sich dann wie erwachsene Wölfe bei der Jagd in vollendeter Körperhaltung anzupirschen. In solchen Momenten bewegten wir uns keinen Millimeter, erstarrten vielmehr, um bloß keinen der Welpen zu erschrecken. Diese Situationen lösten sich aber immer in Wohlgefallen auf, indem sich die Welpen von uns abwandten und bald schon wieder gegenseitigen Spielaufforderungen folgten. Die eigentlich den Welpen und auch Babysitterin Browny total unbekannten Geräusche unserer Fotoapparate quittierten alle mit absoluter Gelassenheit. Der Geräuschpegel der spielenden Welpen war sowieso vielfach lauter als jegliche Fokussierung unserer Kameralinsen. Darüber hinaus kontrollierte Browny den Aktionsradius der Welpen. Sollte sich ein Welpe mehr als fünfhundert Meter vom Höhlenstandort entfernen, rannte sie ihm nach und drückte ihn auf den Boden. Der in diesem Augenblick zurechtgewiesene Welpe folgte Browny dann auch augenblicklich. Ihre Art, einen zu erkundigungsfreudigen Welpen in seinem Verhalten zu unterbrechen, stand im krassen Gegensatz zu Aster's Reaktion in einer ähnlichen Situation. Sie packte einen Welpen dann lieber am Rücken (interessanterweise nicht am Nacken), hob den sofort in starre Haltung verfallenen Sprössling hoch und transportierte ihn auf geradem Wege zurück zur Höhle. Ist diese Transportart etwa das Exklusivrecht einer Mutter? Fest steht zumindest, dass wir in all den Jahren den Transport eines Welpen durch irgendwelche anderen Familienmitglieder (inklusive des Leitrüdens) noch nie beobachten konnten.

Verglichen mit unseren Beobachtungen in der Vergangenheit zeichneten sich hinsichtlich des Jagdverhaltens klare Parallelen ab, denn auch während des Sommers 1995 verhielt sich das Bowtal Rudel primär nachtaktiv. Normalerweise brach das Rudel am späten Nachmittag zur Jagd auf und kehrte einige Stunden nach Sonnenaufgang zum Höhlenkomplex zurück. Somit konnte man von einer durchschnittlichen Jagdperiode von 10 bis 14 Stunden ausgehen, Ausnahmen bestätigten die Regel. Wie schon oft beobachtet, operierte unsere Wolfsfamilie auch im Sommer 1995 nicht als Einheit, sondern teilte sich oft auf. Die von Aster allein angeführte größere Gruppe schlug meistens eine ganz bestimmte Jagdrichtung ein, während Black und Browny dann an der Höhle zurückblieben. Browny verweilte mit Abstand am häufigsten an der Höhle.

In seltenen Fällen verließen auch einzelne Wölfe den Standort, um dann allerdings im Durchschnitt nur 5 bis 8 Stunden abwesend zu sein. Wie wir in späteren Jahren noch mehrfach beobachten sollten, rückte zunächst eine von beiden Leittieren geführte Jagdeinheit zur Tötung eines Beutetieres aus, um später eine Art individuell gesteuerten Pendelverkehrs zwischen Beutetierkadaver und Höhle oder auch Rendezvousgebiet zu etablieren. Da sich besonders ältere Leittiere manchmal nur am eigentlichen Tötungsakt beteiligten, verweilten sie nach getaner Arbeit erheblich länger am Höhlenstandort als die restlichen Familienmitglieder, denen dann die Umsetzung des Pendelverkehrs zukam. Besonders die juvenilen Tiere eines Rudels brachen oft

unaufgefordert in Richtung eines Kadavers auf, nahmen vor Ort so viel Nahrung wie möglich auf und liefen auf direktem Wege sofort zur Höhle zurück, um den nachhaltig bettelnden Welpen schließlich Futter vorzuwürgen. »Arbeitsteilung auf Wölfisch«. Eine Arbeitsteilung, die nicht nur Sinn macht, sondern vor allem auch die betagten Alttiere wertvolle Energie einsparen lässt.

Generell variierten die Ruhephasen einzelner Wölfe nach der Jagd zwischen drei und maximal elf Stunden. Auffällig war auch während des ganzen Sommers 1995, dass kein Mitglied des Bowtal Rudels in der Nähe des Höhlenstandortes heulte. Wie schon ausgeführt und nun noch einmal bestätigt, heulten Wölfe, die permanent mit menschlicher Präsenz konfrontiert waren im direkten Vergleich signifikant seltener als jene Verwandten, die abseits jeglichen menschlichen Geschehens lebten. Dieses Verhalten erstaunte uns immer wieder, schließlich besiedelten alle diese Wölfe eigentlich geschlossene Waldungen, die für den Menschen relativ unpassierbar schienen. Andererseits mahnten die durch Menschen ungünstig veränderten Landschaftsregionen (Bowtal), zum Beispiel das sich ständig erweiternde Netz von Straßen, Servicewegen, Campingplätzen und Wanderrouten den Wolf zur Vorsicht.

Die weitere Gestaltung des Nationalparks stellt unter diesen Bedingungen einen unerbittlichen Kampf gegen den Wolf dar, und es besteht kein Zweifel daran, dass sich ein beträchtlicher Teil der Tiere zumindest saisonbedingt im Verhalten umstellen muss. Durch ständige Störungen sind die Wölfe auch gezwungen, ihr Jagdverhalten entsprechend anzupassen. Immer wieder unterbrechen sie ihr anvisiertes Ziel, Beutetiere über viel befahrene Straßen zu verfolgen, und ziehen sich stattdessen erst einmal in den Wald zurück. Hinzu kommt, dass immer wieder Tiere dem massiven Verkehr zum Opfer fallen. Im Vergleich zum Sommer 1995 ist die gegenwärtige Wolfsdichte im Bowtal deshalb niedriger.

Als außergewöhnlichem Höhepunkt wohnte ich einmal einer direkten Attacke auf einen Hirschbullen bei. Ausgewachsene Bullen sind meist Einzelgänger, während Herden, bestehend aus weiblichen und jugendlichen Männchen von einer erfahrenen Hirschkuh angeführt werden. Hier leiteten Aster und Storm gemeinsam das Umkreisen des Bullen ein, Black beteiligte sich an der Jagd eher passiv.

Leider trieben die beiden Leittiere den Hirsch blitzschnell in ziemlich unübersichtliches Buschwerk. Es herrschte zwar ein reges Treiben, die Mög-

Die Leittiere einer Wolfsfamilie attackieren große Beutetiere am häufigsten. Ohne deren Präsenz testen Jungwölfe Beutetiere zwar regelmäßig und völlig selbstständig, die Erfolgsquote ist allerdings sehr minimal. Zwischen Raubtieren und Huftieren herrscht ein gewisses Gleichgewicht der Kräfte, jede »Partei« entwickelt neue Strategien, um zu überleben. Erfahrene Alttiere erkennen anhand der Körpersprache eines Hirsches, ob ein Angriff vielversprechend ist. Jungwölfe hingegen achten noch nicht auf ein konkretes »visuelles« Erscheinungsbild »topfiter« Hirsche und verbrauchen deshalb unnütz wertvolle Energie. Hier »testen« Nisha und Yukon einen Hirschbullen ohne Präsenz eines erfahrenen Leitwolfes.

---

lichkeit zur genauen Beschreibung des eigentlichen Tötungsaktes (soweit er denn auch tatsächlich erfolgte) blieb mir aber leider verwehrt. Was ich sah, war ein gewisser Rhythmus der Fixierung des umkreisten Hirsches, plötzliches Abblocken, Stehenbleiben, Vorderkörpertiefstellung inklusive gebogener Rückenpartie, erneutes Anrennen und den Versuch einer direkten Attacke. Das Tempo nahm zu und die Wölfe jagten den Hirsch vor sich her.

Aster versuchte, den Hirsch unterhalb des Kopfes zu packen, während ihm Storm und die anderen Wölfe den Fluchtweg abschnitten. Die letzte Aktion, die ich nachvollziehen konnte war, dass der Hirsch seinen Kopf senkte, Geweih voran und mit den Vorderhufen scharrend in Abwehrposition ging. Da ich zum weiteren Verlauf nur Vermutungen anstellen konnte, tröstete ich mich damit, dass ohnehin nicht jede angefangene Hetzjagd zum Erlegen der Beute führt. Der Normalfall ist eher, dass Wölfe keine Beute machen und viele Versuche brauchen, um einen Hirsch oder ein Reh nach ausgiebigem Testverhalten zu Fall zu bringen.

Auch wenn Wölfe bei der Jagd laut Aussage des Verhaltensforschers Dr. Pimlott keine komplizierten taktischen Manöver mit verteilten Rollen umsetzen, möchten wir an dieser Stelle genau die gegenteilige Meinung vertreten. Im weiteren Verlauf werden wir noch begründen, warum. Vorweg genommen sei, dass wir beim Beobachten des Fressverhaltens der Wölfe in der Nähe ihres Kadavers noch nie angegriffen wurden, doch unsere Nerven waren jedes Mal zum Zerreißen gespannt.

Einen Tag nach der Hirschjagdepisode grasten sowohl zwei Hirsche als auch ein Reh in direkter Nähe des Höhlenstandortes, obwohl die Wölfe anwesend waren. Eine Attacke erfolgte nicht. Ich erinnerte mich an die Ausführungen Paul Paquets, wonach Wölfe, von wenigen Ausnahmen abgesehen, keine potenziellen Beutetiere in der Nähe ihrer Höhle töten, um dadurch keine anderen großen

Raubtiere wie zum Beispiel Bären oder Berglöwen anzulocken. Ihre Präsenz würde letztlich eine erhebliche Gefahr für die Wolfswelpen darstellen. Eine logische Erklärung, deren Wahrheitsgehalt nur allzu oft Bestätigung fand.

Dieser »Burgfriede« galt allerdings nicht für ein Paar von unvorsichtigen Kojoten, das sich zwei Tage später einfach zu nahe an das Rendezvousgebiet der Wölfe herangewagt hatte und konsequenterweise massive Verfolgung erfuhr. In dieser speziellen Situation hatten die laut kreischenden und Haken schlagenden Kojoten sicherlich mehr Glück als Verstand. Sie entkamen unbeschadet.

Die Wölfe versorgten weiter ihre Welpen und folgten auch während meiner letzten Beobachtungstage ihrem normalen Tagesgeschehen. Nach dem unerklärlichen Verschwinden der alten Leittiere Grey und Black verblieb das offensichtlich neu gebildete Paar (Aster und Storm) bis zum heutigen Tag im angestammten Revier, während die beiden Rüden Raven und Ben bald endgültig abwanderten und nie mehr zum Höhlenstandort zurückkehrten.

Generell besteht immer eine bestimmte Abhängigkeit zwischen der Zahl der vorhandenen Wolfsindividuen und der Kapazität eines Lebensraumes in einer bestimmten Landschaft. Diese Kapazität hängt nicht nur vom eigentlichen Landschaftstypus ab, sondern auch vom Vorhandensein sicherer Höhlenstandorte, ausreichender Nahrungsbasis und letztlich den sozialen Beziehungen der Wolfsindividuen zueinander. Indes sollten wir auch Aster und Storm nicht vor Juni 1997 wiedersehen. Storm und Aster mussten sich alleine durchschlagen und erbeuteten trotzdem ausgewachsene Hirsche. Nun half ihnen nur noch ihr hervorragendes Erinnerungsvermögen weiter.

Wölfe gelten u.a. deshalb als besonders intelligent, weil sie in ihrem Gehirn auch »klassische« Aufenthaltsorte von Beutetieren speichern und die »verankerten« Informationen im Bedarfsfall abrufen. Neue wissenschaftliche Untersuchungen in den USA zeigen, dass die Nase von Caniden mit einem Staubsaugersystem zu vergleichen ist, das Duftpartikel der ausgeatmeten Luft fernhält von den neu aufgenommenen Duftproben.

Laut dem Wissenschaftler Gary Settles »dringt der Luftstrom mit den Duftpartikeln direkt in die Nasenlöcher, wenn ein Canide schnüffelt«. Sobald z.B. ein Wolf den Geruch eines verwundbaren Beutetieres wahrnimmt, kann er die Frequenz der Schnüffelzüge auf sechs pro Sekunde erhöhen und alle »störenden« Informationen gleichzeitig seitlich nach hinten durch die Schlitze der Nase aussortieren.

Tabelle 1: Die Bedeutung der Pfeilrichtung haben wir bereits erklärt

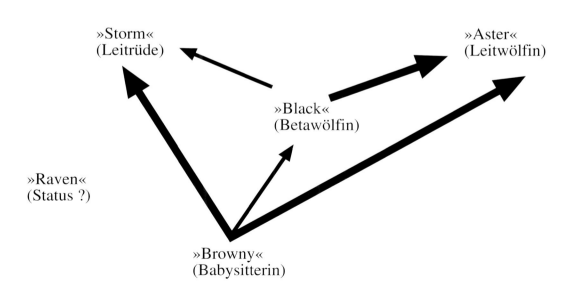

Tabelle 2: Beobachtete Reaktion eines erwachsenen Wolfes auf die Annäherung eines futterbettelnden Welpen (n=22)

Reaktion des Wolfes	Ignorieren	Schnauzgriff	Futter vorwürgen	säugen	spielen
Black	keine Beob.	keine Beob.	1 x	4 x	keine Beob.
Raven	keine Beob.	keine Beob.	keine Beob.	keine Beob.	keine Beob.
Aster	1 x	keine Beob.	1 x	3 x	keine Beob.
Storm	keine Beob.	keine Beob.	keine Beob.	keine Beob.	1 x
Browny	keine Beob.	2 x	keine Beob.	keine Beob.	9 x

Tabelle 3: Beobachtetes oder wahrgenommenes Heulverhalten der Wölfe

26. Juni 1995 (20.45 Uhr) Aster initiiert Chorheulen 800 Meter vom Höhlenstandort (1.55 Minuten)

Verhaltensbeobachtungen am Panther Rudel

Mitte Juni 1995 führten wir erneut für ca. zehn Tage Verhaltensbeobachtungen im Osten des Banff Nationalparks durch. Ins Hinterland der Rocky Mountains zurückgekehrt machte sich zwar etwas Wehmut breit, Aster, Storm und die anderen Wölfe vom Bowtal Rudel zurückgelassen zu haben, dafür freuten wir uns jetzt auf eine Landschaft ohne Bebauung und ohne störenden Lärm durch Massentourismus. Das sich in altem Glanz präsentierende Tal durchqueren von nun an ausnahmslos berittene Naturpolizisten, um gegenüber eventuell auftauchenden Wilderern Präsenz zu demonstrieren. Generell besteht die Aufgabe der Park Ranger darin, in diesem und selbstverständlich auch anderen Tälern des Hinterlandes dafür Sorge zu tragen, dass neben vielen anderen Arten auch der Wolf nicht mehr gejagt, vergiftet oder in Fallen gefangen wird, wie es hier früher üblich war. Die Arbeit der Ranger gestaltet sich schwierig, denn sie können nicht gleichzeitig überall sein.

Die Spannung stieg. Wie viele Wölfe würden wir sehen? Würden wir sie alle auf Anhieb wiedererkennen? Würden wir nach den Ereignissen des Jahres 1994 auf Zeichen auffälligen Scheuens oder im Gegenteil auf zutraulicheres Verhalten treffen? Der alte Beobachtungsposten jedenfalls schrie nach Besetzung. Bald nahmen wir unser Fernglas zur Hand, um die Scharfeinstellung direkt auf die Höhle zu fokussieren. Gerade mit der Arbeit begonnen, beobachteten wir auch schon einige juvenile Wölfe, die sich über mimische Zeichen wie Nasenrückenrunzeln, lange und kurze Maulwinkel- und Ohrwurzelbewegungen verständigten. Ein am Boden liegendes Tier zeigte Unterlegenheit mit Protestcharakter. Seine Kehle wurde gerade von einem zweiten Wolf »massiert«. So elegant lösten diese hoch sozialen Rudeltiere die meisten Konflikte. Doch wer war wer?

Nach einer längeren Beobachtungszeit erkannte ich die beiden Leittiere wieder. Unangefochten demonstrierte der Rüde Black-Grey und das Weibchen Light-Grey gegenüber den restlichen vier erwachsenen Wölfen ihren hohen Sozialstatus. Dark-Grey, Betaweibchen des Vorjahres, flüchtete gerade in geduckter Körperhaltung vor der Mutter des einzigen Welpen. Mit eingeknickten Läufen rannte sie zuerst in schnellem Trab, dann im gestreckten Galopp die Böschung eines Seitenhügels der Höhle hinab.

Light-Grey folgte ihr nicht, sondern positionierte sich mit hoch erhobenem Schwanz wie eine Statue auf dem Gipfel des gesamten Komplexes. Zwar unterbrach Dark-Grey ihre Flucht durch kurzes Beobachtungsstehen, richtete dabei ihren Blick auf das Alphaweibchen, hielt zu ihr dann aber doch genügend Abstand, um nicht in direkte Konfrontation zu geraten. Die ganze Angelegenheit war wohl bereinigt und Light-Grey legte sich alsbald nieder. Es herrschte wieder Ruhe. Es zeigt sich oft, dass Wölfe geplante Angriffe, zumindest in den Sommermonaten, durch Rituale und Unterbrechungssignale möglichst vermeiden.

Augenblicke später stritt der braungraue, ca. acht Wochen alte Welpe mit einem juvenilen Tier um ein Rehbein. Das junge Weibchen, selbst erst im Vorjahr geboren, wedelte mit der Rute, ging in Vorderkörpertiefstellung und lief dann unverrichteter Dinge davon. Zwei andere Jungtiere tollten umher und machten uns nochmals deutlich, wie besonders wichtig die Sozialspiele der Wölfe zu ihrer Konfliktlösung sind. Der Angreifende zeigte gegenüber dem Angegriffenen viele Verhaltensweisen »echter« Aggressivität, jetzt im Spiel aber eben nicht aggressiv gestimmt und somit mit völliger Beißhemmung. Generell unterscheidet man zwischen agonistischem Spiel (zwischen zwei oder mehr Sozialpartnern, das auch Signale von Aggression beinhaltet) und einem Sozialspiel (zwischen zwei oder mehr Sozialpartnern ohne Signale von Aggression).

Der Angegriffene, ein eher mittelgroßer Jungrüde mit dunkelbrauner Rute, sprang hin und her und wollte als eine Art taktischer Methode über seine verspielten Bewegungen die anfangs doch recht aggressive Stimmung des offenbar rangüberlegenen Angreifers durch Spielaufforderung in eine für das Spiel typische, freundliche Stimmung umleiten. Der Trick gelang, das Spielverhalten hatte durchaus aggressionshemmend gewirkt. Erik Zimen beschreibt die Wirkung des Spiels ähnlich: »Ich vermute daher, dass das soziale Spielverhalten bei den Wölfen auch aggressionshemmend wirkt, möglicherweise zum Teil sogar eine Art Aggressionsersatz darstellt.«

Nun, keine andere Verhaltenskategorie kann allgemein schwieriger definiert werden, als das Spielverhalten. Wenn wir zum Beispiel in der Vergangenheit Welpen beim interaktiven Spiel beobachteten, hatten wir zunächst eine Vorstellung und beschrieben Sozialspiele, Kontakt-, Bewegungs- und Rennspiele. Wir beobachteten damit verbundene Verhaltensmerkmale wie das Niederbeugen des Vorderkörpers, Bewegungs- und Mimikübertreibungen (Spielgesicht), Wiederholungen einzelner Bewegungsabläufe wie zum Beispiel Kreislaufen oder das Spielbeißen. Eine genaue Erklärung und Definition des Spielverhaltens bot allerdings breiten Raum für kontroverse Ansichten. Bei unseren Freilandbeobachtungen bestätigte sich, dass Welpen untereinander in bestimmte Körperstellen öfter beißen als in andere. Der Griff in Hals und Nacken inklusive Schüttelbewegungen kam im Gegensatz zu Interaktionen zwischen erwachsenen Wölfen und Welpen oft vor. Auch das Hinterlaufbeißen innerhalb von Rennspielen war regelmäßig zu beobachten und ließ darauf schließen, dass Welpen angeborenen Verhaltensmustern folgten, die auch in Beziehung zum Jagdverhalten standen.

Der Biss in die Kehle war ebenfalls häufig im Spiel der Welpen zu beobachten, löste allerdings beim Angegriffenen meist deutliche Gegenwehr in Form massiven Knurrens oder Zurückbeißens aus. Es war offensichtlich, dass die aggressiven Auseinandersetzungen unter den Welpen anfänglich sehr häufig auftraten, zumindest bis eine Hemmung über

gegenseitig zugefügten Schmerz und Angst aufgebaut wurde. Diese Erfahrungen waren bis zu einem Alter von etwa vier Monaten abgeschlossen, und die Wolfswelpen verhielten sich nun wesentlich friedlicher. Anhand des bereits geschilderten Jagdspiels, bei dem auch das Totschütteln von Beute geübt wird, zeigte sich, dass zunächst eine Vermischung unterschiedlicher Antriebe im Laufe des Spiels typisch waren. So sprang ein Welpe den nächsten aus dem Hinterhalt an, schüttelte dessen Nackenfell massiv und wild, ritt jedoch einige Minuten später vergleichbar einem sexuellen Kontakt unter erwachsenen Tieren auf. Beißen mit nachträglichem Herunterreißen oder Nackenschütteln beobachteten wir schon bei Welpen im Alter von vier Wochen. Die erst kürzlich aus der Höhle enteilten Welpen praktizierten nach kurzer Orientierungsphase Geschicklichkeitsübungen zur Kräftigung der Muskulatur, des schnellen Ablaufes motorischer Fähigkeiten und erfolgreicher Anpassung sich langsam bildender Sozialbeziehungen. Da das Jagdverhalten der ausgewachsenen Wölfe bereits deutlich ausgeprägt war und sie ihre Welpen wohl kaum erbeuteten, kam das Nackenschütteln im Interaktionsbereich zwischen Erwachsenen und Welpen eben nicht vor.

Wenn auch leider nicht von uns beobachtet, so wissen wir doch, dass die Welpen im Alter von ca. vier Monaten beginnen spielerische und andere Verhaltensmotivationen weitestgehend getrennt aufzuzeigen. Wir sehen dann zielorientiertes Jagdverhalten. Nun beginnt auch die Entwicklungsphase, in der Wolfswelpen erwachsenen Tieren zu kurzen Ausflügen nachlaufen und sogar selbstständig Kurzwanderungen unternehmen. Zuvor haben sie sich, von den Erwachsenen geführt, präzise Pfade zu speziellen Futterdepots eingeprägt, zu denen sie bei Abwesenheit der Erwachsenen selbstständig und zielgerichtet laufen. In den ersten Lebensmonaten bleibt die Ortsbindung der Welpen an Höhlen- und Rendezvousplätze sehr ausgeprägt. Im Herbst und frühen Winter folgen Jungwölfe, wie wir noch lesen werden, ihrem Rudel erstmals zu längeren Jagdausflügen.

Wir haben diesen Teil deshalb so ausführlich beschrieben, weil wir uns natürlich damals fragten, wie der im Hinterland observierte einzige Welpe des Jahres 1995 ohne jegliche Wurfgeschwister Beißhemmung lernen, sein Bedürfnis nach Spielperioden stillen und seine Bewegungsmotorik verbessern konnte. Eine Frage, die ohne Beantwortung blieb und die im Hinblick auf die Aufzucht von »Einzelkindern« sicherlich relevant ist. Unser Welpe spielte jedenfalls ausgiebig mit den juvenilen Tieren des Rudels, folgte ihnen auf Schritt und Tritt und ging besonders Babysitterin Greyish bisweilen tierisch auf die Nerven.

Doch mit den Sozialspielen war es bald vorbei. Am Horizont tauchten drei Reiter auf. Noch hatten die Wölfe nichts bemerkt. Wir beobachteten die weiter näher kommende Staffel und stellten entsetzt fest, dass ein Reiter ein Gewehr mit sich führte. Die Gruppe steuerte Dickhornschafe an, welche auf einer Anhöhe Mineralien aufleckten. Dann erblickten sie uns. Sie ignorierten unsere Gegenwart und starteten ein kleines Lagerfeuer.

Einige Stunden später verschwand die Gruppe in Richtung Parkausgang. Peter Nawrath's Fotos sollten die illegal handelnden Personen eigentlich identifizieren, leider konnten sie aber auch im Nachhinein nicht ausfindig gemacht werden. War unsere Begegnung mit den Reitern noch harmloser verlaufen als erwartet, so rannten die Wölfe in offener Flucht davon. Die Tiere bewegten sich von der mutmaßlichen Gefahrenquelle weg, nachdem für sie die Fluchtdistanz offensichtlich deutlich unterschritten war. Der Leitrüde Black-Grey stoppte zwar noch einmal, erschrak und zog seinen Kopf und dann auch den ganzen Körper zurück. Er heulte mehrere Male, bellte zwischenzeitlich wie ein Hund, um dann die weitere Flucht in geduckter Körperhaltung fortzuführen. Die anderen fünf Wölfe folgten ihm, einer sprang im Anschluss an sein Zurückschrecken mit den Beinen seitlich weg und drehte sich auf den Hinterläufen. Das ranghöchste Weibchen geleitete den Welpen sofort bergauf und beeilte sich, den nahegelegenen Wald zu erreichen. Dark-Grey war so aufgeregt, dass sie ohne eine spezielle Ecke aufzusuchen aus reiner Angst kotete. Ein anderes Tier zuckte plötzlich am ganzen Körper zusammen. Anscheinend stand der Wind so ungünstig, dass die ganze Wolfsfamilie die Reiter, die vor Verlassen des Tales relativ nahe bei der Höhle standen, nicht bemerkt hatten. Auch die Reiter waren überrascht, da sie sich in dieser bewaldeten Gegend unbeabsichtigt der Höhle genähert hatten. Auch wenn diese Wölfe

---

Welpen genießen in den ersten Monaten eine gewisse Narrenfreiheit. Besonders die Babysitter des Rudels geben sich Mühe, die Welpen bei »Laune« zu halten. Zwischenzeitlich laufen sie regelmäßig zu Beutetierkadavern, reißen große Mengen Fleisch heraus und würgen den zuvor aufgefüllten Mageninhalt den hungrigen Welpen vor.

die Grausamkeit und Hinterlist des Menschen sehr wahrscheinlich nie kennen gelernt hatten, zeigten sie doch kein aggressives Verteidigungsverhalten. Nochmals ein Beweis dafür, dass die Jahrhunderte lange Verfolgung bei der Spezies Wolf allgemein eine Furcht vor dem Menschen erzeugt hat, ein instinktives Verhalten, Menschen sogar in unmittelbare Nähe zur Höhle nicht anzugreifen.

Was nutzten uns all diese Weisheiten, die Wölfe waren weg. Zwar sahen wir sie noch einmal hoch oben in den Bergen, einige felsige Stellen gründlich markierend, dann setzten sie ihren Weg den Berg hinauf fort. Wir konnten sie weder begleiten noch wollten wir sie weiter stören. Die Verhaltensbeobachtungen an diesen wild lebenden Wölfen mussten wir für beendet erklären. Frustrierte Gesichter waren die Folge. Der Helikopter kam und brachte uns zurück in die Stadt Banff, deren hektische Betriebsamkeit zunächst irgendwie beklemmend wirkte. In der Zivilisation angekommen, verdammten wir noch einmal jene Reiter, die unser »Sommervergnügen« so gründlich verdorben hatten. Aufgrund mangelnder Möglichkeiten konnte kein Soziogramm erstellt werden. Die nachfolgende Tabelle zeigt deshalb nur eine Auflistung über das Heulverhalten des Panther Rudels.

Tabelle 1: Beobachtetes oder wahrgenommenes Heulverhalten der Wölfe

17. Juni (08:20 Uhr):
Die Leitwölfin heult 100 m vom Höhlenkomplex
(0,54 Minuten)

18. Juni (09:45 Uhr):
Chorheulen ca. 800 m vom Höhlenkomplex
(2,29 Minuten)

20. Juni (10:30 Uhr):
Chorheulen inklusive Welpen 700 Meter von der Höhle (1,44 Minuten)

22. Juni (08:00 Uhr)
Chorheulen ca. 800 m von der Höhle
(2,50 Minuten)

23. Juni (08:10 Uhr)
Chorheulen inklusive Welpen 100 Meter von der Höhle (3,10 Minuten)

Sommer 1996: Das Jahr der Flops
Höhlenbeobachtungen am Bowtal Rudel

Im Sommer 1996 führten wir die Feldstudien im Spraytal durch, einem landschaftlich sehr attraktiven Seitental des Banff Nationalparks, weil sich unsere Wölfe für einen alternativen Höhlenstandort entschieden hatten. Hier erblickte unter anderem auch Aster im Jahre 1991 das Licht der Welt. Diese Region des Parks war aufgrund guter Nahrungsbedingungen ein ergiebiger Lebensraum für Bären. Das Tal wurde zur Vermeidung unnötiger Störungen komplett gesperrt. Im Zuge dieser Entwicklung entstand ein Gebiet mit traditionellen Höhlenkomplexen, ruhig und ungestört, in denen der Wolf früher schon, also zu Zeiten massiver Verfolgung, vorkam. Eine der nachweislich traditionell genutzten Höhlen lag in einem stark bewaldeten Gebiet, umgeben von einem sich dahinwindenden Fluss. Diese Sektion des Tales war primär sehr dicht mit alten Tannen bewachsen. Später fanden wir heraus, dass die Wölfe sogar verschiedene Höhleneingänge unter dem Wurzelwerk einer riesigen, sicherlich mehr als 150 Jahre alten Tanne gegraben hatten. Den ganzen Standort umgab eine unglaubliche Ruhe, die allenfalls das Fließgeräusch des Wassers unterbrach.

Von einem Blockhaus aus, das uns für einige Tage komfortablen Unterschlupf gewährte, unternahmen wir regelmäßig Wanderungen zur etwa drei Kilometer entfernten Höhle. Zum Erreichen dieses anvisierten Ziels mussten wir den eiskalten Gebirgsbach durchqueren, ein Unterfangen, welches stets das Blut in unseren Adern gefrieren ließ. Wir bezogen zunächst Posten auf einer Anhöhe gegenüber der Höhle, hielten uns dort täglich ca. zehn Stunden auf, starrten in das Fernglas und hofften auf produktives Schaffen. Schnell bestätigte sich die Präsenz mehrerer erwachsener Wölfe durch ihr Chorheulen, sehen konnten wir sie aber leider nicht. So vergingen drei Tage. Gut getarnt harrten wir aus. Nichts Entscheidendes passierte und erste Fragen wurden laut, ob denn hier überhaupt irgendwelche Welpen ihr Unwesen trieben. Danach beschlossen Carolyn Callaghan, die mich wieder einmal begleitete, und ich, dem Höhlenkomplex etwas näher zu rücken. Gesagt, getan. Die Sonne schien und wir erwarteten, zuverlässiges Datenmaterial sammeln zu können. Das war zumindest unsere Absicht. Leider war der Wasserstand des Gebirgsbaches mittlerweile extrem gestiegen. Er reichte uns weit über die Knie, so dass eine Durchquerung mit unkalkulierbaren Risiken verbunden war. Zuvor hatte ich von einem freundlichen jungen Mann, Mitarbeiter des TV-Senders »Discovery Channel«, eine professionelle Betacam-Kamera ausgeborgt, um das Privatleben einer Wolfsfamilie zu filmen.

Unter den damaligen Bedingungen wollte ich natürlich keinerlei Verantwortung dafür übernehmen, die komplette Kameraausstattung einem solchen Gefahrenpotenzial auszusetzen. So ließen wir Hochwasser Hochwasser sein, diskutierten diverse Möglichkeiten, die wir aber letztlich doch wieder verwarfen.

Zwei Tage später starteten wir ohne Kameraausrüstung einen erneuten Versuch. Die Höhle wirkte wie ein magischer Anziehungspunkt. Die erwachsenen Wölfe mussten zuvor zur Jagd aufgebrochen sein, zumindest glaubten wir anhand frischer Pfotenabdrücke in Ufernähe des jetzt einigermaßen ruhig dahin plätschernden Baches von dieser Tatsache ausgehen zu können. Schuhe und Socken aus, Hose runter, im kalten Wasser auf die Zähne beißen, das war die Prozedur, um diesen Bach zu durchqueren. Am gegenüberliegenden Ufer angekommen, schlichen wir vorsichtig in die Tannenschonung. Der Waldboden bestand aus riesigen Moosflächen, die eine ausgesprochen geräuschlose Annäherung in Richtung Höhle ermöglichten. Auf leisen Sohlen, stets wachsamen Auges, schlichen wir uns heran. Bald standen uns vier völlig unbedarfte Welpen gegenüber. Ein Welpe war pechschwarz, die anderen drei grau. Sie schauten uns neugierig an, drehten ihre Köpfe, als ob wir von einem anderen Stern gekommen wären. Sie konnten keinesfalls älter als acht Wochen sein, denn ihre Augen waren noch blau. Alle Wolfswelpen werden grundsätzlich mit blauen Augen geboren und verändern die Augenfarbe langsam ab der achten Lebenswoche. Später blickt man auf eine Skala riesiger Variationen unterschiedlicher Nuancierungen von braun über grün oder blau bis hin zu einer goldglänzenden Augenfarbe.

Die vier Welpen verhielten sich äußerst verspielt und vermittelten aufgrund ihres aktiven Verhaltens und ihres Körperfettes einen sehr gesunden Gesamteindruck. Sie entfernten sich vom eigentlichen Höhleneingang nicht mehr als maximal zweihundert Meter, rannten immer wieder in die Höhle, folgten Renn- und Kampfspielen und ließen es sich gut gehen. Da kein Tier urinierte, schlug der Versuch einer Geschlechtsbestimmung leider fehl. Da keine erwachsenen Wölfe anwesend waren und wir vor allem eine gewisse Widersprüchlichkeit hinsichtlich der Bewertung unserer Präsenz in unmittelbarer Nähe zur Höhle fühlten, drehten wir bald um und verließen den Standort. Es war schließlich nicht ganz klar, weshalb kein Alttier zugegen war, und stören wollten wir die Wölfe unter keinen Umständen.

Wir gingen auf dem kürzesten Weg zurück, mussten aber noch den ungeliebten Bach durchqueren. Da wir aber in dieser edlen Kunst mittlerweile über sehr viel Übung verfügten, war auch das letzte Hindernis bald überwunden. Ich bin mir auch heute noch nicht ganz sicher, ob wir damals richtig gehandelt haben. Nachdem aber die Wölfe den Höhlenstandort den ganzen Sommer über beibehielten, unbeirrt ihren Nachwuchs aufzogen und uns gegenüber damals auch kein Alarmbellen zeigten, waren meine eigenen Ängste und Zweifel wohl eher unbegründet.

Vielleicht beurteilen wir Menschen ohnehin bestimmte Situationen allzu oft nach unseren eigenen Kriterien. In der Welt der Wölfe haben solche menschlichen Vorstellungen wahrscheinlich wenig zu bedeuten. Entweder sie fühlen sich gestört oder eben nicht.

Im Jahre 1996 stand zumindest auch das Glück auf unserer Seite, aber im Gegensatz zu unerfahrenen Menschen auch unsere Erfahrung, denn wir wussten wie schwierig es ist, richtig mit diesen Tieren umzugehen. Carolyn und ich verfügten beide über die notwendige Sensibilität, behutsam zu Werke zu gehen, was natürlich dazu beitrug, dass wir mit den Umständen zurechtkamen. Wir beschlossen deshalb, das Glück nicht zu erzwingen. Wir beendeten die Verhaltensstudien für diesen Sommer.

Die nachfolgende Tabelle zeigt das einzig registrierte Heulverhalten der Wölfe

15. Juni 1996 (15.55 Uhr):   Chorheulen ca. 300 Meter südlich der Höhle (1.15 Minuten)

Wolfswelpen sind noch sehr anfällig für Krankheiten und sterben oft in den ersten Monaten, indem sie z.B. verhungern. Sind sie gesund und kräftig, wachsen sie sehr schnell und legen zwischen dem dritten und sechsten Lebensmonat im Schnitt über 1 ½ Kilogramm Gewicht pro Woche zu.

Höhlenbeobachtungen am Panther Rudel

Unglücklicherweise führte man wegen finanzieller Engpässe im Sommer 1996 im Hinterland des Parks überhaupt keine Verhaltensbeobachtungen an Wölfen durch. Die einzige Information über das Wohlergehen dieses Rudels kam von einem Telemetrieflug, wobei man von der Luft aus vier Welpen identifizierte.

Es sollte bis zum Jahre 1999 dauern, bis wir wieder den Boden dieses majestätischen Tales betreten durften.

Höhlenbeobachtungen am Bowtal Rudel im Sommer 1997

Während ich noch in Deutschland an diversen Artikeln über das Leben dieser Wolfsfamilie arbeitete, erreichte mich die frohe Botschaft, dass Aster und Storm ihre alte Höhle im Bowtal bezogen und sehr wahrscheinlich dort auch Welpen zur Welt gekommen waren. So bestieg ich Ende Mai 1997 das Flugzeug und kam zehn Stunden später voller Erwartung in Calgary an. Wolfsbeobachtungen waren immer die schönsten Augenblicke meines Lebens gewesen und daran sollte sich auch in Zukunft nichts ändern. Im Hauptberuf war ich, und das schon seit über fünfzehn Jahren, Hundetrainer beziehungsweise wohl eher Menschentrainer. Wolfsbeobachtungen waren damals noch eine bloße, befristete Nebenbeschäftigung gewesen, die meine eigentliche Arbeit in Deutschland angenehm unterbrach. In diesem Sommer war ich alleine unterwegs, meine Frau blieb daheim, um die stressige Sommersaison in unserem Caniden-Verhaltenszentrum, der Hunde-Farm »Eifel«, zu verbringen.

Im Bowtal angekommen, steuerte ich sofort den mir bestens bekannten Höhlenstandort an. Auf dem Weg dorthin musste ich stoppen, denn auf einer kleinen Waldlichtung starrte mich förmlich ein Hirschkadaver an. Die Überbleibsel dieses Tieres waren vor lauter Vögeln kaum auszumachen. Von den Resten der vom Wolf gerissenen Beutetiere ernähren sich außer Bären, Berglöwen, Kojoten und anderen Säugetieren vor allem auch Vögel wie Kolkraben, Krähen, Elstern, Stein- und Weißkopfadler, Bussarde, Grauhäher, Sperlinge und Meisen. Sie alle betrachten den Wolf als Lieferanten leicht erreichbarer Nahrung in Form gerissener Beutetiere. Wölfe vertreiben die Aasfresser, töten manchmal auch den einen oder anderen lästigen Nahrungskonkurrenten, haben aber laut der Aussagen vieler Biologen keinen ernsthaften Einfluss auf deren Populationen. Gerade in den Rocky Mountains besteht anscheinend eine besonders enge Bindung zu den Rabenvögeln, die von Wölfen nicht nur toleriert, sondern auch als Frühwarnsystem genutzt werden. Raben werden durch die Beutereste der Wölfe geradezu magisch angezogen und konsumieren unter bestimmten Umständen am Tag bis zu zwei Pfund pro Tier. Natürlich hängt der Anteil, den sich diese Vögel von einer Wolfsbeute nehmen, von der Zahl der potenziellen Mitstreiter, von der Jahreszeit, vom jeweiligen Rudelumfang der Wölfe und letztlich von der Geschwindigkeit, mit der sie selbst ihre Beute fressen ab. Manchmal bleibt den Wölfen besonders wenig für eine zweite Mahlzeit übrig, dann nämlich, wenn sich bei der Beute große Heerscharen von Aasfressern wie zum Beispiel Raben einfinden, die jeden erdenklichen Trick nutzen, um möglichst rasch zuschlagen zu können. Andererseits halten sich Wölfe nach Erlegen eines Beutetieres nicht lange mit irgendwelchen Sozialgesten auf und arbei-

Raben können Unmengen Fleisch konsumieren, sind clever und unterhalten eine enge Symbiose mit vielen unterschiedlichen Raubtieren. Finden Raben ein natürlich verendetes Huftier, können sie dessen dicke Haut nicht öffnen und warten dann geduldig auf Hilfe in Form von Wölfen oder Bären.

Männliche Raben stürzen sich mitunter todesmutig auf größere Nahrungskonkurrenten, um dadurch eventuell weibliche Tiere zu beeindrucken. Raben sind wahre Flugakrobaten und nutzen ihre Schnelligkeit oft zu einer überraschenden Attacke. Hier: Rabe attackiert einen Weißkopfseeadler.

---

ten sich durch das getötete Tier mit größtmöglicher Effektivität. Jedes Individuum versucht in möglichst kurzer Zeit so viel Fleisch wie möglich zu verschlingen und konkurriert dabei um den besten Futterstandort. Wenn etwas übrig bleibt, sind die Raben und andere Aasfresser sofort zur Stelle.

Zurück am alten Beobachtungsposten suchte ich erst einmal Deckung, denn es regnete in Strömen. Es dauerte einige Stunden, bis ich den ersten Wolf ausmachte. Er oder sie urinierte gerade. Bald zeigte sich an seiner stehenden Körperhaltung mit leicht eingeknickten Hinterläufen, dass es sich um ein Männchen handelte. Es war aber weder Storm noch ein mir bekannt erscheinender Rüde. Ich vermutete daher, dass ich auf einen Welpen aus dem Vorjahr blickte. Kurze Zeit später trabte der Wolf zu einem Bach, senkte den Kopf und streckte seine Schnauze etwas in das Wasser. Dann war er verschwunden. Wo aber waren die anderen Familienmitglieder? An diesem Tag sah ich keinen einzigen Wolf mehr.

Am nächsten Nachmittag erspähte ich Storm, der jetzt im Alter von vier Jahren noch kompakter und größer erschien. Es raschelte im Wald, die nunmehr erheblich grauer gefärbte Aster gab sich die Ehre.

Auch Black, mittlerweile um die drei Jahre alt, erschien alsbald, gefolgt von einem schwarzbraunen Rüden mit grauen Beinen (Dark). Etwas versteckt beobachtete ich schließlich noch den am Vortag ausgemachten Rüden. Nähere Betrachtungen ergaben, dass es sich bei diesem Rüden tatsächlich um ein juveniles Tier handelte. Er war grau und hatte einen relativ unverwechselbaren dunklen Fleck am Schwanzansatz. Ich taufte ihn zur Unterscheidung von den anderen Wölfen der Einfachheit halber Grey. Summa summarum schaute ich also auf insgesamt zwei weibliche Tiere (Aster und Black) und auf drei Rüden (Storm, Dark, Grey).

Nur Sekundenbruchteile danach rannte plötzlich eine Art wilder Rasselbande aus dem Wald. Vier graubraune und ein schwarzer Welpe stolperten völlig unbefangen auf mich zu und hielten sich fortan häufig ganz nah bei meinem Versteck auf. Die Alttiere hatten nichts dagegen. Aster war offensichtlich die Mutter der Jungen, was mir ihre Zitzen verrieten. Storm wiederum trug ein nicht zu identifizierendes Futterstück im Maul und suchte eine geeignete Stelle, um nach ausgiebigem Vorderbeinscharren ein Loch zu graben. Dann stieß er das Futter bei geschlossenem Maul in das Loch hinein, schob mit dem Nasenrücken Erde und Tannennadeln über das Futterstück und deckte es damit ab. Ein Welpe näherte sich voller Gier dem abgelegten und vergrabenen Futter. Storm fixierte ihn, zwischenzeitlich die Bodenstelle beschnuppernd, berührte demonstrativ den Boden und knurrte bedrohlich. Der Welpe verhielt sich tief beeindruckt, warf sich auf den Rücken und suchte dann Schauzenkontakt. Storm umfasste mit seiner Schnauze den ganzen Kopf des Welpen, drückte aber nicht fest zu. Der Welpe winselte und verließ den suspekten Platz augenblicklich. Storm markierte die Stelle in Hundemanier mit angewinkeltem Hinterlauf und trottete mit gehobenem Kopf und leicht federnden Schritten ins dichte Unterholz. Auch die anderen Wölfe verschwanden nach kurzem freundlichen Umeinanderlaufen hinter dem Höhlenkomplex.

Der Juni 1997 blieb mir auch noch Jahre später in unangenehmer Erinnerung, weil es fast jeden Tag wie aus Eimern goss und der Regen einfach nicht enden wollte. Das nur spärlich abgesicherte Dach meines Beobachtungsverstecks gelangte höchstens aufgrund massenhafter Undichtigkeiten zu einer gewissen Ehre. Tropfnass stapfte ich allabendlich nach Hause. Trotzdem war das Ergebnis meiner Arbeit durchaus positiv zu bewerten. Noch vor nicht allzu langer Zeit überwog eher die Frage, ob es überhaupt irgendwelche Wölfe zu beobachten gab. Und diese Aufgabe wurde jetzt, wenn auch nicht ohne Schwierigkeiten, mit großem Erfolg gelöst.

Auch Wölfe scheinen Dauerregen zu hassen, denn sie suchen in einer solchen Situation fast immer Deckung unter großen Bäumen, die ihnen einigermaßen Schutz vor extremer Nässe bieten. Trockene Ruheplätze sind deshalb ausgesprochen begehrt und werden durch Drohknurren gegenüber anderen Familienmitgliedern abgegrenzt.

Eine entscheidende Rolle bei der Arbeit im Sommer 1997 spielten natürlich die Wölfe selbst, die sich zu jener Zeit sehr kooperativ zeigten. Die Ergebnisse meiner eingehenden Untersuchungen zur Ökologie des Wolfes dienten letztendlich Carolyn Callaghan zur Komplettierung ihrer Doktorarbeit. In beträchtlichem Maße spiegelte sich darin die Veränderung der Populationsdichte des Wolfes durch unnatürliche Todesursachen wieder. Und diese Veränderungen waren enorm.

Wir erinnern uns: 1995 hatten Aster und Black insgesamt acht Welpen produziert; 1996 beobachteten wir vier Welpen, trotzdem zählte ich jetzt im Juni 1997 nur noch fünf erwachsene Wölfe. Sicherlich, einige Jungwölfe wanderten in der näheren Vergangenheit in Wolfsmanier ab, um neue Wolfsfamilien zu gründen, der Hauptgrund für die geringe Bestandsdichte im Bowtal war aber in der vernichtenden Infrastruktur, somit in der unnatürlichen Tötung von Wölfen durch Lastwagen, Autos und Eisenbahnen zu suchen. Aber es sollte sogar noch schlimmer kommen.

Regen hin oder her, die Verhaltensbeobachtungen machten einfach Spaß. Ohne das anderenorts oft sehr übliche Anlocken der Wölfe über die Imitation von Wolfsgeheul, dem ich immer sehr skeptisch gegenüberstand, gab es gegenwärtig einige interessante Verhaltensweisen zu beschreiben. So zum Beispiel die Tatsache, dass Aster immer noch jegliche Jagdformation leitete. Am Abend des 16. Juni 1997 brachen Aster, Storm, Dark und Black exakt in dieser Reihenfolge zur Jagd auf und fixierten eine ca. zwei Kilometer von der Höhle entfernte Hirschkuh. Die Treibjagd war eröffnet. Nachdem das Rudel sein Opfer entdeckt hatte, teilte es sich auf. Aster und Storm legten sich buchstäblich auf die Lauer, die übrigen zwei Wölfe übernahmen die Rolle von Treibern. Die Lauerposition der Leittiere befand sich anscheinend an dem vermutlichen Fluchtweg des vorher aufgescheuchten Opfers. Aster und Storm versuchten den Weg der verfolgten Hirschkuh abzuschneiden. Sie lief eine kleine Böschung hinab und versuchte verzweifelt, ihre Verfolger abzuschütteln.

In der Natur scheint im Großen und Ganzen ein relatives Gleichgewicht zwischen angreifenden Raubtieren und verfolgten Huftieren zu herrschen. Dabei sind die Mittel der Auseinandersetzungsmöglichkeiten auf beiden Seiten relativ gleich verteilt. Vertreter beider Seiten können massive Verletzungen davontragen oder gar getötet werden. Es geht um Einschüchterung, das Abtasten der gegnerischen Möglichkeiten, um Drohverhalten und Täuschung, um Nahkampfsituationen, Attacken und Gegenattacken, bis sich letztlich entscheidet, welche Partei siegreich aus der Situation hervorgeht.

Eines wurde mir jedenfalls schon bei früheren Beobachtungen klar. Lang andauernde Hetzjagden auf Hirsche und Rehe sind zumindest hier im Banff Nationalpark nicht die Regel. Eher beobachtete ich das Aufsprengen eines Wolfsrudels als eine wesentliche Etappe der Jagd auf meist in Gruppen auftretende Hirschkühe. Dann ging man jedes Mal sehr strategisch vor. Ein oder zwei Wölfe gingen langsam unter Ausnutzung von Deckung um die Hirsche herum, während die anderen still auf ihrem Platz blieben. Erst nachdem sich alle Wölfe gegenüberstanden, attackierten sie das zuvor speziell auserkorene Opfer.

Wenn das kein strategisches Verhalten ist! Damit ist das Repertoire der Wölfe aber noch längst nicht ausgeschöpft, vielmehr ist die Koordination der Handlungen bei den unterschiedlichen Jagdstrategien außerordentlich groß. So verfolgen Wölfe je nach Umstand eine Strategie der Treibjagd, der Kesseljagd, des In-die-Enge-Treibens, des Böschunghinab-Treibens oder treiben ihr Opfer hier in Banff einfach gegen die Autobahnumzäunung. Hier im Nationalpark ist auch das Treiben des Opfers auf brüchiges Eis sehr beliebt. Diese Jagdweise wird im frühen Winter sehr oft angewandt, besonders nachdem der erste Schnee gefallen ist. Entweder bricht ein mehrere hundert Kilogramm wiegender Hirsch auf dem Eis ein oder er fühlt sich zumindest sehr unsicher, rutscht aus und stürzt leicht. So können Hirsche oder andere Huftiere überfallartig gerissen werden. Wenn sich die Gelegenheit bietet, nutzen unsere Wölfe sogar Straßen, Langlaufloipen oder Eisenbahntrassen, um ihre Angriffsgeschwindigkeit kurzfristig bis auf 60 km/h zu erhöhen. Im Übrigen berichtet Paul Paquet von Lachse fangenden Wölfen an der Westküste Kanadas. Eine Jagdstrategie, die den Biologen zuvor völlig unbekannt war. Insgesamt scheinen Wölfe im Winter erheblich häufiger Jagderfolg zu haben als im Sommer, es sei denn, sie können Überpopulationen an Jungtieren (Hirsch- oder Rehkälber) abschöpfen.

Zurück zu jenen Ereignissen des 16. Juni. Auf der Flucht vor den Wölfen rannte die Hirschkuh in einen dichten Waldabschnitt, sie versuchte so auszuweichen. Zunächst stand der Wind ungünstig, aber die Wölfe konnten sich trotzdem schnell wieder auf ihre Witterung verlassen. Die Taktik eines heimlichen Anschleichens funktionierte nicht mehr. Die Hirschkuh suchte Deckung, während sich Aster und Storm ein genaues Bild der Lage verschafften. Sie hielten zunächst Abstand. Dann handelten Jäger und Gejagte ökonomisch sinnvoll und legten eine kleine Pause ein. Sie vermieden unnötige Kraftakte, um wertvolle Energie zu sparen. Die Wölfe gingen sehr vorsichtig zu Werke und erzwangen nichts. Sie stan-

Wölfe gelten gemeinhin als besonders intelligent. Beispiel hier: Die Wölfe liefen bei ihrer Rückkehr von der Jagd nicht direkt zum Höhlenkomplex, sondern wählten bewusst Umwege, um uns Beobachter regelrecht »auszutricksen«. Die kleinste Veränderung in ihrem Revier veranlasste sie, spontan eine Verhaltensveränderung vorzunehmen.

den einfach da und warteten weiter ab. Eigentlich sah alles nach einem Waffenstillstand aus. Dann versuchte Black, erneut in das Waldstück einzubrechen, aber die Hirschkuh brachte sie alsbald wieder zur Vernunft. Plötzlich schossen die Leittiere Aster und Storm vorwärts. Die Jagd war wieder eröffnet. Die beiden erfahrenen Wölfe kreierten eine Paniksituation, jedenfalls hetzten sie die Hirschkuh in wilder Jagd vor sich her, bis Aster versuchte, den Kopf des Opfers zu packen. Die Hirschkuh stürzte. Leider fiel sie in dichtes Unterholz und ich konnte den weiteren Verlauf der Geschehnisse nicht mehr miterleben. Wie oft hatte ich diese Landschaftsstruktur mit ihren dichten Wäldern und undurchschaubaren Schluchten deshalb schon verflucht. Die Wölfe mussten aber den Bauch ihres Opfers aufgerissen und seine Innereien verschlungen haben, denn später sah ich sie mit gut gefülltem Magen in Richtung Höhle abwandern. Aster gelang es offenbar, ein großes Stück Fleisch aus dem Opfer herauszureißen, das sie im schwebenden Trab forttrug. In den Tagen darauf eröffneten die Wölfe den uns schon bekannten Pendelverkehr zwischen Kadaver und Höhle, brachten in Abständen von zwei bis maximal drei Stunden Nahrung zur Höhle, die sie dort den Jungen und dem dort zurückgebliebenen Babysitter Grey vorwürgten und zum Verzehr überließen.

Wegen des schlechten Wetters konnte ich meine Studien nur sporadisch durchführen. Trotzdem gelang es mir, die soziale Struktur der Wolfsfamilie in ihrer Gesamtheit zu beschreiben. Meine Observationen bestätigten Aster als uneingeschränkte Herrscherin über Black. Sie war außerdem das einzige Weibchen, das die fünf Welpen säugte. Auch die sozialen Beziehungen zwischen den drei Rüden waren sehr einfach zu beschreiben. Storm bestand gegenüber dem Rüden Dark auf Einhaltung der Individualdistanz. Er markierte als einziger Rüde mit schräg nach vorne hochgehobenem Hinterlauf, spritzte seinen Urin in kleinen Mengen möglichst hoch gegen einen Baum oder Stein, um anschließend unter Aufrechterhaltung direkten Blickkontakts in Richtung Dark auffällig zu scharren. Dark wiederum zeigte in einer solchen Situation nicht nur passive Unterwerfung, faltete seine Ohren zusammen, drehte seinen Kopf im Stehen in rangunterlegener Körperhaltung weg, sondern verhielt sich insgesamt recht demütig.

Da er mit Storm in einer festen Rangbeziehung stand, zeigte dieser in einer Konfrontationssituation stets von vornherein gehemmte Aggressivität und Beißhemmung, die durch Darks klares Demutsverhalten und seine Beschwichtigungsgesten noch weiter gehemmt wurde. Andererseits agierte Dark durchaus als subdominanter Rüde gegenüber dem jungen Grey, zeigte Imponierverhalten, engte gerne dessen Bewegungsfreiheit ein, auch wenn dieser oft dagegen protestierte. Grey war offenbar kein Prügelknabe und somit also keinesfalls rechtlos. Überhaupt sind so genannte Prügelknaben nicht generell rechtlos, schließlich kann sich eine »Familienpolitik« im Laufe der Zeit auch verändern.

Er war in die Rangordnung integriert und bei diesen stabilen Rangverhältnissen bestand eigentlich eine allgemein tolerante Stimmung im Rudel. Ich beobachtete das erste Mal, dass ein Rüde für die Babysitterfunktion auserkoren worden war. Zuvor hielten stets junge Weibchen diese Position inne. Grey meisterte diese Aufgabe glänzend, verhielt sich im Umgang mit den Welpen sehr sanft und ließ sich manchmal ohne erkennbaren Grund sehr viel bieten, ohne zu protestieren beziehungsweise die Welpen zurechtzuweisen. Ich nahm an, dass die fünf flauschigen Fellknäuel Ende April geboren waren und schätzte ihr Alter nun auf sieben bis acht Wochen. Auch das Komfortverhalten der Wölfe war einfach zu beschreiben: Man drehte sich mehrfach im Kreis, um sich anschließend in einer Schlafmulde entweder nach dem Anwinkeln der Beine in Richtung des Körpers zusammenzurollen oder sich seitlich flach auf den Boden zu legen, wobei dann der ganze Körper und die Beine ausgestreckt wurden. War ein Wolf vor seiner Ankunft an der Höhle durch einen Bach gelaufen, standen diverse Hygienemaßnahmen an, die sich in Form von Belecken und Beknibbeln der Beine oder der Genitalregion äußerten. Wölfe verbringen viel Zeit mit Pflegemaßnahmen und scheinen an körperlicher Fitness sehr interessiert zu sein.

Kurz vor meiner Abreise Ende Juni beobachtete ich die fünf Racker nochmals beim gemeinsamen Spiel auf dem nahegelegenen Campingplatz.

Grey hantierte mit einem Stück gestohlenen Schlafsacks herum, betastete den ungewöhnlichen Gegenstand mit angewinkelter Vorderpfote, um dann seinen ganzen Körper über die Hinterläufe abzustoßen. Er richtete seine Augen und die steil nach vorne gerichteten Ohren auf den Schlafsackfetzen, sprang ihn an, ließ sich darauf fallen, packte seine Ersatzbeute und schüttelte sie kräftig durch. Bald war auch die Aufmerksamkeit der Welpen geweckt. Der einzige schwarze Welpe, mittlerweile längst anhand der Art des Urinierens als Rüde identifiziert, rannte herbei und schüttelte den Fetzen in einer spielerischen Form. Die übrigen Welpen waren hoch konzentriert mit dem Einfangen und Durchkneten irgendwelcher Insekten beschäftigt. Sie kauten andauernd auf allen möglichen Subjekten und Objekten herum und hatten mit dem auf sie aufpassenden, aber immer verspielten Grey ohnehin das große Los gezogen.

Die Zeit des Abschieds war gekommen und ich fragte mich, wie wir Menschen jemals ein solch bewundernswürdiges Tier, das der Wolf nun einmal ist, fast zur Ausrottung bringen konnten. Für manche Menschen ist und bleibt der Wolf nur deshalb böse, weil er zum Überleben andere Tiere tötet. Solchen Menschen bot sich leider nie die Gelegenheit, das Familienleben der Wölfe beobachten zu können, sonst würden sie sicherlich viele Parallelen zu ihrer eigenen Lebensstruktur erkennen. Gerade weil so viele Gemeinsamkeiten zwischen Wolf und Mensch existieren, hat diese Spezies unsere Achtung, unseren Respekt und unser Verständnis verdient.

1997 wurden leider keine weiteren Verhaltensstudien im Hinterland des Parks durchgeführt.

Aufgrund der Summe aller beobachteten einzelnen Zweierbeziehungen kamen wir hinsichtlich der Struktur der sozialen Rangordnung des Bowtal Rudels im Jahre 1997 zu folgendem Schluss:

Tabelle 1: Die Bedeutung der Pfeilrichtung haben wir bereits erklärt

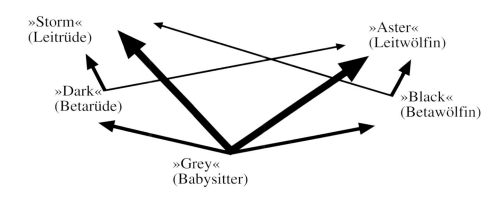

Tabelle 2: Beobachtete Reaktion eines erwachsenen Wolfes auf die Annäherung eines futterbettelnden Welpen (n=13)

Reaktion des Wolfes	Ignorieren	Schnauzgriff	Futter vorwürgen	Säugen	Spielen
Storm	2 x	1 x	Keine Beob.	Keine Beob.	Keine Beob.
Aster	Keine Beob.	Keine Beob.	1 x	4 x	Keine Beob.
Dark	Keine Beob.	Keine Beob.	Keine Beob.	Keine Beob.	Keine Beob.
Black	Keine Beob.	Keine Beob.	Keine Beob.	Keine Beob.	1 x
Grey	1 x	Keine Beob.	Keine Beob.	Keine Beob.	3 x

Tabelle 3: Beobachtetes oder wahrgenommenes Heulverhalten der Wölfe

16. Juni 1997 (08.45 Uhr):	Chorheulen inklusive der Welpen am Höhlenstandort (2.57 Minuten)

Die Wölfe teilen sich ihren Lebensraum unter anderem auch mit Schwarzbären, welche durchaus braun oder zimt gefärbt sein können. Wölfe und Schwarzbären vermeiden direkte Konfrontationen, wann immer machbar. Bei drohender Gefahr, die hauptsächlich von männlichen Bären ausgeht, scheuchen Schwarzbärmütter ihren Nachwuchs auf Bäume. Die Jungen, meistens Zwillinge, bleiben normalerweise zwei Jahre bei ihrer Mutter und wandern dann ab, um sich im harten Überlebenskampf ein eigenes Revier zu suchen. Ausgewachsen wiegen die Schwarzbären der Rocky Mountains je nach Geschlecht zwischen 80 und 150 kg, ernähren sich hauptsächlich vegetarisch, verschmähen aber auch kein Aas oder eine kurze Hatz auf verwundbare Huftiere. Dabei können sie kurzfristig eine Laufgeschwindigkeit von 50 km/h erreichen.

Der vorübergehende Zusammenbruch einer Wolfsfamilie

Wie jedes Jahr wollten wir auch im Sommer 1998 direkte Höhlenbeobachtungen durchführen, doch leider blieb es bei dieser Absicht. Zwischen dem 1. und 20. Juni durchkämmten wir die nähere Umgebung aller uns bekannten Höhlenstandorte, ohne das geringste Zeichen einer erfolgreichen Reproduktion festzustellen. Zwar gelang es einem jungen Feldassistenten mit Namen Mark Hebblewhite nach langen Mühen endlich Storm einzufangen und mit einem Peilsender zu versehen, dessen Bewegungsmuster ließen aber auch nicht auf das regelmäßige Ansteuern einer Höhle schließen. Etwas später beobachtete jemand zwei Wölfe. Laut seiner Beschreibung musste es sich bei einem von ihnen ganz klar um Aster handeln. Aber was war mit Black, Dark und Grey passiert? Keiner wusste eine Antwort, außer der Tatsache, dass wieder einmal mehrere Wölfe auf der Autobahn getötet worden waren. Als ich in meiner Unterkunft über die schrecklichen Ereignisse nachdachte, fuhr mir der Schreck in alle Glieder. War das etwa schon das Ende einer ganzen Wolfsdynastie? Würden nun auch noch Aster und Storm aus dem Bowtal abwandern, um sich nach sicheren Aufzuchtlokalitäten für ihre Jungen umzusehen? Waren die beiden Wölfe überhaupt noch reproduktionsfähig?

Fragen über Fragen marterten mein Gehirn. Nachdem ich über drei Wochen lang keinen einzigen Wolf gesehen hatte, man zu allem Übel auch keine Verhaltensstudien im Hinterland plante, entschloss ich mich nach einer Weile der inneren Einkehr, die mir so lieb gewordene Gegend alsbald zu verlassen und unverrichteter Dinge abzureisen. Ich gab die Hoffnung nicht auf, auch in der Zukunft neue Erkenntnisse für meine Arbeit zu gewinnen. Es sollten noch dramatische Ereignisse stattfinden.

Neue Erkenntnisse in Banffs Hinterland
Verhaltensbeobachtungen am Cascade Rudel

Bevor wir ausführlich die Lebensgewohnheiten dieser Wolfsfamilie schildern, möchten wir zunächst einige wichtige Informationen zum weiteren Schicksal des Bowtal Rudels anmerken:

Storm und Aster hatten auch im Jahr 1999 keine Welpen produziert, jedenfalls fanden wir nach intensiver Suche keine Indikatoren für eine Reproduktion. Im vorangegangenen Winter war kurzfristig eine neue Wölfin aufgetaucht. Laut Laborbefund handelte es sich um ein kräftiges, gesundes und außerdem hoch tragendes Tier, das, ich traue mich schon kaum noch darüber zu berichten, von einer Eisenbahn regelrecht zerfetzt worden war. Die abenteuerlichsten Gerüchte kursierten in Bezug auf ihr Verhältnis zu Aster, von ihrer Deplazierung war da die Rede, von Aster's Abwanderung, von ihrer Flucht vor dem neuen Weibchen. Im Februar 1999 hatte ich Aster und Storm noch während der Paarungszeit beobachtet, beide Tiere liefen eng beieinander. Dieser Ausdruck einer intensiven freundlichen Stimmung verstärkte sich sogar noch durch Parallelläufe, regelmäßige Schnauzenkontakte, freundliches Umeinanderlaufen inklusive heftigen Schwanzwedelns. Die Formen der sozialen Kontaktaufnahme und Bindungsbereitschaft zwischen Aster und Storm wurden noch durch Verhaltensweisen wie Vorderkörpertiefstellungen und aktive Initialspiele verstärkt. Einmal präsentierte Storm seiner Partnerin Aster in der Nähe eines älteren Kadavers sogar einen kleinen Fleischbrocken, es fehlte jegliches Zeichen einer Drohmimik, so dass diese Verhaltensweise keinesfalls mit einem ähnlichen Verhalten, dem Imponiertragen, zu verwechseln war.

Viele Biologen glauben, dass neben ökonomischen auch soziale Faktoren maßgeblich reproduktionsregulierend wirken. Hatte die neue Wölfin Aster in eine subdominante Stellung gezwungen und sie dadurch unproduktiv werden lassen? Oder hatte sich Storm mit beiden Weibchen gepaart, um so nach dem Zusammenbruch der Wolfspopulation im Bowtal eine schnelle Regeneration zu ermöglichen? Schließlich fand in den letzten Jahren eine massive Populationsveränderung statt, die zu einer extrem geringen Bestandsdichte geführt hatte. Ist ein Rudel klein, werden oft mehrere Weibchen trächtig und produzieren außerdem größere Würfe. Durch höhere Geburtsraten verschaffen sich Wölfe biologische Vorteile und die Arterhaltung ist gesichert. Mein persönlicher Eindruck war damals, dass die Rangordnungsverhältnisse durch das neue Weibchen etwas durcheinandergeraten waren und letztlich kein Weibchen dominant war, denn Storm und Aster unterhielten eine stabile soziale Bindung zueinander, so dass die hierarchische Ordnung in diesem speziellen Fall nicht unbedingt ausschlaggebend für die Sexualrangordnung unter den beiden Weibchen war.

Schließlich verhielt sich Aster ohnehin immer sehr tolerant gegenüber anderen Weibchen, mitunter konnte man sie sogar als ausgesprochen sanftmütig bezeichnen. Wir können hier nur zu dem Schluss

Wölfe sind mit 22 bis 24 Monaten komplett ausgewachsen und Schädel und Gebiss sind jetzt sehr ausgeprägt und kräftig. Sie können nun große Beutestücke über Distanzen von mehreren Kilometern tragen. Hier schleppt Yukon ein Hirschbein in Richtung Höhle.

Oft bleibt ein Wolf längere Zeit an einem Beutetierkadaver zurück und verteidigt im Bedarfsfall die »Biomasse«. Wölfe markieren oft und gerne Nahrungsressourcen, um dadurch ihren Anspruch zu unterstreichen. Hier setzt gerade eine hochrangige Wölfin in der Nähe eines getöteten Hirsches Harn ab.

kommen, dass in der Wolfsforschung auch weiterhin einige Fragen unbeantwortet bleiben.

Ein schreckliches Ereignis im Mai 1999 sorgte für die spontane Wiederaufnahme unserer Verhaltensstudien im Hinterland des Nationalparks. Zu jener Zeit geriet ein gewaltiges Feuer völlig außer Kontrolle und vernichtete aufgrund widriger Windverhältnisse auch große Teile des Hinterlandes, auf das sich unsere Feldforschungsbemühungen in den Jahren 1993, 1994 und 1995 konzentriert hatten. Mit Beendigung der umfangreichen Löscharbeiten nahm die Brandgefahr zwar ab, zwischenzeitlich empfingen die Forscher aber vom Flugzeug aus konkrete Peilsignale, die den Tod eines telemetrierten Tieres suggerierten. Das Tier war offenbar im Feuer umgekommen. Eine sofort eingeleitete umfangreiche Bodenuntersuchung bestätigte leider schnell den Tod einer Wölfin. Die anschließend im Labor durchgeführte Autopsie brachte Gewissheit: Die Wölfin hatte zuviel giftige Rauchschwaden inhaliert, was letztlich auch die Todesursache war. Die Untersuchungen bestätigten außerdem, dass die gestorbene Wölfin trächtig war. Die Struktur der sozialen Rangordnung des Cascade Rudels hätte an und für sich im Hinblick auf zwei Mütter und zwei Würfe Welpen völlig anders ausgesehen.

Nachdem die ursprüngliche Vegetation und Teile der Fauna durch den Großbrand vernichtet waren, stand nun die Berechnung der Bestandsdichte der Wölfe dieses Gebietes an.

In gedämpfter Stimmung bestiegen wir den Hubschrauber, drückten unsere Nasen ans Fenster und überbrückten so die üblicherweise knapp einstündige Flugzeit mit Beobachtungen. Wie auch heute noch, konzentrierten sich einige Hirschherden, Gruppen von Dickhornschafen und Bären im überflogenen Gebiet, die allerdings ehemals erheblich weiter verbreitet waren. Wölfe kamen in diesem Landschaftsabschnitt auch vor, wenn auch kaum in großer Zahl, denn die Bestandsdichte dieser Raubtiere sank in der Vergangenheit mit der stetig abnehmenden Population an Huftieren. Der relativ schmale Talboden ermöglichte es jedoch dem Wolf, zumindest im Sommer auch bis in die steileren Berghänge vorzudringen. Wölfe konnten dem Flusslauf folgend in dieses Gebiet eindringen und sich dort auch festsetzen, doch war deren Jagd auf Hirsche auf die Sommer- und Herbstmonate limitiert.

Ab Ende Oktober wandern die Hirsche auf ihrer winterlichen Nahrungssuche in tiefer gelegene Gefilde außerhalb der Nationalparkgrenzen und viele Wölfe geraten in das Sperrfeuer der allseits bereiten Jäger. Hier, jenseits des schutzbietenden Parks, wird die Populationsdynamik des Wolfes seit jeher in starken Maße durch den Menschen bestimmt. Die konkrete Einwirkung der Jäger wirkt sich in jedem Winter sehr unterschiedlich auf die Wolfspopulation aus. Die Erschließung immer neuer Gebiete, die Rodung der Wälder direkt am Grenzverlauf zum Nationalpark und die Reduzierung bestimmter Huftierarten trägt mitunter zu einer drastischen Bestandsreduzierung des Wolfes bei. Da eine Pufferzone zum Nationalpark bis heute fehlt, stellen die ungünstigen Landschaftsveränderungen und die unerbittliche Jagd auf den Wolf (ohne jegliches Limit) jene Bedingungen dar, die seine Bestandsdichte maßgeblich mitbestimmen.

Im Winter 1998/99 hatte eine harte Auseinandersetzung zwischen den benachbarten Panther und Cascade Rudeln stattgefunden, in dessen Verlauf die Leitwölfin Light-Grey getötet worden war. Das weitere Schicksal ihrer Familienangehörigen gestaltete sich etwas undurchsichtig. In der Konsequenz drang jedenfalls das von der Leitwölfin Betty geleitete Cascade Rudel in das zuvor durch das Panther Rudel besetzte Gebiet vor, besetzte es komplett und zog jetzt im Juni 1999 Nachwuchs auf.

Generell scheint es vor dem Zusammenbruch einer Wolfsdynastie anscheinend eine explosionsartige Bestandszunahme zu geben, gefolgt von einer schrittweise abnehmenden Beutetierpopulation, die letztlich zu Auflösungserscheinungen innerhalb eines zahlenmäßig umfangreichen Wolfsrudels führt. Man kann vermuten, dass außer durch die Veränderungen beziehungsweise Anpassungen der Reproduktionsrate die Aufrechterhaltung oder Abnahme eines Wolfsbestandes in einem bestimmten Gebiet vor allem auch mit größeren Abwanderungstendenzen einzelner Wolfsindividuen in benachbarte Regionen zusammenhängt. Den Schlüssel zu einem abnehmenden Wolfsbestand finden wir sicherlich in einer Nahrungsknappheit. In jedem Landschaftsgefüge wird die Territoriumsgröße durch die Bestandsdichte, die Nahrungsressourcen und nicht zuletzt durch die Wölfen zur Verfügung stehenden Höhlenstandorte bestimmt.

Durch das Tempo der Rudelstrukturveränderung im Cascade Rudel erkannten wir in den Jahren 1998 bis 1999 deutliche Milieuveränderungen, die ganz offensichtlich mit der Quantität der Beutetierpopulationen zusammenhingen. Erst daraufhin spielten die Abwanderungen einzelner Wolfsindividuen und kleinerer Gruppen, welche die Familie verließen, eine unbestreitbare und beträchtliche Rolle. Letztlich entstanden im Jahre 1999 nach von uns durchgeführten Untersuchungen aus den Verfallserscheinungen des ursprünglich achtzehn Tiere umfassenden Cascadeclans das Fairholme Rudel und das Reddeer Rudel.

Nun war das Cascade Rudel also im Sommer 1999 an den traditionellen Höhlenstandort des ehemaligen Panther Rudels gebunden, war sesshaft geworden, so dass sein Aktionsradius erheblich eingeschränkt war. Bald bestätigte sich, dass die Wölfe nur einen Welpen zu versorgen hatten. Nachdem wir, in diesem Fall Carolyn Callaghan, ihr Mann Steve und ich, den alten und uns wohl vertrauten Beobachtungsposten eingenommen hatten, sollte eine unvergessene Zeit folgen. Es bestand unter uns Feldforschern weitestgehende Übereinstimmung, zunächst unter Nutzung eines Leica-Teleskops und verschiedener Ferngläser den gesamten Höhlenkomplex nach Wölfen abzusuchen und dann anhand unverwechselbarer Merkmale die einzelnen Wolfsindividuen zu bestimmen. Und genau das taten wir dann auch. Das Ergebnis möchte ich der Einfachheit halber vorwegnehmen:

Die Familienstruktur des Cascade Rudels
Leitrüde Stoney

Stoney war ein hell- bis mausgrauer, mittelgroßer und sehr kompakter Rüde mit dunkelgrauem, fast schwarzem Rücken. Stoney war ca. acht Jahre alt, sehr ausgeglichen, besonnen und ruhig. Er lag fast immer in einer favorisierten Schlafmulde auf der Spitze des Höhlenkomplexes, von wo aus er einen guten Rundumblick genoss. Er oder Betty leiteten exklusiv alle Jagdausflüge ein. Alle anderen Familienmitglieder mit Ausnahme von Betty begrüßten ihn nach der Rückkehr zur Höhle, zeigten dann aktive Unterwerfungsgesten und respektierten eine Individualdistanz. Stoney war der einzige Rüde, der die Höhle mit kleinen Mengen Urin abgrenzte und in Hundemanier markierte. Er initiierte jegliches Alarmbellen und leitete stets Chorheulen ein. Ansonsten war Stoney zwar selbstbewusst, aber keine Führungspersönlichkeit, sondern reagierte immer auf die Aktionen der Leitwölfin Betty.

Leitwölfin Betty

Betty war ein mausgraues, großes und sehr kompaktes Weibchen mit hellgrauem Gesicht und weißer Schwanzspitze. Sie war ca. neun Jahre alt, die per-

Ältere Wölfinnen gebären in der Norm nur kleine, aus einem oder zwei Welpen bestehende Würfe. Betty überließ die Versorgung ihres Welpen oft den Babysitterinnen Redears und Alpine, die sich aufopfernd um den Nachwuchs kümmerten. Auch wenn Betty eine tolerante Wölfin war, kontrollierte sie dennoch alle Ressourcen.

sonifizierte Ausgeglichenheit und Ruhe, sehr besonnen und willensstark. Sie war das einzige Weibchen, das den Welpen Black säugte und mit ihm zusammen regelmäßig die Höhle benutzte. Betty war das uneingeschränkte Alphaweibchen des Rudels. Alle anderen Wölfe, mit Ausnahme von Stoney, zeigten ihr gegenüber aktive Unterwerfungsgesten. Selbst Stoney unterwarf sich in der Nähe des Höhleneingangs passiv, drehte seinen Kopf zur Seite und vermied direkten Blickkontakt. Betty spielte kaum mit dem Welpen, ignorierte ihn oftmals und überließ die hauptsächlichen Interaktionen der Babysitterin Redears. Sie duldete keinerlei Kontaktliegen, leitete fast alle Jagdausflüge und wirkte auf uns wie eine abgeklärte Führungspersönlichkeit. Die »Grande Dame« des Cascade Rudels markierte den Höhlenstandort mit Urin und Kot, scharrte und kratzte auffällig und selbstbewusst.

Blackface

Blackface war ein fast schwarzer, je nach Lichtverhältnissen schokoladenbrauner, hochaufgeschossener, langbeiniger, großer Rüde mit pechschwarzem Gesicht und braunem Schwanzrücken. Er war zwei

Die Wölfe des Banff Nationalparks variieren in Größe (bis zu 80 cm Schulterhöhe) und Gewicht (bis zu 65 kg) enorm. Blackface entwickelte sich zu einem stattlichen Rüden, zeigte aber dennoch gegenüber dem alten und mitunter stark humpelnden Leitrüden Stoney unterwürfiges Verhalten, vermied jegliche Konfrontation, beteiligte sich aber immer am freundlich gestimmten Umeinanderlaufen der gesamten Gruppe.

oder drei Jahre alt, zeigte gegenüber Stoney und Betty aktive und passive Unterwerfungsgesten, urinierte in stehender Position und folgte den Leittieren immer unaufgefordert zu Jagdausflügen. Blackface war ein wenig scheuer als Stoney und Betty, aber dennoch selbstbewusst und zeigte einen ausgeglichenen Charakter. Er spielte viel mit Alpine und dem Welpen, kaute mit ihm auf diversen Gegenständen herum, wirkte mitunter etwas flapsig und unerfahren, weshalb ihm wohl auch die letzte Durchsetzungsfähigkeit fehlte.

Redears

Redears war ein graues, mittelgroßes Weibchen mit einem schwarzen Rückenstreifen und schwarzen Sprenkeln. Sie hatte rotbraune Ohren und eine schwarze Schwanzspitze, war schätzungsweise zwei oder drei Jahre alt, zeigte gegenüber Mrs. Gray Imponierverhalten und Gesten der Dominanz. Sie unterwarf sich Stoney und Betty sowohl aktiv als auch passiv. Redears urinierte auf dem Höhlenkomplex, ohne anschließend zu scharren oder zu kratzen. Wir klassifizierten Redears als hauptsächlich aktive Babysitterin. Sie war nicht scheu, eher selbstbewusst und ein durchaus geachtetes Mitglied der Familie. Sie war sehr aktiv, folgte den anderen Wölfen aber nur sehr unregelmäßig zu Jagdausflügen. Stattdessen beschäftigte sie sich engagiert mit dem Welpen, spielte sehr viel und bewachte ihn auf Schritt und Tritt.

Mrs. Gray

Bei Mrs. Gray handelte es sich um ein hellgraues, schlankes und hochbeiniges Weibchen mit schwarzen Fellabzeichen auf dem Rücken und einer weißen Schwanzspitze. Sie verhielt sich gegenüber den anderen Weibchen mit Ausnahme von Alpine immer unterwürfig, neigte zu keinerlei dominanten Gesten, war aber auch kein Prügelknabe. Mrs. Gray schätzten wir auf zwei Jahre. Sie hatte keine Babysitterfunktion, stahl dem Welpen sogar manchmal Futter, spielte kaum mit ihm und nahm immer an gemeinsamen Jagdausflügen teil. Dieses Weibchen war ein sehr ruhiger, in sich gekehrter Charakter und neigte zu spontanen Einzelaktionen. Sie war mit Abstand das zutraulichste Tier der

Gruppe und näherte sich unserem Camp ruhig und gelassen bis auf fünf Meter.

Alpine

Alpine war eine schwarze, manchmal schokoladenbraune, schlanke und etwas kleinere Wölfin mit hellbraunen Fellabzeichen und braunem Schwanz. Sie war etwas über ein Jahr alt, extrem aktiv und wuselig. Gegenüber allen anderen Weibchen zeigte sie aktive Unterwerfungsgesten, auffällig oft Maulwinkellecken und Pföteln. Sie war das rangtiefste Tier der Gruppe, genoss eine gewisse Narrenfreiheit und nahm grundsätzlich immer an Jagdausflügen teil. Sie lief eigenständig zu Beutetierkadavern und brachte dem Welpen ständig Futter. Sie spielte viel mit dem Welpen, allerdings nur, wenn Redears entweder nicht anwesend war oder eine Ruhepause einlegte. Alpine war ein spontaner Charakter, mit Abstand am scheuesten und sehr zurückhaltend. Sie hielt sich von unserem Beobachtungsposten immer ein Stück abseits und suchte sofort in panischer Flucht Deckung, wenn ein Flugzeug oder Helikopter am Himmel erschien.

Black

Anhand seiner Körperhaltung beim Urinieren bestimmten wir »Black« als Rüden. Er war pechschwarz, sehr kompakt und hatte einen weißen Brustfleck. Black schätzten wir auf ca. sieben bis acht Wochen. Er spielte sehr viel mit Redears, Blackface und Alpine, war äußerst robust und aktiv. Von seinem Vater Stoney war er tief beeindruckt, rollte sich vor ihm auf den Boden und winselte. Black war ein ruhiger und ausgeglichener Charakter, überhaupt nicht scheu oder zurückhaltend. Er wurde von den Alttieren mitunter zu kleinen Ausflügen in die nähere Umgebung mitgenommen, fast immer von mindestens einem erwachsenen Wolf bewacht und wuchs somit sehr behütet auf. Er wurde von seiner Mutter teilweise noch gestillt, nahm aber auch regelmäßig vorgewürgtes Futter auf.

Normalerweise brach die Wolfsfamilie nicht als Einheit zur Jagd auf. Sehr oft verließen nur Teilgruppen die Höhle, die dann aus zwei oder drei Tieren bestanden. Manchmal machten sich vier oder fünf Wölfe auf, so dass immer eine Babysitterin zur Bewachung des Welpen zurückblieb. Laut unseren Feldnotizen dauerte ein normaler Jagdausflug zwischen neun und zwölf Stunden. Als Ausnahme war das Rudel einmal achtundzwanzig Stunden unterwegs, bevor es wieder an der Höhle erschien. Alpine schien oft selbstständig unterwegs zu sein und brauchte dann für ihre Heimkehr mitunter fünfunddreißig Stunden. Im Gegensatz zu den schon geschilderten Gewohnheiten des Bowtal Rudels richteten sich diese Wölfe nicht nach einer bestimmten Uhrzeit, sondern ausschließlich nach den Wetterbedingungen. War es kühl oder zumindest stark bewölkt, brach die jeweilige Jagdformation zu unterschiedlichen Tageszeiten auf, war es warm und sonnig, beschränkten sich die Jagdaktivitäten auf die frühen Morgen- beziehungsweise sehr späten Abendstunden. Fast immer schleppten die Wölfe entweder im Magen oder in der Schnauze Futter heran, würgten es dem Welpen vor oder platzierten Futterbrocken am Höhleneingang. Nach Versorgung des Welpen bezogen die Wölfe fest etablierte Schlafmulden im Maximalabstand von zwei bis zehn Metern. Dann legten sie sich zur Ruhe. Die durchschnittlichen Ruhephasen dauerten zwischen fünf und acht Stunden, die alten Herrschaften Stoney und Betty konnten aber auch schon einmal zehn Stunden und länger entschlummern.

Meistens benutzte das Cascade Rudel traditionelle Pfade, ihre Spuren führten zunächst zum Fluss, dann überquerten sie eine Art sumpfige Ebene, passierten dichtes Weidengestrüpp, um letztlich weiter den Biegungen des Flusses zu folgen. Meistens führte Betty die Jagdformation an, dicht gefolgt von Stoney und Blackface. Betty schien den Hauptaufenthaltsort der Hirsche zu kennen, denn sie steuerte zielstrebig eine bestimmte Richtung an. Sie traf die richtigen Entscheidungen. Offenbar mit einer hervorragenden Kenntnis des Jagdreviers ausgestattet, sowie mit der optimalen Einschätzung der physischen Möglichkeiten ihrer Beutetiere vertraut, kehrte sie kein einziges Mal ohne Nahrung heim zur Höhle. Black, einziger Sprössling der Wolfsfamilie und primärer Nutznießer der jagdlichen Bemühungen der erwachsenen Wölfe, gedieh jedenfalls prächtig.

Eigentlich kennen die potenziellen Beutetiere des Wolfes die Lage der für sie brenzligen Örtlichkeiten in einem Wolfsterritorium ausgesprochen gut und versuchen daher, diesen gefährlichen Arealen nicht zu nahe zu kommen. Dennoch verhalten sich auch Hirsche, die Hauptbeute der hiesigen Wölfe, sehr traditionell, bevorzugen bestimmte Gebiete zur Geburt ihrer Kälber und selbstverständlich produktive Äsungsflächen. Betty schien den »Verstecktrick« zu kennen. Sie verfügte über ein unglaubliches Wissen und führte das Rudel systematisch über alle bekannten Weideflächen und durch sämtliche Waldstreifen, in denen sich die Hirsche hauptsächlich aufhielten.

Gerne halten sich Hirsche inmitten dichter Strauchdickichte auf und erhöhen dadurch die Möglichkeit, den Zähnen der Raubtiere zu entkommen. Wenn der Wind ungünstig steht, können Wölfe manchmal Hirsche, die sich relativ nahe in Unterständen verstecken, nicht riechen. Sie kämmen dann praktisch großflächig Areal um Areal durch, nehmen von den Hirschen frisch hinterlassene Spuren auf und steuerten ihre Beute dann zielstrebig auf dem kürzesten Weg an. Haben sie Glück, stoßen sie rein zufällig auf ein unvorsichtiges oder aber durch Krankheit geschwächtes Beutetier. Haben sie kein Glück, versuchen sie es anderswo. Wölfe sind zäh und halten große Entbehrungen aus. Sie können unter extremen Bedingungen wochenlang ohne Nahrung auskommen oder sich zwischendurch nur von kleinen Beutetieren wie Hasen, Bibern oder Bisamratten ernähren. Wölfe sind zwar Opportunisten, bevorzugen aber (soweit quantitativ vorhanden) eine ganz bestimmte Beutetierart. Hier in Banff besteht eine ganze klare Vorliebe für Hirsche. Wölfe können bei einer Mahlzeit bis zu zehn Kilogramm Fleisch herunterwürgen und legen Vorräte für schlechte Zeiten an. Der Volksmund spricht vom »immer hungrigen Wolf« und in der Tat scheinen sie nie abgeneigt, jederzeit einen kleinen Happen zu verschlingen. In der Wildnis lebt der Wolf entweder »Hopp oder Topp«. Da sind die Zeiten, in denen sie nach der Tötung eines großen Huftieres geradezu schlemmen, immer gefolgt von Hungerperioden, die sie überleben müssen. Und Raubtiere wie der Wolf können nur überleben, wenn sie in regelmäßigen Abständen andere Tiere töten, dabei können sie enorm weite Wege zurücklegen. Es verwundert ein wenig, wenn man das Töten eines anderen Lebewesens dem Wolf zum Vorwurf macht, es aber gleichzeitig bei Großkatzen wie Löwen oder Tigern zu akzeptieren scheint.

Für territoriale Tiere mit einer geordneten Sozialstruktur, einer klaren Stellung der Individuen und einer Arbeitsteilung ist ein gut funktionierendes Gefahrenabwehrsystem unerlässlich. Diese Gefahrenvermeidung wurde deutlich, als sich eines Tages ein Grizzlybär unbeirrt der Höhle näherte. Die Wölfe schliefen gerade. Stoney erstarrte zunächst regelrecht, sprang auf, rannte dem potenziellen Feind bellend und heulend entgegen, um ihn unter dem Flankenschutz von Blackface und Redears davonzuja-

gen. Betty hielt sich auffallend zurück und blieb mit Mrs. Gray und dem Welpen am Höhleneingang zurück. Der Leitrüde Stoney beschützte und verteidigte also aktiv die Interessen der Familie und betätigte sich als erster gefahrenvermeidend.

Interessanterweise verhielten sich die Wölfe bei einer ähnlichen Begegnung, dieses Mal mit einem Hirschbullen, völlig konträr. Sie ließen das potenzielle Beutetier total unbehelligt, ignorierten seine Präsenz am Höhlenkomplex und attackierten ihn nicht. Stoney hob zwar seinen Kopf, um Sekunden später auch schon wieder weiter zu dösen. Betty hielt sich samt Welpen gerade in der Höhle auf, vielleicht gab es deshalb keine akute Gefahrensituation zu bewältigen.

Eines Tages tauchte ein rudelfremder Wolf in der Nähe des Höhlenkomplexes auf. Die Alttiere waren bis auf Redears auf der Jagd. Nachdem die Babysitterin den Eindringling aus einer Distanz von fast einem Kilometer ausgemacht hatte, bellte und heulte sie einige Male. Der fremde Wolf stoppte sofort und kehrte um. Auch er hatte nun Witterung aufgenommen und flüchtete mit großen Galoppsprüngen in die entgegengesetzte Richtung des Höhlenkomplexes. Redears agierte umgehend als Beschützerin: Sie leitete den Welpen in dichtes Gestrüpp und bewachte ihn dort bis zur Rückkehr der anderen erwachsenen Wölfe. Nach deren Erscheinen führte sie Blackface zu dem Ort, wo der rudelfremde Wolf zuvor aufgetaucht war. Blackface urinierte dort und kehrte danach mit Redears zur Höhle zurück. Die Vermeidung von Gefahren scheint also situationsbedingt unter Abwesenheit des Leitrüden von unterschiedlichen Familienmitgliedern umgesetzt zu werden.

Ansonsten tolerierten die Wölfe neben Bussarden vor allem Raben, auch wenn diese regelmäßig Futter stahlen und sich absolut dreist verhielten, indem sie den kleinen Black in einen Hinterlauf zwickten. Mit sturer Tapferkeit hatte das Verhalten der Raben aber nichts gemein, denn sie vermieden bei aller Dreistigkeit letztlich doch riskante Situationen. Rabenvögel sind äußerst intelligente Tiere, sie testen Gefahrensituationen sehr individuell. Sie haben gelernt, dass sich Wölfe ihnen gegenüber im Allgemeinen sehr friedfertig verhalten, besonders wenn sie zusammengerollt in ihren Schlafmulden liegen. Außerdem haben Raben in der Nähe eines Beutetieres oft die Erfahrung gemacht, dass sich Wölfe sogar ducken, wenn sie im Sturzflug über deren Köpfe hinwegrauschen. Brenzlig wird die ganze Angelegenheit für einen Raben nur, wenn ihm ein Wolf in Pirschstellung gegenübersteht. Dann ist er lieber jederzeit startklar und fliegt davon. Der Rabenexperte Bernd Heinrich geht sogar noch einen Schritt weiter. Er sieht in der Risikobereitschaft bestimmter Rabenmännchen bessere Chancen für die Reproduktion, indem sie einem Weibchen zuvor durch mutigen Einsatz imponierten. Er schreibt in seinem Buch »Ravens in Winter« sinngemäß:

»Wenn ein männliches Tier einem Weibchen imponieren will, nähert er sich tapfer einem Kadaver, um zu fressen und demonstriert so den Einsatz von Risikobereitschaft. Der ultimative Beweis dieser ehrenwerten Handlung ist dann das beschaffte Futter, und für Raben hängt das Erreichen von Nahrung oft mit Risikobereitschaft zusammen. Mutiger Einsatz wird durch Erfahrungen gelernt. In der Rabengesellschaft unterscheidet man so Männer von Jungen.« Wie ähnlich doch viele Tierarten dem Menschen sind.

Erdhörnchen hielten sich ständig am Höhlenstandort auf und flitzten wild umher. Erdhörnchen leben in Kolonien und stellen zu deren Sicherung Wachposten auf, die alle Clanmitglieder bei Gefahr durch unüberhörbare Pfeifsignale warnen. Eine bestimmte Tonlage sorgt dafür, dass alle Tiere fluchtartig in ihre tunnelartigen Bauten verschwinden. Von den Wölfen schien aber keine besondere Gefahr auszugehen. Sie ignorierten die Kleinnager eher. Nur einmal pirschte sich Redears an ein Erdhörnchen heran, ohne jedoch wirklich ernsthaft Beute machen zu wollen. Das war auch nicht weiter nötig, denn die Wölfe hatten diverse Futterdepots angelegt. Da Betty und Stoney als höchstrangige Tiere den größten Teil einer Beute für sich beanspruchten, schienen sie auch die meisten Vorräte anzulegen. Größere Futterbrocken wurden abgesichert, wenn sich ihnen ein rangtieferer Wolf näherte. Blackface zum Beispiel musste einmal eine bittere Erfahrung machen, nachdem er Stoney in der Nähe eines Knochens zu nahe kam. Stoney knurrte drohend. Blackface stand mit extrem gespanntem Körper da, seinen Kopf nah an den Boden gedrückt. Er hielt seinen Vorderlauf hoch und benahm sich in dieser Situation wie ein futterbettelnder Welpe. Seine unschlüssig vorgetragenen Unterwerfungsgesten wiederholten sich noch mehrere Male, bis ihn Stoney mit der Schnauze andeutungsweise auf den Boden drückte, sich anschließend in Imponierhaltung über den Knochen stellte und demonstrativ mit schräg nach vorne gehobenem Hinterlauf darauf urinierte. Damit war die ganze Angelegenheit für ihn erledigt. Nachdem Stoney gedroht hatte und keinen Kontakt zuließ, drehte sich Blackface leicht ab, leckte in einiger Entfernung seine eigene Schnauze und zog missmutig ab. Er traute sich noch nicht einmal, sich quer zu stellen, also sich gehemmt aggressiv zu verhalten. Dafür hatte er viel zu viel Respekt, den er über einen geschlossenen Fang mit weit zurückgezogenen Maulwinkeln, glattem Schnauzenrücken, zurückgelegten Ohren und vor allem durch seine stark gesenkte Rute deutlich demonstrierte. Die hierarchische Ordnung war wieder einmal über visuelle Kommunikationsgrundlagen, also durch die Weitergabe wichtiger Informationen mittels Mimik, Körperhaltungen und ritualisiert vorgetragener Bewegungsabläufe hergestellt. Die Einhaltung dieses wohl funktionierenden Informations- und Kommunikationssystems erstaunte umso mehr, da Stoney seit einigen Tagen stark humpelte. Er hatte sich sicherlich auf dem stellenweise noch heißen Aschenboden verletzt, zumal auch Betty humpelte.

Somit können wir schlussfolgern: Ist die Rangordnung einer Wolfsfamilie fest etabliert, spielen anscheinend Körpersignale einer momentanen Schwäche oder vielmehr des vorübergehenden Handicaps von Führungspersönlichkeiten nicht die entscheidende Rolle. So kann es also nicht nur das Kommunikationssystem mit den visuellen, akustischen und olfaktorischen (geruchlichen) Signalen allein sein, was einen starken Wolf beziehungsweise den »Alpha« ausmacht. Nicht nur an der Körpersprache erkennt jeder »Kronprinz« irgendwann seine Chance und versucht, den Leitrüden zu attackieren, anfangs vorsichtig, im weiteren Verlauf offener und aggressiver. Aber woran erkennt ein aufstrebender Wolf, wann ein Leittier schwach ist? Wann bleibt sein Risiko kalkulierbar? Wie gestaltet sich etwa eine Kosten-Nutzen-Analyse für einen im Sozialgefüge aufstrebenden Wolf?

Eins steht fest: Pokert er zu hoch und das attackierte Leittier kann sich eines Angriffs erwehren und gewinnt den Machtkampf, kann es im Ernstfall um Leben und Tod gehen. Zeigt der Leitrüde jedoch Schwäche und wird womöglich sogar von anderen Tieren angegriffen, nicht zuletzt auch vom höchstrangigen Weibchen, muss er entweder fliehen oder kann im Extremfall totgebissen werden. Erik Zimen führt dazu aus: »Dieses Verhalten mag grausam erscheinen, doch aus der Sicht der Alphawölfin und der anderen Rudelmitglieder ist es durchaus sinnvoll. Mit einem immer schwächer werdenden Rudel-

In der Nähe eines Höhlenstandortes attackieren Wölfe mit Ausnahme des Menschen jeden potenziellen Feind. Dabei fixieren sie zunächst das anvisierte Ziel, erstarren kurz, ducken den Vorderkörper ab, kommunizieren untereinander über Blickkontakt und attackieren letztlich den Feind gemeinsam. Manchmal wird eine solche Attacke von hektischem Beobachtungslaufen unterbrochen, es sei denn, der Attackierte rennt davon und bietet den Wölfen ein Beuteschema.

führer ist niemandem gedient, am allerwenigsten der Alphawölfin selbst, die für sich und ihre Kinder einen starken Partner braucht. Eines Tages wird es ihr womöglich genauso ergehen. Die Natur kennt kein Mitleid.«

In unserem speziellen Fall handelte es sich aber um zwei betagte und zudem geschwächte Alttiere, die trotz auffälliger Verletzungen und somit außerhalb der Norm stehender Fortbewegungsmotorik keinen Attacken ausgesetzt waren. Die Erklärung mag einerseits darin begründet liegen, dass Betty und Stoney sehr enge Sozialbeziehungen pflegten und außerdem nach wie vor alle Ressourcen kontrollierten. Diese Ressourcenkontrolle verdeutlichte sich aber nicht nur durch eine Verteidigung der Nahrung. Betty und Stoney verfügten über genügend individuelle Robustheit, bestanden auf ihrem individuellen Freiheitsgrad und verhielten sich dementsprechend. Zwar änderten sich die Rangbeziehungen innerhalb des Cascade Rudels durchaus zeit- und situationsabhängig, entscheidend war aber, dass die beiden Leittiere über einen Zeitraum von mehreren Wochen gegenüber den anderen Familienmitgliedern mindestens in 90% der jeweiligen Zweierbeziehungen ganz klar dominierten. Dabei war auffällig, dass Stoney nicht besonders tolerant war, wenn sich ein anderer Wolf auch nur im Ansatz aggressiv verhielt. Außerdem tolerierte er kein interaktives Aggressionsverhalten anderer Wölfe, auch wenn es nicht auf seine Person gerichtet war. In einer solchen Situation rannte er mit hocherhobener Rute in Richtung der »Streithähne« und sprengte sie auseinander.

Durch diese Beobachtung erhielten wir nicht nur eine Übersicht über die allgemeine hierarchische Sozialstruktur der ganzen Wolfsfamilie, sondern auch über die Ressourcenkontrolle jedes Wolfsindividuums am Höhlenstandort. Stoney und Betty hatten es offenbar nicht nötig, ständig, also zu jeder Sekunde des Tages, ihre Ranghoheit zu demonstrieren. Warum sollten sie auch nutzlos Energie verschwenden, wenn sie in einer konkreten Situation ohne größere Anstrengungen ihren Anspruch auf Ressourcenkontrolle aufrecht erhalten konnten. Sie bestanden stets auf das Respektieren ihrer speziellen Ruhe- und Schlafplätze und die Einhaltung einer Individualdistanz. Beide Leittiere wurden von den anderen begrüßt und ihre körperliche Unversehrtheit geachtet. So war ihr hoher sozialer Rang ohne großes persönliches Risiko jederzeit garantiert. Bestimmte Wölfe scheinen also im sozialen Bereich geschickter und vor allem erfahrener zu handeln als andere. Die Leittiere initiierten jegliches Chorheulen, führten und leiteten eine Jagdformation, entschieden, ob die Gruppe an einer Weggabelung nach links, nach rechts oder geradeaus laufen sollte. Sie tranken als erste an einem Wasserloch und markierten den Höhlenkomplex mit Urin und Kot. Sie kontrollierten alle Sozialkontakte beim freundlich ritualisierten Umeinanderlaufen und beteiligten sich sehr selten an gemeinsamen Spielen. Machte es die individuelle Situation nötig, kehrte Betty ihren hohen Sozialstatus immer dann heraus, wenn sie den Welpen säugte, sie sich mit ihm in unmittelbarer Nähe zum Höhleneingang befand oder sie den Welpen in Gefahr glaubte. So nahm sie sich exklusiv das Recht heraus, den Welpen gegebenenfalls am Rückenfell zu greifen und transportierte ihn zurück zur Höhle. Kein anderes Weibchen, nicht einmal die hauptsächliche Babysitterin Redears zeigte ein solches Verhalten. Betty und Stoney fielen in den wichtigen Situationen als Entscheidungsträger auf. Ihr Hauptattribut war das Recht, alles tun und lassen zu dürfen, was sie wollten. Blackface, Redears, Mrs. Gray und Alpine reagierten fast immer auf ihre Initiativen und Aktivitäten und waren heilfroh, gar nicht sozial expandieren zu müssen. Kleinere Konfliktsituationen bereinigten sie vornehmlich über den subtilen Austausch von Körpersignalen und Unterbrechungssignalen, wobei schon die Gesichtsmimik eine große Rolle spielte. Betty und Stoney stolzierten selten steifbeinig mit hoch aufgestelltem Schwanz und gesträubten Nackenhaaren umher, was ja auch ein Zeichen für Unsicherheit bei gleichzeitiger Angriffsbereitschaft gewesen wäre. Vielmehr zeugten ihre zumeist locker und besonnen vorgetragenen Bewegungen bei leicht erhobener Haltung der Rute von Sicherheit und Vertrauen. Während Stoney eher den ignoranten beziehungsweise intoleranten Charakter verkörperte, wedelte Betty oft sogar freundlich gestimmt mit dem Schwanz, ließ ihr Gesicht belecken und legte sich anschließend in ihre Schlafmulde. Der Welpe und die juvenile Alpine konnten sich freier bewegen als alle anderen Familienmitglieder, wohl nicht zuletzt deswegen, weil sie ihre Kindlichkeit durch extrem verspieltes und beschwichtigendes Verhalten jederzeit deutlich zum Ausdruck brachten.

Eines Abends beobachteten wir Blackface, Alpine und den Welpen Black beim ausgelassenen Spiel. Über eine halbe Stunde rannten sie durch Gestrüpp, wälzten sich auf dem Boden, strampelten mit den Beinen in der Luft und genossen ein unbeschwertes

Leben. Plötzlich heulte Stoney kurz und bündig vom Höhlenstandort aus. Die noch Sekunden zuvor im Spiel vertieften Tiere stoppten jegliche Aktivität abrupt, lauschten aufmerksam mit hoch gestellten Ohren der Informationsquelle und rasten sofort zur Höhle zurück. Zehn Minuten später bewegte sich eine von Stoney angeführte Jagdformation von der Höhle weg. Der Spaß war beendet, es stand eine wichtige Entscheidung an. Carolyn Callaghan und ich konnten es kaum glauben. Wir waren beeindruckt von der Demonstration und Durchsetzungskraft von Alpha Stoney. Wir möchten an dieser Stelle aber noch einmal betonen, dass fast nie der Leitrüde Stoney im Mittelpunkt aller Aktivitäten stand. Vielmehr richteten sich meistens alle Familienmitglieder nach der älteren Betty. Sie bestimmte das Tempo gemeinsamer Wanderungen und gab deren entscheidende Richtung vor. Stoney verhielt sich wie ihr Schatten. Wenn Betty eine Rast einlegte, ruhte auch Stoney, wenn Betty aufstand, richtete sich auch Stoney auf. Betty war immer darum bemüht, auf Nachzügler zu warten, ein Verhalten, dass normalerweise für einen Leitrüden typisch ist.

Die meisten Sozialkontakte, wie etwa kurzes Fellstupsen, Schnauzenkontakte oder die Bemühung um Zusammenhalt in der Gruppe gingen von Betty aus. Meistens liefen die beiden Ranghöchsten zusammen, Betty vorneweg, Stoney hinterher. Eine Ausnahme von der Regel? Vielleicht, denn Dr. Erik Zimen führt zur Beschreibung des Zusammenhaltes einer Wolfsfamilie aus: »Kein anderes Tier im Rudel ist aber auch so darum bemüht, alle zusammenzuhalten, wie gerade der Alpharüde.« Nun, in der Welt von »Grande Dame« Betty spielte eine solche Vorstellung keine Rolle oder hatte zumindest wenig zu bedeuten. Letztlich gaben alle Tiere Betty den Vorzug. Natürlich waren Leitung und Führung des Rudels situationsabhängig, das ultimativ alles bestimmende Leittier gab es nicht. Auch Wölfe verhalten sich nicht immer gleich, aber jedes Individuum der Gruppe ist sichtlich um Schadensvermeidung zur Sicherung des individuellen Sozialstatus bemüht. Das Cascade Rudel verfolgte bei allen Entscheidungsprozessen ein gemeinsames Ziel: Die Versorgung des Welpen Black.

So bildeten Betty und Stoney zwar die Führungsgruppe, ließen jedoch genügend Spielraum für die individuelle Entfaltung eines jeden Familienmitgliedes. Mrs. Gray zum Beispiel zog mitunter alleine los, ohne dass sie einer der beiden Leittiere suchte oder zurückholte. Man konnte ihr Verhalten manchmal durchaus als etwas eigenbrötlerisch bezeichnen. Alpine wiederum konnte man als treues Mitglied einer eingeschworenen Gemeinschaft ansehen, denn sie versorgte den Welpen im Gegensatz zu Mrs. Gray stets aufopfernd und selbstlos. Auch Blackface

Tabelle 1: Die Bedeutung der Pfeilrichtung haben wir bereits erklärt

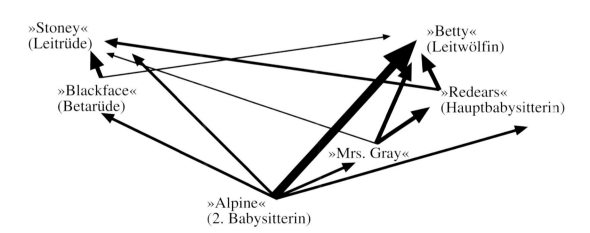

schleppte unermüdlich Futterbrocken heran, spielte mit dem Welpen und unterstützte Babysitterin Redears bei gefahrenabwehrenden Maßnahmen, wenn die beiden Leittiere abwesend waren. Wollte der Welpe Blackface beim Aufbruch zur Jagd stören oder war einmal zu aufdringlich, erreichte Blackfaces Geduld aber doch ihre Grenzen. Nach anfänglichem Drohen und Knurren fasste er Black über die Schnauze, drückte auch mal etwas fester zu oder warf ihn auf den Boden. Black trollte sich dann zurück zur Höhle. Alles in allem war Blackface ein guter Lehrmeister. Er sollte auch im Frühjahr 2000 stolzer Vater und später sogar Leitrüde des Cascade Rudels werden.

Leider mussten wir unsere Verhaltensbeobachtungen bald beenden, denn der Helikopter erschien bereits am Himmel. Wir hatten eine tolle Zeit erlebt und viel gelernt, vor allem, wie sich Raubtiere verhalten, wenn der Mensch nicht eingreift und den Wolf verfolgt. Um 14.30 Uhr hob ich meine Kameraausstattung auf, bestieg den Hubschrauber und schaute beim Abflug noch einmal wehmütig auf Betty, Stoney, Blackface, Redears, Mrs. Gray, Alpine und den kleinen Black. Wir alle blickten nochmals auf dieses traumhafte Tal und die wilde Landschaft hinab, in der Wölfe noch Wölfe sein dürfen und ihr Leben gestalten wie sie es immer getan haben.

Tabelle 2: Beobachtete Reaktion eines erwachsenen Wolfes auf die Annäherung des futterbettelnden Welpen

Stoney: n = 14 x (100%) Betty: n = 12 x (100%) Redears: n = 18 x (100%) Blackface: n = 5 x (100%)
Mrs. Gray: n = 3 x (100%) Alpine: n = 8 x (100%)

Reaktion des Wolfes	Ignorieren	Schnauzgriff	Futter vorwürgen	Säugen	Spielen
Stoney	8 x (57%)	3 x (21%)	2 x (14%)	Keine Beob.	1 x (7%)
Betty	1 x (8%)	Keine Beob.	1 x (8%)	10 x (83%)	Keine Beob.
Redears	4 x (22%)	1 x (5.5%)	3 x (16.6%)	Keine Beob.	10 x (55.5%)
Blackface	2 x (40%)	1 x (20%)	Keine Beob.	Keine Beob.	2 x (40%)
Mrs. Gray	2 x (66.6%)	Keine Beob.	1 x (33.3%)	Keine Beob.	Keine Beob.
Alpine	Keine Beob.	Keine Beob.	5 x (62.5%)	Keine Beob.	3 x (37.5%)

Tabelle 3: Beobachtetes oder wahrgenommenes Heulverhalten der Wölfe

03. Juni (08.10 Uhr):	Einzelner Wolf heult hinter der Höhle (0.30 Minuten)
03. Juni (21.30 Uhr)	Chorheulen vom Höhlenkomplex (2.10 Minuten)
04. Juni (09.30 Uhr)	Chorheulen inklusive Welpen vom Höhlenkomplex (1.10 Minuten)
05. Juni (10.45 Uhr)	Redears bellt und heult am Höhlenkomplex (1 Minute)
08. Juni (09.45 Uhr)	Stoney bellt und heult hinter dem Höhlenkomplex (1.5 Minuten)
22. Juni (09.30 Uhr)	Stoney heult vom Höhlenkomplex, einzelner Wolf antwortet (2 Minuten)
23. Juni (08.50 Uhr)	Chorheulen vom Höhlenkomplex (1.20 Minuten)
24. Juni (22.30 Uhr)	Stoney heult kurz vom Höhlenkomplex (0.20 Minuten)

Verhaltensbeobachtungen am Reddeer Rudel

Die meisten Wölfe verlassen den Schutz der Familie mit etwa zwei bis drei Jahren, also dann, wenn sie erwachsen sind. Einige Wolfsindividuen, vornehmlich Rüden, gehen schon im ersten Winter in einem Alter von ca. zehn Monaten auf Wanderschaft. Sie müssen Erfahrungen sammeln, kommen mit der Zeit immer besser alleine zurecht oder unternehmen, zunächst erst einmal in kleinen Gruppen, Jagdausflüge. Dann entscheidet sich, ob sie gemeinsam mit den Eltern noch eine Saison bei der Aufzucht der neuen Welpen helfen oder ob sie irgendetwas wegtreibt. Viele verhungern auf ihrer langen Wanderschaft, werden beim Durchqueren fremder Reviere von anderen Wölfen getötet oder sterben durch die vom Menschen geschaffene Infrastruktur. Vielleicht wird ein solcher Wanderer jedoch auf sein Heulen und seine als Duftmarken abgesetzten Urinmarkierungen Antwort erhalten und eine ihm nicht abgeneigte Wölfin finden, mit der er sich sogar paaren kann. Vielleicht hat aber auch eine durch das Alphaweibchen unterdrückte geschlechtsreife Rivalin eine Wolfsfamilie verlassen, hat sich womöglich zuvor mit einem ebenfalls unterdrückten Rüden abseits des Rudels gepaart und versucht nun, eine neue Familie zu gründen. Wolfsrudel sind weder überall gleich groß, noch gibt es die Regel für eine Abwanderungsbereitschaft. Direkte Konfrontationen vermeiden sie so gut es geht. Einige Tiere sind dabei geschickter als andere. Ein nicht von anderen Wölfen besetztes Gebiet, günstige Höhlenstandorte und Nahrungsressourcen sind sicherlich Gründe, warum sich diese Wölfe eines Tages dann entscheiden, in einem neuen Areal zu bleiben. Zwei Monate nach erfolgter Paarung im April erblicken in den Rocky Mountains dann Welpen das Licht der Welt, im Normalfall zwischen drei und sechs Junge. Das Paar versorgt die Welpen, während der Rüde anfangs alleine zur Jagd geht. Die hilflosen Fellknäuel wachsen schnell heran. Sie folgen ihren Eltern im Herbst auf Jagdausflügen durch das neue Revier, lernen es in all seinen Nuancen kennen und verteidigen. Ist wenig Nahrung

Territoriale Auseinandersetzungen zwischen zwei Wolfsfamilien konnten im Banff Nationalpark nur äußerst selten registriert werden. Stattdessen halten benachbarte Wolfsrudel oft eine Art von »Pufferzone« ein, nachdem sie ihre Reviergrenzen durch massives Markierungsverhalten abgegrenzt haben. Dennoch besuchten sich Wölfe unterschiedlicher Gruppen gegenseitig, ohne dass es zu aggressiven Konflikten kam. Betty attackierte allerdings die Leitwölfin des Panther-Rudels, tötete sie im Verbund mit ihren Familienangehörigen und übernahm anschließend das Fremdrevier.

vorhanden, bricht das Immunsystem junger Wölfe sehr schnell zusammen und sie werden anfällig für diverse Krankheiten. Im Durchschnitt überleben nur ca. 30 bis 50% der Welpen und Jungwölfe.

So ähnlich mag auch das Reddeer Rudel entstanden sein. Einige Tiere wanderten im Winter 1998/1999 aus dem Cascade Rudel ab, eine neue Familienstruktur entstand.

Da sich dramatische Drohauftritte im Grenzbereich von zwei Wolfsrudeln meistens in sicherer Distanz abspielen, sich keiner so richtig traut einen Krieg zu starten, sehen Auseinandersetzungen oft erheblich bedrohlicher aus, als sie es in Wirklichkeit sind. Grenzkriege können unter bestimmten Umständen allerdings auch tödlich enden, nämlich dann, wenn keine der verfeindeten Seiten zurücksteckt und besonders eine der Parteien aufgrund von Nahrungsknappheit zur Expansion gezwungen ist. Hier im Banff Nationalpark handelt es sich aber um ein Rekolonisationsgebiet und viele Wölfe sind zudem miteinander verwandt. Territoriale Streitigkeiten kommen vor, bleiben aber eher die Ausnahme. Jagdreviere können sogar überlappen und werden je nach Beutetiervorkommen nicht besonders extrem verteidigt. Ist Nahrung knapp, erfolgen in der Regel vom ranghöchsten Leitrüden geleitete, wütende Angriffe, die sich hemmungslos auf den (oder die) Eindringling(e) richten.

Das Reddeer Rudel blieb von solchen Revierstreitigkeiten verschont, so dass wir schließlich für einige Tage, exakt vom 16. bis 20. Juni 1999, Verhaltensbeobachtungen durchführen konnten. Wir fanden zwei verschiedene Höhlenkomplexe, wobei den Wölfen ein Standort als Geburtshöhle gedient hatte. Nur eine trächtige Wölfin beginnt mit dem Bau einer Höhle, so dass wir aufgrund der Bodenbeschaffenheit von der Geburt von Welpen ausgehen konnten. Wie in den bewaldeten Rocky Mountains üblich, legten die Wölfe auch diese Höhle unter dem weitverzweigten Wurzelwerk eines großen Nadelbaumes an. Die einzelnen Höhleneingänge waren etwa einen halben Quadratmeter groß und von dort aus führte ein Gang in horizontaler Richtung.

Normalerweise endet ein solcher Gang nach einigen Metern in einer ovalförmigen Kammer, die als eigentliche Höhle dient. Nutzen Wölfe eine Höhle jedoch über mehrere Generationen, kann sie aus einem ganzen Labyrinth von Kammern und Gängen bestehen, die dann vom Haupteingang weg führen. Auch wenn eine Höhle vor Einsicht, Windeinfall und Wassereinbruch geschützt ist und sie das reproduzierende Weibchen anfangs peinlich sauber hält, transportiert eine Wolfsmutter ihre Welpen zur Minimierung von Parasitenbefall oft mit zunehmendem Alter in eine zweite Höhle. Die eigentliche Geburtshöhle stellt also somit meistens nur eine vorübergehende Lösung dar. Die neugeborenen Welpen sind während der Neugeborenenphase (auch vegetative Phase genannt) innerhalb der ersten vierzehn Tage blind und taub, liegen eng beieinander, trinken und schlafen fast ausschließlich. In der anschließenden Übergangsperiode beginnen die Welpen während der dritten Lebenswoche zu sehen, zu hören, zu krabbeln und zu spielen. Ihre Mutter säugt sie und beißt jeden ab (inklusive dem Vater), der versucht, in den Höhleneingang hineinzukriechen. Dann folgt die Sozialisationsphase. Die Welpen kommen spätestens im Alter von vier Wochen aus dem Bau. Erst jetzt lernen sie die anderen erwachsenen Wölfe der Familie kennen, bauen untereinander eine Beißhemmung auf und müssen lernen, wie man sich zu verhalten hat, was man darf und welche Verhaltensweise man besser sein lässt, will man nicht ständig in Schwierigkeiten geraten.

In und um die zweite Höhle liegen dann im Normalfall alte Knochen, Wolfshaare und sonstiges »Kinderspielzeug« herum, den Kot nimmt die Wolfsmutter anfangs noch auf. Später, durch die feste Nahrungsaufnahme der Welpen, ist der Waldboden im Umkreis von mehreren hundert Metern mit Kothaufen übersät und man riecht eine Wolfshöhle aus großer Distanz. Die Wolfswelpen zeigen weiterhin eine ausgeprägte Ortsbindung und flüchten bei der kleinsten Gefahr in die Höhle. Alle erwachsenen Wölfe werden nun mit einem veränderten Lebensrhythmus konfrontiert, in dessen Verlauf sie für den Nachwuchs verantwortlich sind. Sie müssen viel Nahrung herbeischaffen, um einen möglichst hohen Prozentsatz der Welpen am Leben zu erhalten. An der Höhle selbst kommt es unter den erwachsenen Tieren zu einer regelrechten Arbeitsteilung, wobei spezielle Individuen hauptsächlich die Funktion des Babysitters erfüllen. Sie spielen mit den Welpen, bewachen sie und warnen sie mit einem leisen Wuffen vor potenziellen Gefahrenquellen. Sofort sind die Welpen im Bau verschwunden Die Warnsignale der Alten lösen bei ihnen angeborenes Fluchtverhalten aus. Die weitere Entwicklung der Welpen haben wir schon ausführlich beschrieben.

In unserem Fall untersuchten wir die zweite Höhle aus sicherer Distanz. Sie war ca. 200 bis 300 Meter von der Geburtshöhle entfernt, am Waldrand in unmittelbarer Nähe einer offenen Wiesenlandschaft gelegen. Ein kleiner Wasserfall sorgte für die nötige Geräuschkulisse, um unsere vorsichtige Annäherung wenigstens etwas zu kaschieren. Bald war ein überzeugender Beobachtungsposten gefunden, die Kameraausrüstung in aussichtsreiche Position gebracht und der erste zehnstündige Observationstag konnte beginnen. Es zeichnete sich auch gleich die Tendenz ab, in diesem wenig gestörten Gebiet mit seiner schwer zugänglichen Landschaft auf unbedarftere Wölfe zu treffen. Zwar mieden auch diese Tiere den Menschen, ein extremes Scheueverhalten uns gegenüber stellten wir jedoch nicht fest. Meine Begleiterin Carolyn Callaghan war hochschwanger, wollte aber keinesfalls eine solch günstige Gelegenheit verpassen. Nach etwa drei Stunden Wartezeit erschien ein großer, graubrauner, ca. vier oder fünf Jahre alter Rüde, den wir fortan Big-Gray nannten.

Die Differenzierbarkeit der Arbeitsteilung zwischen den Tieren wurde wieder einmal deutlich, indem uns der Leitrüde Big-Gray als erster auf eine mögliche Gefahr für seinen Familienverband testete. Er näherte sich unserem Beobachtungsposten vorsichtig, hob bei mehreren Gelegenheiten sein Bein und markierte mit Urinspritzern seinen Anspruch auf dieses Gebiet. Er hielt zunächst zu der mutmaßlichen Gefahrenquelle Abstand, scharrte aber mehrere Male. Dann passierte er unser Versteck im Trabgang, beobachtete es mit steif gehaltenen Vorderbeinen, um danach für kurze Zeit auf drei Beinen stehen zu bleiben. Seine Nase witterte anscheinend keine Gefahr, jedenfalls trottete er bald eher neugierig in Richtung einer breiten Lichtung. Mariah, eine dunkelgraue, ca. sieben Jahre alte Wölfin mit weißer Schwanzspitze, scharte sechs Welpen um sich und blieb abwartend am Waldrand stehen. Die beiden Leittiere wiesen also ein sehr differenziertes Verhalten auf. Wenig später wagte sich auch Mariah in die offene Landschaft vor, begleitet von fünf graubraunen und einem schwarzen Welpen mit weißem

Der Leitrüde einer Wolfsfamilie ist oft zentraler Punkt, wenn es um den Schutz der Gruppe geht. Er wagt sich als erster vor, markiert den Höhlenstandort mit Harn und zieht jegliche Aufmerksamkeit auf sich. In »brenzligen« Situationen laufen sie aufgeregt hin und her und zeigen dann wolfstypisches »Alarmbellen«.

Brustfleck. Der Nachwuchs tollte in der Gegend herum, man biss sich in Rücken und Hinterbeine, purzelte kopfüber und durcheinander. Ein Welpe fiel im wahrsten Sinne des Wortes auf die Schnauze, sofort überfielen ihn die anderen und prügelten kräftig auf ihn ein. Das Spiel der Welpen verdeutlichte nochmals, dass sie in diesem Alter Spiel und Ernst nicht auseinander halten können und wie alle Kinder noch sehr viel zu lernen haben. Mariah hielt sich aus den Streitigkeiten heraus und beobachtete die Sprösslinge lieber aus sicherer Entfernung. Bald war der Spuk vorbei und alle wieder im Wald verschwunden.

Am nächsten Morgen tauchte direkt vor unserem Versteck eine schlanke, hellgraue Wölfin auf, deren Alter wir auf ein Jahr schätzten. Die ins Spiel vertieften Welpen tobten abermals umher, einer urinierte mit leicht eingeknickten Hinterläufen und nach unten gedrückter Genitalregion. Eine junge Wölfin bewachte die Welpen. Aufgrund ihres sanften Verhaltens nannten wir sie »Gentle«. Sie hatte sich ein paar hundert Meter von der Höhle entfernt dazu entschieden, ausgerechnet unseren Beobachtungsposten als geeigneten Ort für ihren Ausflug mit den Welpen auszusuchen. Natürlich waren wir überrascht. Alles in allem waren wir auch erleichtert darüber, dass es in diesem Rudel Welpen gab. Wir würden also Verhaltensbeobachtungen fortsetzen können, obwohl nur drei Tage Zeit waren. Gentle erwischte mich auf dem falschen Fuß. Mit ihrer Annäherung auf maximal zwanzig Meter hatte ich nicht gerechnet. So stand ich regungslos in unserem Versteck, die Videokamera mit beiden Händen fest umklammert. Den Griff in Richtung Fotoapparat, der neben mir auf dem Boden lag, empfand ich als zu kühn. Jetzt sollte keine falsche Bewegung und kein unbedachter Schritt unsere Feldstudien für die Zukunft zerstören.

Gentle sah die ganze Angelegenheit erheblich gelassener, legte sich hin und beobachtete uns mit nach oben und nach vorne gerecktem Hals. Zur akustischen Orientierung lauschte sie mit aufrecht gerichteten und dann sich unabhängig voneinander bewegenden Ohren gen unserem Versteck. Eine panische Reaktion oder gar eine Motivation zur Flucht war nicht erkennbar. Die Welpen sprangen umeinander, fielen zwischenzeitlich über Gentle her, sprangen sie an und versuchten ihren Maulwinkel zu lecken. Nach zehn Minuten schien Gentle dann genug zu haben. Sie stand auf, sprang von den herumwuselnden Welpen ein wenig zurück, um dann zielgerichtet die Höhle anzusteuern. Die Welpen folgten ihr, wenn auch in einem kleinen Bogen in den Wald und waren bald außer Sicht.

Das Reddeer Rudel, das wiederum auf der Basis verwandtschaftlicher Beziehungen aufgebaut war, schien nicht nur hinsichtlich der Zusammensetzung, sondern auch der sozialen Bindungen zwischen den Individuen sehr stabil zu sein. Insgesamt zählten wir sechs erwachsene Tiere und auch sechs Welpen. Da war Mariah, Mutter der Welpen und auch gleichzeitig Alphaweibchen, Big-Gray, Alpharüde und offensichtlich Vater der Welpen, Chinook, ein schwarzbraunes, ca. drei Jahre altes Weibchen, Gentle, ein juveniles Weibchen und Babysitterin und außerdem zwei graue Wölfe, die wir in der Kürze der Zeit leider nicht näher bestimmen konnten.

Es dauerte nicht lange und auch Chinook und ein weiteres Tier kehrten mit dicken Bäuchen zur Höhle zurück. Zuvor kündigten die beiden Wölfe ihre Heimkehr durch Heulen an. Die ungeduldig wartenden Welpen antworteten durch hohe und kurze Heulsequenzen und bettelten Minuten später solange um Futter, bis die Alttiere ihren ganzen Mageninhalt hervorgewürgt hatten. Nun gab es kein Halten mehr. Alle Welpen stürzten sich auf die noch dampfende Nahrung. Bald trottete die ganze Bande in den Wald. Chinook war ohnehin im Vergleich zu Gentle sehr scheu und zeigte sich nur selten im offenen Gelände. Da nur Chinook einen Radiosender trug, gestaltete sich die Erforschung des Jagdschemas der Wolfsfamilie schwierig. Zumindest Chinook war einmal über achtzehn Stunden abwesend gewesen und brachte im Anschluss Futter zur Höhle. Alle anderen Aussagen wären nur spekulativ.

Wieder einmal grasten Wapitihirsche und Rehe unbeachtet in Höhlennähe, kein anwesender Wolf attackierte sie. Gegenteilig scheuchte ein Hirschbulle einen der Wölfe, der sofort »Fersengeld« gab. Auch eine Kolonie von Erdhörnchen stellte für die Wölfe keine Attraktion dar. Vielleicht gingen sie ihnen sogar mitunter ein wenig auf die Nerven. Ein Rabe pickte gerade an einem toten Erdhörnchen herum, flog aber bald davon. Dann ereignete sich ein doch eher makaber anmutendes Schauspiel: Zwei Erdhönchen begannen, ihren reglos daliegenden Artgenossen aufzufressen oder zumindest anzuknabbern, obwohl sie sich doch eigentlich von Gräsern und Kräutern, somit als vegetarisch ernähren. Gibt es unter Erdhörnchen tatsächlich Kanibalismus?

Nachdem wir die vor sich hindösenden Wölfe ein letztes Mal beobachtet hatten, schlichen wir uns rückwärts und auf dem kürzesten Weg von der Höhle weg. Am nächsten Morgen packten wir unsere wenigen Habseligkeiten zusammen, bestiegen den uns erwartenden Helikopter und flogen zurück nach Banff. Unsere Stippvisite war leider beendet. Aufgrund der Summe aller beobachteten einzelnen Zweierbeziehungen kamen wir hinsichtlich der Struktur der sozialen Rangordnung des Reddeer-Rudels im Jahre 1999 zu folgendem Schluss:

Höhlenbeobachtungen im Sommer 2000
Eine erfreuliche Entwicklung beim Bowtal Rudel
Im Verlaufe des Frühjahres hatten Aster und Storm schon eine neue Höhle bezogen und es hielt sich hartnäckig das Gerücht, dass nach 1977 endlich wieder von einer erfolgreichen Reproduktion auszugehen sein könnte. Was also würde jetzt passieren? Würden wir tatsächlich einen Wurf Welpen bestätigen können? Unsere Nerven waren angespannt wie Drahtseile. In diesem Sommer begleitete mich Bettina Bannes-Grewe, die nicht nur erstmalig Kanada besuchte, sondern zuvor auch noch nie einen wild lebenden Wolf gesehen hatte. Nach einigen Tagen angestrengter Beobachtungen in weiterer Entfernung zur Höhle, deren Ergebnisse eher belanglos schienen, beschlossen wir, etwas näher vorzurücken. Von nun an war Geduld absolut oberstes Gebot. Ich wusste natürlich um Bettinas mangelnde Erfahrung im Busch. Ein Fehler und Aster und Storm würden samt ihrer Welpen den Standort verlassen. Ich überdachte meine zuvor zurechtgelegte Strategie noch einmal und überlegte genau, wie wir am behutsamsten zu Werke gehen könnten. Dann stapfte ich leise voran, jeden Schritt bedenkend, jedes Geräusch vermeidend. Bettina verhielt sich tapfer und vorausschauend, schließlich war Vorsicht »die Mutter der Porzellankiste«.

Tabelle 1: Die Bedeutung der Pfeilrichtung haben wir bereits erklärt

»Big Gray«
(Leitrüde)

»Mariah«
(Leitwölfin)

»Grey Male«
(Status ?)

»Chinook«
(Status ?)

»Gentle«
(Babysitterin)

Tabelle 2: Beobachtete Reaktion eines erwachsenen Wolfes auf die Annäherung eines futterbettelnden Welpen (n=20)

Reaktion des Wolfes	Ignorieren	Schnauzgriff	Futter vorwürgen	Säugen	Spielen
Big Gray	3 x	2 x	1 x	Keine Beob.	1 x
Mariah	4 x	1 x	1 x	Keine Beob.	Keine Beob.
Gentle	Keine Beob.	1 x	1 x	Keine Beob.	5 x

Tabelle 3: Beobachtetes oder wahrgenommenes Heulverhalten der Wölfe

18. Juni (22.30 Uhr):	Chorheulen, inklusive Welpen vom Höhlenstandort (0.55 Minuten)

Wapitihirschkühe und Rehmütter ihre Jungen zur Welt bringen. Nun waren unvorsichtige oder zu eigensinnige Kälber sicherlich leichte Beute für Storm, immer vorausgesetzt, dass deren Mütter nicht zu gut auf ihre Kälber aufpassen und sich mit aller Kraft zur Wehr setzen würden. Mittlerweile hatten sich Storm und Aster zumindest tagsüber für einen geeigneten Ort ein paar hundert Meter von der Höhle entfernt entschieden, den sie seinerzeit als Rendezvousplatz benutzten. Diese kleine Lichtung bot aus verschiedenen Richtungen erheblich bessere Einsicht. Die Stunde der Wahrheit stand nun unmittelbar bevor: Welpen oder keine Welpen?

Unser Wunschdenken wurde zur Gewissheit. Durch das Fernglas erkannte man niedergetrampel-

Nach der Geburt von Yukon und Nisha hing das Überleben der Bowtal-Wolfsfamilie am seidenen Faden. Aster verbrachte die meiste Zeit an der Höhle, während Storm unermüdlich Nahrung heranschleppte. Manchmal lief er nachts bis zu hundert Kilometer, um große Beutetiere aufzuspüren und zu töten.

Der neue Höhlenstandort hatte so seine Tücken. Wir kämpften uns in schwierigem Gelände voran, prüften jederzeit die Windrichtung, die Wildwechsel und die Wolfspfade. Mein Empfangsgerät war ständig auf das Peilsignal von Storm's Radiohalsband gerichtet. Einige hundert Meter vor der Höhle bezogen wir dann einen günstig erscheinenden Beobachtungsposten, warteten mehrere Stunden, um am Ende unverrichteter Dinge wieder abzuziehen. Zwei Tage später unternahmen wir einen zweiten Versuch. Dieses Mal näherten wir uns der Höhle jedoch aus einer anderen Richtung, da wir die beiden erwachsenen Wölfe und eventuell vorhandenen Welpen keinesfalls erschrecken wollten. Aster hielt sich vornehmlich an der Höhle auf, die Versorgung der Familie lastete primär auf den Schultern von Storm. Der arme Kerl unternahm laut unserer Telemetriepeilungen weitläufige Jagdstreifzüge, wurde so einem alten russischen Sprichwort mehr als gerecht: »Der Wolf ernährt sich über seine Beine.« Manchmal wanderte Storm auf der Suche nach Nahrung nachts gar zweimal zu einem rund dreißig Kilometer entfernten Sumpfgebiet, um unermüdlich Futter zur Höhle zu transportieren. Er konnte einem richtig leid tun.

Keine juvenilen Tiere, die ihn hätten unterstützen können, keine anderen Alttiere, deren Jagderfahrung ihm die Arbeit erleichtert hätten. Stattdessen hing die Existenz der Familie von seinem Jagderfolg ab. Deshalb war es nur gut, dass im Frühsommer auch

tes Gras, von Bäumen und Sträuchern heruntergerissene und angeknabberte Äste, Knochenreste in Hülle und Fülle, Wolfshaare, Kothaufen und durch Urin braun gefärbtes Moos. Augenblicke später erschienen die Hoffnungsträger persönlich. Ein grauer und ein schwarzer Welpe, beide in guter körperlicher Verfassung und offensichtlich gesund. Wie sich später herausstellen sollte, handelte es sich bei dem grauen Welpen um ein damals schon sehr scheues Weibchen, das wir Nisha nannten, und bei dem schwarzen und völlig unbedarften Welpen mit dem weißen Brustfleck um einen Rüden, der unter dem Namen Yukon noch für viel Furore sorgen sollte. Bei

132

Storm beobachtete den Autoverkehr sehr genau, bevor er eine Straße endgültig überquerte. Dabei meisterte er immer wieder »akute« Stresssituationen, um auf der gegenüberliegenden Autobahnseite letztlich Hirsche jagen zu können.

Die Überquerung der Autobahn stellte für die Wölfe eine große Herausforderung dar. Da im Bowtal nicht genügend Nahrung zu finden war, mussten sie dieses Hindernis fast täglich überwinden. Hier grenzt Leitrüde Storm seine »Gattin« Aster ab und führt sie gefahrenvermeidend auf die gegenüberliegende Straßenseite.

aller Begeisterung für den Nachwuchs stellte sich die Frage: Würden mich auch deren Eltern wiedererkennen?

Die Antwort ließ nicht lange auf sich warten. Ja, sie erkannten mich wieder. Storm näherte sich bis auf wenige Meter ohne große Scheu und, das muss noch einmal gesagt werden, ohne mich zu verbellen. Er sah sehr dünn aus, aber er schaffte es, Aster und die beiden Welpen zu versorgen. Yukon und Nisha mussten jetzt im Juni ungefähr acht Wochen alt sein. Das tief im Wald versteckte Rendezvousgebiet diente ihnen als sichere Kinderstube, weil es von allen Seiten durch dichtes Gestrüpp vor Einsicht geschützt war.

Die beiden Alttiere erlaubten Nisha und Yukon schon außergewöhnlich früh sie zu begleiten. Die ganze Familie wurde bereits Anfang Juli mehrfach einige Kilometer vom Höhlenstandort entfernt auf ihren gemeinsamen Kurzausflügen beobachtet. Zu diesem Zeitpunkt waren Nisha und Yukon gerade einmal zehn bis elf Wochen alt. Sie brauchten nun viel feste Nahrung. Storm und Aster mussten nicht nur sich selbst versorgen, sondern auch ewig hungrige Racker ernähren.

Eine kritische Zeit stand an. Gelang die Versorgung der Welpen nicht, mussten sie sterben und am Ende wären Storm und Aster wieder einmal allein übrig geblieben. Die weiten Familienexkursionen waren ungewöhnlich und wirkten bedrohlich. Zittern und Bangen war angesagt und man konnte nur hoffen, dass die Kleinfamilie keine nennenswerten Verluste zu beklagen hatte. Die Realität hatte leider über die Gefährlichkeit des Autoverkehrs nur Negatives gezeigt. Wie wir wissen, blieben in der Vergangenheit von dem Bowtal Rudel nur noch Storm und Aster übrig. Die Nachrichten der letzten Jahre ließen eine gesunde Skepsis für die Zukunft angebracht erscheinen.

Fassen wir also zusammen: Es bestand Anlass zur Sorge, dass Nisha und Yukon den ersten Winter ihres Lebens nicht erleben würden. Da die Wölfe zwecks Nahrungssuche immer weitere Wanderungen unternehmen mussten, waren besonders die Welpen logischerweise schon sehr früh einem hohen Gefahrenpotenzial ausgesetzt. Die Alttiere Storm und Aster hatten wir früher schon als wahre Alleskönner bewundern können, einerseits als Beherrscher vieler unterschiedlicher Jagdstrategien auf diverse Beutetierarten, andererseits als perfekte Spezialisten in einem Lebensraum voller gefährlicher Infrastruktur. Ihr Territorium umfasste aufgrund einer geringen Beutetierdichte über 1.300 km². Außerdem mussten Sie wegen Mangel an Hirschen ihre Jagd auf Rehe umstellen.

Aufgrund der typischen Eltern-Nachwuchs-Dominanz kamen wir hinsichtlich der Struktur der sozialen Rangordnung des Bowtal-Rudels im Jahre 2000 zu folgendem Schluss:

Tabelle 1: Die Bedeutung der Pfeilrichtung haben wir bereits erklärt

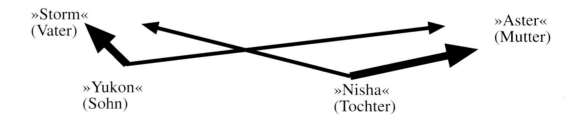

Das große Wiedersehen mit Betty und Stoney im Sommer 2000

Als wir uns im Anflug auf die Höhle des Cascade Rudels befanden, konnte ich meine Ungeduld kaum noch beherrschen. Ich war aufgewühlt und nervte meine Begleiterin Bettina mit Fragen, die sie gar nicht beantworten konnte. Würden Betty und Stoney noch leben? Würde Blackface den Gewehren der Jäger im vorangegangenen Winter entgangen sein? Würde der schwarze Welpe des Vorjahres überlebt haben?

Ich hatte so viel Zeit gehabt, um über das Wohlergehen dieser Wölfe nachzudenken, dass ich jetzt nur noch aus dem Helikopter stürmte, das Zelt in Rekordzeit aufbaute, das Teleskop zur Hand nahm und damit den Höhlenstandort anvisierte. Ich wusste natürlich, wo ich die Wölfe zu suchen hatte. Wenn nicht irgendein Unglück passiert war, mussten wir sie eigentlich alsbald finden. Anders als im Vorjahr begleitete mich neben Bettina noch der Park Ranger Tom Davidson. Das Wiedererkennen der Wölfe war deswegen nicht schwierig, weil sie sich nicht allzu sehr verändert hatten. Betty und Stoney waren etwas heller geworden, Blackface auch. Seine schwarze Fellfärbung überwog aber immer noch bei weitem. Mehr Informationen ließen sich gleich am ersten Nachmittag nicht sammeln. Nun war ich erst einmal beruhigt. Die dringlichsten Fragen waren zuerst einmal beantwortet.

Der nächste Tag brachte Schlag auf Schlag weitere Erkenntnisse. Betty und Stoney humpelten beide stark. Betty schien Probleme mit den Hüften zu haben. Mittlerweile zählten wir insgesamt fünf erwachsene Wölfe und zwei Welpen. Die Rangordnung des Rudels wies einige Veränderungen auf. Zwar thronte Stoney wie gehabt auf der Spitze des Höhlenkomplexes in seiner Lieblingsschlafmulde und Blackface unterwarf sich ihm wie im Vorjahr. Auch die Rangposition von Betty hatte sich nicht verändert, aber irgendetwas Auffälliges war mit Alpine geschehen. Da alle Wölfe nicht nur anwesend, sondern auch gut sichtbar waren, beschlossen wir die Gunst der Stunde zu nutzen. Alpine schüchterte gerade Mrs. Gray ein, indem sie deren Bewegungsabläufe blockierte. Mrs. Gray verhielt sich irgendwie gehemmt. Dann unterwarf sie sich Alpine passiv, drehte ihren Kopf in stehender Position weg und vermied direkten Blickkontakt. Mrs. Grays passive Unterwerfung war die Reaktion auf eine Drohung von Alpine, jenem Jährling aus dem Vorjahr, der damals die rangtiefste Stellung im Rudel bekleidete.

Alpine überfiel Mrs. Gray in Galoppsprüngen mit hoch gehaltenem Kopf und Schwanz sowie mit steifen Beinen und rannte gegen sie. Die um mindestens ein Jahr ältere Mrs. Gray warf sich auf den Boden und Alpine nahm nach anfänglichem Rempeln und Schieben nun eine Imponierhaltung ein. Bald wurde klar, warum sich Alpine so merkwürdig verhielt. Neben Betty war auch sie Mutter eines Welpen geworden. Beide Weibchen säugten jeweils ein Junges, wobei sich Betty nach wie vor als die dominante Persönlichkeit herauskristallisierte. Nach Redears und dem schwarzen Welpen hielten wir umsonst Ausschau. Direkt hinter der Nationalparkgrenze hatten sicher wieder Jäger Erfolg gehabt und diese beiden Wölfe kurzerhand erschossen.

Stoney demonstrierte seine eigene Stärke gegenüber Blackface erheblich abgeklärter. Ohne eine Auseinandersetzung mit Körperkontakt stolzierte er mit nach oben gebogenem Schwanz, steifem Schwanzwedeln und nach vorne gerichteten Ohren über den Höhlenkomplex. Er schaute dabei an Blackface vorbei, sein ganzer Bewegungsablauf wirkte steif und langsam. Das Imponierverhalten diente aber eher der Demonstration seiner Bewegungsfreiheit und seiner Individualdistanz. Freiraum ist schließlich auch eine Ressource. Bei allen Aktivitäten verlor er dennoch nie Betty aus seinem Blickfeld. Die enge soziale Bindung zwischen den beiden Leittieren hatte sich also nicht geändert. Betty verhielt sich wie im Vorjahr als agierender Teil dieser Zweierbeziehung.

In Bezug auf das Jagdverhalten erlebten wir allerdings enorme Veränderungen. Betty, Stoney und Mrs. Gray brachen meist als Einheit auf um Beute zu suchen, sich heranzuschleichen und zu hetzen, dann anzugreifen, gegebenenfalls zu töten und zu fressen.

Auch wenn sich die Jagdstrategien des Wolfes generell sehr vielfältig gestalten, das Spektrum der Methoden je nach Vielfalt der Beutetiere und Jagdbedingungen stark variiert, verhielten sich Betty und Stoney eher traditionell. Sie steuerten immer die gleiche Richtung an, folgten ihrem ganz speziellen Rhythmus und ihren Eigenheiten wie ein Uhrwerk. Sie kannten einfach alle typischen Wildwechsel ihres Gebietes, wussten wo ihre Beutetiere zu finden waren oder gar Beutetierkonzentrationen auftraten. Statt lang andauernder Hetzjagden, die für Wölfe ohnehin nicht besonders typisch sind, agierten Betty und Stoney erfahren und mit traditionellem Verhalten.

Alpine und Blackface bildeten offensichtlich eine eigene Jagdeinheit. Sie entfernten sich vom Höhlenstandort aus immer in entgegengesetzte Richtung und nutzten bei der Fortbewegung geschickt die Geländestruktur, ohne dabei das Tempo großartig zu verändern. Die scheue Alpine achtete genau auf Deckungsmöglichkeiten und verschwand regelmäßig in der kleinsten Bodenwelle. Insgesamt schien die Durchschnittsgeschwindigkeit von Alpine und Blackface altersbedingt deutlich höher zu liegen als bei den alten Tieren, die sich an manchen Tagen mehr schlecht als recht humpelnd durch die Landschaft quälten.

Mrs. Gray folgte zwar meistens Betty und Stoney, kehrte aber manchmal völlig überraschend alleine zurück und näherte sich an einem Abend sogar unserem Camp bis auf wenige Meter. Sie wirkte dabei sehr vertrauensvoll und neugierig. An jenem Abend saßen wir gemütlich in ein Gespräch vertieft bei einer Tasse Kaffee beisammen, als Mrs. Gray auf einer kleinen Anhöhe erschien und uns mit seitlich gedrehtem Kopf minutenlang beobachtete. Erst einige Zeit später drehte sie sich ohne große Hektik um und verschwand genauso beiläufig wie sie vorher erschienen war. Sie hatte wieder einmal eine der für sie so typischen Extratouren unternommen. Dann kam jener denkwürdige Tag, der noch lange in unserer Erinnerung bleiben sollte. Betty, Stoney und Mrs. Gray waren wieder einmal zu einem Jagdstreifzug aufgebrochen und Alpine kümmerte sich um die beiden deutlich unterschiedlich großen Welpen, die zwischenzeitlich auch immer wieder einmal Blackface umlagerten. Eigentlich sah es nicht nach spektakulären Ereignissen aus.

Was die Welpen betraf, gingen wir von einem Altersunterschied von mindestens einer Woche aus. Bei dem schwarzen Welpen handelte es sich um einen kompakten Rüden mit weißem Brustfleck, das schmale Weibchen fiel durch rotbraune Ohren und silberne Sprenkel auf dem Rücken auf. Den beträchtlichen Größenunterschied leiteten wir definitiv nicht nur von den unterschiedlichen Geschlechtern der Welpen ab, sondern gingen auch von unterschiedlichen Geburtszeiten aus. Es sah danach aus, dass es sich bei Betty um die Mutter des schmalen weiblichen Welpen handelte, während wir den schwarzen männlichen Welpen der Mutterschaft von Alpine zuordneten. Blackface zeigte besonders in Abwesenheit von Betty und Stoney großes Interesse an beiden Welpen. Ob wir ihn allein deshalb als einen stolzen Vater klassifizieren sollten, blieb indes hoch spekulativ. Ganz ausschließen wollten wir diese Möglichkeit aber nicht, schließlich kamen die Welpen oft zu ihm. Selbst wenn Stoney nicht der Erzeuger der Jungen war, konnte man bei den Wölfen dieses Rudels von engen verwandtschaftlichen Beziehungen ausgehen. Die sozialen Bindungen erklärten auch, warum alle Tiere einem hohen Maße an gemeinschaftlicher Verantwortung folgten, das wir zumindest anfangs noch bei der Aufzucht der Welpen beobachten konnten. Es schien so, als ob ein ganz bestimmtes Areal des Höhlenkomplexes als Futterplatz für die Welpen diente. Jedenfalls steuerten ihn alle Alttiere an. Genau dort würgten sie zur Fütterung der Jungen ihren Mageninhalt aus. Zuvor beobachteten wir natürlich das übliche Ritual von Betteln, Stimulation, Betteln, Vorlaufen eines erwachsenen Tieres, Betteln, Vorlaufen, Betteln, Stehenbleiben, Betteln und endlich Futter vorwürgen. Die Welpen machten sich gierig über die Nahrung her, schnappten sich jeden Brocken und wirkten insgesamt wohl ernährt und gesund. Noch waren alle Familienmitglieder um die Welpen bemüht und sie bildeten das Zentrum aller Aktivitäten im Rudel. Auffällig war aber schon, dass sich Betty und Stoney bei der Versorgung der Welpen nicht besonders aktiv hervorhoben, was im Vorjahr noch anders aussah. Es kam uns eher so vor, als ob sich die beiden Leittiere von den Welpen eher belästigt fühlten und sich von ihnen zurückzogen. Dafür überfielen sie Alpine umso häufiger, wuselten enthusiastisch um sie herum, spielten ausgelassen in ihrer Nähe. Alpine schien diese Aufmerksamkeit zu genießen, kam kaum zur Ruhe und schlief im Vergleich zu Betty und Stoney recht selten. Da die Existenz eines speziellen sozialen Bindungstriebes selbst unter Ethologen stark umstritten ist, maßen wir stattdessen die Intensität der Bindung am räumlichen Abstand, den die Wolfsindividuen zueinander einhielten. Im Hinblick auf Alpines Bindung zu den Jungen konnten wir bald feststellen, dass sie einer erheblich höheren Rückkehrgeschwindigkeit nach der räumlichen Trennung von den Welpen folgte als etwa Betty und Stoney. Alpines Verhalten sagte also etwas über ihre Handlungsbereitschaft aus, einer starken Bindung zu den Welpen zu folgen. Vielleicht sagte ihr Verhalten sogar etwas über die Familienstruktur und den Gruppenzusammenhalt aus. Normalerweise gingen wir bei unseren Beobachtungen immer von einer starken Bindung der Mutter zu den Welpen aus, hier blickten wir aber auf zwei Mütter völlig unterschiedlichen Alters. Es ist uns nicht bekannt, dass irgendein Forscher in der Wildnis jemals auf eine solche Konstellation gestoßen wäre und über seine Erfahrungen berichtet hätte. Wie auch immer, bald sollten Betty und Stoney ohnehin den Höhlenstandort verlassen und Alpine mit Blackface und den Welpen zurücklassen. Da sich auch die anderen Wölfe ins Gestrüpp zurückzogen, legten wir eine Observationspause ein.

Am gleichen Abend führte Alpine beide Welpen ca. einen Kilometer bergauf vom Höhlenstandort weg, nachdem darüber ein Flugzeug aufgetaucht war. Blackface folgte. Was zunächst als eine auf Zeit begrenzte gefahrenvermeidende Aktion hätte gewertet können, entwickelte sich zum Dauerzustand. Die komplette Gruppe tauchte nicht mehr auf. Waren wir etwa Zeugen eines Kidnappings geworden? Als Verhaltensexperten fanden weder Bettina noch ich eine logische Erklärung. Warum kehrten die Wölfe nach Verschwinden der Gefahrenquelle nicht mehr zur Höhle zurück? Wie würden sich Betty und Stoney nach ihrer Heimkehr verhalten? Wollte Alpine als Mutter eines Welpen die subdominante Stellung einfach nicht mehr akzeptieren, traute sich unter den gegebenen Umständen aber noch keine offen aggressive und ungehemmte Attacke auf Betty zu?

Anfangs, als wir noch Betty und Alpine gemeinsam an der Höhle sahen, wies nichts auf eine Konfrontationssituation zwischen den beiden Müttern hin. Betty demonstrierte keinerlei aggressives Drohverhalten, nahm keine Beißdrohstellung ein, zeigte keine Überfalldrohung, kein Imponierschieben oder Abdrängeln. Alpine unterwarf sich ihr sogar aktiv, protestierte noch nicht einmal. Manchmal wusste Alpine nicht so richtig, ob sie sich Betty nähern sollte oder eine Annäherung lieber vermeiden sollte. Dieses Verhalten nennt man eine Mischmotivation, die von unterschiedlichen Antrieben gesteuert wird. In solchen Situationen zeigt ein Wolf ein Verdrängungsverhalten beziehungsweise eine Ersatzhandlung, indem er zum Beispiel spontan sein Maul aufreißt. Die unterschiedlichen Antriebe stehen dann sozusagen im Konflikt. Auch unsere Haushunde zeigen oft Ersatzhandlungen, wenn sie unsicher sind. Mitunter zeigen Caniden dann auch eine ausgeprägte Bereitschaft zum Isolationsspiel. Diese Spielart ist nicht auf einen Sozialpartner gerichtet, sondern selbst regulierend.

Betty bestand natürlich bei aller Besonnenheit und Abgeklärtheit auf die Absicherung von Ressourcen, markierte auf dem Höhlenkomplex und zeigte regelmäßig Imponierscharren. Nach unserem Eindruck drückte sie dadurch aber nur ihre soziale Potenz aus, dieses Verhalten war nicht gegen ein besonderes Tier im Rudel gerichtet.

Andererseits kann Imponierscharren auch in der Nähe einer Rivalin demonstriert werden, dann ist aber das gesamte Ausdrucksverhalten auf dieses spezielle Weibchen gerichtet und eine solche Interaktion konnten wir nicht beobachten. Natürlich war es auch nicht möglich, die Wölfe permanent zu beobachten und so das gesamte Interaktivverhalten der beiden Weibchen zu bewerten. Es fehlte beispielsweise die Information, ob Betty von uns unbemerkt überwiegend reines Imponierverhalten bei gleichzeitiger Respektierung einer Individualdistanz zeigte oder ob sie Alpine in aggressiver Weise mit Angriffstendenzen drohte beziehungsweise vielleicht sogar manchmal defensiv mit Abwehrtendenzen drohte. Selbst wenn wir alle Interaktionen zwischen Betty und Alpine hätten verfolgen können, wäre eine genaue Abgrenzung zu aggressiven Verhaltensweisen wie Angriff oder Drohen schlechterdings kaum möglich gewesen, da Überlagerungen vorkommen und die Übergänge oft sehr fließend sind.

Zwei Tage später kehrten Betty, Stoney und Mrs. Gray von ihrem Jagdstreifzug zur Höhle zurück. Wir alle waren gespannt wie ein Flitzebogen, wie sich die Wölfe nun verhalten würden. Betty trottete ganz zielgerichtet den Höhleneingang an, ließ sofort einige Winsellaute erklingen, um die Welpen aus der Höhle zu locken. Keine Antwort. Sie steckte ihren Kopf in den Eingang und kroch in die Höhle hinein, doch es war kein Welpe anwesend. Wir wunderten uns über Bettys Gelassenheit. Sie humpelte den Steilhang des Höhlenkomplexes hinauf, rollte sich zusammen und schlief. Keine Hektik, kein Versuch, nach den Welpen zu suchen. Auch Stoney verhielt sich ganz normal. Er nahm seine Schlafmulde ein und gönnte sich einen kleinen Rundumblick vom Höhlengipfel aus.

In der Nacht heulten Blackface und Alpine aus einer weiten Entfernung, woraufhin Betty und Stoney vom Höhlenstandort aus postwendend Antwort gaben. Am nächsten Morgen erwarteten wir natürlich eine erneute Familienzusammenführung, eine Zusammenkunft aller Familienmitglieder. Es waren aber außer Betty, Stoney und Mrs. Gray keine erwachsenen Wölfe zu sehen. Da auch jeglicher Hinweis auf die Welpen fehlte, erkannten wir sofort, was das bedeutete: Alpine und Blackface hatten sich mit den beiden Welpen abgesetzt.

Wir beschlossen nun, für die weitere Dauer unserer Untersuchungen noch sorgfältiger aufzupassen. Die Situation änderte sich aber nicht. Die alten Herrschaften schliefen außergewöhnlich lang, unternahmen nichts Entscheidendes und konnten von nun an nicht mehr zur Aufzuchtgruppe gezählt werden. Welche Schlussfolgerungen sollten wir ziehen? Hatte die ursprüngliche Familienstruktur aufgrund einer altersbedingten Gebrechlichkeit von Betty und Stoney einen Grenzwert erreicht, der trotz Nachkommenschaft das Verlassen der eigentlich rangniedrigeren Tiere in einer außergewöhnlichen Weise beschleunigt hatte? Stand Bettys Toleranz im Vordergrund, lieber Alpine und Blackface die Welpen zu überlassen, bevor unter ihrer Leitung Nahrung nicht mehr in ausreichendem Maße zur Verfügung stand? Die ganze Angelegenheit erschien uns hoch suspekt, denn normalerweise handeln Wölfe koordiniert, jagen und ruhen gemeinsam, versorgen die Welpen gemeinsam.

Es war bemerkenswert, dass Betty und Stoney einerseits und Alpine und Blackface andererseits durch die akustische Kommunikation des Heulens Fernsignale ausgetauscht hatten, ohne dass eine der beiden Seiten sich bemüßigt fühlte, eine Zusammenkunft zu arrangieren. Wir wussten, dass die Wölfe durch das Heulen ihren jeweiligen Standort bekanntgegeben hatten. Da Heulverhalten aber auch der Reviermarkierung dient, konnten wir uns nun aussuchen, welcher Motivationsgrundlage die beiden Wolfseinheiten beim Austausch der Fernsignale folgten. Fest stand nur der weitere Verhaltensablauf: Betty und Stoney verließen den Höhlenkomplex in entgegengesetzter Richtung zu jenem Standort, an dem sich Alpine, Blackface und die Welpen aufhielten. Mrs. Gray schlug sich im Übrigen zwischenzeitlich auch auf deren Seite, konsequenterweise humpelten die ehemaligen Leittiere zurück in ihr altes Kernterritorium, zu dem Gebiet also, von wo aus einst Bettys Expansionspolitik begann. Sie erschienen noch ein weiteres Mal an der Höhle, ohne etwas Spektakuläres zu unternehmen. Alpine, Blackface und die Welpen blieben laut unserer Telemetriepeilungen an ihrem neuen Standort und zogen dort auch im Sommer 2001 vier Welpen auf. Betty und Stoney blieben allein und auf eine gewisse Art und Weise separiert innerhalb ihres eigenen Territoriums.

Nach unserer Rückkehr in die Zivilisation kontaktierten wir Dr. Paul Paquet, um vielleicht eine Erklärung für den ungewöhnlichen Verhaltensablauf der letzten Wochen zu erhalten. Nachdem wir ihm von unseren Erlebnissen berichtet hatten, erfuhren wir viel Neues und Interessantes. Seine Anmerkungen führten zu der Beantwortung etlicher unserer Fragen: Nach seiner Meinung legte die alte Betty keinen großen Wert auf eine energieraubende Suche nach ihrem Welpen, da sie von Alpines hoch motivierter Fürsorglichkeit für den gesamten Nachwuchs ausgehen konnte. Andererseits waren Betty und Stoney trotz allem nicht bereit, auf die Kontrolle maßgeblicher Ressourcen zu verzichten.

Dazu zählten sicherlich das Kernterritorium als Ort, an dem man ungestört und sicher ruht und verdaut, dann die eigene körperliche Unversehrtheit aufgrund hoher sozialer Potenz, die Sicherung der Lieblingsruheplätze und auch die Höhle selbst. Man legte Wert auf die Ressourcenkontrolle von Futtervorräten, die man für schlechte Zeiten vergrub und letztlich auch auf die geringe Störung durch Menschen. Betty und Stoney behielten somit weiter Zugang zu allen wichtigen Ressourcen, wann immer sie wollten. Andererseits merkten sie bestimmt, dass der Fall ihrer uneingeschränkten Herrschaft bald bevorstand. Eine erfolgreiche Dynastie neigte sich dem Ende. Da beide eine äußerst enge Sozialbindung pflegten, hielten sie weiterhin festen Kontakt zueinander. Stoney folgte Betty wie all die Jahre zuvor. Sie verbrachten den Herbst in erster Linie im Kernterritorium, versuchten sich so gut es ging zu ernähren, was sich mit zunehmendem Alter immer schwieriger gestaltete. Betty starb im Oktober 2000, Stoney nur ganze zwei Wochen später. Wir werden später noch einmal auf den biologischen Zusammenhang der zu beschaffenden Nahrungsmenge und den körperlichen Zustand der einzelnen Wolfsindividuen zurückkommen.

In den folgenden Tagen kam Mrs. Gray immer wieder auf einen Kontrollgang zum Höhlenstandort, Betty und Stoney ließen sich jedoch nicht mehr blicken. Stattdessen näherte sich unserem Lager ein völlig unbeeindruckter Grizzlybär, buddelte wenige Meter entfernt direkt vor unseren Augen nach Wurzeln und anderer schmackhafter Nahrung. Um unsere Gegenwart kümmerte er sich sich überhaupt nicht.

Grizzlybären gelten als größte und kräftigste Raubtiere der Rocky Mountains. Ausgewachsene männliche Tiere wiegen hier zwischen 150 – 350 Kilogramm, sind im Durchschnitt 1.80 – 2.20 Meter groß, damit aber im Vergleich zu Bären anderer Regionen Nordamerikas eher klein. Grizzlies sehen nicht besonders gut, dafür verfügen sie aber über einen unglaublich ausgeprägten Geruchssinn. Steht die Windrichtung günstig, kann ein Bär verrottete Kadaver oder auch Abfallgruben über eine Distanz von mehreren Kilometern riechen. Der Grizzly gilt als Allesfresser, auf seinem Speiseplan stehen je nach Saisonzeit pflanzliche Nahrung wie Wurzeln, Knollen, Beeren und Gras, aber auch Fleisch und Fisch. Grizzlybären können exzellente Jäger sein, bringen mitunter Elche und Hirsche zu Fall und erreichen eine kurzfristige Endgeschwindigkeit von über 50 Stundenkilometern.

Hier im Hinterland von Banff leben sie noch relativ ungestört, sehen Menschen nicht als Bedrohung an, so dass sie ihn nur in äußerst extreme Ausnahmesituationen attackieren. Feldstudien haben belegt, dass eine Verletzungsgefahr für Touristen bei 1:1.000.000 liegt, oder anders formuliert, eine Attacke auf Menschen, wenn überhaupt kalkulierbar, ca. 70.000 Aufenthaltstagen in ihrem Lebensraum entspricht. Zum Vergleich ist die Wahrscheinlichkeit, als Mensch durch einen Autounfall verletzt, durch eine Biene gestochen oder von einem Blitzschlag getroffen zu werden erheblich höher, als mit einem Bären in direkte Konfrontation zu geraten. Gefährlich sind Bären nur, wenn wir Menschen die Individualdistanz zu ihren Jungen oder ihrer Nahrung unterschreiten, sie verwundet sind oder einfach plötzlich überrascht werden.

Auch im Umgang mit Bären sollten wir also schön »die Kirche im Dorf« lassen, diesen wunderbaren Raubtieren Respekt entgegenbringen und hoffen, dass wir sie auch in der Zukunft noch lange beobachten können. Zu befürchten ist allerdings, dass der Mensch wie immer unter solchen Gegebenheiten panisch reagiert, weil er einmal mehr keine absolute Kontrolle über ein Raubtier ausüben kann

und deshalb Ausreden findet, um Bären zu töten. Es ist schwer nachvollziehbar, warum Grizzlybären heute überhaupt noch irgendwelchen schießwütigen Spinnern zur Trophäenjagd offeriert und der Abschuss genehmigt wird.

In der Vergangenheit hatte ich sehr viele Begegnungen mit Grizzly- und Schwarzbären, manchmal auch auf kürzeste Distanz, ohne wirklich jemals in ernsthafte Schwierigkeiten geraten zu sein. Im beschriebenen Fall traf Bettina zum ersten Mal mit einem Grizzly zusammen, verhielt sich aber respektvoll und abwartend, woraufhin der Bär keinerlei aggressives Verhalten zeigte und weiter seiner Lieblingsbeschäftigung nachging: Fressen. Dann wanderte er bedächtig und abgeklärt als uneingeschränkter König der Berge durch »seine« Landschaft, so wie es vor ihm Generationen auf Generationen bereits taten. Auch Bettina erkannte, dass Bären einfach wunderbare Tiere sind.

Die Zeit verflog, unsere Mission war bald beendet, neue Erkenntnisse gab es im Hinblick auf Wolfsverhalten jetzt erst einmal keine mehr zu gewinnen. Ein letzter Blick auf die unberührte Natur, auf den verlassenen Höhlenstandort, auf den wilden Gebirgsbach, der aus einem Gletscher gespeist wird. Das war's für diesen Sommer. Zumindest hier im Hinterland. Zuvor ergab eine intensive Untersuchung im Kerngebiet des Reddeer Rudels, dass es zwar im Frühjahr seinen traditionellen Höhlenstandort genutzt haben musste, aber die Wölfe schon lange vor unserem Eintreffen durch Menschen gestört worden waren, was die Wolfsfamilie konsequenterweise zum Abtransport der Welpen gezwungen hatte. Aufgrund der Summe aller beobachteten einzelnen Zweierbeziehungen kamen wir hinsichtlich der Struktur der sozialen Rangordnung des Panther Rudels im Jahre 2000 zu folgendem Schluss:

Tabelle 1: Die Bedeutung der Pfeilrichtung haben wir bereits erklärt

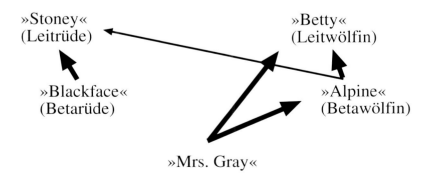

Tabelle 2: Beobachtete Reaktion eines erwachsenen Wolfes auf die Annäherung eines futterbettelnden Welpen

Stoney: n = 4 x   Betty: n = 6 x   Alpine: n = 6 x   Blackface: n = 6 x   Mrs. Gray: n = 2 x

Reaktion des Wolfes	Ignorieren	Schnauzgriff	Futter vorwürgen	Säugen	Spielen
Stoney	3 x	1 x	Keine Beob.	Keine Beob.	Keine Beob.
Betty	1 x		1 x	3 x	1 x
Alpine	Keine Beob.	1 x	1 x	1 x	3 x
Blackface	2 x	1 x	1 x	Keine Beob.	2 x
Mrs. Gray	1 x	Keine Beob.	1 x	Keine Beob.	Keine Beob.

Tabelle 3: Beobachtetes oder wahrgenommenes Heulverhalten der Wölfe

23. Juni (20.45 Uhr)	Einzelner Wolf heult hinter dem Höhlenkomplex (0.25 Minuten)
23. Juni (21.10 Uhr)	Einzelner Wolf heult, gefolgt von Chorheulen an der Höhle (1.30 Minuten)
24. Juni (21.35 Uhr)	Einzelner Wolf heult, gefolgt von Chorheulen der Welpen (2.15 Minuten)
24. Juni (21.47 Uhr)	Einzelner Wolf heult, gefolgt von Chorheulen der Welpen (1.30 Minuten)
24. Juni (21.52 Uhr)	Chorheulen ca. 800 Meter vom Höhlenstandort (0.55 Minuten)
27. Juni (12.00 Uhr)	Einzelner Wolf heult ca. 100 Meter vom Höhlenstandort (0.20 Minuten)
27. Juni (18.50 Uhr)	Blackface heult, gefolgt von Chorheulen der Welpen 800 Meter vom Höhlenstandort (1.30 Minuten)
28. Juni (22.05 Uhr)	Mrs. Gray heult an der Höhle, gefolgt von Chorheulen inklusive Welpen ca. 700 Meter vom Höhlenstandort (3.30 Minuten)

Ein evolutionäres Phänomen: Das Fairholme Rudel

Dieses Rudel operierte bald in der Nähe der Stadt Banff, wo es völlig unerwartet Hirsche und andere Huftiere riss, sich doch recht häufig in der unmittelbaren Nähe zu Menschen und deren Siedlungen aufhielt und so bald für Furore sorgte. Erste Untersuchungen bestätigten eine Präsenz von zwei bis drei Wölfen, wobei man dem Rüden Aspen nach einigen Mühen schließlich einen Radiosender umhängen konnte. Das Nahrungsverhalten dieses Kleinverbandes ähnelte im Großen und Ganzen zwar dem eines normalen Wolfsrudels, das aus einem großen Familienverbund hervorgegangen ist, zeigte aber ein unglaublich flexibles Adaptivverhalten. Die Leittiere, Skelett eines jeden Rudels, veränderten ihr Verhalten aufgrund der ökologischen Voraussetzungen. Die Variabilität ihres Jagdverhaltens ist besser zu verstehen, wenn man die konkrete Situation vor Ort kennt: Jede Menge Hirsche in Stadtnähe.

Das dargestellte Schema der Bedingungen und ökologischen Voraussetzungen ist hier sicherlich etwas vereinfacht dargestellt, erklärt aber im Groben zunächst einmal die generelle Veränderung des Verhaltens dieser Wölfe im Vergleich zu allen anderen Rudeln im Banff Nationalpark. Wenn man über Anpassungsprozesse des Wolfes an den Menschen spricht, muss man sich unbedingt in erster Linie eine Raubtier-Beute-Beziehung vorstellen.

Und dieses Verhältnis zwischen Raubtieren und Beutetieren war aus Sicht des Menschen angespannt. Die Wölfe selbst sahen die ganze Angelegenheit erheblicher nüchterner. Sie reagierten nur auf die Nahrungsressourcen, die unter den jeweiligen Umständen zur Verfügung standen. Da waren nun einmal viele Hirsche. Auch wenn die Jahrhunderte lange Verfolgung bei der Spezies Wolf zunächst generell Furcht und Vorsicht hervorbrachte, lernten diese Wölfe sehr schnell eine gewisse Schläue und Dreistigkeit und ein differenziertes Verhalten gegenüber den Aktivitäten des Menschen zu entwickeln. Sie passten sich immer besser an, näherten sich der Stadt nur nachts und in den frühen Morgenstunden. Hier in Banff kannten die Wölfe des Fairholme Rudels die Bewohner jedenfalls sehr gut, zeigten dem Menschen gegenüber weder aktives Verteidigungsverhalten noch passives Abwehrverhalten. In einer Kontaktsituation mit Menschen flüchteten sie selbst dann sofort, wenn sie sich in der Nähe eines gerissenen Beutetieres aufhielten. Sie verhielten sich wie »Geister des Waldes«.

Bettina Bannes-Grewe, Tom Davidson und ich wollten aber nun unbedingt erfahren, ob das Fairholme Rudel im Frühsommer 2000 erfolgreich reproduziert hatte. Würden wir eventuell sogar einen verstohlenen Blick auf Nachwuchs werfen können? Hoffnung bestand, denn ein bestimmtes Gebiet schien laut Telemetriepeilungen seit Wochen das Zentrum aller Rudelaktivitäten zu sein. So machten wir uns auf, Näheres über die Eltern-Nachwuchs-Beziehung dieser Wolfsfamilie zu erfahren. Und wir hatten ziemliches Glück. Schon beim zweiten Versuch klappte es und wir blickten begeistert auf sechs schon kräftige graue Welpen. Ich konnte mir vorstellen, wie sich Bettina jetzt fühlen musste, als sie auf die Rasselbande schaute. Auch wenn ich einen solchen Anblick schon so oft erleben durfte, einen Adrenalinkick spürte ich auch jetzt wieder. Die soziale Rangordnungsstruktur des Fairholme Rudels war extrem überschaubar, da es sich um eine Familienneugründung handelte:

Da war zunächst die hellgraue, sehr große und ca. drei Jahre alte Mutter der Welpen, die wir später Kashtin tauften. Bei Big-One, einem dunkelbraunen, sehr großen und kompakten Männchen, ca. zwei Jahre alt, handelte es sich um den Leitrüden. Letztlich beobachteten wir Aspen, einen graubraunen, hochbeinigen und ca. zwei Jahre alten Rüden und natürlich die sechs ca. zehn Wochen alten Welpen. Die erwachsenen Tiere verhielten sich sehr scheu und tauchten nur sporadisch auf. Da uns nichts anderes übrig blieb, als den Beobachtungsposten auf einer kleinen Stromleitungsschneise einzurichten, eröffneten sich dadurch leider nur begrenzte Sichtmöglichkeiten. Alles in allem hatten wir aber Glück im Unglück. In einer umfangreichen

Wenn die Nahrungsgrundlagen günstig sind, bilden sich oft umfangreichere Rudelverbände. Nachdem die Fairholme-Wolfsfamilie gelernt hatte, »Stadthirsche« zu attackieren, veränderten sich die künstlich geschaffenen Regeln dieses Ökosystems komplett. Erstmalig tauchten die Wölfe auch an der Stadtrandlage von Banff auf, um Wapitis zu jagen.

Familienstruktur hat jedes Individuum so viele unterschiedliche Sozialbeziehungen, die sich dazu nicht nur verändern können, sondern von der vielen Zweierbeziehungen anderer Wölfe beeinflusst werden, dass wir aufgrund der Sichtverhältnisse ohnehin keine Chance gehabt hätten, die Rangdynamik zu ergründen. Selbst die Zweierbeziehung der beiden Rüden Big-One und Aspen blieb unklar. Deren Rangposition und Sozialstatus konnten wir erst im November 2000 ermitteln.

Das Fairholme Rudel nutzte anscheinend zwei unterschiedliche Höhlenkomplexe, die ungefähr dreihundert Meter auseinander lagen. Jedenfalls sahen wir die Welpen manchmal aus nördlicher Richtung herankommen, dann wieder aus südlicher Richtung. Die Stromleitungsschneise diente offenbar als Spielstube und die Welpen waren schon ausgesprochen fit. Die Ausdauer und Motivation der sechs Fellknäuel beim Spielen erstaunte uns immer wieder auf's Neue. Wenn sie aus der Deckung heran galoppierten, tollten sie anschließend mindestens eine halbe Stunde lang kreuz und quer die Schneise entlang. Ein Welpe, den wir später Dreamer nannten, beteiligte sich kaum an spielerischen Überfällen, er war mehr der Entdeckertyp. Es schnüffelte viel den Boden ab, untersuchte jeden Zweig, jeden Gegenstand und entfernte sich vom Pulk auffällig weit. Im Gegensatz zu allen anderen Welpen hatte er uns sofort entdeckt, setzte sich und beobachtete uns minutenlang äußerst neugierig. Einmal rannte ein weiterer Welpe heran, biss Dreamer plötzlich und unerwartet in die Seite, sprang sofort wieder zurück und rannte weg. Dreamer folgte dem spielerisch fliehenden Geschwister und bald ging die Verfolgungsszene über in ein Kreislaufen um einen Busch. Es schien ohnehin so, als ob es unter den Welpen gar kein reines Rennspiel gab, vielmehr wurden alle Spielaktivitäten entweder durch Beißkontakte unterbrochen oder aber das Ganze endete in einem Sozialspiel. Oft wurde aber auch ein Gegenstand über eine Art Mäusesprung attackiert, dann mit einer Pfote oder mit der Schnauze immer wieder angestoßen. Letztlich riss man den Gegenstand über Pfotenstemmen in kleine Stücke, die Ersatzbeute war dann komplett zerlegt. Es war immer sehr unterhaltsam die Welpen in ihrer Spielbegeisterung und ihrem unermüdlichen Engagement beim Spielen zu beobachten. Wir saßen dann mit strahlendem Gesicht da, kommunizierten nur über Handzeichen, um bloß keine Störung zu verursachen. Nach Beendigung solcher mehrstündigen Beobachtungen durchquerten wir den Wald auf kürzestem Weg und gingen bester Laune zum Auto zurück, wobei wir die zuvor observierten Verhaltensweisen diskutierten.

An einem Spätnachmittag raschelte es unüberhörbar seitlich im Gestrüpp. Unser Beobachtungsposten war nur wenige Meter von der Geräuschquelle entfernt und wir dachten schon, dass uns die erwachsenen Wölfe entdeckt hätten. Natürlich gab es niemals eine Garantie dafür, unentdeckt zu bleiben. Die Wahrscheinlichkeit einer Überraschung war im Busch immer gegeben. Bettina und Carolyn wussten noch nicht, was im nächsten Augenblick auf sie zukommen würde. Ein Schwarzbär trat hervor. Er zeigte überhaupt keine Scheu, aber auch keinerlei Aggression. Der Bär stand einfach nur da und reckte seine Nase in Richtung unseres Verstecks. Sobald er die Witterung von uns Menschen aufgenommen hatte, verschwand er auch ebenso schnell wie er gekommen war. »Habt ihr den Bären bemerkt«, fragte ich. »Er war nur drei Meter von uns entfernt, aber wir haben ihn trotzdem nur schemenhaft gesehen«, antwortete Bettina. Der erste Schreck war bald überwunden, trotzdem entschlossen wir uns, den Beobachtungsposten für diesen Tag zu verlassen. Den Bären sahen wir allerdings nicht wieder. Er empfand uns scheinbar nicht als Bedrohung, obwohl er genau wusste, dass wir in der Nähe waren. Auf Grizzlies trafen wir nicht, weil Schwarzbären und Grizzlies im Hochsommer meistens unterschiedliche Lebensräume bevorzugen.

Einen Tag später schlugen wir unser spärliches Quartier an gleicher Stelle auf, aber die Wölfe ließen sich nicht auf der Stromleitungsschneise blicken. Unsere Zeit der Verhaltensbeobachtungen neigte sich leider ihrem Ende zu und etwas unwillig flogen Bettina und ich zurück nach Deutschland.

Anmerkung: Wir beobachteten den Leitrüden Big-One nur einmal beim Heulen ca. 100 Meter vom Höhlenstandort entfernt.

Höhlenbeobachtungen im Sommer 2001
Unterwegs mit dem Bowtal Rudel

Die Feldstudien wurden in diesem Sommer vom 24. Mai bis zum 14. Juli 2001 exklusiv von meiner Frau und mir durchgeführt. Einige Feldforscher untersuchten zuvor alle bekannten Höhlenstandorte, konnten aber keinen Beweis einer erfolgreichen Reproduktion von Aster und Storm nachweisen. Nirgendwo stieß man auf Anzeichen irgendwelcher Welpenaktivitäten und die Hoffnung auf eine erfolgreich erfolgte Familienerweiterung des Bowtal Rudels schwand von Tag zu Tag. Da sich die Wölfe nicht in einem bestimmten Gebiet aufhielten, sondern stattdessen kreuz und quer durch ihr Territorium wanderten, änderten wir unsere Beobachtungsstrategie. Wir suchten fortan die gesamte Umgebung mit unserem Geländewagen ab und begleiteten das Rudel in der Konsequenz fast täglich. Wir legten in dieser Zeit insgesamt 13.000 Kilometer zurück, um durch Zuhilfenahme der Telemetrietechnik Storm's Aufenthaltsort permanent anpeilen zu können und seine Bewegungsaktivitäten zu verfolgen. An manchen Tagen verbrachten wir zwischen zwölf bis vierzehn Stunden in unserem Geländewagen. Ausgestattet mit frischem Kaffee und einigen Snacks, beobachteten wir die Verhaltensweisen der Wölfe. Von sehr kurzen »Pinkelpausen« abgesehen, harrten die uns im Auto stets begleitenden Hunde Jasper und Kashtin Stunde um Stunde mit aus. Erst am späten Abend führten wir sie dann zu einem längeren Spaziergang aus.

Wir geben nachfolgend den Ablauf der Ereignisse der ersten Woche so wieder, wie wir ihn damals in unseren Aufzeichnungen notierten:

25. Mai 2001, 08.15 Uhr:
Storm nähert sich auf dem Eisenbahngleis einer Unterführung, stoppt und dreht sich nach Aster um. Sie nimmt Blickkontakt auf und wedelt mit dem Schwanz. Storm dreht sich ab, richtet seinen Blick nach vorn und trottet langsam entlang der Eisenbahnschienen durch die Unterführung. Aster läuft gefolgt von Yukon im Abstand von ungefähr fünfzig Meter hinter ihm. Die Wölfe umkreisen einen Hirschbullen von zwei Seiten. Aster bleibt stehen und blockiert einen der möglichen Fluchtwege. Yukon stellt sich ebenfalls in Position und nimmt Blickkontakt zu Aster auf. Storm umkreist den Bullen weiter und versucht ihn in Richtung der beiden anderen Wölfe zu treiben. Der Wapitihirsch lässt sich nicht aus der Reserve locken und die Wölfe spüren offenbar, dass mit ihm nicht zu spaßen ist. Der Bulle zeigt kein Anzeichen von Schwäche. Eine Eisenbahn rollt heran und zwingt die Wölfe, ihr Testverhalten abzubrechen. Storm verlässt die Eisenbahnschwelle als erster, gefolgt von Aster und Yukon. Storm führt die Gruppe entlang des Bowflusses in den Wald. Yukon unterbricht seine Bewegung, schnüffelt auf dem Boden und uriniert in stehender Position mit leicht eingeknickten Hinterläufen und nach unten gedrückter Genitalregion. Er zeigt keinerlei Scharr- oder Kratzverhalten und

nimmt anschließend mit Storm und Aster wieder Kontakt auf. Es ist jetzt 08.46 Uhr.

26. Mai 2001, 07. 38 Uhr:
Alle drei Wölfe laufen auf der Straße. Yukon führt die Gruppe über einen Kilometer an, gefolgt von Storm und der mindestens fünfzig Meter zurückbleibenden Aster. Die senkt sich am Straßenrand mit einem schräg nach vorne hochgehobenem Hinterlauf auf einen großen Stein ab, verspritzt kleine Mengen Urin und scharrt auffällig. Storm bleibt stehen, nimmt Blickkontakt zu Aster auf, dreht sich um und uriniert an gleicher Stelle, indem er einen Hinterlauf zur Seite hochhebt. Die Wölfe befinden sich im sicheren Kernterritorium, so dass wir beim beobachteten Markierverhalten auch von einem Bindungsverhalten der Leittiere ausgehen. Sie wiederholen das gleiche Markierverhalten insgesamt sieben Mal, wobei die Initiative im Rollentausch zwischen Aster und Storm aufgezeigt wird. Die Wölfe schnüffeln an verschiedenen Stellen sehr intensiv, laufen über fünf Kilometer auf der Straße und verschwinden dann im Wald. Storm leitet die Gruppe bergauf. Die Wölfe sind außer Sicht. Es ist mittlerweile 09.12 Uhr.

28. Mai 2001, 08.00 Uhr:
Die Wölfe kommen aus dem Wald und überqueren die Straße. Aster leitet die Gruppe, gefolgt von Yukon, Storm und Nisha. Nisha überholt die anderen Wölfe und erreicht die gegenüberliegende Straßenseite als erste. Das Rudel ist wieder komplett. Wo und wann die Familienzusammenführung zwischenzeitlich stattgefunden hat, wissen wir nicht. Nisha hat sich jedenfalls vorher wieder einmal nicht zum Durchqueren der Autobahnunterführung entschließen können und muss im Bowtal allein zurückgeblieben sein, weil wir nur Aster, Storm und Yukon am 25. Mai 2001 beim Durchqueren des Tunnels beobachtet hatten.

Um 08.23 Uhr kommen alle vier Wölfe auf die Straße. Storm zuerst, dann Yukon und Nisha, zuletzt Aster. Storm dreht sich um, bleibt stehen und vergewissert sich anscheinend, ob die alte Aster nachkommt. Yukon schnüffelt am Boden. Nachdem ihn Nisha überholt hat, führt er einige Sprünge und Spielbewegungen aus und rennt hinter Nisha her. Die rennt los, verändert die Laufrichtung und Yukon beißt sie nach dem Aufholen in den Rücken. Nisha dreht sich mit angelegten Ohren um und beißt Yukon ins Ohr. Das Sozialspiel ist abrupt beendet und

Hochrangige Wölfe markieren ganz bestimmte Fixpunkte und scharren, während niederrangige Wölfe nur reines Urinierverhalten zeigen. Das gegenseitige Markierungsverhalten von Leittieren dient neben der Revierabgrenzung auch der Unterstreichung von Bindung zwischen den Leittieren.

Yukon nimmt Blickkontakt zu Aster auf. Dann trottet er ihr hinterher. Storm ist schon hundert Meter voraus, dreht sich zwischendurch mehrmals um und schaut mit hochaufgerichteten Ohren zurück. Aster uriniert in gewohnter Manier an einer Straßenkreuzung.

Es ist schon 09.00 Uhr und alle vier Wölfe laufen weiter auf der Straße.

Um 09.08 Uhr wechselt der führende Storm die Richtung und läuft nun entlang der Eisenbahnschiene in westlicher Richtung. Nisha trottet im Abstand von nur zwei Meter hinter ihm her, gefolgt von Yukon und Aster. Alle vier Wölfe laufen über zwei Kilometer auf der Eisenbahntrasse. Storm steuert nun eine offene Wiesenlandschaft an.

Es ist 09.33 Uhr. Storm und Aster legen sich hin. Yukon und Nisha beißen sich ohne Drohmimik und unter starker Hemmung gegenseitig in das Nacken- und das Rückenfell. Yukon läuft erneut auf die stehende Nisha zu und versucht, sie von unten herum in die Brust zu beißen. Nisha springt mit dem Vorderkörper hoch und dreht sich herum. Yukon springt nun ebenfalls hoch und es entsteht ein kleiner Ringkampf. Yukon versucht immer wieder, seine Vorderbeine um Nisha's Hals zu legen, sie zu umklammern und sie nach unten zu drücken. Nisha fällt kurzfristig hin, entwindet sich schließlich durch Hochspringen aus der Umklammerung und beißt Yukon ins Nackenfell. Storm steht auf.

Es ist jetzt 10.15 Uhr. Storm streckt und schüttelt sich und trottet dann gemütlich davon. Nisha rennt als erste hinter ihm her. Storm reagiert auf Nisha's Aufforderungslaufen und ihre anschließend spielerische Annäherung nicht. Er bleibt stehen, wedelt mit dem Schwanz, dreht seinen Kopf auf Nisha's erneute Annäherung zur Seite und geht wieder voran. Yukon rennt hinterher und beißt Nisha in den rechten Hinterlauf. Sie wird durch die Wucht des Aufpralls umgeworfen. Sie steht sofort auf, zieht die Lefzen an, bleibt stehen und protestiert durch Abwehrdrohen. Yukon schnüffelt auf dem Boden und nimmt dann Blickkontakt zu Aster auf. Nisha folgt Storm. Yukon trottet zu Aster, die ihren Kopf zur Seite dreht und dann aufsteht. Yukon läuft vor ihr her, Aster folgt. Storm überquert eine Straße, gefolgt von Nisha und zeitversetzt auch von Yukon und Aster.

Es ist nun 10.34 Uhr und die Wölfe sind außer Sicht.

29. Mai 2001, 09.22 Uhr:
Wir empfangen ein starkes Signal auf unserem Empfangsgerät und sehen alle vier Wölfe auf einer kleinen Anhöhe. Sie liegen in der Sonne. Aster und Yukon zeigen Kontaktliegen. Nisha steht auf und

nähert sich mit leicht angelegten Ohren schwanzwedelnd dem ruhenden Storm. Der hebt kurz den Kopf und ignoriert Nisha's Versuch der Kontaktaufnahme. Nisha dreht sich um, hält eine Individualdistanz von drei Metern zu Storm ein, dreht sich mehrfach im Kreis und legt sich hin. Sie beleckt ihre Genitalregion und rollt sich dann zusammen. Storm streckt seinen Körper seitlich aus und reckt einen Vorderlauf in die Luft. Aster und Yukon liegen zusammengerollt.

Um 10.12 Uhr steht Aster auf, streckt sich und gähnt. Yukon hebt den Kopf, steht ebenfalls auf und läuft zu Aster. Beide Wölfe zeigen Schnauzenkontakt, wedeln mit dem Schwanz. Auch Storm steht auf, zuletzt Nisha. Alle vier Wölfe laufen auf hochgestellten Beinen freundlich gestimmt umeinander. Aster und Storm reiben ihre Flanken kurz aneinander. Yukon und Nisha zeigen freundlich demütiges Umeinandertänzeln. Alle zeigen soziale Kontaktaufnahmen und wedeln sehr heftig mit leicht nach oben gehaltenem Schwanz. Nisha zeigt gegenüber Storm Maulwinkellecken. Yukon leckt Aster's Ohr und wedelt mit dem Schwanz. Aster löst sich als erste aus der Gruppe und läuft langsam bergab. Noch immer schwanzwedelnd folgt ihr Yukon. Storm streckt sich und trottet hinterher. Nisha schließt auf und leckt dem nun stehenden Storm über das ganze Gesicht. Storm wedelt und trottet hinter Aster und Yukon her. Aster führt die Gruppe, ihr folgen Storm, Yukon und Nisha. Aster überquert eine Straße und uriniert in gewohnter Manier am Straßenrand. Storm überholt Yukon und markiert an der gleichen Stelle. Yukon schnüffelt anschließend die Markierstelle interessiert ab, uriniert aber nicht. Nisha überholt ihn und läuft schnell über die Straße.

Es ist nun 10.09 Uhr. Wir sehen die Wölfe auf den Bahngleisen. Storm führt die Gruppe an, bleibt stehen und uriniert mit leicht angewinkeltem Hinterlauf. Aster markiert exakt an der gleichen Stelle. Es scheint so, als ob sie beide Hinterläufe anhebt und nur auf den Vorderbeinen steht. Nisha schnüffelt entlang der Bahngleise und folgt Storm im engen Abstand von maximal einem Meter. Yukon trödelt umher, kaut auf einem nicht zu identifizierenden Gegenstand. Alle weiterhin von Strom angeführten Wölfe laufen über fünf Kilometer entlang der Bahngleise.

Es ist 10.55 Uhr. Storm läuft mit streckenweise gesenktem Kopf entlang der Gleise und bleibt dann stehen. Mit aufgerichteten Ohren lauscht er in Richtung einer herankommenden Eisenbahn. Sein Schwanz ist leicht gesenkt, sein Hals gestreckt und seine Augen nach vorne in Richtung Eisenbahn gerichtet. Aster hat das Gleis schon verlassen. Storm dreht sich kurz um und läuft gefolgt von Nisha und Yukon in ihre Richtung. Alle vier Wölfe rennen in aufrechter Haltung und ohne zusammenzuzucken in den Wald.

Es ist jetzt 11.18 Uhr und die Wölfe sind außer Sicht.

30. Mai 2001, 07.55 Uhr:
Wir sehen die ganze Familie schon von der Autobahn aus. Aster führt die Gruppe durch ein kleines Sumpfgebiet und schwimmt dann ansatzlos durch den Bowfluss. Yukon zögert eine Sekunde und springt dann ins Wasser. Storm läuft an eine seichte Uferstelle und durchquert den Fluss, gefolgt von der dicht aufschließenden Nisha. Aster kommt an der gegenüberliegenden Flussseite an und schüttelt sich. Yukon verhält sich gleich. Storm und Nisha sehen wir nicht, eine kleine Flussbiegung behindert unsere Sicht. Vier Hirschkühe springen plötzlich auf, rennen etwas planlos umher, haben die sofort angreifenden Wölfe erkannt. Storm nimmt die Verfolgung auf, gefolgt von der heransprintenden Nisha. Aster und Yukon versuchen den Fluchtweg einer Hirschkuh abzuschneiden. Aster bleibt stehen und blockiert einen Wildwechsel. Storm und Nisha treiben die Hirschkuh in ihre Richtung. Das potenzielle Beutetier rennt durch das Sumpfgebiet und entkommt. Yukon versucht, der Hirschkuh den Weg abzuschneiden, kommt aber ins Straucheln. Storm und Nisha haben das Hetzverhalten schon abgebrochen und legen sich hin. Aster steht immer noch an der gleichen Stelle, bis Yukon zurückkommt.

Es ist 08.23 Uhr. Die Wölfe sind mit Ausnahme von Aster über und über mit Schlamm bedeckt und legen eine Ruhepause ein.

Um 09.20 Uhr steht Aster auf, streckt sich und trottet langsam davon. Storm steht auf, schaut ihr nach, folgt ihr. Yukon und Nisha ebenfalls. Aster läuft am Zaun der Autobahn entlang, die Reihenfolge der Formation hat sich nicht geändert. Dann übernimmt Storm die Führung und bleibt am Straßenrand stehen.

Um 09.31 Uhr überquert er die Autobahn, Aster folgt ihm. Nisha rennt an beiden vorbei und erreicht die gegenüberliegende Straßenseite wieder als erste. Yukon setzt zwar zur Überquerung der Autobahn an, bleibt aber mitten auf der Straße mit angelegten Ohren und in leicht geduckter Körperhaltung stehen.

Ein Lastwagen rast an ihm vorbei. Wir halten den Atem an. Jetzt erst läuft Yukon auf die andere Straßenseite. Alle vier Wölfe verschwinden im Wald.

Es ist 09.48 Uhr. Storm führt Aster, Nisha und Yukon über eine weitere Straße. Storm geht auf der anderen Straßenseite mit gen Boden gesenktem Kopf auf eine Anhöhe zu, Aster folgt. Yukon schließt auf, wedelt mit dem Schwanz und nimmt Kontakt zur nun stehenden Aster auf. Nisha ist außer Sicht. Storm wechselt mit leicht seitlich versetzten Hinterläufen in eine schnellere Schrittfolge und trabt einen Hügelkamm entlang. Nisha kommt aus dem Wald und folgt ihm. Storm uriniert in gewohnter Manier, Aster kommt heran und markiert an der gleichen Stelle.

Es ist 10.12 Uhr und alle vier Wölfe überqueren die Straße erneut: Storm voran, dann Nisha, Yukon und Aster. Die Wölfe sind wieder außer Sicht. Wir erhalten nach einigen Minuten ein starkes Peilsignal. Zwei Minuten später kommt eine Hirschkuh aus dem Wald, schießt in rasender Geschwindigkeit über die Autobahn. Yukon verfolgt sie in einem Abstand von maximal fünfzig bis sechzig Metern, achtet nicht auf den Verkehr. Wir warten, ob die anderen Wölfe folgen. Nach zehn Minuten entschließen wir uns den Geländewagen auf der Straße zu wenden.

Es ist jetzt 10.25 Uhr. Wir treffen auf ein Ehepaar, das uns von seinem Auto aus zuwinkt. Wir stoppen und erfahren, dass Yukon auf der Straße von einem Auto angefahren wurde, eine Minute regungslos liegen blieb, sich dann aber aufraffte und in den Wald humpelte. Wir stehen kurz vor einem Nervenzusammenbruch und warten ab. Der Unfallfahrer setzte seine Fahrt ohne zu stoppen fort. Wir warten und warten, ohne dass etwas Entscheidendes passiert. Wir diskutieren Yukon's mögliche innere Verletzungen und beten, dass er den Unfall überlebt hat.

Um 14.00 Uhr starten wir zusammen mit einem Parkangestellten eine groß angelegte Suchaktion. Unser Laikarüde Jasper nimmt eine Spur auf und wir finden Wolfskot, Wolfshaare und einige Pfotenabdrücke, Yukon finden wir jedoch nicht. Wir brechen die Suchaktion nach ca. zwei Stunden ab.

Es ist mittlerweile 16.15 Uhr und wir haben kaum noch Hoffnung Yukon jemals lebendig wiederzusehen. Wir fahren nach Hause und fühlen uns einfach miserabel. Wir können kaum schlafen und denken nur noch an Yukon. Wir verfluchen den Unfallfahrer, der weder das vorgeschriebene Tempolimit einhielt noch sich auch nur im Geringsten um den verletzten Wolf scherte.

Nach einer Weile der Hilflosigkeit und inneren Einkehr entschlossen wir uns, die Gegend in den nächsten Tagen gründlich abzusuchen, um eventuell Yukon zu finden. Mit der Zeit beruhigten wir uns zumindest ein wenig, versuchten die Situation mit rationaler Vernunft anzugehen. Es war nicht gerade einfach, aber man musste sich eben der Realität stellen. Wir fuhren unruhig umher, versuchten mit Hilfe des Fernglases neue Entdeckungen zu machen und hofften, Yukon zu finden. Die Sache ließ sich insofern ganz gut an, als dass wir Storm bald gefunden hatten. Er lief in den nächsten Tagen rastlos kreuz und quer durch das ganze Territorium, wirkte auf uns sehr hektisch und nervös. Yukon und Aster sahen wir kein einziges Mal. Nur Nisha begleitete Storm hier und da. Wir machten keine einzige Pause, sondern hielten uns über die nächsten Tage nur an Storm's Bewegungsrhythmus. Er schien damit beschäftigt, Nahrung heranzuschaffen und wurde dabei von Nisha unterstützt. Aster, die wir sonst schließlich ebenfalls täglich sahen, schien sich an den Aktivitäten von Storm und Nisha nicht zu beteiligen. Wir schöpften Hoffnung, dass ihr außergewöhnliches Verhalten mit der sehr engen Sozialbindung zu Yukon zusammenhing. Was hatten wir nicht alles über stets wechselnde Zweierbeziehungen von Wölfen gelesen. Würde das Bowtal Rudel Yukon einfach aufgeben? Lebte er überhaupt noch?

Es sollte fast vierzehn dramatisch verlaufende Tage dauern, bis wir Gewissheit erhielten. An jenem 12. Juni war ich allein unterwegs. Ich erhielt ein vielversprechendes Peilsignal von Storm's Radiohalsband und sah ihn dann auch gleich am Uferrand des Flusses. Auch Nisha trottete eher bedächtig in eine große Gruppe Weidenbüsche. Ich parkte den Geländewagen, griff hastig nach meinem Fernglas und sah eine ganze Horde Raben, Krähen und Elstern auffliegen. Die Wölfe mussten also Beute gemacht haben. Dann sah ich Nisha mit gefülltem Bauch durch einen Seitenarm des Flusses waten. Storm folgte ihr. Es war ein extrem günstiger Moment gekommen vielleicht alle Wölfe zu sehen. Und tatsächlich kam Aster gerade aus einem Gestrüpp - und ich werde jenen Moment meines Lebens niemals vergessen - auch Yukon stand plötzlich da. Feldforscher sollten selbst in einer hoch emotionalen Situation nicht sentimental werden. Was kümmert's mich - ich konnte meine Tränen der Rührung einfach nicht zurückhalten. In einer solchen Situation keine Gefühle zeigen zu dürfen, hielt ich für baren Unsinn und ich verschwendete keinen einzigen Gedanken daran, ob ich mich gerade sehr professionell verhielt. Die momentane Stimmung überwältigte mich einfach und ich wollte nur noch diesen Augenblick der Glückseligkeit genießen. Meine Adern pochten wie ein Vorschlaghammer und ich hätte gerne gewusst, wie viel Tausende Glückshormone ich damals wohl ausgestoßen habe.

Yukon konnte sich nur mühsam auf drei Beinen halten, zog einen Vorderlauf an und belastete ihn nicht. Trotz seines Handicaps war ich einfach nur heilfroh darüber, dass ich ihn lebendig wiedersah. Aster drehte sich um, lief schwanzwedelnd auf Yukon zu. Beide Tiere berochen sich gegenseitig in der Schnauzengegend, Aster leckte Yukon anschließend über das ganze Gesicht und ich lernte eine wichtige Lektion: Wölfe sind in der Lage tief verwurzelten Gefühlen zu folgen. Deshalb sollten wir Menschen uns hüten, bei der Charakterisierung ihrer Beziehungen vereinfacht nur von Rang, Position oder Status zu reden. Eine solche Betrachtungsweise kann nur eine erhebliche Komprimierung der Wirklichkeit darstellen. Die Wirklichkeit aber ist sicherlich, dass Wölfe (und selbstverständlich viele andere Tierarten auch) unglaublich enge Sozialbindungen aufbauen und durchaus in einer Gefühlswelt leben. Bei aller Begeisterung für eine sachliche Charakterisierung von Rangbeziehungen bin ich mir sicher, dass es für uns Menschen noch sehr viel zu lernen gibt. Sicherlich werden jetzt viele Forscher aufschreien und unsere Beschreibungen als emotionale Übertreibungen werten. Nun, sei's drum!

Natürlich müssen im Fall Yukon auch nüchterne Fakten berücksichtigt werden. Nicht nur wir haben bei unseren Untersuchungen herausgefunden, dass alle sozialen Beziehungen im Leben eines Wolfes einen hohen Stellenwert einnehmen. Objektiv betrachtet blieb die Frage offen, ob Aster nur deshalb in der Nähe von Yukon blieb, um dem verletzten Familienmitglied gegebenenfalls Schutz zu bieten. Da im Normalfall gerade die getrenntgeschlechtlichen Beziehungen sehr stabil sind und Aster und Storm seit Jahren eine sehr enge Sozialbindung aufgebaut hatten, fragten wir uns andererseits, ob in diesem konkreten Fall Aster's Mutterinstinkte gegenüber Yukon überwogen. Vielleicht brachen Storm und Nisha ja auch nur deshalb allein zur Jagd auf, um Yukon nicht als Mitglied ihrer ohnehin sehr kleinen Jagdgemeinschaft zu verlieren. Fest stand nur, dass Storm in regelmäßigen Abständen zum Kernterritorium zurückkehrte, um dort Aster und Yukon mit Nahrung zu versorgen. Diese Prozedur zog sich über mehrere Wochen hin. Wir beobachteten Storm dabei, wie er freundlich-bestimmt Yukon Knochen anbot. Storm begrüßte auch Aster nach seiner Rückkehr von einem Jagdstreifzug schwanzwedelnd, schleppte Futter heran, wie wir es zuvor nur bei der Versorgung von Welpen erlebt hatten. Alles sah nach der Befriedigung familiärer Bedürfnisse aus. Aufgrund der einfachen Gruppenkonstellation (Vater, Mutter, Tochter und Sohn) war es für Storm unnötig, seine Rang- und Dominanzbeziehung zu den anderen Tieren der Gruppe in allen möglichen Lebenssituationen auszutesten, was sonst in einem Wolfsrudel durchaus üblich ist. Es gab weder soziale Konflikte zu lösen, noch befand sich sein individueller Freiheitsraum in Gefahr. Storm brauchte seinen sozialen Status nicht zu demonstrieren und gegen andere Wölfe zu behaupten, denn er bestimmte ohnehin den möglichen Handlungsrahmen der Gruppe. Da das Überleben der gesamten Familie buchstäblich am seidenen Faden hing, konnte man Storm's Verhalten nur als aufopferungsbereit bezeichnen. Er schlüpfte in die Rolle des Versorgers, war an manchen Tagen und Nächten weit über hundert Kilometer unterwegs, um dieser gewaltigen Aufgabe einigermaßen gerecht zu werden. Wir beobachteten Storm fast täglich, sahen zu, wie er von Woche zu Woche an Gewicht verlor und immer dünner wurde. Die scheue Nisha begleitete ihn nur sporadisch. Mittlerweile war es schon Anfang Juli. Der jetzt hereinbrechende Massentourismus sorgte dafür, dass Nisha sich immer weniger getraute, Straßen zu überqueren. Unsere Wölfe werden zu etwa der Hälfte bei Wanderungen und der Jagd durch Autoverkehr unterbrochen. Dieser Umstand veränderte wiederum Storm's Jagdverhalten. Statt primär Hirsche zu verfolgen, jagte er nun Rehe.

In diesem Sommer nahm die Bestandsdichte an Rehwild offenbar zu, weil die Hirschpopulation stark dezimiert war. Deren gemeinsame Nahrungsgrundlage (verschiedene Gräser, Blumen, Kräuter und Blätter) stand nun primär den Rehen zur Verfügung. Im Gegensatz zu den oft in größeren Herden auftretenden Hirschen bevorzugen Rehe aber ein Leben in Kleinfamilienverbänden. Zwangsläufig musste sich Storm bei der Jagd massiv umstellen, denn die Rehe waren nun einmal erheblich schneller und wendiger als ihre großen Artverwandten. Das hieß in der Konsequenz, sich von einer liebgewonnenen Tradition, der Hirschjagd nämlich, zu verabschieden und außerdem mehr Energie aufzuwenden. Weil die neue Aufgabe so schwierig war, verlagerte

Weil es die Umstände erforderten, jagte Storm auch tagsüber bei Temperaturen von 30° Celsius und kühlte sich regelmäßig im Bowfluss ab. Flüsse stellen für Wölfe keine ernsthaften Hindernisse dar, selbst Welpen im Alter von vier Monaten durchschwimmen sie ohne Mühe.

Storm seine Jagdstrategie bisweilen auf Schneeschuhhasen und Kanadagänse.

Immer wieder kehrte Storm zum Kernterritorium zurück, um die Versorgung von Aster und Yukon weiter aufrecht zu erhalten. Der Ablauf der Geschehnisse mutete so rührselig an, dass wir uns manchmal leibhaftig in einen Groschenroman versetzt fühlten. Mitte Juli war dann endlich wieder ein normales Gleichgewicht in Bezug auf die Aktivitäten aller Familienmitglieder hergestellt: Aster und Yukon beteiligten sich wieder an gemeinsam durchgeführten Jagdausflügen außerhalb des Kernreviers. Dies war auch notwendig, denn die ganze Familie konnte auf Dauer nicht nur von Hasen und Gänsen leben. Nach den wenigen erfolgreichen Angriffen auf Rehe die wir beobachten konnten, konzentrierten sich die Wölfe nun wieder auf die Jagd von Hirschen, auch wenn deren Bestand langsam aber sicher als bedrohlich einzustufen war.

Yukon humpelte zwar noch, bewerkstelligte allerdings eine beachtliche Durchschnittsgeschwindigkeit von fünf Kilometern pro Stunde. Das harte Leben, welches Wölfe ohnehin generell führen, gestaltete sich jetzt um einiges erträglicher. Wie viel Hunger und Entbehrung hatte diese Familie aushalten müssen. Dank Storm's unermüdlicher Aktivitäten waren sie aber in einem erstaunlichen Maße fähig gewesen, irgendwie bei Kräften zu bleiben und die missliche Lage zu meistern.

Am 14. Juli 2001 führte Storm die Familie auf eine kleine Hirschgruppe zu. Die Wölfe beteiligten sich nicht nur alle an der anschließenden Jagd, sondern ließen dabei in einem taktischen Manöver auch gleich wieder alte Rollenverteilungen erkennen: Das Rudel teilte sich auf, Storm ergriff die Initiative und schlich sich in einem großen Bogen an die Hirsche heran. Aster und Yukon legten sich auf die Lauer und schnitten den potenziellen Beutetieren durch strikte Einhaltung dieser Position zumindest einen möglichen Fluchtweg ab. Die pfeilschnelle Nisha übernahm wie immer die Rolle der Treiberin. Die Koordination der Handlungen war auch bei diesem Jagdversuch außerordentlich gut. Ein Hirsch geriet in Panik und rannte los. Da das Rudel unter Aus-

Ältere, erfahrene Leitwölfinnen sind oft Entscheidungsträgerinnen oder teilen sich bestimmte Arbeitsbereiche mit den Leitrüden. Mariah kam als Tochter von Betty aus der gleichen »Farblinie« wie Diane und Aster. Alle vier Leitwölfinnen verhielten sich sehr ausgeglichen und sanft. Mariah verließ ihre Mutter Betty im Alter von drei Jahren und gründete einen eigenen Familienverband.

nutzung von Dickicht und einer Windbruchfläche den davonlaufenden Hirschen in ein unübersichtliches Waldstück trieben, blieb uns die Überprüfung jeglichen Jagderfolgs leider versagt. Selbstverständlich hofften wir für sie auf leichte Beute, denn die Hirschpopulation und somit die Nahrungsgrundlage des Bowtal Rudels war seit geraumer Zeit auf einem historischen Tiefpunkt angekommen. Zu unserem größten Bedauern mussten wir am nächsten Tag nach Deutschland zurückfliegen. Aber wir sollten Storm, Aster, Nisha und Yukon im November 2001 wiedersehen und Augenzeugen einer dramatischen Entwicklung werden.

Höhlenbeobachtungen am Reddeer Rudel

Aufgrund der dramatischen Ereignisse um Yukon & Co blieb wenig Zeit, die anderen drei Wolfsrudel zu beobachten. Nichtsdestotrotz flogen wir für vier Tage vom 13. bis 16. Juni ins Hinterland des Parks, um zunächst die weitere Entwicklung der Rangdynamik des Reddeer Rudels zu verfolgen. Es war bitterkalt und schneite. Den traditionellen Beobachtungsposten teilte ich diesmal mit Erin Urton, einer im Winter 2000/2001 sehr liebgewonnenen Feldforscherin, deren Faszination ebenfalls bis zum heutigen Tag Raubtiere sind. Erin arbeitet derzeit an ihrer Diplomarbeit im Prince Edward Nationalpark in der kanadischen Provinz Saskatchewan. Nun saßen wir also für zehn bis zwölf Stunden pro Tag gemeinsam in dieser Art Eisschrank, so gut es ging in Winterkleidung vermummt.

An dieser Stelle sollte unbedingt noch einmal Erwähnung finden, dass Wolfsforschung in erster Linie Warten bedeutet. Spannende Erlebnisse stellen eher die Ausnahme dar. Im Normalfall sitzt man Stunde um Stunde, Tag um Tag, mitunter sogar Woche um Woche an einer bestimmten Stelle, darf sich zur Vermeidung jeglicher Störung nicht viel bewegen, harrt bei Kälte oder Hitze aus und beobachtet die nähere Umgebung - falls es etwas zu beobachten gibt. Wölfe frönen nämlich nur allzu gerne ihrem großen Hobby: Schlafen. Oft legen sich die Tiere auch einfach nur nieder und dösen vor sich hin. Nichts passiert, Stunden vergehen und es kommt einem so vor, als ob die Zeit länger und länger würde. Außerdem ernährt man sich abwechselnd von Müsli,

Wolfswelpen verbessern ihre Bewegungsabläufe und jagdlichen Fähigkeiten im Spiel, entwickeln sich sehr individuell und kennen noch keine Rangordnung. Sie sind bei ausreichender Nahrungsgrundlage sehr aktiv und genießen das Leben völlig unbedarft. Die Welpen sind das Zentrum der Aufmerksamkeit von erwachsenen Wölfen, die stets bemüht sind, einen möglichst hohen Anteil des Nachwuchses auf den ersten harten Winter vorzubereiten.

Schokoriegeln, Nudeln, Reis und ein bisschen Obst, um am nächsten Tag die kulinarische Menüliste in umgekehrter Reihenfolge abzuessen. Eine solche Lebensweise ist bestimmt nicht jedermanns Sache, viele Menschen haben deshalb eine etwas zu romantische Vorstellung von der praktischen Durchführung von Feldforschung.

Unsere Verhaltensbeobachtungen bestätigten zunächst die Anwesenheit alter Bekannter: Da waren zunächst Big-Gray, der jetzt ungefähr sieben Jahre alte Leitrüde nebst seiner alten »Gattin« Mariah. Sie war nun im Alter von neun Jahren noch heller geworden, ihr Gesicht war hellgrau. Ihre charakteristische weiße Schwanzspitze verriet sie sofort. Die schwarzbraun gefärbte Chinook verhielt sich scheu wie eh und je. Sie musste nun im Juni 2001 in etwa fünf Jahre alt sein. Gentle, das juvenile Weibchen aus dem Jahre 1999, hatte sich prächtig entwickelt. Sie kam jetzt hochaufgeschossen auf langen Beinen daher, wirkte auf uns ebenfalls etwas heller. Ob es sich bei einem weiteren grauen Wolf um ein Familienmitglied des Jahres 1999 handelte, blieb offen. Eigentlich wirkte dieser Wolf jedoch noch zu verspielt, um ihn als gestandenes Alttier zu charakterisieren. Insgesamt blickten wir also auf fünf erwachsene Wölfe.

Schon am nächsten Morgen betrat Mariah vertrauensvoll und ohne jede Panik eine offene Wiesenlandschaft, in ihrem Gefolge tummelten sich vier schätzungsweise sieben bis maximal acht Wochen alte Welpen. Zwei Junge waren mit Ausnahme von weißen Brustflecken pechschwarz, ein weiteres Junges pur schwarz und der letzte Welpe im Bunde schwarz mit silbernen Sprenkeln auf Rücken, Beinen und Gesicht.

Big-Gray genoss bei sozialen Begegnungen mit anderen Familienmitgliedern eindeutig die größte Bewegungsfreiheit, wobei er nicht besonders daran interessiert schien, diesen Freiraum zu erweitern. Auch wenn im Hinblick auf individuelle Freiräume unter Wölfen generell sehr oft Verschiebungen zu beobachten sind, war vor allem der Gleichgewichtszustand zwischen Big-Gray und Mariah unbedingt als äußerst stabil zu bezeichnen. Das alte Paar folgte einer vertrauten Sozialbindung, keiner der beiden versuchte, den Freiraum des anderen zu verringern. Die Leittiere verhielten sich untereinander vielmehr sehr vertrauensvoll und freundlich, was unter anderem durch viele soziale Kontaktaufnahmen zum Ausdruck kam. Mariahs ruhiger und ausgeglichener Charakter trug sicherlich dazu bei, dass sie im Umgang mit Big-Gray nie Demutsverhalten zeigte, andererseits aber auch nie spielte. Das Gleichgewicht der Kräfte innerhalb der Familienstruktur basierte auf einer klaren Rollenverteilung: Mariah beschäftigte sich primär mit den Welpen, während sich Big-Gray bei Anwesenheit am Höhlenstandort als Wächter betätigte oder aber eine Jagdformation in die entgegengesetzte Richtung führte. Aufgrund der kurzen Zeit konnten wir über die Zweierbeziehungen der anderen Wölfe keine verlässliche Aussage treffen.

Einen Beobachtungstag möchten wir allerdings besonders hervorheben, um nochmals auf die Wichtigkeit des Spiels unter Welpen zu verweisen. An einem späten Nachmittag bewachte Gentle in Mariahs Abwesenheit gerade die Welpen. Die vier Knirpse waren offenbar in »Entdeckerlaune« und entwischten ihrer »Tante« sehr geschickt. Ein besonders hübsches, männliches Junges mit silbergesprenkeltem Rücken raste auf die offene Wiese, ohne sich auch nur einmal umzuschauen. Er visierte einen aus zwei Tannen bestehenden Unterstand an, dessen Nähe es natürlich zu verteidigen galt. Ein zweiter Welpe schnüffelte als Ablenkungstaktik am Boden entlang, ohne dabei die Baumgruppe aus den Augen zu verlieren. Die beiden restlichen Jungen interessierte kein taktisches Geplänkel, sie rannten auf dem kürzesten Weg geradewegs auf das Ziel zu, und schon ging es kräftig zur Sache. Ein Welpe wollte damit beginnen, mit einem Tannenzapfen in der Schnauze Imponiertragen vorzuführen, als ihn auch schon ein anderes Junges überfiel und in den rechten Hinterlauf biss. Statt »King of the castle« (König des Schlosses) hieß das Spiel in jenem Fall »King of the branches« (König der Äste). Die Welpen schienen sich durch gegenseitige Stimmungsübertragung zu animieren, und das agonistische und objektbezogene Spiel konnte beginnen. Der silbergesprenkelte Welpe versuchte einen Zweig von einer Tanne abzureißen, stemmte seine Pfoten kräftig gegen den Baumstamm und sprang zwischenzeitlich immer wieder einmal gegen den Zweig. Er schüttelte dann einen Tannenzapfen, schleuderte ihn in die Luft, um ihn anschließend sofort wieder in einer Art Mäusesprung mit der Schnauze anzustoßen. Die anderen drei Welpen begeisterte diese Aktion so sehr, dass sie im Hoppelgalopp heranrasten und das mitsamt Tannenzapfen fliehende Junge verfolgten. Es entwickelte sich ein Rennspiel kreuz und quer durch die offene Wiesenlandschaft. Das anvisierte Ziel war offensichtlich jedesmal die kleine Tannengruppe mit deren Verteidigung. Die Welpen waren so enthusiastisch ins Spiel vertieft, dass nahezu eine halbe Stunde verging. Es ging rauf und runter, hin und her, und die typischen Spielgesichter der Welpen sprachen Bände. Nach einer halben Stunde beschloss Gentle, welche das Spielgeschehen der Welpen stets in liegender Position aufmerksam verfolgte, aufzustehen und ohne großen Kommentar den Höhlenstandort anzusteuern. Es dauerte keine zwei Minuten und ein Welpe folgte ihr nach dem anderen in unnachahmlichen Hoppelgaloppsprüngen. Das war's. Wir hatten die Wölfe zum letzten Mal gesehen und mussten am nächsten Morgen ohnehin zurück nach Banff.

Trotz sehr sporadischer Beobachtungsmöglichkeiten kamen wir hinsichtlich der Struktur der sozialen Rangordnung des Reddeer Rudels im Sommer 2001 zu folgendem Schluss:

Tabelle 1: Die Bedeutung der Pfeilrichtung haben wir bereits erkärt

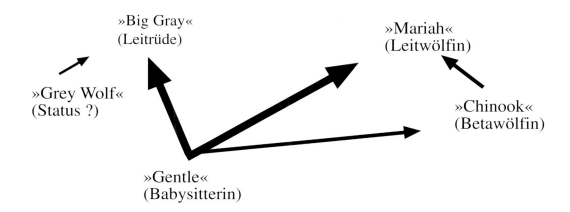

Tabelle 2: Beobachtete Reaktion eines erwachsenen Wolfes auf die Annäherung eines futterbettelnden Welpen (n=25)

Reaktion des Wolfes	Ignorieren	Schnauzgriff	Futter vorwürgen	Säugen	Spielen
Big Gray	4 x	3 x	1 x	keine Beob.	keine Beob.
Mariah	3 x	keine Beob.	keine Beob.	3 x	keine Beob.
Chinook	1 x	keine Beob.	keine Beob.	keine Beob.	keine Beob.
Gentle	1 x	1 x	keine Beob.	keine Beob.	8 x

Tabelle 3: Beobachtetes oder wahrgenommenes Heulverhalten der Wölfe

14. Juni (12.05 Uhr)	Chorheulen am Höhlenkomplex
14. Juni (20.45 Uhr)	Einzelner Wolf heult aus der Distanz, gefolgt von Chorheulen am Höhlenkomplex (3 Minuten)
15. Juni (10.35 Uhr)	Einzelne Wölfe heulen an der Höhle, gefolgt von Chorheulen der Welpen (4.5 Minuten)
16. Juni (09.55 Uhr)	Chorheulen, inklusive Welpen am Höhlenstandort (1.2 Minuten)

Die Wolfsära nach Betty und Stoney begann

Vom 3. bis 6. Juli 2001 flogen wir zur Überprüfung der Rangdynamik des Panther Rudels an die altbekannte Stelle im Hinterland des Parks. Betty und Stoney, auf deren Tod wir im nächsten Kapitel noch näher eingehen werden, hinterließen natürlich eine große Lücke. Mittlerweile hatten die scheue Alpine und der Rüde Blackface eine neue Wolfsära eingeleitet, indem sie im Frühjahr insgesamt vier Welpen gezeugt hatten. Zwei Junge fielen durch eine schwarze Fellfärbung inklusive dem fast schon obligatorischen weißen Brustfleck auf, ein Welpe war graubraun und ein anderer außergewöhnlich rotbraun. Der Nachwuchs musste jetzt, im Juli 2001, ungefähr zehn Wochen alt sein, jedenfalls waren die Welpen schon sehr kräftig und stabil. Mrs. Gray, mittlerweile etwa vier Jahre alt, und der graue Welpe des Vorjahres, liefen gerade bergab zu einer Lichtung. Ein guter Start. Wir hofften natürlich auf weitere schöne Beobachtungstage. Leider hatten die Wölfe aufgrund Alpines extremer Vorsicht und Scheuheit einen anderen Höhlenstandort zum neuen Domizil erklärt: Hoch oben in den Bergen, dazu mitten im Wald und für uns Feldforscher in keiner Weise sichtbar.

So bestand unser Verhaltensbeobachtungszeitraum letztlich nur aus fünfzehn Minuten aktiver Begleitung des Panther Rudels. Fassen wir deshalb kurz zusammen:

Blackface war also stolzer Vater geworden. Dies konnten wir nun mit Gewissheit sagen, denn außer ihm war kein anderer Rüde präsent. Wie gehabt, brachte Alpine eigene Stärke gegenüber Mrs. Gray zum Ausdruck, indem sie sich über Imponierverhalten präsentierte. Mrs. Gray verzichtete auf jegliche aggressiv vorgetragene Gegenwehr, winkelte vielmehr im Stehen ihr Vorderbein an, richtete ihre Pfote in Richtung Alpine und drückte über diese Verhaltensweise die Bereitschaft zur sozialen Unterordnung aus. Alpine und Blackface hatten schließlich Reproduktionserfolg und demonstrierten in der beobachteten Situation klare Tendenzen, den eigenen Freiheitsraum nach ihren Vorstellungen zu gestalten. Wie sich nun die Zweierbeziehungen mit dem grauen Jährling des Rudels darstellten, wie deren Zugang zu bestimmten Objekten wie Futter oder zu den Sexualpartnern Alpine und Blackface aussah, konnten wir aufgrund mangelnder Beobachtungsmöglichkeiten nicht herausfinden. Auch der Nachweis, ob eine mögliche Koalition oder gar Freundschaft zwischen Mrs. Gray und dem weiblichen Jährling bestand, blieb pure Spekulation. Fest stand nur, dass das juvenile Weibchen großes Interesse an den vier Welpen zeigte und sich mit ihnen spielerisch beschäftigte. Leider konnten wir nicht mehr Informationen sammeln, weil sich die Wölfe vornehmlich im Wald aufhielten. Vielleicht sahen wir die Wölfe aber auch deshalb nur sporadisch, weil es mit 33° Celsius sehr heiß war. Im Allgemeinen pflegten Wölfe den Tag bei solchen Temperaturen im wahrsten Sinne des Wortes zu »verschlafen«.

Trotz sporadischer Beobachtungsmöglichkeiten kamen wir in der Summe aller beobachteten einzelnen Zweierbeziehungen hinsichtlich der sozialen Rangordnung des Panther Rudels im Jahre 2001 zu folgendem Schluss:

Tabelle 1: Die Bedeutung der Pfeilrichtung haben wir bereits erklärt

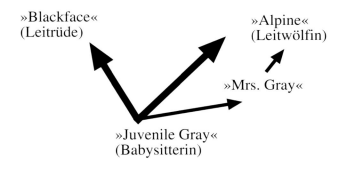

Tabelle 2: Beobachtetes oder wahrgenommenes Heulverhalten der Wölfe

04. Juli (08.30 Uhr)	Einzelner Wolf heult, gefolgt von Chorheulen inklusive Welpen am neuen Höhlenstandort (3,5 Minuten)
04. Juli (21.55 Uhr)	Chorheulen der Wölfe am neuen Höhlenstandort (4 Minuten)
05. Juli (22.00 Uhr)	Einzelner Wolf heult, gefolgt von Chorheulen am neuen Höhlenstandort (2 Minuten)

Zu Gast an der Höhle des Fairholme Rudels

Wir haben im vorherigen Teilkapitel über die verschiedenen nahe beieinanderliegenden Höhlenkomplexe berichtet, die dieses Rudel schon im Sommer 2000 nutzte. Auch im Frühjahr 2001 bezog die Wolfsfamilie ihr altes Quartier. Die erwachsenen Tiere des Vorjahres bildeten immer noch das Skelett dieser Familieneinheit. Außerdem waren wieder sechs graue Welpen geboren worden. Leider konnten meine Frau und ich nicht alle elf erwachsenen Tiere direkt an der Höhle beobachten, dafür sahen wir sie dann aber mehrere Male an einem anderen Ort. Die Gesetzmäßigkeiten der sozialen Rangordnung wollen wir im nächsten Kapitel in einem Rückblick auf die Geschehnisse des Winters 2000/ 2001 näher erläutern und außerdem die verschiedenen Beziehungen zwischen den einzelnen Wolfsindividuen näher beschreiben. Die Entschlüsselung der sozialen Bindungen zwischen den einzelnen Wölfen gestaltete sich schwierig, denn alle Familienmitglieder des Fairholme Rudels sahen für uns zunächst alle grau aus. Dennoch gelang es uns, die Rangordnungsstruktur unter den älteren Tieren anhand der beobachteten Zweierbeziehungen zu bestimmen. Auch wenn Aspen hin und wieder dazu tendierte, seinen eigenen Freiraum zu erweitern, war Leitrüde Big-One in ungefähr 80% aller Zweierbeziehungen das ranghöchste Männchen. Aspen wiederum führte selbstständig bisweilen eine kleine Jagdformation an, die außer ihm aus maximal vier Jungwölfen bestand. Die Jungwölfe Dreamer und Sandy richteten sich zwar grundsätzlich nach dem Verhalten der älteren Tiere und folgten den Aktivitäten des Rudels, hielten sich aber zu über 75% unserer Beobachtungszeit in der Nähe des Höhlenstandortes auf. Ihre Aufgabe war das Babysitting und beide zeigten eine sehr enge Bindung zu den sechs Welpen.

Im Übrigen beobachteten wir schon im vorangegangenen Winter, dass Dreamer und Sandy einer starken Geschwisterbindung folgten, auf die wir noch ausführlich zu sprechen kommen werden. Leider war Dreamer auch der Prügelknabe der Gruppe und musste mitunter einiges wegstecken. Er gehörte im Sommer 2001 definitiv nicht zur zentralen Gruppe, die hauptsächlich aus dem Leitpaar Big-One und Kashtin und dem ranghöchsten Rüden unter den jugendlichen Tieren, Chaser, bestand. Interessanterweise hielt sich Betarüde Aspen meist vornehm zurück. Stattdessen hatte sich Chaser im Verlaufe des Frühjahres zum »Mini–Alpha« aller juvenilen Wolfsindividuen entwickelt. Er scheuchte besonders gerne

den sanftmütigen Dreamer, weshalb er schließlich auch den Namen Chaser erhielt. Grundsätzlich beobachtete man ihn in Big-Ones Nähe. Ihm gegenüber zeigte er allerdings stets aktive Unterwerfung.

Dreamer und Sandy unternahmen mit den Jungen schon sehr früh kleine Wanderausflüge, die manchmal mehrere Kilometer betrugen. Ein Zusammenhalt der gesamten Familie war bei solchen Wanderungen nicht notwendig, weil sich die Tiere innerhalb des Kernterritoriums bestens auskannten. In für sie fremde Gebiete wagten sich Dreamer und Sandy nicht vor. Ab einem Alter von ca. neun Monaten waren Dreamer und Sandy mutterseelenallein und weit entfernt vom Rudel unterwegs. Es schien so, als ob die zentrale Gruppe eine stärkere Bindung zu Chaser und den anderen Welpen unterhielt, als zu den beiden »Eigenbrötlern«.

Innerhalb eines Familienverbandes gibt es immer unterschiedliche Rollen zu besetzen. Dreamer und Sandy füllten neben den Welpenerzeugern Big-One und Kashtin und dem äußerst erfahrenen Huftierjäger Aspen die Rolle der Babysitter aus. Dieser »Job« schien beiden zu gefallen. An der Höhle trugen die Leittiere Big-One und Kashtin zwar durch ihren Willen zur Kontaktaufnahme zum generellen Zusammenhalt der Familie bei, übten aber gerade auf Dreamer und Sandy eine besonders starke Attraktivität aus.

Zwischen den Leittieren und dem Betarüden Aspen bestand nicht unbedingt eine starke Bindung, was auch erklärte warum er, zusammen mit einigen anderen Jungtieren, selbstständig zur Jagd aufbrach. Natürlich war Aspen auch häufig in der Nähe von Big-One anzutreffen, da beide Rüden eine enge Bindung zur Leitwölfin Kashtin pflegten. Auch innerhalb dieser Familienstruktur schien die Leitwölfin in besonderem Maße den Zusammenhalt der Gruppe zu fördern. Sie war stets Mittelpunkt des Geschehens, vielleicht auch deshalb, weil sie sehr wahrscheinlich älter war als die beiden Rüden, die wir als Brüder charakterisierten.

Sorry, meine lieben Leser, aber somit widersprechen wir der Vorstellung noch einmal, dass nur der Leitrüde einer Wolfsfamilie eine überragende Funktion haben kann. Die Gleichgewichtszustände waren vielmehr stabil und die beiden Brüder Big-One und Aspen kamen aufgrund ihres sehr unterschiedlichen Charakters gut miteinander aus. Wie während der Sommermonate üblich, waren die Wölfe mit den Welpen beschäftigt und jegliche aggressive Handlungsbereitschaft war gering. Nur Chaser sorgte hin und wieder für Unruhe, worunter der stille Dreamer am meisten litt. Aufgrund der Familienstruktur, dem Altersunterschied zu den einjährigen Jungen und den Welpen aus diesem Frühjahr konnte man im Großen und Ganzen von einem sogenannten »Eltern-Nachwuchs-Dominanzsystem« sprechen. Wir übernehmen hier gerne einen Begriff, den der amerikanische Biologe Dr. Smith geprägt hat, weil er auch unseren Vorstellungen von einer Familienstruktur entspricht.

Aufgrund der dramatischen Ereignisse um das Bowtal Rudel hatten Karin und ich nur wenig Zeit, die Welpen des Fairholme Rudels zu observieren. Dennoch gelang es uns, wenigstens eine Charakterisierung jedes einzelnen Welpen hinsichtlich seiner individuellen Fellfärbung vorzunehmen: Drei Welpen beschrieben wir als klassisch graue Tiere. Ein Weibchen war hellgrau und hatte einen auffallend dunkelgrauen Rücken. Bei dem fünften Welpen handelte es sich um einen graubraunen, sehr schlanken Rüden mit hellgrauen Beinen. Die Sechste im Bunde war ein hellgraues bis sandfarbenes Weibchen mit einem schwarzen Schwanzrücken. Alle sechs Welpen präsentierten sich in exzellenter körperlicher Verfassung, waren sehr aktiv und nicht besonders scheu.

Wir sollten sie alle gesund und munter im November 2001 wiedersehen. Die genaue Beschreibung aller Mitglieder des Fairholme Rudels werden wir im nächsten Kapitel vornehmen.

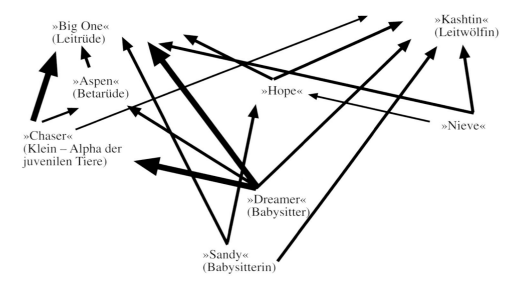

Anmerkung: Den sozialen Status und das Geschlecht von zwei weiteren zur Familie zählenden Grauwölfen konnten wir bisher nicht recherchieren.

Tabelle 2: Beobachtete Reaktion eines Babysitters auf die Annäherung eines futterbettelnden Welpen

Reaktion des Wolfes	Ignorieren	Schnauzgriff	Futter vorwürgen	Säugen	Spielen
Dreamer	1 x	1 x	Keine Beob.	Keine Beob.	1 x
Sandy	2 x	1 x	1 x	Keine Beob.	5 x

Tabelle 3: Beobachtetes oder wahrgenommenes Heulverhalten der Wölfe.

30. Mai 2001 (10.45 Uhr)	Einzelner Wolf heult, gefolgt von Chorheulen der Welpen am Höhlenkomplex (2.5 Minuten)
10. Juli 2001 (20.30 Uhr)	Einzelner Wolf heult aus der Distanz. Die Welpen antworten im Chorheulen vom Höhlenkomplex aus (1 Minute)
11. Juli 2001 (21.05 Uhr)	Einzelne Heulsequenz an der Höhle, initiiert vom Leitrüden (1 Minute)

Im Allgemeinen herrscht in einem Wolfsrudel während der Aufzucht der Jungen eine freundliche Grundstimmung. Die erwachsenen Tiere kommunizieren primär über körpersprachliche Signale. Das Dominanzverhalten von Leittieren gegenüber niederrangigen Familienmitgliedern ist kein Dauerzustand, sondern immer zeit- und situationsbedingt. Hier: Fellstupsen.

Noch vor nicht allzu langer Zeit existierte keinerlei Datenmaterial über das Führungsverhalten innerhalb eines Wolfsrudels während der Wintermonate. Im nächsten Kapitel wollen wir deshalb sehr detailliert auf die Leitung eines Rudels eingehen und dabei erfahren, was unter dem Begriff »Nicht-Vorderfront-Führung« oder »Zentralpositions-Führung« zu verstehen ist.

Wir werden gemeinsam besprechen, dass sich die Organisation eines Wolfsrudels im Winter erheblich komplizierter und auch individueller gestaltet, als wir jemals für möglich gehalten hätten. Bevor wir uns aber mit der Verhaltensökologie der kanadischen Timberwölfe im Winter beschäftigen, möchten wir die wichtigsten Strukturmerkmale der sozialen Rangordnung von Wölfen nach Dr. Erik Zimen darstellen und ihn zitieren:

»Im Wolfsrudel gibt es zwei soziale Rangordnungen, eine für die Rüden, eine für die Weibchen. An der Spitze steht jeweils ein in der Regel älterer Wolf. Jede Rangordnung ist weitestgehend nach dem Alter strukturiert. Zwischen den ranghöheren Wölfen sind die Rangunterschiede stark, bei den rangniedrigeren weniger ausgeprägt und bei den Welpen gar nicht vorhanden. Bei sehr starkem Druck von oben vermischen sich die Rangunterschiede zwischen den Unterdrückten. Dies ist vor allem bei den Weibchen zu beobachten. Innerhalb gleichaltriger Untergruppen des Rudels gibt es, außer bei den Welpen, ebenfalls eine soziale Rangordnung im kleinen. Zwischen adulten Wölfen verschiedenen Geschlechts existiert keine Rangordnung, wenn sie auf der gleichen Stufe in der männlichen, bzw. der weiblichen Rangordnung stehen. Bei größeren Unterschieden im Alter oder in der Position besteht jedoch auch zwischen Rüden und Weibchen eine Rangdifferenz, die aber nicht demonstrativ zum Ausdruck gebracht oder in Frage gestellt wird und auch nie einem sozial motivierten Rangkampf führt.«

Schlussbemerkungen zur Verhaltensökologie der Wölfe im Sommer

Bisher haben wir festgestellt, dass sich aus den Gesetzmäßigkeiten der Rangdynamik die jeweilige Struktur der sozialen Rangordnung ergibt. Wir haben gelernt, dass die soziale Rangordnung und die Zweierbeziehungen zwischen den Tieren zwar je nach bestimmter Situation und Ressourcenkontrolle sehr unterschiedlich sein kann, die Gleichgewichtszustände in einer Wolfsfamilie und besonders das Verhältnis der Leittiere zueinander jedoch meist sehr stabil sind. Wir haben ausgeführt, dass der Leitrüde nicht zwangsläufig zentraler Mittelpunkt einer Wolfsfamilie sein muss, sondern unter bestimmten Umständen ältere Weibchen hauptsächlich als soziales Bindeglied fungieren und am meisten zum Zusammenhalt einer Gruppe beitragen. Schließlich sind wir zu der Feststellung gekommen, dass es zwischen bestimmten Tieren sehr exklusive Bindungen geben kann, die Babysitterinnen einer Wolfsfamilie ganz besonders um die Welpen bemüht sind und die Jungen selbst sehr viel spielen, um nach und nach die so genannte Beißhemmung aufzubauen. Die Welpen genießen in den ersten Monaten extrem viel Spielraum, erst mit zunehmendem Alter beginnen die erwachsenen Wölfe sich gegen deren überschäumendes Temperament stärker zu wehren: Dabei ist das mit deutlicher Beißhemmung ausgeführte »Über-die-Schnauze-Packen« oder das »Auf-den-Boden-Drücken« ein untrügliches Anzeichen dafür, dass der Spaß für die Welpen nun vorbei ist und sie Grenzen erfahren müssen.

Wir haben bisher etwas über die Neugeborenenphase, die kurze Übergangsphase der dritten Lebenswoche und die Sozialisationsphase erfahren und wollen im nächsten Kapitel dann noch die äußerst wichtige juvenile Periode näher unter die Lupe nehmen.

Greifen wir mit Beendigung dieses Buchabschnitts nochmals die Fragen des Einleitungstextes auf und beantworten diese knapp und bündig:

Frage 1: Paaren sich reproduktionsorientiert ausschließlich nur die Leittiere?

Antwort: Nein, im Gegenteil konnten wir in den Jahren 1995, 1999 und 2000 entweder zwei trächtige Weibchen in einem Rudel nachweisen oder sogar zwei Würfe Welpen von unterschiedlichen Müttern bestätigen. Unsere Beobachtungen stellen keine Sensation dar, weil auch der amerikanische

In freier Wildbahn wandern Jungtiere regelmäßig ab, um neue Paarungspartner zu finden. Im Vergleich zu Gehegetieren verbrauchen frei lebende Wölfe erheblich mehr Energie und müssen regelmäßige Ruhepausen einlegen. Sich ständig aggressiv auseinandersetzen zu müssen, würde unnütze Energieverschwendung bedeuten, die sich kein Tier auf Dauer leisten kann.

Biologe Dr. Smith, Leiter des Yellowstone Wolf Teams, schon mehrfach über zwei, manchmal sogar drei reproduzierende Mütter in einer Wolfsfamilie berichtete. Je mehr wir wild lebende Wölfe über längere Zeiträume beobachten können, desto öfter werden wir sicherlich die Ausnahme von der »Regel« kennen lernen.

Frage 2: Ist die oft publizierte Exklusivleitung eines Rudels durch einen dominierenden Rüden wirklich als permanente Konstante anzusehen?

Antwort: Nein, unsere Untersuchungen legen eher den Schluss nahe, dass eine Wolfsfamilie bei einer Konstellation »ältere Leitwölfin - jüngerer Leitrüde« vornehmlich vom ranghöchsten Weibchen angeführt wurde. Selbstverständlich wechselte die Leitung eines Rudels je nach Lebensumstand und Umweltsituation, dennoch muss die Vorstellung eines »machohaften« Tribuns, der als Leitrüde ständig die Geschicke der gesamten Familie steuert, deutlich korrigiert werden.

Frage 3: Welches Individuum einer Wolfsfamilie beschäftigt sich primär mit der Nahrungsbeschaffung oder führt und leitet einen Jagdstreifzug?

Antwort: Die Versorgung der Welpen scheint alle Wölfe anzugehen, wenngleich bestimmte juvenile Tiere als Babysitter fungieren und sich extrem selten an der gemeinsamen Jagd beteiligen. Eine Wolfsfamilie teilt sich im Sommer oft in kleinere Jagdeinheiten auf und ist dann in Bezug auf die Nahrungsbeschaffung sogar erfolgreicher als eine stets gemeinsam ausrückende Jagdformation. Auch wenn die Jagdstrategien der Wölfe je nach Situation stark variieren (zum Beispiel Treibjagd, Kesseljagd, Auflauern, In-die-Enge-Treiben auf brüchiges Eis, gegen Zäune, in Schluchten oder auf Steilhänge), wird eine Jagdformation meistens von einem oder von beiden Leittieren angeführt. Auch den eigentlichen Tötungsakt setzt meistens ein Leittier an. Dennoch lässt sich beim Jagdverhalten der Wölfe keine generelle Regel erkennen, außer vielleicht, dass der Jagderfolg von juvenilen Tieren auf Großbeutetiere sehr gering ist und bei maximal 3% liegt.

Frage 4: Welches Individuum zeigt Gefahren an und wer wird letztlich gefahrenvermeidend tätig?

Antwort: Alle Mitglieder einer Wolfsfamilie können Gefahren anzeigen, in der Nähe eines Höhlenstandortes sind es bei Abwesenheit der erwach-

senen Tiere besonders die Babysitterinnen, die eine ausgeprägte Alarmbereitschaft zeigen. Unsere Untersuchungen bestätigen aber, dass der Leitrüde bei Anwesenheit aller Wölfe primär gefahrenvermeidend tätig wird. Vorweggenommen zeigen unsere Untersuchungen zur Verhaltensökologie der Wölfe im Winter, dass der Leitrüde entlang der Territoriumsgrenze und auch in anderen Situationen die Initiative zur Gefahrenvermeidung als erster ergreift.

Frage 5: Welches Familienmitglied beschäftigt sich interaktiv am häufigsten mit den Welpen und werden diese von den erwachsenen Wölfen tatsächlich erzogen?

Antwort: In den ersten Lebenswochen ist die Mutter der zentrale Lebensinhalt der Welpen. Später verbringen der Leitwölfin loyal ergebene Babysitterinnen die meiste Zeit mit den Jungen, auch wenn der Leitrüde für die Welpen magischer Anziehungspunkt ist.

Welpen genießen zunächst mehr oder weniger absolute Narrenfreiheit und werden nicht erzogen. Nach und nach erfahren sie alle Verbote und Gebote der Familie, müssen mitunter über wolfstypische Verhaltensweisen wie zum Beispiel den angewandten Schnauzgriff Grenzen kennen lernen. Der Nackenschüttler als Disziplinierungsart ist ein traktiertes Märchen. Später lernen die Jungen die vielen Facetten ihres Revieres kennen, lernen über die genaue Beobachtung der erwachsenen Tiere, wo ernsthafte Gefahren lauern, auf welchen traditionellen Pfaden sie wandeln müssen und wo und wie man jagt.

Frage 6: Verhalten sich Wölfe wirklich strikt territorial oder adoptieren sie unter bestimmten Umständen familienfremde Individuen in ihre Lebensgemeinschaft? Welche Wolfsindividuen verlassen in welchem Alter die Familie?

Antwort: Natürlich sind Wölfe meistens territorial. In Rekolonisierungsgebieten verhalten sie sich aber erheblich toleranter, hinzu kommt die Frage nach der jeweiligen Nahrungsgrundlage. Da zur Vermeidung dauerhafter Inzucht auch regelmäßiger Genaustausch stattfinden muss, kommt es immer wieder zur Akzeptanz und Aufnahme eines rudelfremden Tieres. Zudem wandern häufig junge Wölfe beiderlei Geschlechts ab, um einen neuen Familienbund zu formen. Wir werden auf dieses Thema später noch ausführlich eingehen.

Bei stabilen Rangordnungsverhältnissen können es sich Leittiere erlauben, sich auf den Rücken fallen zu lassen und von niederrangigen Tieren umringt zu werden. Bei einer solch freundlichen Grundstimmung bestehen Alttiere auch nicht auf die Einhaltung einer Individualdistanz, sondern »albern« vielmehr mit ihrem Nachwuchs umher. Hier: Rangordnung im Winter.

Nach der Beantwortung einiger Fragen bleibt dennoch festzustellen: Viele Fragen bleiben schlichtweg noch unbeantwortet.

Da Wölfe sehr defizil kommunizieren und kooperieren, enge Beziehungen und Bindungen aufbauen, um auch über ausgeprägtes Sozialspiel soziale Sicherheit und ein ausgewogenes Familienleben aufrecht erhalten zu können, bleibt noch einiges im Dunkeln.

Wie genau echte Freundschaften entstehen, wie sich ihre Stimmung und ihre Absichten, sich näher kennen zu lernen, individuell entwickeln und wie eng manche »gefühlsmäßigen« Bindungen zwischen ganz bestimmten Tieren wirklich sind, können wir Feldforscher nur erahnen. Wir arbeiten daran, einige Hypothesen zur Vielschichtigkeit des tierischen Verhaltens, besonders aber ihrer Gefühlswelt unter wissenschaftlichen Gesichtspunkten »messen« zu können.

Von besonderem Interesse sind Verhaltensweisen, die keinen überlebenswichtigen Funktionen dienen, wie etwa Meideverhalten in bedrohlichen Situationen, aggressives Verhalten zur Verteidigung von Ressourcen oder Neugierde bei Annäherungen in Richtung unbekannter Dinge beziehungsweise Reize. Zum Verständnis tierischen Verhaltens sind also Verhaltensbeobachtungen an Wölfen in unterschiedlichen Lebensräumen unabdingbar.

Bild oben: Niederrangige Jungwölfe haben das Recht zum Protest und zeigen »Lefzen anheben« gegenüber hochrangigen Tieren. Bild unten: Jungwölfin Nisha fraß weiter am Kadaver, obwohl Leitwölfin Hope versuchte, sie körpersprachlich zu dominieren. Diese Verhaltensweisen widersprechen dem, worauf sich viele Hundetrainer mit ihrer »Dominanztheorie« beziehen.

*Bild oben: Während der Paarungszeit kann es unter den Wölfen zu aggressiven Auseinandersetzungen kommen. Jungwölfe bis zum Alter von einem Jahr stellen dabei für die Alttiere keine ernsthafte Konkurrenz dar.
Bild unten: Die Tatsache, dass Tiere durch Beobachtung lernen, war bislang in der Verhaltensforschung oft umstritten. Hier: Yukon lehrte uns eines Besseren und bestieg seine Schwester Nisha, obwohl sie nachweislich nicht in Hitze war. Die Verhaltensweise hatte er sich offenbar bei seinem Vater abgeschaut.*

DIE VERHALTENSÖKOLOGIE VON ZWEI TIMBERWOLF-FAMILIEN IM WINTER

Einleitung

In diesem sehr umfangreichen Kapitel möchten wir über das Verhaltensrepertoire des Bowtal Rudels und des Fairholme Rudels berichten, da sich beide Wolfsfamilien im Gegensatz zu den im Hinterland von Banff lebenden Rudeln hauptsächlich im Bowtal aufhalten müssen. Für nordamerikanische Verhältnisse blicken wir im Banff Nationalpark fast schon auf europäische Umstände. Auch die Menschen verhalten sich so: Sie werfen ihren Müll überall hin, treten an zum Teil gefährliche Tiere bis auf wenige Meter heran und kümmern sich nicht um die vorgeschriebenen Geschwindigkeitsbegrenzungen. Speziell das Schicksal des Bowtal Rudels zwang uns Feldforscher dazu, die Ansichten zur Rolle dieser Raubtiere innerhalb ihres unnatürlichen Ökosystems zu ändern. Der positive Einfluss der Wölfe auf den Genpool ihres Hauptbeutetieres (Wapitihirsch) geriet ins Wanken, seit sie unter schwierigen Bedingungen die Fähigkeit verloren haben, jederzeit auf den Beutetierbestand Einfluss zu nehmen. Jeder Lebensraum eines Raubtieres braucht ein bestimmtes Niveau an Lukrativität, auch wenn die Quantität der Beutetierpopulation natürlichen Bestandsschwankungen unterliegt. Im Nationalpark schauen wir seit Jahren auf das Problem, dass sich immer mehr Hirsche in unmittelbarer Nähe der Stadt Banff aufhalten und somit zumindest für die Mitglieder des Bowtal Rudels unerreichbar sind. Zu Beginn unserer Studien hatte sich der Hirschbestand im Bowtal vorübergehend auf ca. 1.200 Tiere erhöht, durch unnatürliche Eingriffe in die Natur (Ausbau der Autobahntrasse und anderer Infrastrukturmaßnahmen) blicken wir heute aber nur noch auf eine Population von gerade einmal 200 Exemplaren. Das Zusammentragen derartiger Fakten brachte neue Erkenntnisse in Bezug auf das Raubtier-Beute-Verhältnis. Auch über diese neuen Anschauungen wollen wir noch berichten.

Andererseits schauen wir bei unserer Verhaltensstudie natürlich auch auf eine kulturelle Dimension. Eine entscheidende Rolle bei der Änderung unseres Verhältnisses zum Wolf spielte in Europa die langsam wachsende Einsicht, dass Wölfe durch jahrtausendelange Bejagung den Menschen meiden, sich in direkter Nähe zu ihm scheu und vorsichtig verhalten und bis auf extreme Ausnahmen für den Menschen keine ernsthafte Gefahr darstellen. Hier in Nordamerika sind wir von einer solchen Einsicht weit entfernt. Wölfe sollen sich exklusiv in der Wildnis aufhalten, sollen sich adaptiv, aber auch wieder nicht zu adaptiv verhalten. Man hat hier keine Erfahrungen, wie sich eine Wolfsfamilie in direkter Nähe zu einer Stadt mit ca. 8.000 Einwohnern verhält. Man befürchtet, dass sich Wölfe an die Präsenz des Menschen zu sehr gewöhnen könnten. Man zieht die auf puren Spekulationen basierende Schlussfolgerung, Raubtiere könnten bald »aggressiv« werden.

Im Banff Nationalpark wurden in letzter Zeit mehrere Varianten von Programmen zur Bestandslenkung des Wolfes ausgearbeitet, die unserer Meinung nach allesamt untauglich sind, solange man nicht auf eine gewisse Lebensqualität für Raubtiere achtet. Alleiniges Ziel ist derzeit, ökonomische Fragen in den Vordergrund aller Betrachtungen zu stellen. Hauptsache der Tourismus blüht und die Interessen des Menschen haben Vorrang. So gab man den im Herbst 2001 erst siebzehn Monate alten Wolf Dreamer zum Abschuss frei, nachdem dieser einen über Nacht völlig unbeaufsichtigten Hund in Stadtrandlage attackiert hatte. Auch seine Schwester Sandy wurde kurzerhand getötet, nur weil sie auf einem Campingplatz auftauchte, um nach Futter zu suchen. Man verwarf den an und für sich sehr vernünftigen Plan, vorsorglich bestimmte Campingplätze mit Elektrozäunen abzugrenzen, weil sich Sandy angeblich schon zu adaptiv verhalten hatte. Ein Austausch über die Erfahrungen des europäischen und - in diesem speziellen Fall - des kanadischen Kulturkreises fand im Hinblick auf zu berücksichtigende unterschiedliche Elemente eines Ökosystems bis zum heutigen Tage nicht statt. Leider ist der größte Teil der Öffentlichkeit heute aufgrund falscher Vorstellungen, Halbwahrheiten und der Darstellung pauschaler Vereinfachungen der Meinung, dass der Raubierbestand des Banff Nationalparks auch für die Zukunft gesichert ist.

Wir müssen anhand unserer Feldforschungsdaten zu einem anderen Schluss kommen: Das Bowtal Rudel, welches mit den Widrigkeiten einer völlig unkontrollierten Touristenflut am meisten zu kämpfen hat, produzierte in den Jahren 1992 bis 2001 insgesamt mindestens 25 Welpen, wovon zurzeit gerade einmal zwei, nämlich Yukon und Nisha, überlebt haben. Hinzu kamen noch einige tödliche Kollisionen erwachsener Wölfe (Diane, Timber, Black, Grey, etc.). Einige Wölfe - zum Beispiel Aster und Yukon - haben in der Vergangenheit durch Unfälle mit Autos, Lastwagen und Eisenbahnen massive Verletzungen davongetragen und man kann in Bezug auf ihr bisheriges Überleben nur von einem Wunder sprechen. Zeitzeuge des Tagesgeschehens zu sein ist hier im Banff Nationalpark alles andere als ausschließlich angenehm. Das Hauptproblem sollte man endlich beim Namen nennen, um es in den Griff zu bekommen. Banffs Hauptproblem ist und bleibt die ständige Überschreitung der festgelegten Tempolimits auf der Autobahn (90 km/h) und anderen Servicestraßen (60 km/h) und die Lücken in der Autobahnumzäunung, die viele Tiere relativ regelmäßig durchkriechen.

Auf den Spuren von Aster und Storm im Februar 1999

Der Düsenjet der Fluglinie Air Canada landete im Februar 1999 pünktlich auf dem Flughafen der Millionenstadt Calgary und die vorbestellten Mietwagen brachten uns zum Bestimmungsort Canmore, der, umgeben von einer malerischen Gebirgslandschaft, in unmittelbarer Nähe zum Eingang des Banff Nationalparks gelegen ist. Am nächsten Morgen informierten uns die für das Central Rockies Wolf Project arbeitenden Biologen über den damaligen Aufenthaltsort des achtzehnköpfigen Cascade Rudels. Direkte Sichtung: Fehlanzeige. Leitwölfin Betty und ihre Familie hatten in der Nacht zuvor einen Wapitihirsch gerissen. Vermutlich vollgefressen und zufrieden verbrachten sie laut unserer Telemetriekoordinationspeilungen dösend und völlig inaktiv ihre Zeit in einem undurchsichtigen Waldstück. Doch schon am 7. Februar kam die Wende. Wir überprüften damals die allgemeine Sachlage auf einem zugefrorenen See mittels diverser Ferngläser. Genau hier war das Cascade Rudel im Winter zuvor mehrfach gesichtet worden. Plötzlich begann jemand zu zählen: Eins, zwei, acht, zehn, fünfzehn, sechzehn. Nein, es waren keine undefinierbaren Fixpunkte, denn sie bewegten sich. Wenn auch ungefähr zwei Kilometer entfernt, erspähten wir nach und nach die gemächlich durch den Nebel trottende »Karawane«.

Wir hatten das Cascade Rudel ausgemacht und beobachteten es, begleitet von heftigem Herzklopfen, über eine Viertelstunde. Dann war der Spuk vorbei. Die erste Begegnung mit dem Cascade Rudel im Winter hinterließ zufrieden strahlende Gesichter und ein unglaubliches Glücksgefühl.

Ansammlungen von Raben brachten uns am nächsten Tag auf die Spur von Kojoten. Eigentlich hatten wir schon längst erwartet einen Kojoten zu sehen. Wie auch immer, ein Vertreter dieser zweiten in Nordamerika wild vorkommenden Canidenform lag nun gut sichtbar in der Nähe eines Waldrandes. Völlig entspannt hatte er sich auf einem zugefrorenen See in seiner eigens geformten Schlafkuhle zusammengerollt und trotzte der bitteren Kälte scheinbar mühelos. Es handelte sich um einen mir aus Sommerbeobachtungen bestens bekannten Rüden. Seine »Gattin« lag ebenfalls nicht weit entfernt im Wald. Schon nach zwei Tagen konnten wir beide im Banff Nationalpark wild lebenden Canidenformen von der Wunschliste streichen. Auch über das Verhalten von Kojoten fertigten wir über viele Jahre hinweg umfangreiche Feldnotizen an.

Zwischendurch trafen wir auf Hunderte, meist weibliche Wapitis, diverse Dickhornschafe, unterschiedliche Rehwildarten und auf Weißkopfseeadler. Nachmittags beobachteten wir ein anderes Kojotenpaar, das auf permanenter Nahrungssuche über den nahe der Stadt Banff gelegenen, still verträumten Golfplatz schlenderte. Der Rüde bahnte eine Spur durch Tiefschnee, die Kojotin trottete im Abstand von wenigen Metern hinterher. Dieses Paar wurde über die Jahre regelrecht berühmt, weil es während der Aufzucht seiner Jungen im Sommer regelmäßig gestohlene Golfbälle zur Höhle trug, wo die Welpen das neue Spielzeug begeistert entgegennahmen. Familie Kojote hatte den mehrere Kilometer umfassenden Golfplatz zu seinem Revier erklärt und erbeutete manchmal sogar verletzte Wapitihirschkälber. Den mit stattlichen Geweihen ausgestatteten Wapitibullen gingen sie lieber aus dem Weg, die Verletzungsgefahr war halt doch ein wenig zu hoch.

1999 hatte es der Wolf noch erheblich schwerer. In Stadtnähe ließ er sich nicht blicken, so dass direkte Beobachtungen extrem selten waren. Am 10. Fe-

Nach der Dezimierung einer Wolfsfamilie können so genannte Sammelgruppen entstehen, das heißt, rudelfremde Tiere werden eher akzeptiert und ohne aggressive Auseinandersetzungen toleriert. Von Schicksalsschlägen getroffen, mussten Storm und Aster immer wieder Jungtiere aufziehen, die sie bei ihrer Arbeit unterstützen.

bruar empfing das Telemetriegerät allerdings starke Peilsignale. Aster und Storm, die letzten Überlebenden des Bowtal Rudels, mussten ganz in der Nähe sein. Wir entdeckten in einer zugefrorenen Sumpflandschaft Reste eines Hirschkadavers und machten uns natürlich Hoffnung, bald die Wölfe zu sehen. Der Hirschkadaver selbst war von einer Rabenhorde und auch von mehreren Weißkopfseeadlern stark umlagert. Das geduldige Ausharren auf einer Anhöhe brachte dann den erwünschten Erfolg:

Gegen 14 Uhr sahen wir Storm. Er schlich sich völlig lautlos an den Kadaver heran, versuchte, die lästigen Raben zu verscheuchen, und legte sich dann gemütlich zum Fressen nieder. Wie ein Geist trat wenig später Aster aus dem schützenden Dickicht, zeigte in einigem Abstand zu Storm Beobachtungsliegen und überprüfte mit aufgerichteten Ohren die nahe Umgebung sehr genau. Sie war körperlich in ausgezeichneter Verfassung. Es war ein beruhigendes Gefühl, Aster wohlauf zu sehen. Von nun an beobachteten wir beide Wölfe gleich mehrere Stunden.

Wie allgemein bekannt, tritt in der Paarungszeit bei den Wölfen eine eklatante Zunahme der Häufigkeit ihrer sozialen Verhaltensweisen auf. Die Geschlechtsreife erlangen Wölfe im Allgemeinen mit dem Erreichen des zweiten Lebensjahres, wenngleich, wie wir schon erwähnt haben, aus der Gehegehaltung auch Fälle bekannt sind, dass sich Wölfe im Alter von erst ca. zehn Monaten gepaart und erfolgreich reproduziert haben. Laut den Aussagen russischer Verhaltensforscher zeigen sich im Norden des asiatischen Kontinents Anfang Februar bei Wölfinnen im Alter von 22 Monaten histologische Veränderungen der Fortpflanzungsorgane. Der bekannte Wolfsforscher Prof. D. Bibikov schreibt zu diesem Thema: »Sie äußern sich in einer Verdickung der Scheidenschleimhaut, in einer leichten Hyperämie des Uterus und im Wachstum der Drüsenschicht. Der Allgemeinzustand der Geschlechtsorgane entspricht zu diesem Zeitpunkt dem Ende des Anoestrus und dem Beginn des Prooestrus. Bei alten Weibchen sind die entsprechenden Veränderungen bereits einen Monat früher feststellbar. Dementsprechend beginnt bei jungen Wölfinnen die Hitze zwei bis vier Wochen später, sie dauert neun bis vierzehn Tage«. Ältere Wölfinnen gebären im Allgemeinen kleinere Würfe. Aufgrund der Ergebnisse vieler

Analysen kann man davon ausgehen, dass das Geschlechtsverhältnis bei den Welpen in den meisten Regionen Kanadas annähernd gleich ist und bei 1:1 liegt. In der Bergwelt der Rocky Mountains, wo der Wolfsbestand sehr gering ist, überwiegt der Anteil von weiblichen Tieren etwas. Es ist bemerkenswert, dass die Hitze bei jungen Weibchen später einsetzt, denn so beugt man unglücklichen Eventualitäten vor: Falls z.B. eine ältere Leitwölfin ums Leben kommen sollte, so kann noch eine junge Wölfin erfolgreich belegt werden. Das Reproduktionspotenzial kann auf diese Weise kaum verringert werden und eine entstehende Familienstruktur bleibt im angestammten Territorium. Eine andere Frage ist, ob durch die Kernbildung einer neuen Familie auch automatisch traditionelles »Wissen« beibehalten werden kann. Viele Erfahrungen zeigen, dass man davon nicht ausgehen kann, sondern vielmehr ein solch neuer Familienkern »sein« Verhaltensrepertoire auf die übrigen Mitglieder überträgt. Ältere Leitwölfinnen verfügen aber in bestimmten Situationen wie zum Beispiel Nahrungsmangel oder bei der Leitung einer Wolfsfamilie über mehr Wissen, sprich Erfahrung, und können unter Umständen sogar einen Rüden aus der Rolle des Leittieres verdrängen. Der Tod einer erfahrenen Leitwölfin kann also unter gewissen Voraussetzungen auch den Verlust einer ganzen »Familienkultur« bedeuten.

So waren wir natürlich gespannt, wie sich Aster und Storm in der Paarungszeit verhalten würden. Würde Aster die Initiative ergreifen und so die Basis einer Familienneugründung schaffen? Da die Bestandsdichte der Wölfe im Bowtal extrem gering war und gerade unter solchen Umständen (vorübergehend) Familienstrukturen aus nicht reviergebundenen Wölfen entstehen können, verwunderte es nicht, dass eine neue, rudelfremde Wölfin quasi aus dem Nichts auftauchte. Jeder, der jetzt eine Auseinandersetzung zwischen Aster und der neuen Rivalin mit tödlichem Ausgang erwartet hatte, wurde eines Besseren belehrt. Wie deren interaktives Verhalten genau aussah, wusste niemand. Es kam ohnehin nicht zu der Beantwortung solch relevanter Fragen, da diese neue Wölfin von einer Eisenbahn erfasst und getötet wurde.

Schon 1979 wies der Forscher A. Danilov darauf hin, dass auch in Kasachstan zur Paarungszeit und danach manchmal Wolfsrudel angetroffen werden, die »aus einem oder mehreren Rüden und mehreren trächtigen Weibchen bestanden. Ein solches Verhalten der Tiere ist wahrscheinlich als Anpassung anzusehen, und in gestörten Populationen scheinen sich Abweichungen von der Monogamie auszubreiten«. Gestörte Populationen? Was sich in der Aussage des Forschers im Falle Kasachstans auf eine massive Bejagung des Wolfes durch den Menschen bezog, war hier (und ist bis heute) im Banff Nationalpark ohne jegliche Bejagung möglich. Schauten wir im Bowtal aufgrund der Verkehrsdichte, der Infrastruktur und somit dem indirekten Einfluss des Menschen in der Konsequenz tatsächlich auf Abweichungen von der Monogamie?

Zurück zu unseren Beobachtungen im Februar 1999. Storm wälzte sich in den Resten eines toten Hirsches, markierte in gewohnter Manier und riss dann ein Stück Fleisch aus dem Kadaver. Er lief anschließend schwanzwedelnd zu Aster und präsentierte ihr dieses Geschenk. Aster wiederum drängelte sich gegen Storm, biederte sich geradezu an und forderte ihn zum Spiel auf. Storm wurde natürlich von der läufigen Aster animiert. Beide Tiere liefen freundlich gestimmt umeinander, folgten Parallelläufen, wechselten sich mit Vorderkörpertiefstellungen ab und verhielten sich insgesamt sanft und verbunden. Einige Zeit später trottete Aster zum Kadaver um zu fressen. Storm legte sich exakt dort nieder, wo Aster zuvor geschlafen hatte. Diese verscheuchte derweil ein paar Raben und wälzte sich dann ebenfalls kreuz und quer in den Resten des Hirschkadavers. Es folgten noch einige ritualisierte Verhaltensweisen zwischen Aster und Storm. Langsam brach die Dämmerung herein und wir konnten die beiden Wölfe bald nur noch schemenhaft erkennen. Erst am 14. Februar 1999 erhielten wir wieder vielversprechende Peilsignale, die auf uns außerordentlich motivierend wirkten. Von nun an überprüften wir den Standort der Wölfe im 15 Minuten Takt. Zunächst veränderte sich die Richtung des Peilsignals nicht um ein Grad und es war trotz bitterer Kälte Geduld gefordert. Genau um 17 Uhr trat Aster dann endlich aus dem nur 500 Meter entfernten Waldrand und wanderte ohne jegliche Hast gemütlich über das zugefrorene Sumpfgebiet. Es dauerte keine Minute, bis wir auch Storm an seiner unverkennbaren Fellfärbung identifizieren konnten. Aster blieb mehrfach stehen, schaute sich nach Storm um, stellte ihren Schwanz nach Blickkontakt mit Storm sofort in seitliche Position und ließ ihn keine Sekunde aus den Augen. Beide Tiere hielten schwanzwedelnd kommunikativen Kontakt und näherten sich dem Hirschkadaver. Viel war von dem verendeten Hirsch nicht übrig geblieben, denn Kojoten, Raben, Adler und Elstern hatten bereits ganze Arbeit geleistet. Am Kadaver angekommen, verscheuchten die beiden Wölfe zunächst einmal mit einigen angetäuschten Galoppsprüngen alle lästigen Nahrungskonkurrenten. Mühelos zog Aster das komplette Knochengerüst einige Meter durch den Schnee, ehe sie einen großen Brocken aus dem Kadaver riss. In aller Ruhe war nun Beuteschütteln und das Verkonsumieren der Reste angesagt. Hungern mussten die Wölfe offenbar nicht, denn ihre körperliche Verfassung war damals ausgezeichnet. Storm legte bald abseits des Kadavers eine kleine Ruhepause ein. Nach einiger Zeit beobachteten wir wieder freundliche Kontaktaufnahmen: Nasen- und Schnauzenkontakt, gegenseitiges Fellstupsen und Bedrängen, Maulwinkel- und Ohrenlecken, Parallelläufe und freundliches Umeinanderherlaufen. Aster und Storm zeigten schwanzwedelnd Spielaufforderungen, große Zuneigung und eine enge soziale Bindung. Über zwei Stunden beobachteten wir fasziniert die Verhaltensweisen der »Flitterwöchner« und machten uns große Hoffnungen, bald endlich wieder die Geschicke eines richtigen Familienverbandes mit Jungen begleiten zu können. Auch wenn Storm in Aster's Nähe schlief und ständig bei ihr lief, konnten wir leider den eigentlichen Paarungsakt mit Aufreitverhalten, typischen fünfzehn- bis zwanzigminütigem Hängen und die Befruchtung Aster's durch den Rüden nicht miterleben. Wie wir schon berichtet haben, fanden wir im Frühjahr 1999 trotz der engen Beziehungen zwischen Aster und Storm keinen Hinweis auf Nachwuchs. Wir mussten bis zum Juni 2000 warten, um endlich wieder Welpen im Bowtal sehen zu dürfen.

Unterwegs mit Aster und Storm im Winter 1999/2000

Dieses Teilkapitel beschäftigt sich mit Verhaltensbeobachtungen in freier Wildbahn, die wir an den beiden Wölfen Aster und Storm von Anfang November 1999 bis Februar 2000 gesammelt haben. In diesem Zeitraum begleiteten wir die Wölfe mit unserem Geländewagen täglich mindestens zehn Stunden. Trotz aller Bemühungen und hunderter Stunden, die wir im Feld verbrachten, sahen wir die Wölfe anfangs nur sporadisch. Wir konnten daher nur Augenblicke aus dem Leben dieser Wölfe festhalten, lernten aber das manchmal sehr traditionelle Verhaltensrepertoire von Aster und Storm immer besser kennen. Mit der Zeit prägten wir uns vor allem die Landschaftsstruktur ein, ein wichtiges Unterfangen,

um das Wanderverhalten der Wölfe innerhalb der massiven Infrastruktur des Banff Nationalparks zu verstehen.

In der Konsequenz möchten wir nun Hintergrundwissen vermitteln, welches die Basis für das Verständnis von Verhaltensprinzipien der Caniden bildet. Von Motivationsgrundlagen wird im weiteren Verlauf noch viel die Rede sein, denn mit Beginn unserer intensiven Studien zur Verhaltensökologie des Wolfes im Winter gab es fast nur Untersuchungen zur Raubtier-Beute-Beziehung, zur groben Einschätzung einer Populationsdynamik und einige wenige Informationen über Wolfsverhalten. Unseres Wissens gab es mit Ausnahme der Publikationen über die Wölfe von Ellesmere Island im Sommer keine oder zumindest nur sehr wenige Informationen über das spezifische Verhalten von einzelnen Wolfsindividuen. In diesem Zusammenhang halfen uns die in der Vergangenheit zahlreich durchgeführten Beobachtungen an Gehegetieren wenig weiter, da in Gefangenschaft gehaltene Wölfe kaum wertvolle Energie einteilen müssen, keine speziellen Jagdtechniken über das Beobachten von Alttieren in ihrer juvenilen Phase lernen, bei Bedarf nicht abwandern und neue Familienstrukturen aufbauen können und schließlich auch nicht besonders gefahrenvermeidend tätig werden müssen. Im Gegensatz dazu leben Wölfe in der Wildnis zwischenzeitlich immer wieder unter extremen Bedingungen, müssen turnusmäßig Beute aufspüren und töten, sich mit innerartlichen territorialen Streitigkeiten und Konfliktsituationen mit anderen Raubtierarten (zum Beispiel Bären oder Pumas) auseinandersetzen und sich stets aufs Neue den verhaltensökologisch wechselnden Bedingungen anpassen. Da im Winter keine Bären anwesend sind, müssen sich die Wölfe mit Pumas auseinandersetzen, die um die gleichen Beutetiere (Hirsche und Rehe) konkurrieren. Meistens obsiegt der Wolf und vertreibt den Puma. Manchmal werden Pumas von Wölfen an Beutetierkadavern getötet. Berglöwen gehen Wölfen daher aus dem Weg und halten sich lieber in felsenreichen Gegenden auf, in die der Wolf nicht vordringen kann.

Mit Beginn der Wintersaison im November 1999 hatten wir erstmals die Möglichkeit, die Wölfe mehr als nur Augenblicke zu sehen. Wir waren überrascht, dass wir Aster und Storm von nun an fast täglich von der Straße aus beobachten konnten und lernten somit mehr und mehr über das Verhalten jedes einzelnen Wolfsindividuums. Außerdem erhielten wir bald die Möglichkeit, die unterschiedlichen Bewegungsmuster der Wölfe unter wechselnden Wetterbedingungen, in Schneelagen oder unter Nutzung von Infrastruktur kennen zu lernen. Die alte Vorstellung vom Alphawolf bröckelte mehr und mehr. Wir beobachteten, wann sich welcher Wolf in einer bestimmten Situation wie verhielt und versuchten anschließend, die jeweilige Motivation des Verhaltens eines Tieres zu ergründen. Dabei kamen wir manchmal zu erstaunlichen Schlussfolgerungen, die nach unserem damaligen Wissensstand zuvor noch nie dokumentiert worden waren. Durch die Möglichkeit, das Verhalten einzelner Tiere beobachten zu können, gestaltete sich unsere Feldforschung mit der Zeit erheblich komplizierter. Auch für uns war es mitunter schwer, sich von alten Vorstellungen zu trennen, die besonders das klassisch vermittelte Alphakonzept beinhalteten. Die Umstände zwangen uns aber dazu, die Lebensweise »unserer« Wölfe viel zweckdienlicher zu begreifen.

Die letzten »Mohikaner« des einstmals so umfangreichen Bowtal Rudels führten ein entbehrungsreiches Leben. Es war bestimmt nicht einfach, nach dem Aufspüren eines Großbeutetieres dieses auch relativ gefahrlos zu töten. In der folgenden Zeit versuchte die nur aus Aster und Storm bestehende Jagdgesellschaft, das Territorium systematisch zu durchkämmen, Beute aufzuspüren und ohne selbst verletzt zu werden, große Tiere zu töten - wie zum Beispiel Hirsche, die sich durchaus zu wehren wussten. Die beiden Wölfe mussten bei ihren Bemühungen um Jagderfolg sehr weite Wege gehen und waren manchmal vierundzwanzig Stunden und fast hundert Kilometer unterwegs.

Da sie nicht regelmäßig auf alte, kranke oder sonst aus irgendeinem Grund gehandicapte Beutetiere stießen, kontrollierten Aster und Storm die Eisenbahntrasse über Kilometer hinweg im wahrsten Sinne des Wortes auf Unfallopfer. Sie spekulierten auf Hirsche oder Rehe, die durch eine Eisenbahn getötet worden waren. An manchen Tagen war das Glück auf ihrer Seite. So sorgte zum Beispiel eine verendete Hirschkuh mit einem Durchschnittsgewicht von ca. 150 kg für genug Biomasse, Aster und Storm für eine Woche mit Nahrung zu versorgen. Zwangsläufig beobachteten wir die Wölfe nur extrem selten bei der Jagd, und wenn doch war es schwierig, sie mit dem Auto auf ihren Jagdstreifzügen zu begleiten. Hier, im stark bewaldeten Banff Nationalpark, war die direkte Beobachtung von Wolf-Beutetier-Begegnungen ohnehin mehr oder weniger zufällig. Somit konnten wir einen Jagdablauf nie von Anfang bis Ende verfolgen. Wir beneiden Biologen wie David Mech oder Doug Smith, denen ein solches Glück in regelmäßigen Abständen beschert wird. Den Begriff »Neid« möchten wir aber positiv verstanden wissen, denn wir freuen uns mit jedem Feldforscher, der eine komplette Jagd miterleben darf.

Die Leitung der Zweiergruppe gestaltete sich unterschiedlich: Mal führte Storm, ein anderes Mal gab Aster eine bestimmte Marschrichtung vor. Es sollte aber noch eine weitere Wintersaison vergehen, bis wir das Konzept unterschiedlicher Motivationsgrundlagen zur Führung einer Wolfsgruppe verstanden. Nach Ablauf des gesamten Feldforschungszeitraums von November bis Februar kamen wir hinsichtlich der traditionellen Bewegungsmuster der beiden Wölfe zu besseren Kenntnissen. Alle in diesem Winter gesammelten Informationen bildeten eine wichtige Basis für später durchgeführte Verhaltensbeobachtungen.

In nüchternen Zahlen ausgedrückt: Aster und Storm wechselten die Straßenseite insgesamt achtunddreißigmal. Interessant war aber in diesem Zusammenhang, dass die beiden Wölfe eine Straße nicht irgendwo, sondern an ganz bestimmten Punkten überquerten. Dieses Verhalten gab Auskunft über traditionelle Aktivitätsabläufe. Wir mussten uns also nur spezielle Fixpunkte merken, welche die Wölfe zum Straßenwechsel nutzten, um später ganz gezielt konkrete Verhaltensweisen voraussagen zu können. Schritt für Schritt offenbarten unsere im Nachhinein ausgewerteten Feldnotizen auch andere »Geheimnisse«: Aster und Storm wanderten zu 13.9% (10 Stunden) der Beobachtungszeit (n=72 Beobachtungsstunden) entlang der Eisenbahntrasse, nutzten zu 18.06% (13 Stunden) das Flussbett des Bowflusses, trotteten zu 38.9% (28 Stunden) durch bewaldete Gebiete, legten zu 19.44% (14 Stunden) eine Rast in einer offenen Wiesenlandschaft ein und hielten sich zu 9.7% (7 Stunden) auf einer Straße, einem Parkplatz oder einem Serviceweg auf.

Ihr Aktivitätsrhythmus war eindeutig von unterschiedlichen Wetterbedingungen und der Präsenz durch den Menschen geprägt. An kalten Tagen verhielten sich Aster und Storm auch tagaktiv, hingegen bewegten sie sich während warmer Wetterperioden nur in den frühen Morgenstunden zwischen sieben und maximal zehn Uhr und zusätzlich ab dem späten Nachmittag. Nahm die Verkehrsdichte auf der Parkstraße zum Beispiel mit Beginn der Weihnachtszeit zu, sank die Präsenz der Wölfe auf der

Eltern sind für ihren Nachwuchs fast automatisch »dominant«, indem sie sich in bestimmten Situationen sehr ignorant verhalten und letztlich alle wichtigen Entscheidungen treffen. Jungwölfe zeigen nach Annäherung in Richtung eines Alttieres zumeist aktive Unterwerfung und belecken deren Schnauzenregion. Unterwürfigkeitsverhalten hat eine beschwichtigende Wirkung und ist deshalb genauso wichtig wie Dominanzverhalten.

Straße oder anderen Servicewegen fast automatisch auf unter 4% der Beobachtungszeit.

Gleichzeitig erweiterte sich die Territoriumsgröße im Winter 1999/2000 aufgrund der langsam schwindenden Nahrungsgrundlage und mangelnder Beutetierpräsenz auf über 1.600 km^2. Aster und Storm mussten wegen der dünnen Beutetierdichte ein Revier kontrollierten, das im Durchschnitt fast doppelt so groß war wie das Territorium aller anderen Wolfsfamilien im Banff Nationalpark. Die Wölfe tauchten im benachbarten Kootenay Nationalpark auf und wanderten zu unserem Entsetzen auch in Gebiete außerhalb der Nationalparkgrenzen, wo sie selbstverständlich keinerlei Schutzstatus genossen. An manchen Tagen spielten Aster und Storm unwissentlich »Russisches Roulett«, denn logischerweise wussten sie nicht das Geringste von Menschen gemachten Schutzzonen.

Insgesamt verliefen unsere Winterstudien aber ziemlich unspektakulär. Ab Ende Dezember 1999 führte fast ausschließlich Aster die Zweiergruppe an und Storm lief nur noch hinter ihr her. Dieses konstante Verhalten führten wir auf zwei Motivationsgrundlagen zurück: Zum einen begann langsam aber sicher die Paarungszeit und Storm folgte Aster, um ihre sexuelle Bereitschaft zu überprüfen. Über dieses saisonbedingte Verhalten haben schon viele Feldforscher berichtet.

Da die eigentliche Hauptpaarungszeit und die damit verbundene Empfängnisbereitschaft von Aster noch ausstand, kamen wir nach vielen Beobachtungstagen schließlich zu dem Schluss, dass die Motivation einer Wölfin zur Führung einer Gruppe auch darin begründet lag, nach und nach alle Höhlenstandorte im heimischen Territorium aufzusuchen und auf Sicherheit zu überprüfen. Diese Vermutung konnten wir in der Wintersaison 2000/2001 schließlich anhand quantitativer Untersuchungsergebnisse definitiv bestätigen. Da uns bekannt war, dass die Paarungszeit bei älteren Wölfen im Allgemeinen früher beginnt und innerhalb einer kürzeren Zeitspanne stattfindet, blieb uns nicht viel Zeit, den eigentlichen Akt der Verpaarung zwischen Aster und Storm beobachten zu können. Leider blieb uns dieses sehnlichst gewünschte Vergnügen mal wieder verwehrt.

Wie schon erwähnt, erblickten im Frühjahr die Geschwister Yukon und Nisha das Licht der Welt und es konnte endlich wieder - erstmalig seit April 1997 - eine Familienneugründung im Bowtal beginnen. Im nächsten Teilkapitel wollen wir uns mit den Ereignissen der Wintersaison 2000/2001 beschäftigen, die wir als schönste und außerdem aufschlussreichste Feldstudienzeit unseres Lebens für immer in angenehmer Erinnerung halten werden.

Erlebnisse der besonderen Art: Ein neuer Familienverbund entsteht
Einleitende Bemerkungen

Wenn wir über wild lebende Wölfe reden, tendieren wir gedanklich dazu, uns im finsteren Wald äußerst verborgen lebende Raubtiere vorzustellen. Eine solche Betrachtungsweise entspricht besonders im Winter auch einer realistischen Darstellung, denn nun sind die normalerweise ohnehin misstrauischen und scheuen Wölfe auch noch sehr aktiv und im Vergleich zum Sommer nicht mehr an den zentralen Anlaufpunkt eines Höhlenstandortes oder eines Rendezvousplatzes gebunden. Sie müssen ihre Jungen mit den Gefahren und dem traditionellen Wegenetz ihres Territoriums vertraut machen. Den juvenilen Tieren steht ab dem Spätherbst eine lange und wahrlich nicht immer ungefährliche Lehrzeit bevor. Die ganze Familie unternimmt immer häufigere und längere Ausflüge.

Besonders die Jungen müssen unter den örtlichen Gegebenheiten, die im Banff Nationalpark vorherrschen, viele lebenswichtige Erfahrungen sammeln. Sie lernen unter Leitung der Alttiere nicht nur geschickt Feinden wie Berglöwen oder anderen Wolfsrudeln auszuweichen, sondern vor allem mit den Tücken der massiven Infrastruktur des Nationalparks zurechtzukommen. Wie wir bereits mehrmals betonten, meistern die wenigsten Wölfe eine solche Herausforderung.

Aus diesem Grund berichten wir, so makaber es klingen mag, über ein unvergleichliches Ökosystem. Zumindest ist uns in Nordamerika keine auch nur im Ansatz vergleichbare Landschaftsstruktur bekannt. Mag die Besucherdichte von mindestens fünf Millionen Touristen pro Jahr eventuell noch mit der Besucherzahl im Yellowstone Nationalpark der USA einigermaßen konform gehen, ist die Infrastruktur der beiden Parks sicherlich nicht vergleichbar. In der Konsequenz verhalten sich auch die Wölfe unterschiedlich: Während sich die Wölfe in Yellowstone relativ unbekümmert verhalten und dort eine Nahrungsgrundlage von über 15.000 Hirschen vorfinden, müssen die Wölfe im Banff Nationalpark hoch angepasste Verhaltensstrategien entwickeln und sich durch eine über die letzten Jahrzehnte unstetig entwickelte Managementpolitik von

Die Wölfe vom Bowtal nutzen Eisenbahntrassen als energiesparende Wanderrouten, spekulieren auf verunglückte Beutetiere oder beschleunigen entlang des Schienennetzes, um Hirsche und Rehe zu verfolgen. Storm leitete das Rudel fast immer in solchen brenzligen Situationen, verhielt sich dabei äußerst umsichtig und vorausschauend.

einer stark dezimierten Hirschpopulation ernähren. Ein gemeinsames Schicksal teilen die Wölfe beider Nationalparks allerdings: Außerhalb der Parkgrenzen regiert das Gesetz der Gewehre. Die Farmer und Trophäenjäger warten nur auf eine Gelegenheit, einen der gehassten Wölfe abschießen zu können.

Kommen wir auf die Geschehnisse des Winters 2000/2001 zurück. Um ein solch Mythen behaftetes Tier wie den Wolf in freier Wildbahn studieren zu können, bedarf es nicht nur einiger Anstrengungen, sondern auch exzellenter Kenntnis seines Lebensraumes. Trotz dieser Grundvoraussetzungen ist es sicherlich immer noch nicht einfach, mehr als nur Augenblicke eines Wolfslebens dokumentieren zu können. Besonders dann nicht, wenn man noch den Ehrgeiz entwickelt hat, sogar die verschiedenen Charaktere einzelner Wolfsindividuen - inklusive derer jugendlicher Entwicklung - im Detail beschreiben zu wollen. Um die Anpassungsstrategien im Verhalten eines Wolfes in eine bestimmte Landschaftsstruktur einordnen zu lernen, muss man nach einem erfolgversprechenden Weg suchen, diese in der Norm ex-

trem scheuen Raubtiere mehr als nur hier und dort einmal direkt observieren zu können. Meine Frau und ich haben Jahre gebraucht, um ein solches Vorhaben schließlich im Winter 2000/2001 in die Tat umsetzen zu können. Ohne nähere Standortinformationen zu geben, welche die Störung der Wölfe durch unerfahrene Menschen nur fördern würde, können wir behaupten, dass uns mittlerweile einige Tiere bis zum heutigen Tag sehr vertrauen.

An manchen Tagen näherten sie sich nicht nur unserem Geländewagen auf wenige Meter, sondern erlaubten uns sogar, ihnen auf ganz bestimmten Straßen im Abstand von ungefähr 100 Metern über etliche Kilometer hinweg zu folgen. Somit war und ist es uns möglich, die Wölfe fast täglich mehrere Stunden zu begleiten und ihre natürlichen Verhaltensweisen zu dokumentieren. Aster, Storm, Yukon und Nisha trauten sich in der gesamten Wintersaison an unseren Geländewagen bestimmt nur aus dem Grund heran, weil sie das Fahrzeug geruchlich präzise einzuordnen wussten. Beharrlich mieden sie jedes andere Fahrzeug bis zum Schluss.

Wir observierten insgesamt fünfzehn Wolfsindividuen aus zwei unterschiedlichen Rudeln:

1. das aus vier Individuen bestehende Bowtal Rudel,
2. das aus elf Individuen bestehende Fairholme Rudel.

Beide Wolfsrudel operieren auch heute noch im gesamten Bowtal. Ihre Territorien haben keinen starren Grenzverlauf und überlappen sich im Verlauf der ca. 70 Kilometer langen und maximal 3 Kilometer breiten Talsohle. Die Territorien sind fließend, weil die beiden Wolfsrudel nicht jederzeit an der Hauptreviergrenze präsent sind.

1. Das Bowtal Rudel erhob immer Anspruch auf das Gebiet zwischen dem Wintersportort Lake Louise und der Vermillion Seenlandschaft, welche an die Stadt Banff heranreicht. Ihr Revier trennen Autobahn und Eisenbahntrasse ziemlich mittig, was die Wölfe dazu zwingt, oft dem Verlauf einer der fünf Unterführungen zu folgen, die zwischen fünf und ca. hundert Meter breit sind. Das Bowtal Rudel mied bisher menschliche Siedlungen und die Stadt Banff sehr beharrlich und wanderte stattdessen viele hundert Kilometer durch Wälder und Flüsse, entlang der Eisenbahntrasse oder über Bergpässe in Richtung einiger Seitentäler. Da das Bowtal ohne die Stadtnähe zu Banff für die Wölfe aufgrund seiner niedrigen Beutetierdichte kein günstiges Revier darstellt, wurde es sehr wahrscheinlich bisher auch nicht von anderen Wölfen besetzt.

2. Das Verhaltensrepertoire des Fairholme Rudels, welches sich für nordamerikanische Verhältnisse als wahres Phänomen präsentierte, wollen wir im nächsten Teilkapitel noch ausführlich beschreiben. Auf Basis der Diplomarbeit von Danah Duke nahmen Parkmanager die Forschungsergebnisse der jungen Biologin zum Anlass, durch drastische Reduzierung großer Teile der vorherrschenden Infrastruktur einen Wanderkorridor für die Tierwelt zu schaffen. Dieser Wanderkorridor ermöglichte es den Wölfen des Fairholme Rudels, erstmalig in die Stadtrandlagen von Banff vorzudringen und ihr Verhalten der neuen Situation anzupassen. Hier, wie auch in der angrenzenden Seenlandschaft, lebten anfangs noch einige hundert Hirsche. Die Wölfe suchten und fanden die neue Beutetierkonzentration, die ihnen vor allem günstige Annäherungsversuche an sehr unbedarfte Hirsche verschaffte. Die Wölfe witterten ihre Gelegenheiten und konzentrierten ihre Jagdbemühungen auf dieses neue, beutetierreiche Revier. Dadurch ergaben sich wiederum Überlappungen mit dem Wolfsterritorium des Bowtal Rudels.

Wie üblich begleiteten wir die mit Peilsender ausgestatteten Wolfsrüden Storm (als Vertreter des Bowtal Rudels) und Aspen (als Familienmitglied des Fairholme Rudels). Wir nahmen zunächst Funksignale über eine auf dem Autodach installierte Universalantenne auf, um den jeweiligen Wolf zu orten und eine erste Standortbestimmung vorzunehmen. Meistens hielten sich auch andere Wölfe in der Nähe eines besenderten Tieres auf. Danach präzisierten wir nicht nur den genauen Aufenthaltsort eines angepeilten Wolfes, sondern informierten uns anhand einer Signalkontrolle über Receiver und Handantenne darüber, ob sich das jeweilige Tier aktiv oder inaktiv verhielt. Zudem registrierten wir alle Ruhephasen oder Bewegungsaktivitäten. War ein besenderter Wolf aktiv, fuhren wir mit unserem Geländewagen voraus und spekulierten darauf, ihn direkt observieren zu können. Eine solche Voraussicht war selbstverständlich nur möglich, weil wir uns im sehr bewaldeten Bowtal durch die im Winter 1999/2000 durchgeführten Feldstudien bestens auskannten. Wir waren also gut gerüstet, direkte Verhaltensbeobachtungen durchzuführen, auch wenn die Wolfspfade im Territorium weit verzweigt waren. Die Gegebenheiten nötigten uns dazu, ständig mobil zu sein und während der gesamten Winterstudienzeit 18.000 Kilometer zurückzulegen, um mit dem Tempo der Wölfe einigermaßen Schritt halten zu können. Zwecks Gewöhnung nutzten wir immer den gleichen Geländewagen. Wann immer durchführbar, nahmen wir zwischen 8 Uhr morgens und ca. 18 Uhr abends visuellen Kontakt zu den Wölfen auf. Wir verbrachten alles in allem 912 Arbeitsstunden in unserem Geländewagen. Unsere andauernde Präsenz im Wolfsterritorium versetzte uns in die außergewöhnliche Lage, insgesamt 228 Stunden visuellen Kontakt zu den Wölfen zu haben und ihr Verhaltensrepertoire dokumentieren zu können. Wann immer wir einen oder mehrere Wölfe sichteten, stoppten und parkten wir unser Fahrzeug unverzüglich im Mindestabstand von 100 Metern. Da sich die Wölfe saisonbedingt sehr variabel verhielten und sie die beschriebene Infrastruktur während des Observationszeitraumes je nach Verkehrsdichte unterschiedlich lange in Anspruch nahmen, registrierten wir im Laufe der Zeit natürlich auch erstaunlich flexible Verhaltensveränderungen. Einmal wöchentlich verfolgten wir die Bewegungsmuster der Wölfe sogar 24 Stunden rund um die Uhr, um dadurch mehr

Informationen bzgl. ihrer Tages- und Nachtaktivitäten zu sammeln. Die Tiere kannten selbstverständlich unser Fahrzeug sowohl visuell, als auch vom Motorgeräusch her und durch den Geruch unserer im Auto sitzenden Hunde. Wir hielten alle markanten Teile aus den 228 Beobachtungsstunden mittels einer Videokamera fest und fotografierten die Wölfe, wann immer sich eine gute Gelegenheit bot.

Jeder, der in der Wolfsforschung tätig ist, weiß, dass eine solch hohe Prozentzahl konkreter Beobachtungsstunden - in diesem speziellen Fall waren es immerhin ca. 15 - 25% aller Feldstunden - fast utopisch erscheint. Somit dürfte es sich mit Ausnahme der Arbeit im Yellowstone Nationalpark um die umfangreichste Verhaltensstudie handeln, die je in einer Wintersaison durchgeführt worden ist.

Erste Untersuchungsresultate zur Verhaltensökologie des Bowtal Rudels im Winter

Bevor wir nachfolgend die Verhaltensweisen und die jahreszeitlich bedingte Struktur der sozialen Rangordnung des Bowtal Rudels näher erläutern, wollen wir erst einmal jedes einzelne Familienmitglied vorstellen:

1. **Vater Storm** erhielt im Sommer 1998 einen Peilsender. Er war im November 2000 ca. 7 $\frac{1}{2}$ Jahre alt. Storm war generell sehr kompakt, mittelgroß und ungefähr 45 Kilogramm schwer. Er war ein grauer bis sandfarbener Wolf und hatte einen schwarzen Sattel entlang des Rückens. Er hatte rotbraune Ohren, eine grau bis ocker gefärbte Stirnpartie und haselnussbraune Augen.

Storm war eine extrem umsichtige, trickreiche und bisweilen misstrauische Führungspersönlichkeit und verfügte über großes Selbstbewusstsein. Es erhob sich über die letzten Jahre hinweg nie der leiseste Widerspruch gegen seine unangefochtene Herrschaft im Bowtal Rudel. Storm kannte alle Tücken des heimischen Reviers wie »seine Westentasche« und hat bis zum heutigen Tag alle auf ihn zukommenden Gefahrensituationen mit Bravour gemeistert. Er verhält sich innerhalb der beschriebenen Infrastruktur auch heute noch äußerst zielstrebig und sicher. Storm war immer ein sehr geduldiger, aber auch bisweilen dominanter Vater, wenn ein anderer Rüde versuchte, seinen eigenen Freiraum einzuschränken. Gegenüber Aster verhielt sich Storm zeitlebens sehr tolerant und begrüßte sie fast immer

Storm war stets ein aufopferungsvoller Vater, ein exzellenter Jäger und ein ausgekochtes »Schlitzohr«. Ohne seinen tatkräftigen Entscheidungswillen würde die Bowtal-Wolfsfamilie heute nicht mehr existieren.

freundlich gestimmt und schwanzwedelnd. Während gemeinsamer Ruhepausen bestand er gegenüber seinen Kindern Yukon und Nisha auf Einhaltung einer Individualdistanz. Ansonsten engte Storm den Bewegungsfreiraum von Yukon und Nisha nur in seltenen Fällen ein, indem er dann einen der Jungen kurz auf den Boden drückte. Im Normalfall zeigte der Nachwuchs aktive Unterwerfungsgesten, lernte aber durch Storm's regelmäßig initiierte Kontaktspiele und objektbezogene Solitärspiele auch, Stöcke oder Knochen zu erjagen. Storm führte in der Regel alle Jagdstreifzüge des Rudels an und attackierte Beutetiere überlegt und geschickt. Mit Beginn unserer Winterbeobachtungen lernten wir auch, dass Storm nicht permanent die Geschicke der anderen Familienmitglieder leitete. Andererseits wurde er in konkreten Situationen stets als erster gefahrenvermeidend tätig. Auf längeren Streifzügen entlang der Parkstraße, des Flusses oder der Eisenbahntrasse markierte er mit zur Seite hochgehobenem Hinterlauf besonders markante Wegkreuzungen und Anhöhen. Storm durchquerte Autobahntunnel und Straßen jederzeit besonnen, aber ohne unnötige Verzögerungen. Er hielt zu Aster immer Kontakt, indem er sich entweder häufig nach ihr umschaute und mit ihr zur Überbrückung größerer Distanzen über Heulverhalten kommunizierte.

2. **Mutter Aster** war im November 2000 schon 8 $^{1}/_{2}$ Jahre alt und ebenfalls um die 45 Kilogramm schwer. Sie war eine große, langgestreckte und hochbeinige, dunkel- bis mittelgraue Wölfin. Sie hatte eine dunkelgraue Stirn, eine hellgraue Schnauze und dunkelbraune Augen. Ihre Beine waren hellgrau und sie hatte eine weiße Schwanzspitze. Sie kam wie Dusk, Diane, Betty und Mariah aus einer in etwa gleich aussehenden Linie. Aster verhielt sich innerhalb der Infrastruktur des Bowtals stets äußerst souverän, sicher und ausgeglichen. Sie führte das Rudel an, wenn Storm Ermüdungserscheinungen zeigte oder nach einer Attacke auf Beutetiere geschwächt oder verletzt war. Wie wir noch erfahren werden, ergriff sie die Initiative, innerhalb des Territoriums nacheinander alle Höhlenkomplexe zur Überprüfung auf Sicherheit aufzusuchen.

Aufgrund ihres vorgerückten Alters und einer alten Verletzung nutzte Aster sehr intensiv und ganz bewusst das Straßennetz und die Eisenbahntrasse als energiesparende Wanderrouten. Autobahnunterführungen durchquerte sie völlig gelassen und ohne großes Zögern. Aster markierte mit schräg nach vorne hochgehobenem Hinterlauf strategisch relevante Wegkreuzungen und Anhöhen. Die alte Dame verhielt sich gegenüber Storm stets sehr freundlich. Gegenüber dem Nachwuchs war sie höchst tolerant

Aster war sehr tolerant und sogar größer als Storm. Mitunter können Wölfinnen größer und auch schwerer sein als Rüden, was aber eher die Ausnahme ist.

Yukon hatte von Welpenalter an »Nerven wie Stahlseile«, verhielt sich höchst neugierig und interessiert. Mancher Haushund wäre froh, einen solch ausgeglichenen Charakter zu besitzen wie dieser Wolfsrüde.

und geradezu sanftmütig. Meistens ignorierte sie Yukon's und Nisha's Annäherungsversuche und bestand noch nicht einmal (zumindest gegenüber ihrem Sohn Yukon) auf Einhaltung einer Individualdistanz während gemeinsamer Ruhephasen. Aster fungierte bei der Jagd äußerst erfolgreich als strategisch wichtige Blockerin, indem sie Beutetieren wichtige Fluchtwege abschnitt. Aster heulte ausgesprochen selten, antwortete aber immer auf Storm's Heulinitiative, wenn sie altersbedingt kurzfristig den Anschluss zum Restrudel verloren hatte. Sie war der Wolf mit den meisten Erfahrungen und den besten Kenntnissen im Hinblick auf das riesige Territorium, was vor allem dem Nachwuchs zugute kam. Aster unterhielt eine besonders enge Beziehung zu ihrem Sohn Yukon, der sich auf längeren Wanderungen immer nach ihr umschaute und engen Kontakt hielt.

3. **Sohn Yukon** war im November 2000 etwas über sechs Monate alt und zu diesem Zeitpunkt schon mindestens 35 - 40 Kilogramm schwer. Yukon war ein sehr kräftiger, äußerst kompakter und großer Rüde mit strammen Beinen und riesigen Pfoten. Er war anfangs pechschwarz, hatte goldene Augen und einen großen weißen Brustfleck. Schon damals fiel er innerhalb der Infrastruktur durch sein sehr ausgeglichenes und ruhiges, aber auch extrem neugieriges Verhalten auf. Yukon war der außergewöhnlichste Wolf, den wir je kennen gelernt hatten. Er näherte sich nicht nur parkenden Autos ohne jegliche Scheu, sondern inspizierte jede Kleinigkeit im Revier auf seine eigene, unnachahmliche Weise ganz genau. Während gemeinsamer Familienausflüge entlang der Parkstraße oder der Eisenbahntrasse verhielt sich Yukon sehr abgeklärt und vorausschauend. Bei Durchquerungen von Autobahntunneln fiel besonders seine stoische Ruhe auf. Yukon zeigte gegenüber seinem Vater Storm nie aufmüpfiges Verhalten, sondern unterwarf sich aktiv über Maulwinkellecken oder Auf-den-Boden-Rollen. Auffällig war auch eine starke Bindungsbereitschaft zu seiner Mutter Aster. Yukon war normalerweise unbekümmert und sorglos und wir bezeichneten ihn als Clown der Familie. Er war extrem verspielt und stets für eine Überraschung gut. Besonders seine Schwester Nisha forderte er regelmäßig zu ausgelassenen Renn- und Kampfspielen auf. Schliefen die übrigen Familienmitglieder, stand er auf, nahm einen Stock oder rutschte auf seinem Rücken einen kleinen Abhang hinunter und strampelte dabei mit den Beinen in der Luft. Er war immer vergnügt und genoss sein

Nisha war eine extrem sensible und geräuschempfindliche Wölfin. Wölfe unterscheiden sich generell in Temperament und Sensibilität, gehen manchmal sehr exklusive Bindungen mit ganz bestimmten Rudelmitgliedern ein und lernen in ihrer Jugendentwicklung durch Beobachtung.

Leben in vollen Zügen. Wie wir schon erfahren haben, führte seine Sorglosigkeit im Juni 2001 zu einem für uns unvergesslichen Unfall. Yukon zeigte zwar Kontaktliegen mit seiner Mutter Aster und Schwester Nisha, jedoch niemals mit seinem Vater Storm, der seinen großen Respekt genoss. Yukon urinierte völlig spontan und nicht strategisch in stehender Position. Während gemeinsamer Jagdausflüge hielt er sich in Aster's Nähe auf, imitierte ihr Verhalten ohne große Eigeninitiative, blockierte jedoch hin und wieder die Fluchtwege von potenziellen Beutetieren. Im Gegensatz zu Nisha wirkte er bei der Jagd noch sehr unerfahren und manchmal auch ein wenig konfus.

4. **Tochter Nisha** war im November 2000 natürlich ebenfalls ca. sechs Monate alt, wog aber höchstens 30 - 35 Kilogramm. Nisha war schlank, äußerst hochbeinig und hoch aufgeschossen. Sie war hellgrau, hatte schwarze Fellabzeichen entlang des Rückens, eine braune Schnauze, rotbraune Ohren und grüne Augen. Ihr Schwanzrücken war ebenfalls bräunlich gefärbt, ihre Beine hellgrau bis weiß. Im Gegensatz zu ihrem Bruder Yukon verhielt sich Nisha in der Regel wesentlich scheuer und zurückhaltender. Sie operierte innerhalb der Infrastruktur des Reviers vorsichtig und abwartend. Im Unterschied zu allen anderen Familienmitgliedern des Rudels mied sie sehr beharrlich Autobahnunterführungen und laute Verkehrswege. Ansonsten war Nisha im Allgemeinen sehr aktiv und temperamentvoll. Sie verhielt sich gegenüber Storm und Aster äußerst unterwürfig, unterhielt aber zu ihrem Vater Storm eine enge Sozialbindung. Mit Yukon spielte sie sehr ausgelassen und lang andauernd. Nisha urinierte völlig spontan und nicht strategisch, indem sie ihre Hinterläufe ganz leicht einknickte und ihre Genitalregion nach unten drückte. Die junge Wölfin betätigte sich während der gemeinsamen Jagd als Sprinterin des Rudels, agierte mit zunehmendem Alter immer selbstständiger und auch zielstrebiger. Schon im Alter von etwas über zehn Monaten wirkte sie bei der Jagd ausgesprochen diszipliniert und hetzte potenzielle Beutetiere sehr ausdauernd. Nisha mied mit allen anderen Wölfen Kontaktliegen während gemeinsamer Ruhephasen und ging auch allgemein jedem Streit aus dem Weg. Sie war sehr sanftmütig, weniger neugierig als ihr Bruder Yukon und wirkte im Ganzen irgendwie weicher, im interaktiven Be-

reich weniger durchsetzungsfähig. Während längerer Wanderungen hielt sie stets engen Kontakt zu Storm und kommunizierte mit ihm über regen Blickkontakt. Es kam uns so vor, als ob sie Storm's väterlich beschützende Instinkte verstärkte. Da er und Aster seit 1997 keinen neuen Nachwuchs aufziehen konnten, bestimmte die Sorge um Yukon und Nisha hauptsächlich das Tun und Lassen beider Elternteile. Dennoch fühlte sich Nisha mehr zu ihrem Vater hingezogen und passte immer genau auf, was er als Nächstes beabsichtigte. Andererseits verhielt sich Nisha schon im frühen Alter außergewöhnlich selbstständig, da sie unter bestimmten Umständen einige Zeit auf sich allein gestellt war.

Zunächst einmal stellten wir mit Beginn unserer Studien hoch erfreut fest, dass ausnahmslos alle im Frühjahr 2000 geborenen Welpen (Bowtal Rudel: zwei Welpen, Fairholme Rudel: sechs Welpen) überlebt hatten. Da Storm und Aster in den Jahren 1998 und 1999 keinen Nachwuchs gezeugt beziehungsweise erfolgreich durchgebracht hatten, gingen wir fast schon vom Ende einer langjährigen Dynastie aus.

Auch im November 2000 nahte der in den Rocky Mountains manchmal unerbittliche Winter schnell. Erste Schneeschauer fielen bereits Ende Oktober und das Landschaftsbild veränderte sich wie immer in dieser Jahreszeit grundlegend. Im Vergleich zu Sommer und Herbst stand den Wölfen nun durch zugefrorene Seen, Sumpflandschaften und Flüsse erheblich mehr Fläche zur Verfügung. Bald konnten wir ohne jeglichen Blickkontakt zu den Wölfen anhand vieler Pfotenabdrücke im Schnee bestätigen, dass sie anscheinend einem bestimmten Wegenetz folgten. Wie es sich für Leittiere geziemt, hatten Storm und Aster schon wichtige Wegkreuzungen und bewusst ausgesuchte Anhöhen markiert. Ihre Scharr- und Kratzspuren waren weit sichtbar und ihr Kot und Urin sowohl geruchlich, als auch visuell gut verstreut. Um wertvolle Energie zu sparen, wanderte die komplette Wolfsfamilie jetzt erheblich öfter direkt auf der bereits erwähnten Parkstraße.

Schon am zweiten Tag nach Studienbeginn beobachteten wir ein ausgelassenes Rennspiel zwischen Yukon und Nisha. Insgesamt befand sich das komplette Rudel allerdings gerade auf einem Beutezug und integrierte die Parkstraße bewusst in ihre strategisch vorgetragene Jagd. Jedenfalls hetzten die Wölfe ein weibliches Reh und nutzten dabei die Straße als »Beschleunigungsstreifen«. Fünf Minuten später waren die Wölfe verschwunden und wir konnten nur spekulieren, ob ihnen wirklich Jagderfolg beschieden war.

Am nächsten Morgen fühlten sich Aster und Yukon auf der gottlob autofreien Parkstraße offensichtlich so komfortabel, dass sie es sogar für angebracht hielten, hier eine kleine Ruhepause einzulegen. Dieses Verhalten war gar nicht so außergewöhnlich, denn wir beobachteten es auch in der Folgezeit etliche Male.

Während der ersten Beobachtungstage führte meistens Storm das Rudel, gefolgt von Yukon und der schon alten und deshalb etwas langsamer agierenden Aster. Anfangs bildete Nisha auf der Parkstraße fast immer die Nachhut oder rannte durch den schützenden Wald. Nach einiger Zeit vermissten wir Nisha auf einmal. Wir wunderten uns schon, warum Storm, Aster und Yukon manchmal alleine unterwegs waren und eine so junge Wölfin wie Nisha nicht permanenten Kontakt zu den anderen Familienmitgliedern hielt. Es vergingen fast drei Wochen, bis meine Frau und ich das Geheimnis um Nisha's ungewöhnliches Verhalten lüften konnten.

Uns fiel auf, dass viele Forscher die Führung einer Wolfsfamilie durch den Leitrüden leider viel zu pauschal und statisch betrachten. Auch wenn Leittiere normalerweise in den für die Gruppe entscheidenden Momenten die Initiative ergreifen, heißt das noch lange nicht, dass sie permanent die Eigeninitiativen jüngerer Familienmitglieder unterdrücken. Ganz im Gegenteil:

Schon nach einigen Beobachtungswochen kamen wir zu dem Schluss, dass auch jugendliche Tiere ihren Charakter individuell formen dürfen und der gesamten Lebensgemeinschaft durch ihre äußerst unterschiedlich entwickelten Fähigkeiten sogar nutzen. Außerdem fanden wir heraus, dass erwachsene Wölfe ihren Nachwuchs bei gemeinsamen Streifzügen durch das Territorium sogar unter anderem durch weisende Kopfbewegungen aus der Position der Nachhut heraus dirigieren.

Wir stellten uns natürlich die Frage, warum Leittiere nicht immer voranlaufen und beobachteten von nun an das kommunikative Verhalten der Wölfe erheblich genauer. Nachdem wir sogar den jungen Yukon mehrmals bei der Führung der gesamten Gruppe beobachteten, erkannten wir, dass er immer nur bis zu einer Weggabelung voranlief. Dann blieb er stehen und schaute sich etwas hilflos nach Storm und Aster um. Storm trat aus der Spur, wählte an der Kreuzung kommentarlos z.B. die linke Richtung und schritt voran. Manchmal trat Storm in einer ähnlichen Situation auch einfach nur ein oder zwei Schritte vor, schaute in die seiner Meinung nach einzuschlagende Richtung und wies Yukon auf diese Weise den Weg. Mit der Zeit lernten wir, dass sich das Bowtal Rudel sogar regelmäßig Führungsaufgaben teilte. Dann gingen die juvenilen Yukon und Nisha voran und die Leittiere sparten dadurch wertvolle Energie. Diese Erkenntnis verblüffte uns und warf das bisher propagierte Alphasystem total über den Haufen. Einen Tag später wurde es dann noch interessanter. Yukon führte wieder die Gruppe an und geriet vor Überquerung der Parkstraße in eine sichtliche Konfliktsituation. Er stoppte und schaute sich abermals nach seinen Eltern um. Diesmal trat Storm von hinten an Yukon heran und stupste ihn mit der Nase in seine gewünschte Richtung. Wir wurden Zeuge einer neuen Variante von Führungsstil eines wirklich souveränen Leitrüden. Storm blieb im Hintergrund und leitete die Gruppe trotzdem.

Zwischenfazit: Leittiere brauchen nicht permanent die Frontlinie zu bilden, um die anderen Tiere zu leiten. Ein neuer Begriff ist geboren: die »Zentralpositionsführung«.

Wie kann man sich das Etablieren und Dirigieren aus einer zentralen Position nun vorstellen? Nun, ganz einfach, wenn man sich bildlich den Aufbau und die Führung eines Fußballspiels vorstellt. Ein guter Mittelfeldspieler mit Übersicht denkt und lenkt die Mannschaft aus einer zentralen Position heraus. Man kann zum Beispiel in Fußballspielen Szenen beobachten, in denen die zentrale Persönlichkeit weit zurückhängend abwartet, um die anderen Spieler im entscheidenden Moment besser einsetzen zu können. Dies ist eine mögliche Erklärung, wie die Führung einer Wolfsfamilie zumindest in einzelnen Fällen abläuft.

Von nun an begannen wir, die These der Zentralpositionsführung quantitativ nachzuweisen. Und siehe da, die Verhaltensmechanismen eines sehr variablen Führungsstils aus der zentralen Position glichen sich dann doch wieder. Zwar variierte die Führung der Gruppe je nach Umstand individuell, ein Konzept blieb aber trotz der vorübergehenden Leitung durch jugendliche Tiere klar erkennbar. Yukon oder Nisha waren mittlerweile 10 $^1/_2$ Monate alt, führten die Gruppe oft an und es schien eigentlich innerhalb des Kernterritoriums überhaupt keine Rolle zu spielen, wer letztendlich führte. Schließlich kannten sich auch die beiden Jungwölfe im Kerngebiet ihres Reviers bestens aus.

Im nächsten Schritt definierten wir nicht nur die Distanz, welche die Wölfe entlang der Parkstraße zurücklegten, sondern auch, wer die Gruppe wann führte. Um vergleichbares Datenmaterial zu erhalten, kalkulierten wir eine Wegstrecke von mindestens einem Kilometer Länge und notierten dann, wer die gesamte Wolfsfamilie in dieser Zeit wie oft leitete.

Schon die nüchternen Zahlen erstaunten uns außerordentlich. Insgesamt beobachteten wir die komplette Wolfsfamilie 24 x (100%) auf ihren Wanderungen entlang der Parkstraße, wobei der Leitrüde Storm nur 6 x (25 %) voranlief, Aster ebenfalls 6 x (25%), Yukon aber 8 x (33%) und Nisha nur 4 x (16.6%).

Als Nächstes untersuchten wir die Führung der Gruppe unter exakt den gleichen Bedingungen, diesmal jedoch außerhalb ihres eigentlichen Kernterritoriums. Als Kernterritorium definierten wir eine maximale Distanz von zwanzig Kilometern Wegstrecke vom Geburtsort der beiden Jungwölfe. Wir sahen die Wölfe außerhalb des Kerngebiets zwar insgesamt nur 12 x (100%), aber das Ergebnis war trotzdem sehr interessant. Nun führte Storm die Gruppe 8 x (66.6%) an, Aster lediglich 4 x (33.3%) und Yukon oder Nisha überhaupt nicht.

Aus diesen Zahlen schlussfolgerten wir, dass der Leitrüde außerhalb des Kernterritoriums wesentlich öfter gefahrenvermeidend tätig werden musste, oder aber die Leittiere ihren Nachwuchs in Zeiten einer gewissen Nahrungsknappheit in Gebiete führte, wo die Alttiere aufgrund hoher Erfahrungswerte um eine bessere Bestandsdichte an Beutetieren wussten. Die Leittiere führten also immer dann die Geschicke der ganzen Gruppe, wenn wichtige Entscheidungen anstanden. Storm's Führungsanspruch bei der Vermeidung konkreter Gefahrensituationen maßen wir auch an seinem Verhalten vor der kritischen, weil mitunter gefährlichen Überquerung einer verkehrstechnisch stark befahrenen Straße. Bei 81 Straßenüberquerungen führte Storm die übrigen Wölfe 68 x an (83.9%), Aster 10 x (12.3%), Yukon 3 x (3.7%) und Nisha kein einziges Mal. Storm's hauptsächliche Leitung lief immer nach dem gleichen Muster ab. Zuerst führte er die Gruppe wohlüberlegt am Waldrand entlang. Dann achtete er genau auf den Straßenverkehr. War keine brenzlige Situation zu befürchten, lief er voraus und animierte den Rest der Familie, ihm geschwind zu folgen. Storm führte die Wölfe auch am häufigsten über das Schienennetz. Die Überquerung der Eisenbahntrasse observierten

178

Die Führung einer Wolfsfamlie obliegt noch lange nicht pauschal dem »Alpharüden«, vielmehr handeln die Tiere je nach Motivationsgrundlage. Alttiere können eine Gruppe auch aus einer zentralen Position heraus führen. Jungtiere bleiben in unsicheren Situationen stehen (Bild oben) und kommunizieren mit Leittieren, die letztlich alle relevanten Entscheidungen treffen (Bild unten).

wir insgesamt 42 x. In 54% aller Fälle (n = 23) lief Storm voraus, Aster zu 26.2% (n = 11), Yukon zu 14.3% (n = 6) und letztlich Nisha zu 4.8% (n = 2). Nach der Betrachtung des primären Führungsverhaltens durch Storm bei allen 14 beobachteten Durchquerungen von Autobahnunterführungen, wobei Storm zu 64% (n = 9), Aster zu 28,6% (n = 4), Yukon zu 7.1% (n = 1) und Nisha kein einziges Mal voranlief, zogen wir abschließend folgendes Fazit: Eine wesentliche Aufgabe des Leitrüden Storm bestand darin, die restlichen Familienmitglieder durch Erfahrung, Besonnenheit und kluge Voraussicht vor den speziellen Gefahren innerhalb ihres gemeinsamen Lebensraumes zu schützen.

Sowohl die Bewegungsmuster der ganzen Wolfsfamilie als auch das Verhalten einzelner Tiere waren also eindeutig von ganz konkreten Motivationen und Zwängen bestimmt - so natürlich zunächst einmal ganz besonders von der Nahrungssuche und der gemeinsamen Jagd. In regelmäßigen Abständen - je nach Größe des zuletzt getöteten Beutetieres zwischen 3 bis 4 Tagen - brachen alle Wölfe auf und versetzten uns in die Lage, ihre Jagdstrategien sehr authentisch zu observieren. Die Aufbruchstimmung lief oft nach dem gleichen Muster ab: Storm und/oder Aster marschierten einfach los und näherten sich einem bestimmten Gebiet. Dann schnüffelten sie zunächst sehr konzentriert, nahmen im Hinblick auf das zu verfolgende Tier geruchliche Informationen auf oder schlichen sich nach direkter Sichtung der Beute (zum Beispiel einer Wapitihirschkuh) unter Nutzung von Deckung (Buschwerk, Bäume, Bodenunebenheiten) näher an das Opfer heran. Machten sie hingegen eine ganze Beutetierherde aus, versuchten Storm und Nisha die Herde in die Zange zu nehmen und von zwei Seiten zu attackieren. Brach dann unter einzelnen Beutetieren Panik aus, konzentrierten sich die beiden Wölfe auf ein optisch auffälliges Schema (humpelnde, Schwäche aufzeigende oder unerfahrene Beutetiere) und hetzten schließlich ein ganz gezielt selektiertes Tier. Manchmal bedienten sich die Wölfe auch einer anderen Jagdtechnik: Man näherte sich einem einzelnen Beutetier aus verschiedenen Richtungen, hielt visuellen Kontakt zueinander, schickte Sprinterin Nisha voran und blockierte gleichzeitig alle möglichen Fluchtwege eines Beutetieres. In solchen Momenten betätigte sich erfahrungsgemäß Storm als Treiber, während Aster und Yukon die Ankunft eines ihnen entgegenkommenden Opfers abwarteten. Über etliche Beobachtungen sehr lehrreicher und interessanter Jagdausflüge fanden wir im Prinzip nur unsere Vermutung bestätigt, dass die Wölfe nicht ausschließlich nur hoch strategisch vorgingen, sondern vor allem auch als Team fungierten.

Insgesamt begleiteten wir die Wölfe bei 21 Jagdausflügen. Während 88 Tagen, die wir mit dem Bowtal Rudel im Feld verbrachten, testeten sie die Verletzbarkeit eines Hirsches statistisch gesehen alle 4,1 Tage. Somit wendeten sie zeitlich ca. 23.9% aller Tage für die Nahrungssuche auf. Die Wölfe jagten besonders häufig während der frühen Morgenstunden zwischen 7 und 9 Uhr und am späten Nachmittag zwischen 16.30 und 18.30 Uhr (16 x) und erheblich seltener am hellichten Tage (5 x), falls doch nur bei trübem Wetter oder Schnee. Bei exzellenten Sichtverhältnissen, wie sie oft einige Tage vor beziehungsweise nach Vollmond vorherrschten, jagten die Wölfe zwar auch in der Nacht, ein Überblick zum aktiven Geschehen blieb uns aber verwehrt. Hinsichtlich der Nutzung unterschiedlicher Landschaftsareale errechneten wir, dass die Wölfe vor allem Hirsche und Rehe zu 42% (n = 9) auf der Eisenbahntrasse hetzten, 23.8% (n = 5) entlang der Parkstraße aktiv wurden und zu 33.3% (n = 7) Beutetiere auf dem zugefrorenen Bowfluss anzugreifen versuchten.

Am interessantesten war freilich, wie die Wölfe die Fähigkeiten jedes einzelnen Familienmitglieds und somit alle Ressourcen einer Jagdformation optimal ausnutzen: Nisha war besonders schnell, Storm umkreiste ein Beutetier besonders geschickt, Aster packte ein Opfer besonders aktiv am Hals, Kopf oder an den Flanken und Yukon lernte von seiner Mutter, wie die Fluchtwege eines Beutetieres zu blockieren sind. Ab einem Alter von zehn Monaten jagte Nisha manchmal absolut selbstständig. Sie war zu diesem Zeitpunkt zwar noch keine geübte Jägerin, hatte aber so viel Erfahrung gesammelt, dass sie in Abwesenheit der erwachsenen Wölfe bei der Verfolgung und Tötung von Schneeschuhhasen und anderer Kleinbeutetiere durchaus eine Weile alleine zurechtkam. Selbstverständlich führte nicht jede angefangene Hetzjagd zum Erlegen der Beute. Dennoch ist die oftmals pauschal geäußerte Behauptung mancher Hundetrainer, dass eine Jagdinitiative generell von einem Leittier ausgeht und es keine Eigenmächtigkeiten unter den rangniedrigen Tieren zulässt, schlicht und ergreifend fachlich falsch. Schließlich herrscht unter Wildnisbedingungen die Regel vor, zur Verfügung stehende Energie sparsam einzuteilen und einen Jagdversuch so effektiv wie möglich zu

Eine von vielen Jagdstrategien liegt darin begründet, dass Wölfe besonders am Ende eines Winters Huftiere in verkrusteten, tiefen Schnee hetzen, wo schwere Hirsche einbrechen. Die leichteren Raubtiere verschaffen sich somit einen Vorteil und können auf der Eiskruste laufen, ohne einzubrechen.

gestalten. Die juvenilen Wölfe Nisha und Yukon lernten jedenfalls sehr schnell, wie man untereinander kommunizieren muss, wie man sich zu Jagdbeginn orientiert und ein Opfer fixiert. Sie verständigten sich selbst während der Hetzphase untereinander noch über Blickkontakte, um gegebenenfalls einen spontanen Richtungswechsel zu machen. Exakt wegen dieser erstaunlichen Kommunikationsfähigkeit sind Wölfe bei der gemeinsamen Jagd so erfolgreich.

Mit der Zeit zollten wir besonders der fast schon zehnjährigen Aster tiefen Respekt, weil sie trotz erheblicher Bewegungseinschränkungen immer wieder in der Lage war, sich aktiv an einer gemeinsamen Jagd zu beteiligen. Sie ersetzte Schnelligkeit durch Erfahrung und weise Voraussicht. Zu dieser Weisheit zählte vor allem, dass Aster's Handlungen nicht von einem planlosen Jagdautomatismus geprägt waren. Stattdessen testete sie ein Beutetier kurz und bündig auf Verwundbarkeit und verschwendete bei zu erwartender Erfolglosigkeit keine wertvolle Energie. Im Gegensatz dazu verhielt sich Yukon bisweilen doch noch sehr unerfahren, indem er Angriffe auf Hirsche mit höchster Intensität und somit keinesfalls gehemmt vortrug. Nisha hetzte ein Beutetier nur eine relativ kurze Strecke und brach ihre Bemühungen schnell ab. Im Zusammenspiel mit Storm hetzte und schwächte sie ein Beutetier allerdings manchmal so sehr, dass es anschließend von beiden Wölfen gemeinsam unter höchster Konzentration angegriffen werden konnte. Da die Familienstruktur nur aus den Eltern und zwei sehr jungen Nachkommen bestand, führten die beiden Leittiere Storm und Aster insgesamt knapp 80% aller Jagdattacken. Wir fanden insgesamt sieben durch Raubtiere getötete Opfer. Ob die Hirsche und Rehe aber durch unsere Wölfe, durch Berglöwen oder Luchse zur Strecke gekommen war, oder aber einzelne Huftiere letzten Endes aufgrund der Wetterbedingungen beziehungsweise eines natürlichen Todes verendeten, blieb im spekulativen Bereich.

Viele Forscher haben in der Vergangenheit behauptet, dass Wölfe fast immer hungrig sind und ihre Bewegungsmuster deshalb vor allem im Winter nach einem simplen Muster verlaufen: Nahrungssuche, Jagen, Töten, Schlafen.

Ganz so einfach wollen wir es uns aber nicht machen. Wölfe sind mehr als bloße »Killermaschinen«.

Selbstverständlich müssen sie lange Entbehrungen durchstehen und Hungerperioden überbrücken. Wölfe führen in der Wildnis ein hartes Leben und legen bei der Suche nach geeigneten Beutetieren unglaubliche Distanzen zurück. Dabei erfüllen sie aber innerhalb verschiedener Landschaftsformen und somit auch in einem speziellen Lebensraum wie dem Bowtal eine wichtige Funktion, die der Biologe Prof. D. Bibikov mit Recht folgendermaßen beschreibt: »Als ein sehr aktives Raubtier, das einen Platz an der Spitze der Nahrungspyramide einnimmt, geht der Wolf komplizierte Beziehungen zu Tieren und Pflanzen in der Biozönose ein, die nicht nur auf der Nahrungsebene liegen. Betrachten wir einmal die biozönotischen Wechselbeziehungen zwischen Wolf und Huftieren, den Grund der Kontraste, der Konkurrenz mit anderen Raubtieren und Vögeln, die gegenseitige Unterstützung durch und für diese Tiere sowie einige wenig untersuchte Seiten der Rolle des Wolfs bei der Verbreitung von Seuchen.« Hinsichtlich der katastrophalen Lage des durch den arroganten, nur auf eigenen ökonomischen Profit ausgerichteten Menschen manipulierten Banff Nationalparks, könnte sich eine allgemein geäußerte Stellungnahme des Russen Bibikov fast schon spezifisch auf den Lebensraum des Bowtals beziehen. Er sagt: »Sowohl in Amerika als auch in der ehemaligen UdSSR wurden die Wechselbeziehungen in der Triade Wolf-Huftiere-Weideflächen untersucht. Die Bindung im letzten Kettenglied wurde jedoch zu wenig beachtet.« Was die derzeitige Situation unseres Untersuchungsgebiets betrifft, opferte man in der Vergangenheit viel zu viele Weideflächen der Hirsche. Die Resultate sind bekannt: Die Huftierpopulationen brachen regelrecht zusammen, die Raubtiere mussten ihren Lebensraum expandieren, um auf geeignete Nahrungsgrundlagen zu stoßen. Man kann nur hoffen, dass sich die Nahrungsressourcen der Wölfe - zumindest kurzfristig gesehen - nicht erschöpfen und sie vorerst einigermaßen Jagderfolg haben...

Zurück zum Winter 2000/2001. War einer ihrer Jagdstreifzüge erfolgreich, begann für die Wölfe jedesmal ein wahres Festmahl. Meistens fressen sich die Tiere erst einmal richtig satt, ohne dabei in großartige Auseinandersetzungen um Futter zu geraten, kleinere Scharmützel um die besten Fresspositionen einmal ausgenommen. Danach legen sie eine mehrstündige Ruhepause ein, um im Durchschnitt innerhalb von 24 Stunden zweimal zum Kadaver zurückzukehren und weiterzufressen.

Bei unseren Beobachtungen in der Nähe zu einem Kadaver (n = 7) stellten wir fest, dass es zumindest unter der speziellen Konstellation »Eltern mit zwei jugendlichen Tieren« keine festgelegte Rangordnungsposition um die Beute gab. Jeder Wolf unterbrach die gemeinschaftliche Ruhephase zeitlich unabhängig, stand auf und steckte seinen Kopf in den Kadaver, um zu fressen. Die vier Wölfe hielten sich fast immer mehrere Tage in der Nähe des gerissenen Beutetieres auf, wobei die Distanz zum Kadaver zu unserer Überraschung mitunter ein bis zwei Kilometer betragen konnte. Dieses Verhalten verwunderte uns, waren wir doch stets von einer direkten Verteidigung der Biomasse gegenüber Nahrungskonkurrenten quasi vor Ort ausgegangen. Nähere Untersuchungen führten zu einem Resultat, das nach unserem Wissensstand noch nie publiziert worden ist:

Die Bewegungsmuster der Wölfe waren nicht nur von der Nahrungssuche geprägt. Was zunächst ziemlich lapidar klingen mag, wollen wir wie folgt spezifizieren: Nach der Konsumierung großer Teile eines Beutetieres zielten die Wölfe unter Storm's Führung jedesmal ganz bewusst eine Böschung an und wanderten immer weiter bergauf. Dann legten sie sich auf der Sonnenseite eines Tales an ganz bestimmten und genau inspizierten Plätzen nieder (n = 7). In diesen sonnigen Mulden verbrachten sie anschließend den ganzen Tag und verdauten die Nahrung unter günstigeren Wärmebedingungen, als sie im schattigen Tal vorherrschten. Interessant war außerdem, dass es sich innerhalb bestimmter Gebiete immer um die gleichen Sonnenruheplätze handelte. Es bestand also eine hohe Motivation, wärmere Gefilde aufzusuchen. Und diesem Verhaltensmuster folgten die Wölfe traditionell. Die Motivation zum Sonnenbaden machte vor allem Sinn, weil der Temperaturunterschied zwischen einer schattigen Talsohle und einer wärmeren Anhöhe im Durchschnitt mehr als 15 ° Celsius betrug. Offensichtlich stellte das Sonnenbaden an kalten Wintertagen Anreiz genug dar, einen Kadaver zu verlassen, Hunderte Meter steile Böschungen zu erklettern und daraus sogar noch ein traditionelles Verhalten aufzubauen. Man konnte über das Zusammenwirken dieser Faktoren nur staunen.

Je länger wir die Wölfe begleiteten, desto komplexer gestaltete sich die ganze Angelegenheit. Legten die beiden Alttiere nach einer Wanderung über etliche Kilometer eine Ruhepause ein, verhielten sich die beiden jugendlichen Wölfe Yukon und

Jungwölfe folgen oft ausgelassenen Rennspielen ohne jegliche Präsenz von Alttieren, weil sie erst mit zunehmendem Alter lernen müssen, ihren Energiehaushalt einzuteilen (Bild unten). Meistens legen erwachsene Tiere derweil eine wohlverdiente Ruhepause ein und ignorieren die Aktivitäten der unerfahrenen Jungwölfe. Mutter Aster dreht sich ab und überlässt ihrem Nachwuchs das Spielfeld (Bild oben).

Nisha trotzdem weiter aktiv. Während die Alten schliefen, entfernten sie sich manchmal bis zu drei Kilometer. Natürlich waren wir wieder überrascht, weil man doch bislang von der ewigen Führung und Kontrolle jugendlicher Wölfe durch die Alttiere ausging. Yukon und Nisha frönten jedenfalls ausgelassenen Renn- oder Kampfspielen oder erkundeten eine neue Region ihres riesigen Reviers. Solche Erkundungen konnten mitunter bis zu einer halben Stunde dauern. Nach einem Ausflug kehrten die Beiden sorglos zurück, begrüßten Storm und Aster unterwürfig freundlich, ohne in ihrem Demutsverhalten geschlechtsspezifisch zu differieren. Sowohl Yukon als auch Nisha bestürmten beide Alttiere hintereinander, wobei Yukon interessanterweise fast immer zuerst Kontakt zu seiner Mutter aufnahm.

Auch wenn Jungwölfe normalerweise ab dem Spätherbst eine geschlechtsgebundene Rangordnung kennen lernen, schien die starke Bindung zwischen Vater und Tochter einerseits und Mutter und Sohn andererseits auch ihr Demutsverhalten zu beeinflussen. Da sich Aster selbst in der Paarungszeit gegenüber Nisha sanftmütig verhielt und keinerlei Aggressionssteigerung erkennen ließ, durchlief sie auch keinen sonst üblichen Lernprozess im Hinblick auf eine geschlechtsgebundene Sozialrangordnung. Nisha bekundete in den entscheidenden Situationen stets unterwürfige Freundlichkeit, wohl nicht zuletzt deshalb verhielt sich Aster ihr gegenüber völlig souverän und grundsätzlich freundlich. Storm hatte ebenfalls keine Mühe, seinen Freiraum gegenüber Yukon so zu gestalten, wie er es für angebracht hielt. Yukon zeigte gegenüber seinem Vater oft spontan aktive Beschwichtigungsgesten oder auf Storm's gelegentliches Drohen zumindest reaktives, passives Demutsverhalten. In der ganzen Beobachtungszeit kam es selbst an einem Beutetierkadaver nicht zu einer einzigen objektbezogenen Streitigkeit.

Wir wollen hier den Eindruck einer »himmlischen« Harmonie dringend vermeiden, müssen aber dennoch feststellen, dass Storm nicht einen Versuch unternahm, Yukon Futter wegzunehmen oder ihn an einem Kadaver einzuschüchtern. Zwangsläufig brauchte Yukon auch kein Recht zum Protest, das jedem juvenilen Tier zusteht, in Anspruch zu nehmen. Wie schon erwähnt, fraßen die Wölfe vielmehr zeitlich versetzt voneinander. Dieses System des Umschaltens von individuellem Fressverhalten und der Einhaltung von Individualdistanz gegenüber den Alttieren machte die generelle Existenz der Eltern-Nachwuchs-Dominanz noch stabiler und sicherer.

Es war unbestritten, dass Storm und Aster zwar hohe Achtung genossen, die vielen sozialen Wechselbeziehungen aber nicht zu der Unterdrückung von Yukon und Nisha führten. Deren Strategie war es ohnehin, ihre Eltern durch unterwürfige Freundlichkeit, manchmal auch leichtes Demutsverhalten, meistens aber über verspielte Kindlichkeit zu beschwichtigen. Weder Storm noch Aster verfolgte gegenüber den nun zehn Monate alten Jungtieren eine autoritäre Politik der Strenge. Aster äußerte zwar in der Paarungszeit manchmal ihren Unmut gegenüber der heranwachsenden Nisha, wirklich leiden musste diese aber nicht. Aufgrund der sehr überschaubaren Gruppenkonstellation nahm Aster's Druck auf Nisha auch in der Paarungszeit nicht besonders zu, eher verhielt sie sich gelassen.

Kommen wir für einen Augenblick noch einmal kurz auf das Jagdverhalten der Wölfe zurück. Sicherlich zählt die Beobachtung des eigentlichen Tötungsaktes zu den »Highlights« eines jeden Wolfsforschers. Meistens erkannten wir einen komplett abgeschlossenen Jagderfolg ausnahmslos nur daran, dass wir entweder irgendwann per Zufall die blutverschmierten Gesichter der Wölfe sichteten, oder sich regelrechte Rabenhorden schon aufgeregt und lautstark in der Nähe eines Kadavers um die besten Fresspositionen stritten. Wir erläuterten bereits, dass Raben und Wölfe eine sehr enge symbiotische Beziehung pflegen. Raben dienen Wölfen oft als eine Art Frühwarnsystem, umgekehrt profitieren Raben von der genauen Beobachtung der Raubtiere, indem diese besonders im Winter lohnende Nahrungsquellen erschließen. Im Übrigen leben in den kanadischen Rocky Mountains bis zu 30 verschiedene Tierarten von Wolfsbeute: Vom Adler über die Elster bis zur Meise; vom Puma und Luchs über den Kojoten bis zum Baummarder. Wir erwähnen diesen verhaltensökologischen Zusammenhang gerne, weil die überhöhten Angaben über die Gefräßigkeit des Wolfes sicherlich auch dadurch entstanden, weil Jäger und Wolfshasser von der Beurteilung der Beutereste ausgingen, ohne irgendeinen Zusammenhang mit den zahlreichen Abstaubern an einem Kadaver zu erkennen. Unter Berücksichtigung der Tage, an denen der Wolf keine Beute gemacht hat, kommt man bei einer realistischen Einschätzung zu dem Schluss, dass ein einzelnes Tier pro Tag selten mehr als zwei Kilogramm Nahrung aufnimmt. Zieht man die aktive Lebensweise des Wolfes in Betracht, handelt es sich vergleichsweise eher um eine geringe Menge. Im Übrigen kommt die vollkommene Verwertung eines Beutetieres durch Wölfe selten vor, da ein großer Teil davon durch Raben und andere Raubtiere regelrecht verschleppt wird. In den Rocky Mountains versuchen besonders Kojoten die Nahrungsressourcen des Wolfes zu plündern, jederzeit der Gefahr einer Attacke ihres größeren Verwandten ausgesetzt und daher als clevere und trickreiche Abstauber spezialisiert.

In diesem Zusammenhang konnten wir einmal beobachten, wie das Bowtal Rudel einen Kojoten von einem Kadaver verscheuchte, wobei ausgerechnet die junge Nisha die Attacke auf den Nahrungskonkurrenten einleitete. Die Alttiere Storm und Aster folgten ihr, wohl wissend, dass ihre schnelle Tochter im Vorteil war, den Kojoten am ehesten zu erwischen. Auch wenn der Haken schlagende Kojote letztlich entkam, erhielten wir einen neuerlichen Beweis für die These, dass Alttiere nicht in allen Lebenslagen agieren müssen und eine Teamgemeinschaft bei ihren Aktionen lieber auf Effizienz setzt: Sprinterin Nisha war nun einmal der schnellste Wolf der Gruppe, also nutzte man ihre individuellen Fähigkeiten auch in diesem Fall.

Eine Woche später observierten wir Storm beim Hetzen eines Hirschbullen. Offensichtlich verletzte er sich bei der Attacke so sehr, dass er anschließend stark humpelte und seinen linken Hinterlauf schonen musste. Weil sich auch die alte Aster bei der Jagd etwas zurückhielt, übernahm Jungrüde Yukon erstmals kurzfristig die Leitung eines direkten Angriffs. Er rannte auf der Parkstraße vorneweg und versuchte den Hirsch einzuholen. Der ließ sich aber keineswegs einschüchtern, sondern konfrontierte Yukon mit seinem kräftigen Geweih. Yukon gab auf und folgte stattdessen dem Verlauf der Straßenführung. Nisha und Aster trotteten im Abstand von einigen Metern langsam hinterher. Storm hatte sichtlich Mühe mitzuhalten. Nach einigen hundert Metern entschloss sich Storm, die Richtung zu wechseln, um eine sonnige Anhöhe anzusteuern. Bald legte er sich nieder, woraufhin die anderen drei Wölfe sofort umkehrten und sich ebenfalls hinlegten. Auch wenn Yukon die Gruppe zwischenzeitlich angeführt hatte, veränderte sich die Hierarchie der sozialen Rangordnung durch seine Initiative trotzdem nicht, denn während der gemeinsamen Ruhephase bestand Storm auf Einhaltung einer Individualdistanz. Aus liegender Position heraus fixierte er Yukon, der wiederum jegliche Annäherung oder eventuelles Kontaktliegen vermied. Storm bestand in einem ent-

Bei stabilen Rangordnungsverhältnissen reicht ein fixierender Blick völlig aus, um sich als Leitrüde gegenüber dem Nachwuchs »dominant« durchzusetzen.
Hier: Yukon vermeidet Blickkontakt und zeigt sofort eine Ersatzhandlung.

scheidenden Moment auf seinem Freiraum und drückte dadurch unmissverständlich seinen ranghohen Sozialstatus aus. Yukon war etwas frustriert und zeigte sofort eine stressbedingte Übersprungshandlung, indem er sich hinter seinem Ohr kratzte. Anschließend lief er unterwürfig freudig zu seiner Mutter. Aster gestattete ihm zwar Kontaktliegen, ignorierte dann aber seine Bemühungen, irgendwelche Spielaufforderungen einzuleiten.

Sobald sich Storm's körperliche Verfassung gebessert hatte, führte er die Familie wieder an. Er markierte zielstrebig und hoch konzentriert ihm strategisch wichtig erscheinende Anhöhen und Wegkreuzungen. Innerhalb des Territoriums schien den Leittieren das Ansteuern bestimmter Fixpunkte ohnehin wichtiger zu sein, als etwa nur entlang der eigentlichen Reviergrenzen zu markieren. Wenn die Leittiere an auffälligen Punkten wie Straßenschildern, Straßenmarkierungen, großen Felsen oder Weggabelungen vorbeikamen, steuerten sie einen solch markanten Punkt voller Eifer an, schnüffelten sehr ausgiebig und markierten diesen dann wechselseitig mit Urin. Laut unseren Feldnotizen beobachteten wir ein solches wechselseitiges Markierungsverhalten 43-mal.

Da das Absetzen von Duftstoffen ein sehr interessantes Verhalten ist und noch lange nicht alle Fragen, die sich im Zusammenhang mit dem Thema Markierungsverhalten stellen, beantwortet sind, glauben wir eine wichtige Komponente entdeckt zu haben, die den Zusammenhalt einer exklusiven Zweierbeziehung zwischen reproduzierenden Leittieren fördert und unterstreicht. Wenn es sich um Storm handelte, der einen konkreten Fixpunkt zuerst markierte (n = 29) urinierte Aster fünfundzwanzig Mal, also zu 86.2% mit leicht schräg nach vorne hochgehobenem Hinterlauf über seine Markierungsstelle und spritzte dabei sehr ausgeprägt Harn ab. In der umgekehrten Konstellation (n =18) hob Storm seinen Hinterlauf sogar zu 94.4%, also in siebzehn Fällen exakt an Aster's Markierungsstelle und spritze Harn ab. Somit schlussfolgern wir, dass wechselseitig aufgezeigtes Markierungsverhalten neben der Unterstreichung von Revieransprüchen unter anderem auch eine soziale Komponente enthält, die der Bestätigung einer engen Sozialbindung dient. Da es sich bei den beiden Alttieren um ein lang miteinander verbundenes Paar handelte und es außerdem aufgrund unterschiedlichen Geschlechts kein Rangordnungsverhältnis zu klären gab, sollten wir das wechselseitige Markierverhalten zweier Tiere in Zukunft auch als Betonung eines Zusammengehörigkeitsgefühls verstehen.

Unserer Meinung nach drückten Storm und Aster durch das wechselseitig aufgezeigte Markierverhalten nicht nur ihr gemeinschaftliches Handeln aus, sondern unterstrichen dadurch auch ihre soziale Bindung zueinander. Diese These einer sozialen Komponente gemeinschaftlichen Urinierens vertritt auch die Norwegerin Turid Rugaas, die dieses Verhalten salopp als »Einladung zum Tee« bezeichnet. Auch der Halter mehrerer, im Rudelverband zusammenlebender Hunde erlebt dieses Phänomen relativ häufig. Dennoch scheinen die Hunde untereinander durchaus keine Rangstreitigkeiten mit diesem Verhalten zu provozieren, obwohl gerade dieses von einer zurzeit propagierten »modernen Hunde-Erziehungs-Philosophie« suggeriert wird. Unser einziger Kommentar zu dieser »neuen Weisheit«: fachlich falsch und nicht haltbar!

Zwar kam es vor, dass Yukon und Nisha höchst interessiert die Markierstellen ihrer Eltern beschnüffelten, daraufhin dort aber keinen Urin absetzten. Das Markierverhalten der Leittiere diente also auch der Bestätigung ihres hohen Sozialstatus und unterschied sich dann deutlich vom einfachen und nicht strategisch vorgetragenen Harnabsetzen der juvenilen Tiere. Bei all den neuen Erkenntnissen, die wir im Verlaufe unserer Studien sammelten, blickten wir beim Urinieren also auf keine konstante Verhaltensweise. Das Elternpaar markierte und konnte durch dieses Verhaltensritual gegenüber dem Nachwuchs Dominanzansprüche demonstrieren, jedoch war dies nicht generell der Fall.

Vor Beginn von Aster's eigentlicher Stehzeit ließ Storm dem unerfahrenen Jungrüden Yukon großmütig den Vortritt, sie ausgiebig zu beschnüffeln. Yukon sammelte so erste sexuelle Erfahrungen, lief aufgeregt und recht konfus hinter seiner Mutter her und brach seine unkoordinierten Bemühungen recht bald frustriert ab. Mit Beginn der Stehzeit musste er aber zu Storm gebührenden Abstand halten, denn der richtete sich nun in Aster's Nähe in steifer Körperhaltung auf, engte manchmal sogar Yukon's Bewegungsfreiraum ein und fixierte ihn in bestimmten Situationen kurzfristig. Nisha schlich derweil immer etwas unsicher ein größeres Stück abseits von den übrigen Wölfen umher und verhielt sich Aster gegenüber extrem unterwürfig, obwohl dazu eigentlich gar kein Anlass bestand. Der erste Paarungsakt zwischen Storm und Aster fand am 12. Februar 2001 statt. Obwohl die beiden Tiere mehrere Male für ca.

fünfzehn Minuten zusammenhingen und mit ihren Hinterteilen gegeneinander standen, blieb die Paarung, wie bereits berichtet, zu unserem größten Bedauern erfolglos.

Mit Beginn der Paarungszeit machten wir eine sehr interessante Entdeckung. Daher wollen wir in diesem Zusammenhang nochmals auf die Führung einer Wolfsfamilie zurückkommen. Mitte Januar 2001 beobachteten wir nämlich einen kompletten Führungswechsel. Aster ergriff von einem Tag auf den anderen plötzlich - und für uns völlig überraschend - die Initiative zur Führung der gesamten Gruppe. Dieses, für die alte Dame an sich ungewöhnliche Verhalten dauerte ziemlich konstant zwei Wochen an. Aster folgte offensichtlich einer hohen Motivation, führte die Familie kreuz und quer durch das ganze Territorium, um ganz gezielt diverse Höhlenstandorte anzusteuern. Storm reagierte während dieser Zeit nur noch auf Aster's Aktionen. Sie ließ sich auch durch nichts und niemanden davon abhalten, alle fünf Höhlen im Kernterritorium auf Sicherheit zu überprüfen. Nur sie entschied nun, wie lange das Rudel (durchschnittlich 1 - 2 Tage) in der Nähe des jeweiligen Höhlenstandortes verweilen musste und nur sie entschied, wann die Gruppe unter ihrer Führung erneut zur nächsten Höhle aufbrach.

Nach diesen zwei Wochen observierten wir wieder Storm bei der Führung des Rudels. Er leitete die Gruppe gerade bei der Überquerung der Eisenbahntrasse. Jetzt hielt sich Aster wieder zurück. Wir kamen zu dem Schluss, dass Storm nicht nur wie gewohnt generell gefahrenvermeidend handelte, sondern ihm offensichtlich die Absicherung der eventuell reproduzierenden Aster besonders wichtig erschien. Unsere letzte Bemerkung möchten wir aufgrund mangelhafter quantitativer Beweise als eine These verstanden wissen, denn schon am nächsten Tag führte Storm die Familie eher traditionell entlang der Eisenbahnschiene, um eventuell durch einen Zug getötete Beutetiere aufzuspüren. Jetzt war Storm's Motivation sicherlich auf die Nahrungssuche konzentriert. Zum Schluss unserer dokumentarischen Schilderungen aus der Wintersaison 2000/2001 sind wir noch die Erklärung schuldig, wie es zu der zeitweiligen Trennung von Nisha und dem Rest der Familie kam:

An einem späten Nachmittag Ende November 2000 begleiteten wir, wie so oft zuvor, alle vier

Erfahrene Leitwölfinnen prüfen Höhlenstandorte auf Sicherheit und führen die gesamte Gruppe mit einer hohen Motivation. Leitwölfinnen sind sehr wählerisch, was die Entscheidung für eine ganz bestimmte Höhle betrifft. Hier: Yukon und Storm folgen Leitwölfin Aster.

Wölfe auf einer ihrer zahlreichen Wanderungen durch das Bowtal. Wieder einmal liefen Storm, Aster, Yukon und Nisha auf der Eisenbahntrasse. Plötzlich hielt Nisha zum Restrudel eine ungewöhnliche Distanz ein und verhielt sich auffällig nervös und unsicher. Storm drehte sich nach ihr um, auch Aster stoppte. Yukon nahm Blickkontakt zu Nisha auf und wedelte mit dem Schwanz. Als sich die ganze Familie ungefähr 300 Meter vor der Autobahn befand, streckte Nisha ihren Hals weit nach vorne, schreckte vor irgendetwas zurück und unterbrach ihre Handlung durch unruhiges Beobachtungslaufen. Sie stellte ihre Ohren abwechselnd aufrecht und zur Seite gerichtet, um danach ihren Kopf hin und her, aber auch von oben nach unten zu bewegen. Es schien so, als ob sie sich sowohl optisch als auch akustisch auf die noch relativ weit entfernte Autobahnunterführung orientierte. Dann blieb sie mit stark gesenktem Schwanz stehen. In der Folgezeit wechselten sich Beobachtungslaufen und ein gewisses Annähern an die Unterführung mit leicht neugierigem Verhalten ab. Ab einer ungefähren Distanz von 100 Metern legte sich Nisha hin, beobachtete die sie völlig verunsichernde Informationsquelle, hob und senkte unruhig ihren Kopf, um schließlich umzudrehen und im nahegelegenen Wald zu verschwinden. Storm und Aster drehten sich abermals nach ihr um, setzten aber nach einer kurzen Unterbrechung ihre Wanderung fort und steuerten ganz besonnen und ohne jede Hektik den Autobahntunnel an.

Storm, Aster und Yukon durchschritten den Autobahntunnel (genau in dieser Reihenfolge) ohne jegliches Zögern. Nisha hingegen zeigte weiterhin massives Meideverhalten. Sie stand wie angewurzelt am Waldrand, obwohl Vater, Mutter und Bruder - mittlerweile auf der gegenüberliegenden Seite der Autobahn angekommen - Nisha über minutenlang vorgetragenes Heulen animierten, wieder Anschluss zu finden.

Trotz dieses Kommunikationsversuches stoppte sie jede Handlung in gebührendem Abstand zum Autobahntunnel. Danach erstarrte und antwortete sie wechselweise über diverse Heulsequenzen. Da sie es trotzdem ganz offensichtlich vermied, dem Rudel zu folgen, setzten sich die anderen Wölfe nach ca. zehn Minuten in Marsch und verließen das Bowtal für einige Tage. Nisha blieb zurück und war für diese Zeit auf sich alleine gestellt. Natürlich empfanden wir Mitleid mit Nisha, zumal sich die ganze Prozedur in unregelmäßigen Abständen wie-

Warum Nisha lange Zeit keine Autobahnunterführungen durchschreiten wollte, blieb hochgradig spekulativ. Hier: Nisha läuft vor einem Tunnel unruhig hin und her, obwohl die anderen Familienmitglieder sie immer wieder über Heulverhalten animierten, ihre Furcht zu überwinden und der Gruppe zu folgen.

derholte. Zumindest aber fanden wir eine logische Erklärung dafür, warum sich die Familie manchmal aufteilte. Im Nachhinein können wir selbstverständlich nur Spekulationen anstellen und vermuten, dass Nisha in ihrer frühkindlichen Phase entweder irgendwann einmal negative Erfahrungen gesammelt hatte oder sie sich generell bei ungewöhnlichen Geräuschkulissen fürchtete. Vielleicht formte sich aber auch dieses Meideverhalten in der entscheidenden frühen Jugendentwicklung, weil Nisha z.B. von einem PKW angefahren worden war. Wie auch immer, fest stand jedenfalls, dass Nisha das Bowtal während ihrer juvenilen Phase niemals verlassen hat. Fest stand aufgrund dieser Beobachtungen auch, dass sich die übrigen Familienmitglieder gegenüber Nisha nicht loyal verhielten, denn Storm, Aster und Yukon waren nach jeder Durchquerung eines Autobahntunnels zwei bis maximal zehn Tage unterwegs, bevor sie wieder ins Bowtal zurückkehrten. Trotz aller vorübergehenden Trennungen blieb Nisha weiterhin integraler Bestandteil der Familie. Entweder erwartete sie die Rückkehr der anderen Tiere in der Nähe des Autobahntunnels oder folgte einem der schon beschriebenen Wolfspfade, um Storm, Aster und Yukon erneut innerhalb des Kernterritoriums zu treffen.

Wann immer wir ein »Wiedersehen« zwischen allen Familienmitgliedern observierten, mussten wir mit Ernüchterung zur Kenntnis nehmen, dass sich die Freude auf ein Zusammentreffen in Grenzen hielt. Nisha näherte sich den anfangs ziemlich ignoranten Wölfen zunächst vorsichtig und abwartend, ganz so, als ob es sich um rudelfremde Tiere handelte. Nisha vermied in solchen Situationen grundsätzlich jeden direkten Blickkontakt und näherte sich besonders Aster in geduckter Körperhaltung. Anschließend pfötelte sie unsicher und unterwürfig. Setzte sich die Familie wieder in Bewegung, trottete sie schließlich mit leicht angelegten Ohren hinter Storm her. Nisha's Verunsicherungsphase war allerdings nie von langer Dauer. Gegenteilig beobachteten wir nach einigen Minuten schon wieder Rennspiele.

Besonders Yukon war eigentlich ganz froh, seine Schwester endlich wieder über typische Bewegungsübertreibungen zum gemeinsamen Spiel auffordern zu können. Die durch Yukon initiierten Kontaktspiele gestalteten sich dann auch besonders intensiv und dauerten manchmal bis zu fünfzehn Minuten. Die beiden jugendlichen Tiere rannten z.B. plötzlich los, zeigten gegenseitige Vorderkörpertief-

stellungen, packten sich, wie es für Spielbisse charakteristisch ist in den Nacken und über den Rücken und die Rollenverteilung wechselte wie eh und je. Die Alten lagen derweil in separaten Schlafmulden und hielten sich aus den spielerischen Schlachten komplett heraus.

Bevor wir zu den zusammenfassenden Bemerkungen dieses Teilkapitels kommen, möchten wir unter dem Gesichtspunkt verhaltensökologischer Betrachtungen noch eine Statistik veröffentlichen, welche die Lebensgewohnheiten des Bowtal Rudels in ihrem vom Menschen dominierten Lebensraum sehr gut dokumentiert. Die Tabelle auf Seite 190 gibt nämlich Auskunft über das Anpassungsverhalten jedes einzelnen Wolfes und zeigt ganz klar und unmissverständlich, wie extrem unterschiedlich sich die Tiere innerhalb der gleichen Infrastruktur verhielten. Wir werden also erfahren, wo sich welches Tier wie viel Stunden aufhielt.

Vorweg noch eine wichtige Anmerkung: Die Möglichkeit zur Verhaltensbeobachtung eines Wolfes war ausnahmslos nur dann gegeben, wenn es uns das jeweilige Tier auch gestattete. Manchmal verspürte der eine oder andere Wolf überhaupt keine Lust, einen Menschen zu sehen. An solchen Tagen »trickste« uns besonders der erfahrene Storm einfach aus. Er ließ dann alle unsere Bemühungen, direkte Verhaltensbeobachtungen durchzuführen, ganz einfach ins Leere laufen. Letztere Bemerkung sollte nur noch einmal klarstellen, dass wir die Wölfe zu keiner ungewollten Handlung nötigten.

Wie im einleitenden Text erwähnt, hielten wir in der gesamten Feldstudienzeit 228 Stunden direkten Sichtkontakt zu mindestens einem Wolf. Die 228 Beobachtungsstunden unterteilten sich zunächst in 162 Stunden, an denen wir mindestens einen Wolf des Bowtal Rudels und 68 Stunden, an denen wir mindestens einen Wolf des Fairholme Rudels sahen. Die Diskrepanz in der Häufigkeit der Beobachtungsstunden erklärt sich ganz einfach dadurch, dass wir uns nicht zur gleichen Zeit in zwei unterschiedlichen Gebieten des Banff Nationalparks aufhalten konnten. Außerdem geben wir unumwunden zu, das Bowtal Rudel zu favorisieren, da wir es schließlich zuvor schon über zehn Sommer begleiteten. Wie gesagt, auch Feldforscher haben Emotionen!

Da wir Storm, Aster, Yukon und Nisha an verschiedenen Orten ihres Territoriums unterschiedlich lang beobachteten, kommen wir so zu folgendem individuellen Ergebnis, wobei »n« für die Anzahl der Beobachtungsstunden steht:

Yukon: n = 162 (100%) Aster: n = 155 (100%) Storm: n = 157 (100%) Nisha: n = 107 (100%)

Aufenthaltsort	Wald	Eisenbahntrasse	Parkstraße	Fluss	Wiesenlandschaft	Std./total
Yukon	46 (28,4%)	32 (19.8%)	45 (27,8%)	21(13.0%)	18 (11.0%)	162
Aster	68 (43.9%)	29 (18.7%)	26 (16.8%)	18 (11.6%)	14 (9.0%)	155
Storm	62 (39.5%)	21 (13.4%)	26 (16.6%)	20 (12.7%)	28 (17.8%)	157
Nisha	55 (51.4%)	16 (14.9%)	8 (7.5%)	16 (14.9%)	12 (11.2%)	107

Zusammenfassende Bemerkungen: Während unserer Studienzeit durchlebten wir viele nervenaufreibende Stunden des Wartens, des Zitterns, des Staunens und vor allem des Nichtverstehens. Nach der Analyse Dutzender Kassetten und Aberhunderter Feldnotizen kamen wir zu dem Schluss, dass sich Storm, Aster, Yukon und Nisha erheblich flexibler verhielten, als wir es vor Beginn der Feldstudien je für möglich gehalten hätten. Wir sind sicher, dass der weitere Verlauf unserer Feldforschungsarbeit immer wieder neue Überraschungen bereithalten wird, denn Wölfe verhalten sich eben nicht alle gleich.

Bei der Beurteilung des Einflusses, den die vielen Infrastrukturmaßnahmen im Bowtal ohne jeden Zweifel auf die alltägliche Lebensweise der Wölfe hatten (und haben), sollte man immer bedenken, dass der Wolfsbestand in der Vergangenheit sowieso schon gering war (und leider immer noch ist). Auch wenn Storm, Aster, Yukon und Nisha den Winter unbeschadet überlebten, hing ihr Leben bisweilen am seidenen Faden und war so manches Mal von reinen Zufällen abhängig. So ergab sich für den sich völlig unbedarft fortbewegenden Jungwolf Yukon bei der bevorzugten Nutzung von Straßen und Wegen stets das hohe Risiko überfahren zu werden. Da sich die betagte Aster aufgrund ihres fortgeschrittenen Alters bevorzugt auf schneefreien Straßen aufhielt, um mit Energie hauszuhalten, war auch sie trotz aller Erfahrung regelmäßig in Gefahr.

Mit Zunahme des Straßenverkehrs mussten die Wölfe auf die nicht minder gefährliche Eisenbahntrasse ausweichen oder sich im hohen Schnee, auf dem zugefrorenen Fluss und im Wald fortbewegen. Aus diesem Grund folgten die Tiere wohl unter anderem auch gerne ihren eigenen Pfaden über etliche Kilometer. Insgesamt gesehen konzentrierte sich Nisha am häufigsten auf eine natürliche Deckung und floh beim kleinsten Geräusch ins Dickicht oder in den Wald. Storm und Nisha liefen meistens sehr eng beisammen, wobei letztere es offensichtlich vorzog, sich in brenzligen Gefahrensituation in den schützenden Wald abzusetzen. Aster und Yukon folgten auch einer engen Bindung zueinander, wanderten aber trotz zuverlässigem Kommunikationsvermögen manchmal in geradezu stoischer Ruhe entlang der Parkstraße, obwohl sich ihnen Fahrzeuge näherten. Es zeichnete sich die klare Tendenz ab, dass Aster und Yukon die unterschiedlichen Einflüsse des Menschen zwar nervlich am Besten verkrafteten, aber die damit verbundenen Gefahren weniger differenzierten als Storm und Nisha. Grund dafür mag auch sein, dass Aster aufgrund ihrer altersbedingt abnehmenden Wahrnehmungsfähigkeiten Yukon eine »Pseudosouveränität« vorlebte, die Yukon bei sich zu einer Form von Nervenstärke ausbaute.

Hinsichtlich der Nahrungssituation blieb den Wölfen allerdings insgesamt nur ein geringer Spielraum, sich jederzeit in schwer zugängliche Gebiete zurückziehen zu können. Wann immer möglich, mieden die Wölfe die Nähe von Ansiedlungen, oder besser formuliert, des Menschen insgesamt. Die sehr deutliche Abhängigkeit von der Infrastruktur veranlasste die Wölfe auch, ihr Verhalten zum Beispiel dem Verlauf von Langlaufloipen und Wanderwegen, somit also wieder den Bewegungsmustern des Menschen, anzupassen, ohne dass eine direkte Konfrontation vorkam.

Wir kamen deshalb zu dem Schluss, dass normalerweise auch nicht bejagte Wölfe den Menschen meiden und kein ausgeprägtes Abwehrverhalten ihm gegenüber entwickeln. Im Zeitalter einer aufgeklärten Gesellschaft sollte es möglich sein, die Koexistenz zwischen Wolf und Mensch von jeglicher Panikmache freizuhalten. Weil die Gefährlichkeit des »blutrünstigen Monsters« Wolf auch schon in der Vergangenheit stark übertrieben wurde, möchten wir diesen Buchabschnitt mit einem schon 1933 veröffentlichen Zitat des russischen Naturalisten V.N. Kaverznev schließen. Er schrieb damals in einem Artikel mit dem Titel »Wölfe und ihre Ausrottung« hinsichtlich der Gefährlichkeit des Wolfes: »Ich muss sagen, dass vor der Revolution in jedem Winter in den Zeitungen über Angriffe auf Menschen

Nisha führte die Gruppe nach der Integration von Neumitglied Hope sehr oft an, kommunizierte aber jederzeit mit Leitrüde Storm, der sie in Gefahrensituationen wie selbstverständlich überholte und die anschließende Leitung des Rudels übernahm.

und Tötungen von Menschen durch Wölfe berichtet wurde. Die Opfer der Räuber waren nicht nur vorwiegend, sondern fast ausschließlich Landpolizisten und Wachtmeister. Man bekommt den Eindruck, als würden Wölfe Polizistenfleisch allem anderen vorziehen. Alle diese Nachrichten hielten in keinem Falle einer Überprüfung stand. Derartige Zeitungsnachrichten und nicht überprüfte Gerüchte bildeten dann oft die Grundlage für die vorrevolutionären Statistiken, die von Polizeiwachtmeistern und Gemeindeschreibern fabriziert wurden.« Dem ist eigentlich nichts mehr hinzuzufügen.

Erste Untersuchungsresultate zur Verhaltensökologie des Fairholme Rudels

Bevor wir nachfolgend auch die Verhaltensweisen und die jahreszeitlich bedingte Struktur der sozialen Rangordnung des Fairholme Rudels näher erläutern, wollen wir die einzelnen Familienmitglieder, soweit sie uns bekannt sind, vorstellen. Da diese Wolfsfamilie zum ersten Mal im Sommer 2000 Nachwuchs aufzog, blieb unser Datenmaterial in der Konsequenz noch etwas lückenhaft.

1. **Vater Big-One**: Der Leitrüde erhielt seinen Namen aufgrund seiner Größe und eines geschätzten Gewichts von mindestens 55 Kilogramm. Big-One war ein außergewöhnlich schwerer, sehr kompakter Wolf mit bulligem Kopf und kräftigen Beinen. Er war dunkelgrau bis braun, hatte rotbraune Ohren und ein schwarzes Fellabzeichen auf der Rückenpartie. Seine Brust und Beinansätze waren braun und ocker gefärbt, seine Augen haselnussbraun und ein schwarzer Streifen verlief entlang des Schwanzrückens. Sein Alter schätzten wir auf ca. drei Jahre.

Big-One reagierte meistens auf das initiative Verhalten von Leitwölfin Kashtin, führte die Gruppe aber zwischenzeitlich in ganz bestimmten Situationen an. Big-One war ein äußerst selbstbewusster, aber auch ausgeglichener Rüde. Sein Verhalten wirkte auf uns jederzeit sicher und abgeklärt. Er war nicht besonders temperamentvoll, sondern insgesamt eher ruhig und abwartend. Er zeigte innerhalb der massiven Infrastruktur um die beiden Städte zielstrebiges, jedoch den wechselnden Aktivitätsmustern der Menschen angepasstes und hoch flexibles Verhalten. Als Leitrüde markierte er mit zur

Anfangs wunderte man sich, als erste Wölfe in unmittelbarer Stadtnähe zu Banff auftauchten und die Gewohnheiten der Menschen regelrecht »studierten«. Die Jungwölfe folgten den Alttieren über Beobachtungslernen und passten sich den Gegebenheiten schnell an. Hier: Aufmerksames Beobachtungsstehen.

Seite hochgehobenem Hinterlauf alle Wegkreuzungen und andere wichtigen Fixpunkte, oder er urinierte auf die Markierungsstellen von Kashtin. Er unterhielt zur Leitwölfin insgesamt eine innige Beziehung, verhielt sich ihr gegenüber sehr tolerant und begrüßte sie meistens freundlich gestimmt und schwanzwedelnd. Gegenüber seinem Bruder Aspen (wir vermuten ein solches Verhältnis) zeigte er sich manchmal dominant, engte bisweilen dessen Bewegungsfreiraum ein oder fixierte ihn aus der Distanz. In der Nähe eines Beutetierkadavers bestand er auf seiner ungestörten Fressposition, zumal er viele Jagdinitiativen der Gruppe leitete und Wild oft gezielt auf Straßen und entlang der Eisenbahntrasse hetzte. In konkreten Situationen betätigte sich primär Big-One gefahrenvermeidend und initiierte sowohl Alarmbellen als auch jegliches Chorheulen. Er duldete zwar keinerlei Kontaktliegen mit den übrigen Wölfen, verhielt sich zu den Jungen aber meist freundlich. Imponierhaltung nahm er nur gegenüber Aspen ein. Manchmal griff er spontan Knochen auf und ließ sie durch die juvenilen Tiere der Gruppe erbeuten.

2. **Mutter Kashtin**: Die Leitwölfin und Mutter der sechs Welpen war ebenfalls kräftig, außerdem sehr kompakt und wirkte fast schon etwas klotzig. Kashtin schätzten wir auf vier Jahre, somit war sie der älteste Wolf der ganzen Familie. Sie war hellgrau, hatte eine dunkelgraue Rückenpartie mit ocker gefärbten Seitenlinien, eine hellgraue Brust und ebenfalls hellgraue Beine. Ihre Ohren und Augen waren bräunlich.

Kashtin war temperamentvoll und unternehmungslustig, führte die ganze Familie oft an und entdeckte den bereits geschilderten neuen Wanderkorridor in Richtung Banff offensichtlich als erste. Zumindest operierte sie in der Infrastruktur am sichersten und gelassensten und hetzte oft Hirsche aktiv inmitten der Infrastruktur. Kashtin, was aus dem Indianischen übersetzt übrigens »Wirbelwind« bedeutet, war eine souveräne und selbstbewusste Führungspersönlichkeit, die standesgemäß mit schräg nach vorn hochgehobenem Hinterlauf markierte und die Geschicke der Gruppe oft diktierte. Sie duldete keinerlei Kontaktliegen mit den übrigen Wölfen, verhielt sich aber gegenüber dem Leitrüden sehr freundlich. Zu Aspen hatte sie eine etwas distanzierte Beziehung und nahm zu ihm erheblich weniger Kontakt auf als zu Big-One. Kashtin führte den sechsköpfigen Nachwuchs sehr konsequent in Richtung von ihr anvisierter Ziele, zeigte sich aber

im interaktiven Verhalten mit den juvenilen Tieren meistens tolerant, bisweilen allerdings eher ignorant. Kashtin heulte extrem selten, beteiligte sich aber am Chorheulen, das der Leitrüde initiierte.

3. **Betarüde Aspen**: Wir identifizierten Aspen anhand seines langgestreckten Körperbaus und seiner hohen Beine. Er war wie Big-One schätzungsweise drei Jahre alt, graubraun mit schwarz gesprenkelten Fellabzeichen auf der Rückenpartie, hatte einen dunklen Schwanzrücken, rotbraune Ohren und eine bräunlich bis ockergelbe Gesichtsmaske. Seine Augen waren hellbraun.

Als subdominanter Rüde der Gruppe reagierte er meistens auf die Führung der Leittiere, leitete allerdings mit zunehmendem Alter der juvenilen Tiere auch Teileinheiten, die wiederum separat zur Jagd aufbrachen. Aspen verhielt sich insgesamt sehr ruhig und abgeklärt, wartete die Dinge erst einmal ab und reagierte dann ziemlich besonnen. Streitigkeiten mit seinem Bruder Big-One ging er aus dem Weg, unterwarf sich ihm passiv, protestierte aber gegen unberechtigte Dominanz. Aspen zeigte kein Markierungsverhalten und kein Kontaktliegen mit den Leittieren. Dem Nachwuchs gegenüber verhielt er sich sehr tolerant und bisweilen regelrecht verspielt, nur Chaser drückte er in der Nähe einer getöteten Beute hin und wieder auf den Boden und fixierte ihn leicht aus der Distanz. Aspen heulte zur Kontaktaufnahme mit anderen Familienmitgliedern aus der Distanz. Er hielt sich in der Nähe der Städte auffallend zurück und überließ den Leittieren die Initiative. Auf Straßen und entlang der Eisenbahntrasse verhielt er sich aber souverän und vorausschauend.

4. **Jungrüde Chaser**: Chaser erhielt seinen Namen aufgrund der Tatsache, dass er sich schon sehr früh wie eine Art Untergruppenführer benahm. Wie seine Geschwister war auch er im November ca. sieben Monate alt, wirkte irgendwie schlaksig und sehr beweglich. Chaser war schlank, mittelgroß und hochbeinig. Er war graubraun, hatte schwarze und weiße Fellabzeichen auf der Rückenpartie, eine braune Gesichtsmaske und helle Augen. Seine Ohren waren bräunlich und seine Beine grau mit schwarzen Sprenkeln.

Der Anführer der Halbstarkenbande attackierte oft Dreamer, seinen sehr sanften Bruder. Später initiierte er sogar koordinierte Mobbingattacken gegen Dreamer. Chaser verhielt sich gegenüber seinen Eltern sehr unterwürfig und beschwichtigend, obwohl er eine enge soziale Beziehung zu seiner Mutter unterhielt. Er blieb stets in ihrer Nähe und schloss sich nie der manchmal von Aspen angeführten Teilgruppe an. Chaser hielt sich stattdessen bei Jagdausflügen in der Nähe von Kashtin auf und versuchte sie zu imitieren. Er verhielt sich innerhalb der Infrastruktur schon erstaunlich ruhig und abgeklärt, war aber insgesamt eher temperamentvoll und neigte bisweilen zu unüberlegten Handlungen. Er war relativ neugierig, näherte sich Fahrzeugen aber höchstens bis auf eine Distanz von maximal hundert Metern. An Beuetierkadavern grenzte er eine günstige Fressposition schon früh gegenüber seinen Geschwistern ab und verfolgte seinen Vater sehr aktiv, wenn der mit einem Knochen voranlief. Chaser konnte man insgesamt als einen frühzeitig aufstrebenden Jungwolf bezeichnen, auch wenn er noch mit leicht eingeknickten Hinterläufen urinierte.

5. **Jungwölfin Nieve**: Bei ihr handelte es sich um eine mittelgroße, hochbeinige und hochaufgeschossene Wölfin, die klassisch grau war und eine braune Gesichtsmaske hatte. Nieve hatte hellgrüne Augen, braune Ohren und schwarze Sprenkel auf der Rückenpartie. Entlang ihres Schwanzes verlief ein dunkelgrau bis schwarz gefärbter Streifen. Ihre Beine waren hellgrau und ihre Brustpartie mittelgrau.

Nieve war eine nicht besonders selbstbewusste und manchmal deutlich unsichere Jungwölfin, die nicht temperamentvoll erschien und eher reaktiv handelte. Sie unterhielt eine enge Beziehung zu ihrem Vater und verhielt sich etwas distanziert gegenüber ihrer Mutter, auch wenn sie sich in bestimmten Situationen freundlich unterwarf. In der Infrastruktur hielt sie sich anfangs etwas zurück, wirkte allerdings mit zunehmendem Alter selbstbewusster und auch selbstständiger. Fahrzeugen näherte sie sich nie. Bei der gemeinsamen Jagd verhielt sich Nieve immer aktiv und hoch interessiert, hetzte Beutetiere bisweilen ausdauernd und relativ zielstrebig. Sie nahm regelmäßig an der Jagdformation um Aspen teil, schien aber trotzdem keine besonders enge Bindung zu ihm zu unterhalten. An Kadavern protestierte sie selten und fraß am liebsten in unmittelbarer Nähe zu Big-One. Konflikten mit Geschwistern ging Nieve im Allgemeinen gerne aus dem Weg, besonders wenn einer von ihnen mit hocherhobenem Schwanz imponierte. Sie beteiligte sich zwar nicht an Chaser's Mobbinginitiativen, hielt aber andererseits engen Kontakt zu ihm. Nieve scheute anfangs die Durchquerung von Autobahnunterführungen,

Unbedarftes Verhalten kann sogar in einem Nationalpark zum Tode führen. Auch hier dominieren die Ansprüche des Menschen vor den Interessen der Tierwelt. Wölfe sollen sich zwar an den Lebensraum anpassen, aber andererseits wiederum nicht »zu« adaptiv sein.

gewöhnte sich aber unter dem Schutz des juvenilen Pulk bald um.

6. **Jungwölfin Sandy**: Diese Jungwölfin war schlank, nicht besonders groß und schwer. Sie war grau bis sandfarben und hatte hellgraue, fast schon weiße Beine. Sandy hatte eine graubraune Gesichtsmaske, gelbe Augen, und braune Ohren. Ihr Rücken war dunkelgrau, von einigen schwarzen Sprenkel unterbrochen.

Sandy war das »Seelchen« unter den juvenilen Geschwistern. Sie war extrem ruhig und sanftmütig, beteiligte sich nie an irgendwelchen Streitigkeiten und unterhielt eine besonders enge Beziehung zu Dreamer. Sie war nicht besonders temperamentvoll, sondern eher besonnen. Sandy fiel auf Straßen und der Eisenbahntrasse durch ihre stoische Ruhe und auch Neugierde auf. Fahrzeugen näherte sie sich bis auf wenige Meter ohne jegliche Scheu. Sie war viel mit Dreamer und abseits der Familie unterwegs, verhielt sich dann äußerst unternehmungslustig und abgeklärt. Sie und Dreamer erbeuteten oft Mäuse und andere Kleinnager und demonstrierten ihr Zusammengehörigkeitsgefühl über Kontaktliegen. Sandy verhielt sich gegenüber ihren Eltern extrem unterwürfig, zu Aspen schien sie eine besondere Beziehung zu haben und hielt sich an einem Kadaver immer in seiner Nähe auf. Bei gemeinsamen Jagdausflügen betätigte sich Sandy als Sprinterin der Gruppe und wirkte bei ihren Bemühungen schon sehr diszipliniert und ausdauernd.

7. **Jungrüde Dreamer**: Wir nannten ihn so, weil er auf uns immer ein wenig verträumt wirkte. Dreamer war ein großer Rüde mit kräftigen Beinen und riesigen Pfoten. Er war graubraun mit schwarzen und weißen Fellabzeichen auf dem Rücken. Er hatte eine graue und ocker gefärbte Gesichtsmaske, blaugrüne Augen und rotbraune Ohren. Seine Beine waren ebenfalls ocker gefärbt und entlang des Schwanzrückens verlief ein schwarzer Streifen.

Dreamer war ebenfalls sehr sanftmütig und schien manchmal etwas unsicher. Dennoch verhielt er sich innerhalb jeglicher Infrastruktur sehr gelassen und souverän. Er war äußerst neugierig und unternehmungslustig und näherte sich Fahrzeugen bis auf wenige Meter ohne jede Scheu. Wie erwähnt, unterhielt er eine enge Beziehung zu Sandy. Er unterwarf sich sowohl seinen Eltern als auch Aspen extrem. Seine Mutter Kashtin verhielt sich ihm gegenüber allerdings auffallend tolerant und interessiert. Weil Chaser und diverse Verbündete ihn oft regelrecht mobbten, mied er seinen Bruder besonders und

ging ihm aus dem Weg, so gut es ging. An gemeinsamen Jagdausflügen nahm er nur in unregelmäßigen Abständen teil, wirkte dann völlig unerfahren und etwas tapsig. Viel lieber war er mit Sandy alleine unterwegs oder ruhte mit ihr in einer gemeinsamen Schlafmulde. Die beiden Jungwölfe verhielten sich in der Nähe der Autobahn oder der Eisenbahntrasse sehr souverän und durchquerten diverse Unterführungen völlig selbstständig. Mit Ende der Wintersaison konnte man Dreamer als rangtiefstes Tier bezeichnen und er mutierte immer mehr zum Prügelknaben der Gruppe.

8. **Jungwölfin Hope**: Diese Wölfin war die kleinste der Familie und zudem sehr schlank und hochbeinig. Hope war mittelgrau, hatte eine dunkelgraue Gesichtsmaske, rotbraune Ohren und braune Augen. Ihre Rückenpartie war graubraun, ihre Beine bräunlich und entlang des Schwanzes verlief ein schwarzer Streifen.

Hope war sehr temperamentvoll und zielstrebig in ihren Handlungen. Sie strotzte nur so vor Selbstbewusstsein und Tatendrang. Sie war eine aktive Jägerin und wirkte dabei schon sehr zielstrebig. Gegenüber ihren Eltern und Aspen verhielt sie sich zwar dem Alter entsprechend freundlich unterwürfig, »motzte« aber in der Nähe eines Kadavers sehr auffällig herum. In der Infrastruktur verhielt sie sich souverän und absolut sicher und durchquerte Autobahnunterführungen ohne Scheu. Fahrzeugen näherte sie sich aber nie. Hope war eindeutig das kesseste juvenile Weibchen und beteiligte sich auch an den Mobbinginitiativen von Chaser. Sie schien aber insgesamt keine spezielle Bindung zu einem bestimmten Wolf zu unterhalten, sondern war schon im frühen Alter äußerst selbstständig und unternehmungslustig. Hope fehlte im Vergleich zu Sandy aber die Ruhe und Sanftmut. Sie wirkte stets ein wenig unruhig und irgendwie rastlos.

Kurze Anmerkung: Zur Fairholme-Wolfsfamilie gehörte außer Chaser, Nieve, Sandy, Dreamer und Hope noch ein weiteres juveniles Tier, das wir aufgrund seiner fast identischen Fellfärbung im Vergleich mit den anderen Jungwölfen, besonders aber aufgrund der Kürze der zur Verfügung stehenden Zeit nicht eindeutig identifizieren konnten. Generell bestimmten wir die Geschlechtszuordnung und die individuelle Beschreibung der einzelnen juvenilen Tiere anhand ihrer Körperhaltung und des unterschiedlichen Verhaltens beim Urinieren.

Das Territorium des Rudels endete bis Februar 2001 an der Autobahnabfahrt zur Parkstraße, die, wie wir gelernt haben, wiederum traditionell vom Bowtal Rudel genutzt wurde. Mit Beginn unserer Winterstudienzeit im November 2000 kamen wir zu dem Ergebnis, dass alle noch im Juli beobachteten Welpen den Herbst gesund und munter überlebt hatten. Während des Sommers war der Betarüde des Fairholme Rudels, Aspen, nach klassischer Methode eingefangen und mit einem Radiohalsband versehen worden. Zum damaligen Zeitpunkt gab es noch erhebliche Schwierigkeiten, zuverlässige Aussagen über die ursprüngliche Herkunft der Wölfe Big-One, Kashtin und Aspen zu treffen. Unabhängig davon ob, wie wir vermuteten, Kashtin als erste die verschiedenen Autobahnunterführungen zur Stadt Banff entdeckte, jagten schon im Herbst ziemlich unerwartet drei Wölfe Hirsche in unmittelbarer Nähe zum Menschen. Ihr Nachwuchs lernte, sich an eine saisonal wechselnde Verkehrsdichte und an das Verhaltensrepertoire menschlicher Gewohnheiten anzupassen und konzentrierte sein Jagdverhalten auf die damals noch relativ zahlreich vorhandenen Stadthirsche. So konnten wir über unsere Empfänger zumindest recht bald nachweisen, dass der besenderte Wolf Aspen nachts von Menschen unbemerkt in die Stadtrandlage vorstieß, um dort im Abstand von ungefähr 3 bis 4 Tagen Hirsche zu töten. Unter genauer Beobachtung sämtlicher Aktivitäten der Raben fanden wir schließlich in den frühen Morgenstunden entweder Hirschkadaver auf dem Golfplatz, dem Fußballplatz, im Stadtpark oder in unmittelbarer Nähe sonstiger Infrastruktur oder sahen mitunter die komplette Familie an einem getöteten Beutetier. Natürlich machte sich erst einmal Erstaunen breit, denn tagsüber sah man niemals einen Wolf. Das Wolfsrudel operierte sozusagen in geheimer Mission. Erst intensive Recherchen brachten letztlich die hoch interessante Erkenntnis, dass die Wölfe schon über Monate ein penibel ausgeklügeltes Wegenetz entlang diverser Bachläufe, unbeleuchteter Nebenstraßen und Stromleitungsschneisen ausgebaut hatten.

Aber warum blieben die Wölfe nicht in der Wildnis? Warum versuchten sie nicht wie andere Generationen vor ihnen im Wald Hirsche zu jagen? Waren diese Tiere einfach dreister, verloren sie die Scheu vor dem Menschen, oder blieb ihnen keine andere Wahl, als sich in der Nähe von Ansiedlungen mit den örtlichen Gegebenheiten zu arrangieren?

Wie alle großen Fleischfresser Nordamerikas startet auch der Wolf in den letzten Jahren ein wahres Comeback. Zumindest in Nationalparks als ein Symbol der Wildnis geschützt, passt er sich den neuen Umweltgegebenheiten einfach besser an als früher. Die Vernichtung großer Teile seines ursprünglichen Lebensraumes durch die drastische Zunahme der menschlichen Population zwingt ihn dazu. »Es scheint eine wirkliche Zunahme von Konflikten zwischen Raubtieren und Menschen zu geben, seit diese wieder Gebiete rekolonisieren, in denen sie noch vor nicht allzu langer Zeit nicht mehr existierten«, sagte der Biologe Paul Paquet erst kürzlich in einem Zeitungsinterview. Je mehr der Mensch in Wildnisareale vordrang und den natürlichen Lebensraum aller Wildtiere manipulierte, desto ernsthafter mussten sie ihr Verhalten umstellen, um überhaupt überleben zu können. Auch im Banff Nationalpark stieg die Zahl der Wanderer, Mountainbikefahrer, der Camper und Erlebnisfreaks stark an. Was für uns Europäer ziemlich normal erscheint und wohl kaum große Schlagzeilen produzieren würde, ist hier in Banff die absolute Sensation. Aus biologischer Sicht waren die Zunahme und die Wanderbewegungen der Raubtiere natürlich nur positiv zu bewerten, brachten sie doch endlich wieder biologische Vielfalt in die zuvor teilweise genetisch isolierten Populationen. Nun wurde aber vom Menschen gefordert, sein Verhalten umzustellen und mit Raubtieren zu koexistieren. Eine solche Forderung stieß bei vielen Menschen auf taube Ohren, ging man doch davon aus, dass die dominierende Spezies Mensch alles und jeden kontrollieren kann.

Banff ist sicher ein klassischer Fall. Die bekannte Naturalistin Janet Lundren schrieb einmal: »Menschen, die glauben Wildtiere zu lieben, denken, dass wilde Kreaturen ihre Gefühle erwidern. Grizzlybären interessiert es aber nicht, wie viel Geld diese Menschen zum Beispiel Greenpeace gespendet haben«. Wir fügen gerne hinzu: Unsere Wölfe interessiert es auch nicht, ob Touristen in Stadtnähe Wapitihirsche fotografieren wollen, sie töten Hirsche, egal ob auf dem Golfplatz, am Fluss oder auf dem Fußballfeld. Hinzu kommt aufgrund der Bestandsabnahme der städtischen Hirsche der verzweifelte Versuch der Wölfe, sich in der Stadtrandlage nach Müll, Hundefutter oder kleinen unbeaufsichtigten Haustieren wie Hunden oder Katzen umzusehen. Aber sind es deswegen gemeine Killer? Wir meinen: Nein!

Vielleicht herrscht im Glauben vieler Menschen einfach nur ein zu romantisches und mit Sicherheit ein zu unrealistisches Bild vor, wenn es in Wirklichkeit um schlecht einzuschätzende Verhaltensweisen von Raubtieren geht. Noch in den siebziger Jahren erschoss man Wölfe, Pumas und andere Raubtiere innerhalb der Nationalparkgrenzen. Jetzt, nachdem diese Tiere endlich ein kleines Comeback starten, verhält sich der Mensch völlig unvorbereitet und manchmal auch regelrecht konfus. Das Fairholme Rudel besetzte lediglich eine ökologische Nische, um daraufhin ihre Nachkommen mit der nötigen Nahrung zu versorgen und einen möglichst hohen Anteil der Jungen erfolgreich aufzuziehen.

Schon kurz nach Beginn unserer Winterstudie waren wir doch früher als erwartet erstaunlich schnell in der Lage, mit Hilfe der wöchentlich stattfindenden 24-Stunden-Telemetrie-Überwachung direkte Verhaltensbeobachtungen zu starten.

In den frühen Morgenstunden des 08. November 2000 trat die Leitwölfin Kashtin aus einer bewaldeten Deckung heraus, prüfte die Umgebung auf Sicherheit und führte anschließend die ganze Familie inklusive aller sechs Jungtiere flugs durch einen der zahlreichen Autobahntunnel. Erste Auswertungen unseres leider nur auf 68 Beobachtungsstunden basierenden Datenmaterials ergaben, dass die Bewegungsmuster der Wölfe fast immer spätestens um 10 Uhr endeten. Danach wurden die Tiere erst wieder mit Einbruch der Dämmerung am späten Nachmittag aktiv. Ihre Verhaltensweisen unterschieden sich zunächst einmal nicht besonders von denen des Bowtal Rudels. Nicht immer aber gestaltete sich die Feldforschungsarbeit so einfach und unkompliziert wie zuvor, schließlich sahen die Wölfe des Fairholme Rudels auf den ersten Blick fast alle gleich aus. Außerdem flüchteten sie anfangs auf der Stelle, sobald sich ihnen ein Fahrzeug näherte. Nach und nach begannen wir nicht nur das äußere Erscheinungsbild jedes Wolfes zu klassifizieren, sondern auch die Verhaltensweisen einzelner Wolfsindividuen zu beschreiben. Die Jungwölfe waren stattlich herangewachsen und verhielten sich jetzt im Alter von ungefähr 6 1/2 bis 7 Monaten besonders gegenüber den Leittieren Kashtin und Big-One häufig spontan demütig. Dabei unterschieden sie unserer Meinung nach erst langsam eine Geschlechtszuordnung der erwachsenen Tiere.

Hirsche und Rehe suchen die Nähe zum Menschen, weil sie unter deren »Obhut« Schutz vor Raubtieren und beste Nahrungsgrundlagen finden. Dabei können die Huftiere bei Unterschreitung einer Individualdistanz gegenüber dem Menschen durchaus gefährlich werden.

Greifen wir uns mit dem 13. November 2000 einen typischen Tag heraus, der die damaligen Rang- und Dominanzbeziehungen zwischen den einzelnen Wölfen nachvollziehbar wiederspiegelt:

07.55 Uhr: Kashtin liegt inmitten einer offenen Wiesenlandschaft im Kontakt mit dem Leitrüden. Betarüde Aspen liegt etwa drei Meter abseits der beiden Leittiere zusammengerollt in einer Kuhle. Zwei Jungwölfe stehen auf und nähern sich dem Leitrüden mit angelegten Ohren.

07.58 Uhr: Big-One schaut auf, runzelt seinen Nasenrücken und starrt den sich aktiv nähernden Chaser an. Dieser zeigt erste Ansätze zum Demutsverhalten auf Abstand. Nieve nähert sich ebenfalls dem Leitrüden, unterwirft sich aber sofort aktiv, wirft sich auf den Boden und streckt die Beine in die Luft. Chaser beschnüffelt Nieve in geduckter Körperhaltung und mit angelegten Ohren.

08.03 Uhr: Big-One steht auf, schüttelt sich und bleibt dann stehen. Chaser nähert sich etwas aufdringlich, aber in Demutshaltung. Der Leitrüde, mittlerweile auch von Nieve stürmisch begrüßt, springt mit einem Satz auf Chaser zu und drückt ihn etwas unwirsch auf den Boden. Daraufhin verteidigt sich Chaser kurz passiv, leckt aus einiger Entfernung die eigene Schnauze, schaut wieder auf Big-One und lässt sich unter Vermeidung direkten Blickkontakts auf den Boden fallen. Big-One nimmt keine Imponierhaltung ein, dreht sich um und geht. Nieve läuft hinter ihm her und beginnt aktives Maulwinkellecken. Big-One ignoriert ihr Verhalten zunächst.

08.09 Uhr: Kashtin steht auf, streckt sich und nähert sich Big-One schwanzwedelnd. Die beiden Jungwölfe stürmen mit angelegten Ohren heran. Es entwickelt sich schlagartig ein freundlich demütiges Umeinanderlaufen, wobei sich Chaser und Nieve mit eingeknickten Beinen und heftig schwanzwedelnd um Big-One und Kashtin drängeln. Nieve versucht, Kashtin's Gesicht zu belecken. Kashtin dreht ihren Kopf zur Seite, ignoriert Nieves Verhalten und wendet sich schwanzwedelnd Big-One zu. Chaser legt sich erneut auf den Rücken. Hope rennt auf die Gruppe zu, bleibt vor Kashtin stehen, hebt ihre Vorderpfote hoch, um anschließend die Schnauzenregion der Leitwölfin zu belecken.

08.14 Uhr: Die drei Jungwölfe laufen winselnd und schwanzwedelnd um die beiden Alttiere herum, verhalten sich freundlich demütig. Auch die beiden Leittiere laufen freundlich umeinander her, ohne dabei allerdings Demutsverhalten aufzuzeigen. Die Stimmung ist nun toleranter und versetzt die ganze Gruppe in eine Art Rudelzeremonie. Kashtin löst sich aus der Gruppe und läuft schwanzwedelnd eine Böschung hinunter. Big-One folgt ihr, bleibt nochmals stehen, schaut sich nach den drei Jungwölfen um und trottet dann kommentarlos hinter Kashtin her. Hope verfällt in eine Vorderkörpertiefstellung und visiert Nieve an.

08.20 Uhr: Nieve springt zweimal hintereinander relativ steifbeinig und senkrecht vor Hope auf, rennt dann mit schräg nach oben gehobenem Kopf plötzlich los und fordert Hope zum gemeinsamen Spiel auf. Hope rennt hinterher, verfällt dann in eine Lauerstellung und springt Nieve nach Gehoppel und einigen Hopssprüngen von der Seite an. Dann beißt sie Nieve spielerisch in den Rücken und wirft sie um. Die steht sofort auf und rennt erneut los. Hope verfolgt sie.

08.24 Uhr: Chaser verfolgt die beiden rennenden Weibchen im langsamen Trab, bleibt dann stehen, greift einen Tannenzapfen vom Boden auf und hopst auf der Stelle hin und her. Dann hält er den Zapfen mit hoch erhobenem Kopf in der Nähe von Hope im Maul, lässt ihn fallen und wirft sich in eine Vorderkörpertiefstellung. Hope rennt auf Chaser zu, springt ihn an und fordert ihn dann zum Laufen auf. Chaser und Hope rennen Seite an Seite, beißen sich gegenseitig in Rücken und Nackengegend, um dann im Wald zu verschwinden.

08.29 Uhr: Nieve läuft zwischenzeitlich zu dem Tannenzapfen zurück, greift ihn auf, wirbelt ihn in die Luft und springt anschließend vor dem Zapfen hin und her. Dann greift sie ihn erneut auf und trägt ihn mit leicht erhobenem Schwanz in den Wald.

08.31 Uhr: Kashtin gefolgt von Big-One haben sich schon ca. hundert Meter von den juvenilen Tieren entfernt und steuern gemeinsam eine Waldlichtung an. Die drei Jungwölfe laufen ihnen im Hoppelgang hinterher und schnüffeln dann auf dem Boden entlang. Big-One schaut sich um, hebt ruckartig seinen Kopf und animiert die Jungwölfe ihm zu folgen. Chaser läuft an ihm vorbei und begrüßt Kashtin mit leicht eingeknickten Beinen und angelegten Ohren. Kashtin ignoriert seine Annäherung, läuft voran und verschwindet im Wald. Big-One dreht sich um und läuft im Trabgang in die gleiche Richtung. Auch Nieve und Hope laufen mit gesenkten Köpfen auf dem Boden schnüffelnd hinterher.

08.39 Uhr: Alle Wölfe sind außer Sicht.

Im November war auf die geschilderte Weise die anfängliche Aggressivität von Big-One in der bestimmten Situation noch einfach zu beschwichtigen. Im Verlauf der nächsten zwei Monate sollte sich das Verhalten der juvenilen Tiere allerdings ziemlich drastisch ändern, denn nun bestürmten sie zwar unabhängig ihres eigenen Geschlechts den Leitrüden Big-One, aber nur die Weibchen Nieve, Hope und Sandy zeigten unterwürfig-freundliches Verhalten gegenüber der Leitwölfin Kashtin. Die soziale Rangordnung schien jetzt sehr geschlechtsgebunden zu sein. Da zwischen den Leittieren und der Jungschar keine weiteren Jahrgänge existierten, waren wir gespannt, wie sich die juvenilen Tiere während der ersten Paarungszeit ihres Lebens verhalten würden. Zunehmend traten nun Statusfragen auf und es entwickelten sich unter den Jungwölfen immer mehr Beißkämpfe, die allerdings noch mit einer ausgeprägten Beißhemmung vorgetragen wurden. Besonders Chaser drohte und schnappte nach dem sanftmütigen Dreamer, stolzierte mit hochgehobenem Schwanz vor ihm her und versuchte zu imponieren. Und seine Rechnung ging auf: Dreamer hielt bei gemeinsamen Wanderungen zunehmenden Abstand, vermied Blickkontakt und wurde von Chaser beim Versuch zur Gruppe aufzuschließen, regelmäßig massiv auf den Boden gedrückt. Dieser entkam den Attacken anfangs noch durch übertrieben freundliche Unterwürfigkeit, jammerte in solchen Situationen ziemlich kläglich, konnte die Taktik der Verspieltheit und Kindlichkeit aber nicht lange aufrecht erhalten. Wir schauten hier nicht auf ein koordiniertes Verhalten der juvenilen Tiere gegenüber den Leittieren, sondern vielmehr auf die langsame Entwicklung eines Prügelkandidaten, der sich in der Konsequenz zeitweilig von der Gruppe absetzte und selbstständig im Kernterritorium umherlief. Sandy mochte Dreamer allerdings ganz besonders und beteiligte sich immer mehr an seinen eigenwilligen Streifzügen. Die beiden Jungwölfe fingen zusammen Mäuse und andere einfach zu erhaschende Beute. Sie hatten sich mittlerweile an Fahrzeuge gewöhnt, verhielten sich in deren Nähe überhaupt nicht scheu oder gar ängstlich. Sie folgten den Aktivitäten der Familie in respektvollem Abstand und ernährten sich zumindest teilweise von Kadaverresten, die im Revier verstreut herumlagen. Leider blieb es uns verwehrt, die Reaktionen der Leittiere auf Chasers Attackenpolitik zu beobachten. So blieb sie Frage offen, ob sie Chaser bei seinen Bemühungen Dreamer zu unterdrücken unterstützten, oder ihn

Dreamer zeigte wolfstypisches Beobachtungslaufen und musterte unser Fahrzeug sehr genau. Wölfe können in Schutzgebieten wie zum Beispiel Nationalparks ihre natürliche Scheu vor dem Menschen abbauen und ihre Fluchtdistanzen deutlich minimieren.

einfach gewähren ließen. Solcherart traktiert versuchte Dreamer immer wieder, sich eine Zeit lang abseits der Gruppe zu halten, bis sich seiner Meinung nach die generelle Stimmung wieder beruhigt hatte. Interessant war, dass Chaser sich in der Nähe seiner Eltern in Bezug auf irgendwelche Attacken sehr zurückhielt, als ob er sich zwar einerseits gegenüber Dreamer profilieren wollte, andererseits aber bei den erwachsenen Tieren nicht unangenehm aufzufallen wünschte. Jedenfalls stand unumstößlich fest, dass sich Chaser langsam aber sicher zum Untergruppenführer entwickelte und sich seine Rangordnungsposition stabilisierte. Chaser taktierte sehr clever, indem er sich nahtlos in die soziale Rangordnungsstruktur zu Kashtin, Big-One und auch Aspen einordnete und auch deren Beziehungen zu allen anderen Tieren der Familie genau registrierte. So waren Chasers aggressive und dominierende Imponierversuche in Richtung Dreamer stets sehr situationsbezogen und ihr Zeitpunkt taktisch klug gewählt. Vielleicht machte Dreamer auch den entscheidenden Fehler, sich in der Nähe eines getöteten Beutetieres nicht entscheidend durchzusetzen und vor allem nicht gegen Chasers übertrieben dargestelltes Imponieren zu protestieren. Aufgrund seines sanftmütigen und sehr sensiblen Charakters ließ sich Dreamer eher einschüchtern und verlor dadurch jeglichen Respekt. Sandy hielt ebenfalls großen Abstand zu den Jungwölfinnen Nieve und Hope und beteiligte sich immer häufiger an gemeinsamen Streifzügen mit Dreamer. Dabei wurden Dreamer und Sandy zu unserer Überraschung aber nicht zu völlig rechtlosen Prügelknaben: Die aggressivst mögliche Form, ein hemmungsloser Angriff auf die beiden Jungwölfe durch Chaser und andere Geschwister, erfolgte nicht. Besonders während Aspens direkter Präsenz setzten sich Dreamer und Sandy im gelegentlichen Spiel mit den anderen Jungwölfen gegen deren aufkommende Dominanz zur Wehr, bissen im Spiel beginnend manchmal etwas fester zu und versuchten so, ihre soziale Position etwas zu verbessern. Chasers Expansionstendenzen, seine Imponierauftritte und Eigenmächtigkeiten ließen eine Art Machtvakuum und eine gewisse Instabilität entstehen, woraufhin sich das Verhältnis zu Dreamer weiter angespannt darstellte. Durch die Koalition und Freundschaft zu Sandy und deren Zusammenhalt kam es nicht zu einer Situation, in der sie in einen Ernstkampf gerieten und somit eine Entscheidung zu einem neuen Rangverhältnis entstanden wäre. Da sich Hope gegenüber den übrigen Jung-

wölfinnen immer weiter durchsetzte, veränderte sich auch ihr Verhältnis zu Leitwölfin Kashtin, die allerdings auf ihrem hohen Sozialstatus bestand und dies auch regelmäßig in bestimmten Situationen klarstellte. Die soziale Position von Big-One und sein Verhältnis zu Aspen war über jeden Zweifel erhaben. Die beiden erwachsenen Tiere kannten sich als Brüder sehr genau, respektierten gegenseitige Freiräume und waren sich vor allem im Hinblick auf die Kontrolle unterschiedlicher Ressourcen ziemlich einig. Aspen führte zwar zwischenzeitlich immer wieder einmal eigenwillig seine Jagdeinheiten, demonstrierte aber gegenüber Big-One im entscheidenden Moment passive Unterwerfung. So mögen sich laut Auskunft vieler Menschen, die sich mit dem Verhalten von Wölfen beschäftigen, subjektiv betrachtet manchmal Rangbeziehungen zwischen zwei Individuen im Zehnminutentakt verändern oder aber sich morgens und abends durchaus unterschiedlich darstellen, letztlich war bei unseren Beobachtungen aber eine klare Tendenz erkennbar, wann sich wer in entscheidenden Momenten durchsetzte. Die Leittiere verhielten sich zwar in der Summe aller beobachteten einzelnen Zweierbeziehungen selbstverständlich zeit- und situationsbedingt unterschiedlich, je nachdem, wie viele der übrigen Wölfe anwesend waren, kontrollierten aber Ressourcen wie Nahrung, Lieblingsschlafplatz, Initiativen zum Jagdaufbruch oder Chorheulen, Umeinanderlaufen, gefahrenvermeidende Einsätze oder die Leitung der Jagd jederzeit nach Belieben. Unser Eindruck war jedenfalls, dass bei dem jedem Wolf zustehenden Recht zum individuellen Verhalten die Entscheidungsgewalt in allen wichtigen Situationen am Ende ganz eindeutig bei den Leittieren und hier besonders bei Kashtin lag.

Wie zeigte die Leitwölfin nun ihre Dominanz während der Paarungszeit und warum strebte sie die dominante Position, zumindest unter den Weibchen, überhaupt an? Hier ein Beispiel vom 15. Februar 2001:

08.05 Uhr: Kashtin demonstriert ihre individuelle Fitness, indem sie zuerst mit gehobenem Hinterlauf uriniert, dann ausgiebig aggressiv scharrt und kratzt und anschließend Hope aus einer Distanz von ca. zehn Metern fixiert. Hope vermeidet zwar Blickkontakt, wird aber von Kashtin mit gerunzelter Stirn am Näherkommen gehindert. Big-One nähert sich, beschnüffelt Kashtin's Genitalregion und beleckt dann ihre Markierungsstelle. Hope dreht sich demonstrativ weg und läuft einige Meter abseits. Sandy steht etwa fünfzehn Meter von Kashtin entfernt und schaut sie an. Kashtin nähert sich steifbeinig, stellt sich parallel zu Sandy und legt ihren Kopf auf deren Schulter. Sandy lässt sich fallen und verharrt regungslos in liegender Position. Kashtin lässt von ihr ab, dreht sich um und schleicht sich förmlich an Hope heran.

08.12 Uhr: Kashtin fixiert Hope, steht vor ihr, fixiert sie wieder und springt sie an. Hope winselt und schnappt in die Luft. Kashtin nähert sich mit nach vorne gezogenem Kopf, gerunzelter Stirn und waagerechter Schwanzstellung. Sie droht Hope aktiv, bleckt die Zähne und starrt sie an. Die Jungwölfin setzt sich unter Vermeidung von direktem Blickkontakt und pfötelt. Big-One läuft um die beiden schwanzwedelnd herum. Kashtin schaut ihn an und nähert sich ihm schwanzwedelnd. Hope nutzt die Situation und entfernt sich von den beiden Leittieren. Danach läuft Kashtin mit leicht hochgehobenem Schwanz in Richtung Wald. Big-One schnüffelt auf dem Boden und folgt ihr. Die juvenilen Weibchen folgen im respektvollen Abstand den Leittieren.

08.20 Uhr: Die Wölfe sind außer Sicht.

Dieser kurze Auszug zeigte nicht nur, was individuelle Hochform und die Durchsetzung von Dominanz bedeuten, sondern warum in der Evolution Kontrollmechanismen greifen, die sicherstellen, dass sich im Normalfall nur die Tiere mit den optimalen Fertigkeiten durchsetzen und fortpflanzen, um den Nachkommen beste Überlebenschancen zu garantieren.

Kashtin tat sich als Leitwölfin besonders hervor und führte die Gruppe sehr oft an. Big-One reagierte auf die Initiativen der um ein Jahr älteren Leitwölfin ohne große Eigenversuche, daran zumindest während der Paarungszeit irgendetwas zu ändern. Schon in der Vergangenheit nahmen wir am Beispiel von Bettys Führung des Casacade Rudels auch außerhalb der Paarungszeit einen mehrfachen Leitungsanspruch durch eine Leitwölfin zur Kenntnis. Wie wir schon besprochen haben, wird ein Wolfsrudel nicht wie bislang vermutet, ausnahmslos von einem Leitrüden geführt, sondern unterliegt unter konkreten Voraussetzungen dem Entscheidungswillen des ranghöchsten Weibchens. Unter Berücksichtigung des diffizilen Geflechts aller Zweierbeziehungen kamen wir doch wieder zu dem Schluss, dass es sich bei der Struktur der sozialen Rangordnung unter den Wölfen des Fairholme Rudels um ein typisches Eltern-Nachwuchs-Dominanz Gefüge

Big-One dreht sich nach Leitwölfin Kashtin um und zögert, ob sie bereit ist, seine Richtungsvorgabe zu akzeptieren. Wölfe verständigen sich bei gemeinsamen Wanderungen über optische Kommunikation, der sie eine besondere Beachtung schenken.

handelte. Im Vergleich zum interaktiven Verhalten unter den Familienmitgliedern des Bowtal Rudels, die sich aufgrund einer sehr einfachen Konstellation erheblich toleranter verhielten, resümieren wir, dass sich die Eltern einer Kleinstfamilienstruktur (mit nur zwei Nachkommen) erheblich weniger Mühe machen müssen, den »Laden« in geordneten Verhältnissen zu halten als drei erwachsene Wölfe mit sechs Welpen. Zwangsläufig stieg das Aggressionsverhalten jeden Wolfes bei der Auseinandersetzung mit seiner sozialen Umwelt an. Das fein abgestimmte System wechselseitiger Verhaltensmechanismen sorgte in der Paarungszeit zwar für eine klar hierarchische Organisation, ermöglichte aber kaum die geordnete Durchführung lebenswichtiger Aufgaben. Die Aufgabenverteilung zum Paarungsverhalten (Kashtin und Big-One), der Nahrungssuche und Jagd (Aspen) und die Vermeidung von Gefahrensituationen (in der Paarungszeit geleistet durch verschiedene juvenile Tiere) ging etwas durcheinander, bis Kashtin's sexuelle Attraktivität auf die beiden erwachsenen Rüden deutlich abnahm und sich die stressige Situation wieder beruhigte. Über mehrere Wochen hatten ziemlich chaotische Zeiten vorgeherrscht.

Indes schien sich beim Bowtal Rudel auch während der Paarungszeit eine ganz klare Tendenz abzuzeichnen, als Einheit zusammenzuhalten, erheblich koordinierter zu handeln, die individuelle Entwicklung der Jungtiere sogar zu beschleunigen und ihnen wesentlich mehr Freiraum zuzugestehen, als es die Konstellation der sozialen Rangordnung im Fairholme Rudel zuließ. Vorab bemerkt bestätigte sich die These über einen stärkeren oder schwächeren Zusammenhalt im nächsten Winter, wo wir abermals die unerschütterliche Stabilität der Familienstruktur zwischen Storm, Aster, Yukon und Nisha nachweisen konnten, während die soziale Rangordnung des Fairholme Rudels massiven Zerfallserscheinungen unterlag. Schon mit Ende des ersten Winters teilte sich die Fairholme Wolfsfamilie in kleinere Jagdformationen auf, die ganze Gruppe wirkte irgendwie instabiler, während die Wölfe des Bowtal Rudels in allen Lebenssituationen gemeinsam handelten.

Trotzdem verhielten sich die Wölfe im normalen Rahmen, denn in der Wildnis entstehen oft Familienstrukturen, die sich erst einmal aus Eltern und Kindern und im nächsten Jahr aus Eltern, Kindern und zusätzlicher Nachkommenschaft zusammensetzen. Selten bleibt eine solche Konstellation länger als drei Jahre zusammen. Einige wenige Tiere bleiben integraler Bestandteil der Familie, trotzdem besteht die soziale Struktur der meisten Wolfsrudel Jahr für Jahr mehrheitlich aus jungen Familienmitgliedern. Die einzig wirklich stabile Komponente bildet das reproduzierende Paar.

Das Alphasystem bzw. das System, welches wir anhand von Gehegebeobachtungen kennen, spielt in der Wildnis also nicht die entscheidende Rolle. Im Gegensatz zu freilebenden Wölfen beinhaltet ein Wolfsrudel unter Gehegebedingungen oft Tiere, die nicht abwandern können inklusive älterer Wölfe, so dass deren unnatürliche Vergesellschaftung eine soziale Hierarchie von Alpha-, Beta- und Omegatieren sinnvoll erscheinen lässt, denn irgendwie muss sich ein solches Rudel letztlich arrangieren.

Nach Beobachtung des Fairholme Rudels in der Nähe getöteter Beutetiere interpretierten wir die Umstände so, dass die soziale Rangordnung unter den juvenilen Tieren weiterhin von instabilen Elementen gekennzeichnet war und sich die Interessenlage jedes einzelnen Wolfes in unterschiedliche Richtungen entwickelte. Auch wenn sich die Verhaltensmuster der Wölfe generell sehr differenziert darstellten, versuchte der Jungrüde Chaser natürlich weiterhin zu dominieren und besonders Dreamer's Bewegungsradius einzuschränken. Er wollte das Kräfteverhältnis der beiden Brüder zu seinen Gunsten entscheiden, sein Versuch, gemeinsame Verbündete zur Einleitung regelrechter Mobbingattacken zu finden, schlug aber meistens fehl. Außerdem schien Chaser stets genügend Futter aufnehmen zu können, so dass sich sein Interesse hinsichtlich eines hohen Rangs bei der Futteraufnahme und der Vertreibung anderer Wölfe von der Nahrungsquelle in Grenzen hielt. Hauptsache, er verfügte über eine günstige Fressposition in der Nähe eines getöteten Beutetieres.

Langsam, aber sicher, versuchte er neben diesem objektbezogenen Verhalten auch seine Bewegungsfreiheit bei rein sozialen Begegnungen weiter auszubauen. Da sich sein Freiraum gegenüber Dreamer langsam aber stetig vergrößerte, erhöhte sich in der Konsequenz auch der eigentliche Rangunterschied zwischen den beiden Jungwölfen. Daraufhin setzte sich der durch Chaser's Imponierverhalten arg gebeutelte Dreamer im weiteren Verlauf noch öfter von der Gruppe ab. Im Schlepptau führte er seine enge Weggefährtin Sandy, und die beiden Geschwister vertieften ihre ohnehin schon enge soziale Bindung zueinander. Zwischenzeitlich beobachteten wir die beiden Wölfe aber auch als integralen Bestandteil des Rudels, so paradox diese Aussage auf den ersten Blick auch klingen mag.

Das Führungsverhalten der Familie gab uns einige Rätsel auf: Manchmal führte Kashtin nur eine Teilgruppe, bei anderen Gelegenheiten leitete sie dann wieder die ganze, aus drei Erwachsenen und sechs Jungwölfen bestehende Familie. Kashtin weitete ihren Aktionsradius oft auf die Wegführung der Eisenbahntrasse aus und rannte nach Witterung und Aufspüren eines unnatürlich gestorbenen Hirsches oder Rehs zielstrebig zur eigentlichen Nahrungsquelle. An anderen Tagen hetzten dann wieder nur Teileinheiten des Rudels irgendwelche potenziellen Beutetiere auf dem Schienengleis. Falls die Wölfe als komplette Einheit fungierten, was wir insgesamt allerdings nur neunmal registrierten, führte Leitwölfin Kashtin die Jagdformation rein statistisch gesehen immerhin 5 x (55%) an, Big-One 2 x (22.2%), Aspen 1 x (11.1%) und Chaser auch 1 x (11.1%). Im Vergleich dazu leitete Aspen eine Jagdeinheit ohne Präsenz der Leittiere (n = 5) insgesamt 3 x (60%), Hope 1 x (20%) und Nieve ebenfalls 1 x (20%). Eine Unterscheidung des Führungsverhaltens im beziehungsweise außerhalb des Kernterritoriums registrierten wir erst gar nicht, weil die Wölfe ihr Revier ständig expandierten und wir einfach mehr Zeit brauchen, eine genaue Bestimmung des territorialen Grenzverlaufs festzulegen. Das unterschiedliche Führungsverhalten der Wölfe glich aber insgesamt wieder unseren Erfahrungen, die wir bei dem Bowtal Rudel gesammelt hatten. Ein oder durchaus auch mehrere juvenile Tiere führten das Rollkommando, wie wir diese Gruppe auch zu nennen pflegten, bis zu einem imaginären Fixpunkt an. Anschließend blieben der oder die Anführer stehen, schaute sich je nach Konstellation nach den Leittieren oder nach Aspen um, holte sich über schnell wechselnde Blickkontakte die Anweisung, welche Marschrichtung im weiteren Verlauf einzuschlagen sei.

Die Jungwölfe selbst waren im Februar 2001, also in einem Alter von ca. 10 $\frac{1}{2}$ Monaten, einfach noch zu unerfahren, um in bestimmten Situationen nicht in eine Art Konfliktverhalten zu geraten. Im entscheidenden Moment trat immer ein Leittier nach vorne und entschied letzten Endes, wohin die Reise ging.

Interessant fanden wir auch, dass Kashtin bis auf eine Ausnahme, die noch einer näheren Erläuterung bedarf, bei insgesamt 14 beobachteten Straßenüberquerungen 9 x (64.3%) führte, Big-One 3 x (21.4%), Aspen 1 x (7.1%) und schließlich Chaser ebenso 1 x (7.1%). Kashtin's Methode sich Straßen zu nähern, erfolgte nach dem gleichen Muster, wie wir es von Storm und den Seinen bereits kannten: Sie zeigte am Waldrand sehr intensives Beobachtungsstehen, näherte sich in einer Art Beobachtungslauf dem Straßenrand, schaute sich nach den anderen Wölfen um und trottete dann unter Berücksichtigung des Autoverkehrs unverzüglich auf die gegenüberliegende Seite. Die Überquerung der Eisenbahntrasse beobachteten wir alles in allem 7 x: In einer solchen Situation führte Kashtin den Trupp 4 x (57.1%), Big-One 2 x (28.6%) und schließlich Aspen 1 x (14.3%). In der Summe aller dieser Beobachtungen konnten wir zunächst kein gefahrenvermeidendes Verhalten durch den Leitrüden erkennen. Vielmehr schien die Leitwölfin die tragende Kraft bei allen wichtigen Entscheidungen zu sein. Ähnlich verhielt es sich bei der Durchquerung von Autobahnunterführungen: Kashtin führte die Gruppe fast immer (4 x = 66.7%) in den frühen Morgenstunden vorsichtig, aber auch zielstrebig an den jeweiligen Tunnel heran (insgesamt n = 6), Big-One 1 x (16.6%) und Aspen auch 1 x (16.6%), um dann schnell hindurchzulaufen und am anderen Ende der Unterführung Deckung im Wald zu suchen. Im weiteren Verlauf unserer Arbeit konnten wir eindeutig bestätigen, dass diese Wolfsfamilie nicht wahllos irgendwelche, sondern ganz bestimmte Autobahntunnel ansteuerte, sie durchquerte, dann die Leittiere wechselweise extrem massiv markierten und insofern schließlich durch diese Verhaltensmuster auch hier eine regelrechte Familienkultur entstand. Soviel also zur Alphastellung und zum Verhaltensinventar der Wölfe in Bezug auf die Leitung der Familienaktivitäten und ihre Gewohnheiten in der Infrastruktur des neuen Territoriums.

Rückrechnungen ergaben, dass der Grenzverlauf des Territoriums weiteren Veränderungen unterlag und das Fairholme Rudel ohne größeres Zögern expandierte. Durch das gezielte Anvisieren von Autobahnunterführungen in Richtung der Stadt Banff stieß die Familie ganz besonders auf ihren Wanderungen entlang des Eisenbahngleises bald auch in das Vermillion Seengebiet vor. Hier erwartete die wölfische Jagdgemeinschaft nicht nur eine hohe Konzentration von bis zu 200 Hirschen, sondern eigentlich auch die Territoriumsgrenze zum Revier des Bowtal Rudels. Das schien die Mitglieder des Fairholme Rudels aber nicht weiter zu stören, denn von nun an operierte es besonders in Abwesenheit

Größere Rudelverbände splitten sich mitunter in Teilgruppen auf, die dann unabhängig voneinander zur Jagd aufbrechen. Dieses Verhalten widerspricht dem Argument, dass Wölfe nur deshalb in Gruppenkonstellationen leben, um gemeinsam große Beutetiere zu erlegen.

des Bowtal Rudels über mehrere Wochen frisch und frei und ohne jegliches Zögern auf der mittlerweile zugefrorenen Vermillion Seenplatte, jagte entschlossen Wapitis (vergleichbar mit dem Rotwild unserer heimischen Breitengrade), tötete unglaubliche Mengen (fast jeden 2. Tag einen Hirsch) und mischte den dortigen Huftierbestand kräftig auf. Wegen des häufigen Jagderfolges war der Begriff Rollkommando mehr als angebracht. Das Rudel verhielt sich sehr selbstbewusst und wir blickten im Verlauf des Winters auf gut genährte Raubtiere, deren Expansionspolitik sich weiter fortsetzte. Es war bemerkenswert, dass die Wölfe auch Hirsche attackierten und schließlich sogar töteten, deren Körpersprache keine Signale von Schwäche vermittelte. Gesunde und selbstbewusste Hirsche drücken ihren Kopf in die Nackenpartie und bewegen sich in einer Art Schwebegang (ähnlich afrikanischen Huftieren), um Raubtiere über diese übertrieben dargestellte Körperhaltung von ihrer Topform und körperlichen Unversehrtheit zu überzeugen.

Mittlerweile verloren die Wölfe ein klein wenig die natürliche Scheu und Furcht vor menschlicher Präsenz, denn ihre Aktivitäten dehnten sie, allerdings nur unter ganz bestimmten Bedingungen, auch auf den Tag aus. Mit viel Glück und genauer Kenntnis der Landschaftsstruktur konnten wir die Wölfe jetzt auch am sehr frühen Nachmittag beobachten. Erste Stimmen wurden laut, ja sogar Befürchtungen kamen auf, ob die Tourismusindustrie wegen des angepassten Verhaltens der Wölfe in ihrer Gesamtheit gefährdet würde oder womöglich das Leben von Menschen auf dem Spiel stünde. Im Februar 2001 attackierte ein ca. 65 Kilogramm schwerer, männlicher Puma zu allem Übel die 33 Jahre alte Skiläuferin Frances Frost und tötete sie. Auf dieses Jahrhundertereignis hin brach weit über die Stadtgrenzen Banffs hinaus in der Bevölkerung regelrecht Panik vor Raubtieren aus. Verallgemeinerungen waren an der Tagesordnung. Endlose Diskussionen wurden geführt über das Für und Wider von Raubtieren in direkter Nähe zu menschlichen Ansiedlungen. Pumas, Bären und natürlich Wölfe standen tagelang in den Schlagzeilen und man stellte sogar das generelle Existenzrecht des Fairholme Rudels in Frage. Alle diese Bedenken konnten jedoch schnell wieder zerstreut werden, denn es kam zu keinerlei weiteren Zwischenfällen. Die Wölfe nutzten die Infrastruktur der Stadtrandlagen von Banff und Canmore zwar noch intensiver als jemals zuvor, beschränkten sich aber mustergültig auf die Hirschjagd, attackierten noch nicht einmal frei umherlaufende Hunde oder Katzen. Die allgemeine Lage beruhigte sich dann auch schnell wieder und die Bevölkerung ging zur normalen Tagesordnung über.

Wir lernten schnell unterschiedliche Verhaltensstrategien kennen, bewunderten die unglaubliche Flexibilität des ganzen Rudels, das sich je nach Umstand immer wieder in kleine Einheiten aufteilte. Die unterschiedlichen Kleingruppen führten entweder die Leittiere Kashtin und Big-One an, oder Aspen ergriff die Initiative und leitete eine separate Jagdformation. Anschließend trafen sich die Wölfe im Kernterritorium wieder und die komplette Familie operierte zwischenzeitlich für eine Weile gemeinsam. Wie wir schon erläutert haben, folgten einzelne Jungwölfe gegenüber den erwachsenen Tieren Kashtin, Big-One und Aspen einer sehr diffizilen Bindungsbereitschaft und besonders unter den juvenilen Tiere beobachteten wir eine deutliche Steigerung der Häufigkeit allgemeiner sozialer Verhaltensweisen. Die Rangauseinandersetzungen nahmen langsam zu, die Jungwölfe zeigten leichte Entfaltungstendenzen und die Alttiere, besonders aber die Leittiere, starteten erste Unterdrückungsversuche. Im Vergleich zum Sommer herrschten jetzt Streitigkeiten vor und es kam unter den Wölfen langsam aber sicher zu Rangwechseln in den Beziehungen.

Erik Zimen schreibt dazu: »Alle Verhaltensweisen erfahren offenbar im Winter eine ähnlich endogen bedingte Antriebssteigerung, wobei die meisten Veränderungen dem Sexualzyklus entsprechend verlaufen. Die Aggressivität hingegen unterliegt zusätzlichen Einflüssen. Womöglich läßt sich der verzögerte Anstieg und der verzögerte Abfall aggressiven Verhaltens so erklären: Im Sommer ist das Rudel mit den Welpen beschäftigt, und die endogene Komponente der aggressiven Handlungsbereitschaften ist gering. Dieser liegen hormonelle Faktoren zugrunde, über die wir bei den Wölfen allerdings noch wenig wissen.«

Trotz dieser Aussage beobachteten wir keine instabilen Rangbeziehungen zwischen den drei erwachsenen Wölfen, im Gegenteil veränderte sich ihr Verhältnis zueinander überhaupt nicht. In der Summe aller beobachteten Zweierbeziehungen dominierte Big-One den Betarüden Aspen und der Anteil aggressiver Verhaltensweisen stieg bei ihren sozialen Begegnungen nicht, wie eigentlich zu

erwarten, schlagartig an. Man arrangierte sich und versuchte, die ewig hungrigen Jungwölfe in eine gemeinsame Jagdausübung einzubinden.

Nachdem sich das Fairholme Rudel seit Sommer und Herbst 2000 im Bowtal etabliert hatte, observierten wir maximal neun Wolfsindividuen. Jeder kann sich vorstellen, welche Überraschung es war, an einem Morgen im Februar 2001 auf einem gut übersichtlichen See urplötzlich mit der Präsenz von 11 Wölfen konfrontiert zu werden. Die Biologin Melanie Percy, meine Frau und ich zählten dreimal nach, bevor wir die außergewöhnliche Vergrößerung dieser Wolfsfamilie bestätigten. Wir trauten unseren Augen nicht und fragten uns, woher die zusätzlichen zwei Wölfe kamen. Um die Frage direkt zu beantworten: Wir hatten zu jener Zeit keinen blassen Schimmer und wissen es bis zum heutigen Tage nicht. Damals stand nur fest, dass es sich offenbar um einen Zusammenschluss von Tieren handelte, die sehr wahrscheinlich irgendwie miteinander verwandt waren. Jedenfalls gab es zwischen den einzelnen Wölfen keine auffälligen Auseinandersetzungen und die veränderten Verhältnisse hatten keinen wesentlichen Einfluss auf das soziale Rangordnungsgefüge der Gruppe. Anstatt großartiger Reibereien beobachteten wir vielmehr eine stabile Rangbeziehung zwischen den Leittieren, die sich natürlich besonders in deren Komfortverhalten und Markierungsverhalten ausdrückte. Wenn Kashtin und Big-One auffällige Wegkreuzungen oder andere Fixpunkte passierten, schnüffelten sie wie gehabt sehr intensiv und markierten die anvisierte Stelle wechselseitig mit Urin. Basierend auf unseren Erkenntnissen beobachteten wir ein solches wechselseitiges Markierungsverhalten insgesamt 13-mal. Steuerte Kashtin einen solchen Fixpunkt zuerst an (n = 9), markierte sie ihn stets inklusive Scharren und Kratzen und Big-One hob seinen Hinterlauf an gleicher Stelle anschließend immerhin 7 x (77.8%), in umgekehrter Reihenfolge markierte der Leitrüde als erster, was 3 x der Fall war, antwortete Kashtin auf seine Initiative unmittelbar 2 x (66.6%) und unterstrich dadurch neben Revieransprüchen auch unsere These einer sozialen Komponente im Hinblick auf die enge Bindung zwischen den beiden Leittieren.

Indes präsentierten sich die beiden Neuen auch einige Tage später noch als integraler Bestandteil des Gesamtrudels, indem sie sich unter anderem auch an gemeinsamen Jagden beteiligten. In der Nähe getöteter Beutetiere pendelte sich ein neues

Gleichgewicht der Kräfte ein, das zwar von kleineren Konflikten um die beste Fressposition, nicht aber von großen Kämpfen um die jeweilige Nahrungsressource gekennzeichnet war. Der außergewöhnliche Zusammenschluss und die Neuformation der Gruppenstruktur fand zwar ziemlich schlagartig statt, aber es erfolgte eben nicht die an und für sich erwartete Veränderung des Gleichgewichts im Rudel oder der sozialen Beziehungen der Tiere untereinander. Wenn auch viele Fragen zur Herkunft der neuen Wölfe unbeantwortet blieben, verdeutlichen uns die konkreten Umstände, und das im Übrigen jetzt schon zum wiederholten Mal, dass sich Wolfsrudel nicht immer strikt territorial verhalten, sondern statt dessen insbesondere zu bestimmten Jahreszeiten rudelfremde, beziehungsweise nicht permanent gruppenzugehörige Wolfsindividuen tolerieren. In diesem Fall integrierten sich sogar zwei erwachsene Wölfe relativ unauffällig und spontan in eine vorher aus nur neun Tieren bestehende Familiengemeinschaft. Wir betonen die Umstände dieser unblutigen Integration ganz besonders, da sie den pauschalen Argumenten vieler Wolfs-»Experten«, die sich besonders im Bereich der Hundeausbildung konzentrieren, ganz deutlich widersprechen.

An einem trüben Spätnachmittag Ende Februar begleiteten wir das Rollkommando wie gewöhnlich von unserem Geländewagen aus. Morgens waren die Wölfe noch in einem Waldstück nahe der Eisenbahntrasse verschwunden und verhielten sich bis ungefähr 16 Uhr total inaktiv. Jetzt aber widmeten sich einige der juvenilen Tiere zunächst diversen Rennspielen, während die Erwachsenen offenbar noch schliefen. Bald war auch deren wohlverdiente Ruhephase beendet und wir beobachteten alle elf Wölfe auf dem Schienengleis. Im Vergleich zu allen anderen Wintermonaten ergaben sich aber einige Merkwürdigkeiten oder Verhaltensabweichungen, die uns sehr verwunderten. Die Gruppenführung initiierte bisher überwiegend Leitwölfin Kashtin, nun aber hielt sie sich auffallend zurück und Big-One ging forsch voran. Fünfzehn Minuten später waren wir schlauer. Er leitete die zehn übrigen Wölfe auf dem Schienengleis sehr konsequent in ein Fremdrevier, das eigentlich das Bowtal Rudel für sich beanspruchte.

In einem Wolfsrudel geht es in erster Linie um das Recht zur Reproduktion. Auch unter Rüden können sehr enge Sozialbeziehungen bestehen, deren stabiles Rangordnungsverhältnis das Aggressionsverhalten selbst während der Paarungszeit in vertretbaren Grenzen hält. Aspen hielt sich in der Paarungszeit auffallend zurück und ließ seinem Bruder Big-One offensichtlich den Vortritt.

Die Wölfe durchquerten jene Autobahnunterführung, die bisher als magischer Fixpunkt zwischen beiden Territorien galt. Wir befanden uns offenbar in der Situation, zum ersten Mal Augenzeuge einer Expansion zu werden. Uns verblüffte vor allem die Tatsache, dass Big-One und die anderen Wölfe direkt bei der ersten Territoriumsausweitung ca. 10 Kilometer in das Revier von Storm, Aster, Yukon und Nisha eindrangen. Der Leitrüde schritt unbeirrt voran und geleitete sein Gefolge in ein Gebiet, in dem viele Dickhornschafe lebten. Auf spätere Anfrage erklärte uns Paul Paquet, dass Big-One die Initiative zur Führung in ein fremdes Revier nur deshalb ergriff, um Leitwölfin Kashtin während der durchaus mit vielen Gefahren verbundenen Expansion als reproduzierendes Weibchen im Bedarfsfall zu schützen. Die Paarungszeit war jetzt, Ende Februar, offenbar vorbei. Die geschlechtsreifen Rüden verfolgten Kashtin nicht mehr im Gänsemarsch auf Schritt und Tritt, so wie es einige Wochen vorher noch der Fall war. Aspen hielt in dieser Zeit stets respektvollen Abstand zu Big-One, weil der zwischenzeitlich dominante Leitrüde naturgemäß während der eigentlichen Paarungszeit keinen Nebenbuhler duldete. Außerdem biss Kashtin den Betarüden Aspen nach vorsichtigen Annäherungsversuchen ohnehin ab, woraufhin sich das Verhalten der Wölfe untereinander zusehends beruhigte.

In der aktuellen Situation würdigte Big-One seinen Bruder jedenfalls keines Blickes, sondern leitete, wie es sich für einen im Sozialstatus unangefochtenen Leitrüden in einer außergewöhnlichen Gefahrensituation geziemt, die ganze Wolfsfamilie in unbekannte Gefilde. Wie eine wenig später durchgeführte Spurenanalyse ergab, markierten das neue Expansionsgebiet interessanterweise weder der Leitrüde noch das reproduzierende Weibchen. Dr. Paquet mutmaßte unter den gegebenen Bedingungen eine Abweichung von üblichen Verhaltensnormen, weil die Wölfe das eigentlich besetzte Territorium zunächst einmal ganz bewusst nur antesteten. Die Hinterlassenschaften von Urin- oder Kotmarkierungen hätten hingegen den heimischen Wölfen verraten, dass ein Expansionsversuch stattgefunden hat. Das Fairholme Rudel schaute sich dann tatsächlich im neuen Terrain auch nur ca. zwei Stunden um und kehrte bald zu seinen alten Reviergrenzen zurück.

Glück für uns oder Pech für Yukon & Co, wir hielten uns jedenfalls damals inmitten des Geschehens auf: Die Wölfe waren gerade im Begriff, eine Straße zu überqueren, was uns zum direkten Stoppen unseres Geländewagens nötigte. Die Wölfe umringten das Fahrzeug sozusagen aus allen Himmelsrichtungen. Vorne und hinten Wölfe, links und rechts Wölfe. Eine sachliche Einordnung der Geschehnisse war zu jener Zeit kaum möglich, zumal sich die Wölfe nach längerem Heulen, das wir aus unterschiedlichen Richtungen registrierten, bald wieder versammelten, um die Parkstraße im Anschluss hektisch zu verlassen.

Big-One verstand es damals recht schnell, alle anderen Wölfe durch seine Heulinitiative zum Abzug zu bewegen. Wir hatten einfach nur das unverschämte Glück, der ganzen Aktion live beizuwohnen. Damals schneite es kräftig und der Wind blies so stark, dass man am nächsten Morgen noch nicht einmal in der Lage war, die hinterlassenen Pfotenabdrücke im Fremdrevier auszumachen. Zu jener Zeit verhielten sich die Wölfe des Fairholme Rudels noch wie Geister, traten bei der Durchsetzung ihrer neuen Interessenlage vorsichtig und besonnen auf und passten sich den vorhandenen Bedingungen an. Natürlich gab es Gründe, warum sich ihre Verhaltensmuster änderten, die wir vor allem auf eine reduzierte Nahrungsgrundlage zurückführten.

Einige Tage später tauchten an gleicher Stelle Storm und seine Mannschaft auf. Die Leittiere markierten offensichtlich wütend und unterstrichen ihren Anspruch auf das heimische Revier naturgemäß durch massives Scharren und Kratzen. Auch wenn das Fairholme Rudel danach fast ein Jahr lang keinen neuen Expansionsversuch startete, mussten wir unter den gegebenen Bedingungen der Nahrungsknappheit in der Zukunft irgendwann wieder mit einer ähnlichen Verhaltensstrategie rechnen...

Kommen wir nun zur Auswertung verhaltensökologisch relevanter Aspekte und schauen uns die Tabelle auf Seite 208 an, die Auskunft über das individuelle Anpassungsverhalten der Wölfe gibt. Vorher möchten wir aber nochmals betonen, dass speziell der Lebensraum dieser Tiere zumindest in Teilbereichen erheblich mehr durch den Menschen dominiert ist, als alle anderen Wolfsterritorien im Banff Nationalpark. Im Vergleich zum Verhaltensrepertoire von Storm, Aster, Yukon und Nisha meinen wir, dass, so unglaublich es sich auch anhört, Kashtin und die Ihren ausgerechnet in der Nähe von Menschen wesentlich vorsichtiger agierten. Wölfe sind demnach keine Draufgänger, sondern passen sich durch Selektion einerseits, durch individuelle Erfahrungen andererseits, den jeweiligen Bedingungen an. Auch bei den Wölfen dieses Rudels müssen trotz

Nichtbejagung durch den Menschen offensichtlich bestimmte Verhaltensnormen genetisch vorgegeben sein, ihren Feind Nr. 1 zu meiden und nicht in eine direkte Konfrontationssituation zu geraten. Diese Anpassungsstrategien erstaunten uns aus zwei Gründen:

1. Das Fairholme Rudel betrat absolutes Neuland und konnte auf keine kulturellen Erfahrungen zurückgreifen.

2. Diese Wölfe waren nach unserem Wissensstand in der Vergangenheit niemals einer direkten Verfolgung durch den Menschen ausgesetzt und folgten trotzdem besonnen speziellen Verhaltensstrategien: Sie verhielten sich zurückhaltend, scheu und warteten auf günstige Gelegenheiten, ihre Interessenlage ohne Konfrontation durchzusetzen.

Wie im einleitenden Text gesagt, hielten wir in der gesamten Feldstudienzeit 68 Stunden direkten Sichtkontakt zu mindestens einem Wolf. Da wir Kashtin, Big-One, Aspen, Chaser, Nieve, Hope, Sandy, Dreamer und die anderen Wölfe an verschiedenen Orten ihres Reviers unterschiedlich lang beobachteten, kommen wir so zu folgendem individuellen Ergebnis, wobei »n« für die Anzahl der Beobachtungsstunden steht:

Zusammenfassende Bemerkungen zu unseren Verhaltensbeobachtungen am Fairholme Rudel

Die Verhaltensstrategien des Rudels sowie die individuellen Verhaltenseigenarten der Wölfe verblüfften uns in vielerlei Hinsicht. Neben vielen allgemein bekannten und deshalb als »normal« zu bezeichnenden Verhaltensmustern, beobachteten wir in unregelmäßigen Abständen auch Situationen, die von einigen Überraschungsmomenten gekennzeichnet waren. Eine oft gebräuchliche Redensart, die unter Wolfsforschern fast schon zur Grundregel wurde, lautet: »Erwarte von den Wölfen ein bestimmtes Handeln und sie werden sich genau gegenteilig verhalten.« Aufgrund der Kürze der Studienzeit insgesamt, aber besonders im Hinblick auf nur 68 Beobachtungsstunden, die wir mit dem Fairholme Rudel verbrachten, sind weitere intensive Feldforschungen nötig, um die Verhaltensstrategien dieser Wölfe besser einschätzen zu können. Indes überqueren die Wölfe niemals eine kritische Grenze zur Koexistenz mit dem Menschen, sondern respektierten dessen Gewohnheiten und Bewegungsmuster.

Ob im Hinblick auf einen ständig veränderten Lebensraum daraus eine Regel abzuleiten ist, bleibt zunächst schwierig einzuschätzen. Wir stehen erst

Dreamer: n = 68 (100%), Sandy: n = 59 (100%), Aspen: n = 47 (100%), Kashtin: n = 42 (100%), Big–One: n = 41 (100%), Nieve: n = 40 (100%), Hope: n = 38 (100%), zwei nicht definierte Jungwölfe zusammen: n = 29 (100%), Neuwölfe: n = 4 (100%)

Aufenthaltsort	Wald	Eisenbahntrasse	Straßen	Seengebiet	Wiesenlandschaft	Std. total
Dreamer	14 (20.6%)	9 (13.2%)	23 (33.8%)	10 (14.7%)	12 (17.6%)	68
Sandy	10 (16.9%)	6 (10.2%)	19 (32.2%)	12 (20.3%)	12 (20.3%)	59
Aspen	12 (25.5%)	8 (17%)	2 (4.3%)	11 (23.4%)	14 (29.8%)	47
Kashtin	13 (30.9%)	10 (23.8%)	2 (4.7%)	15 (35.7%)	2 (4.7%)	42
Big–One	15 (36.6%)	9 (22 %)	3 (7.3%)	13 (31.7%)	1 (2.4%)	41
Nieve	15 (37.5%)	5 (12.5%)	2 (5%)	15 (37.5%)	3 (7.5%)	40
Hope	13 (34.2%)	5 (13.2%)	3 (7.9%)	12 (31.6%)	5 (13.2%)	38
2 Jungwölfe	3 (10.3%)	4 (13.8%)	2 (6.9%)	12 (41.4%)	8 (27.6%)	29
Neuwölfe	0 (0%)	2 (50%)	0 (0%)	1 (25%)	1 (25%)	4

am Anfang der Aufgabe, die Komplexität eines Öko-systems, das unter einer massiven Infrastruktur zu leiden hat, einzuordnen. Eigentlich müssten wir, die schließlich Tag für Tag, Woche um Woche, auf den Spuren von Canis lupus wandeln, Bescheid wissen. Man darf aber bezweifeln, ob wir Menschen jemals die Gesamtleistung erbringen, komplizierte Ökosysteme zu begreifen.

Trotz Aufklärung der Menschen durch unsere bescheidenen Feldnotizen und unser umfangreiches Foto- und Videomaterial, das wir im Winter 2000/2001 mit viel Mühe angefertigt haben, waren es letztlich die Wölfe selbst, die uns Zweibeinern eine Lektion erteilten. Die völlig subjektive Meinung der Sensations orientierten Presse und anderer Medien sorgte bisher nur für ein Negativbild des Wolfes. Indes sprach das besonnene und taktisch kluge Verhalten der Tiere für sich.

Wie die Tabelle zeigt, verhielten sich Kashtin, Big-One, Aspen, Chaser, Nieve und Hope in der Nähe zu Banff und Canmore noch erheblich zurückhaltender als zum Beispiel Dreamer und Sandy. Letztere betraten auf ihren gemeinsamen Wanderungen schon Straßen, Servicewege und Campingplätze äußerst unbedarft. Die Wölfe differenzierten die jeweiligen Gefahrensituationen durchaus unterschiedlich, sie passten ihr Verhalten den jeweiligen Umständen mehr zwangsläufig denn bewusst an. Weil die Spezies Wolf hinsichtlich des Lebensraums sehr anpassungsfähig ist und in diesem speziellen Fall große Teile ihres Reviers eng mit dem Vorkommen von großen Huftieren verknüpft waren, mussten die Raubtiere entweder extreme Verhaltensanpassungen entwickeln oder alternativ in andere Landschaften abwandern. Die Reviergröße war im Winter 2000/2001 wegen der relativ guten Nahrungsgrundlage, den guten Unterschlupfmöglichkeiten, sicheren Höhlenstandorten und Rendezvousplätzen mit ca. 500 bis 600 km² nicht besonders umfangreich, änderte sich aber zunehmend, so dass wir uns noch nicht auf einen endgültigen Umfang festlegen konnten. Besonders, da die Reviergröße dieser Wölfe auch stark von jahreszeitlichen Schwankungen und den damit verbundenen Wetterbedingungen abhing und damit auch das Wanderverhalten von Huftieren korrelierte. Es blieb uns nur übrig abzuwarten, ob das Beutevorkommen für die Wölfe wirklich ausreichend war. Schon damals bezweifelten wir eine positive Entwicklung auch aus dem Grund, weil unnatürliche Eingriffe durch den Menschen erfolgten, indem sogenannte Stadthirsche

eingefangen und im weiteren Jahresverlauf relokalisiert wurden. Da der überschaubare Lebensraum des Fairholme Rudels einer deutlichen Veränderung durch ständige Manipulation unterlag, testeten die Wölfe nach und nach verschiedene Landschaftsformen auf Lukrativität. Ihr alter, klassischer Lebensraum wurde einfach zu eng und übersichtlich, um darin auch noch eine neue Generation erfolgreich aufziehen zu können.

Die Verhaltensökologie des Bowtal Rudels im Winter 2001/2002

Aster's Tod und die Integration einer neuen Wölfin

Voller Tatendrang stürzten wir uns am 3. November 2001 auf die neue Feldforschungssaison, deren Ende von vornherein auf den 10. März 2002 datiert war. Wie erwartet, konnten wir die normalerweise ohnehin übliche Stabilität einer Paarbildung zwischen den reproduzierenden Wölfen Storm und Aster bestätigen. Zur späteren Rekrutierung neuer Reproduzenten standen aber gottlob weiterhin Yukon und Nisha zur Verfügung, die uns jetzt, Anfang November, gesund und munter entgegenkamen. Die beiden Jungwölfe waren aufgrund ihres Alters und der Gruppenkonstellation irgendwie per se subdominant, jedenfalls unternahmen sie nichts, um an den stabilen Verhältnissen und somit an der Struktur der sozialen Rangordnung etwas zu verändern. Eigentlich war alles wie immer: Die Wölfe teilten sich wechselweise Führungsaufgaben, traten bei der Jagd als verschworene Gemeinschaft auf und bewiesen ihre hohe Anpassungsfähigkeit. Yukon und Nisha respektierten auch weiterhin das dominante Markierverhalten der Alten und vor allem das auf Freiraum bestehende Komfortverhalten ihres Vaters. Bei gemeinsamen Ruhepausen hielten sie respektvoll Individualdistanzen ein, so dass Storm gegenüber seinen Nachkommen immer noch keine Imponierhaltung einnahm. So kompliziert die sozialen Beziehungen in einer Wolfsfamilie manchmal auch sein mögen, die Gesetzmäßigkeiten der Rangdynamik dieses Kleinrudels waren einfach zu durchschauen: Mutter und Sohn zeigten wie gewohnt Kontaktliegen, Vater und Tochter unterhielten nach wie vor ein inniges Verhältnis zueinander und die beiden Geschwister folgten ihren gelegentlichen Temperamentsausbrüchen, indem sie besonders langandauernde Rennspiele vortrugen. So »leid« es uns auch tat, es gab (und gibt bis heute) in Bezug auf aggressiv vorgetragene Verhaltensweisen nichts, aber auch gar nichts zu berichten. Die Form ihrer sozialen Beziehungen war nicht nur von Harmonie geprägt, sondern ist es bis heute. Kein Tier war in der Zwischenzeit zum rechtlosen Prügelknaben avanciert, kein Tier aus der Gemeinschaft ausgebrochen und abgewandert und kein Tier hatte bislang versucht, seinen Freiraum oder seine Rechte zu expandieren. Das Bowtal Rudel funktionierte nun schon seit über 1 $^1/_2$ Jahren als Einheit, sicherlich auch, weil Yukon und Nisha kaum soziale Unterdrückung durch ihre Eltern erfuhren. Die Jungwölfe wehrten die wenigen Versuche Storm's, sich in ganz bestimmten Situationen dominant durchzusetzen, durch spielerisches und beschwichtigendes Verhalten ab.

Auch wenn die sozialen Beziehungen zwischen Storm und Aster und ihren Kinder durch gegenseitigen Respekt gekennzeichnet waren, zeigte sich schon am ersten Tag bei einer gemeinsamen Jagd, dass die Jungtiere trotzdem Erwachsenenstatus erreicht hatten. Selbst Yukon imponierte uns durch zielstrebiges und überfallartiges Hetzen von Beutetieren. Die Zeiten, zu denen er etwas konfus durch die Landschaft trabte, gehörten endgültig der Vergangenheit an. Seine Aktionen und Bewegungsmuster erinnerten uns an einen Bulldozer, der sich einen Weg durch schwieriges Terrain frei schaufelt. Nisha hatte sich wie erwartet in unserer Abwesenheit zu einer exzellenten Jägerin entwickelt und unterstützte ihren Vater nach Leibeskräften bei der nicht ganz ungefährlichen Attacke auf Hirsche. Sie wirkte im Vergleich zum Sommer noch graziler, handelte konzentrierter und auch ein bisschen wilder als normal. Mensch, was war das Mädchen schnell geworden! Sie beobachtete uns oft von einem Waldrand aus und verfiel in einer solchen Situation einer Art Beobachtungssitzen. In sitzender Position hob und senkte sie ihren Kopf, stellte ihre Ohren steil nach vorne und verfolgte unsere Bewegungen aus dem Schutz einzelner Bäume heraus. Später kam sie sogar bis auf fünf Meter an unseren Wagen heran, ein Verhalten, das sie noch im letzten Winter bewusst vermieden hätte.

Bei aller Erleichterung »unsere« Wölfe wiederzusehen, mischte sich nicht nur ein Wermutstropfen in die anfänglich begeisterte Stimmung. Wir schrieben den 5. November 2001 und an diesem besagten Tag sollten wir Aster zum letzten Mal sehen, ob es uns nun gefiel oder nicht. Besonders auffallend waren die seltenen, aber dafür umso intensiveren Bemühungen von Aster, einen Weg durch dichtes Gestrüpp zu bahnen. Sie sah ziemlich abgemagert aus und hatte bisweilen Mühe, sich auf ihren Beinen zu halten. Jetzt, im November, war Aster schon 10 $^1/_2$ Jahre alt und eine mögliche Erklärung für ihren schlechten gesundheitlichen Zustand entdeckten wir durch Zuhilfenahme unseres Fotomaterials: Aster war sehr wahrscheinlich von einer Krebserkrankung gezeichnet. Sie schleppte sich mehr schlecht als recht durch die Landschaft und ihre trüben Augen sprachen eine deutliche Sprache. Hier sei nur am Rande erwähnt, dass sich Storm wieder einmal um die Familienangelegenheiten kümmerte, indem er Yukon und Nisha konsequent von Jagdstreifzug zu Jagdstreifzug führte. Storm war ein unglaublich erfahrener Jäger, der keine unnötige Energie verschwendete, sondern die Jungwölfe in Gebiete führte, wo zumindest ein gewisser Jagderfolg garantiert schien. Natürlich wird die hierarchische Struktur vereinfacht wiedergegeben, wenn wir von einem ranghohen Wolf beziehungsweise von einem Alphawolf sprechen. Dennoch möchten wir im Falle von Storm zumindest von einer überragenden Führungspersönlichkeit ausgehen. Wenn es ein Wolf schafft, innerhalb einer Rudelstruktur nicht nur eine hohe soziale Stellung einzunehmen, sondern ansonsten auch noch spezielle Fähigkeiten entwickelt, die übrigen Familienmitglieder in heiklen Situationen zu unterstützen und deren Überleben zu sichern, dann hat ein solcher Wolf nicht nur unseren Respekt verdient, nein, dann ist er in unseren Augen ein Alpha. Storm ergriff die Initiative, wenn es um Aster, Yukon und Nisha schlecht stand. An Aster's Tod, der irgendwann im November stattgefunden haben muss, konnte Storm nichts ändern. Leider konnten wir Aster's Leichnam trotz größter Anstrengungen nicht finden und es wird immer ein Geheimnis bleiben, unter welchen Umständen sie wann – und vor allem wo - verstarb. Die Lebensgeschichte des Bowtal Rudels nahm ihren Lauf.

Storm und die beiden Wurfgeschwister Yukon und Nisha hielten zusammen. Es handelte sich um Tiere, die sich nicht nur verstanden, sondern welche die bitteren Umstände noch mehr zusammenschweißten. Differenzen gab es auch weiterhin nicht, da Yukon seinen Vater auch als aufstrebender Jungrüde nicht herausforderte, somit auch keine Entscheidung anstand, welcher Rüde die Chefrolle innehatte. Ihr gutes Verhältnis zueinander änderte sich auch nicht, nachdem die ungefähr neunzehn bis zwanzig Monate alte Hope die Fronten gewechselt hatte und urplötzlich im Revier des Bowtal Rudels auftauchte. Zunächst schöpften Joachim Füger, der uns in jener Zeit wieder einmal begleitete, und wir

In der Integrationsphase von Hope kommunizierten die Wölfe sehr intensiv über körpersprachliche Signalgebungen. Hope blieb einfach mit hocherhobener Rute stehen und ließ sich ausgiebig beschnüffeln. Ergreift ein rudelfremdes Tier in einer solchen Kennenlernphase die Flucht, kann dieses Verhalten sein Todesurteil bedeuten.

Hoffnung, nachdem wir vier Wölfe auf der Eisenbahnschiene erspäht hatten. »Aster ist wieder da«, freuten wir uns ein wenig zu früh, schließlich war sie bereits einige Wochen verschollen. Nein, es war nicht Aster. Statt dessen erkannten wir einige Minuten später, durchaus noch von etwas misstrauisch, dass Storm, Yukon und Nisha tatsächlich eine rudelfremde Wölfin in ihren Reihen aufgenommen hatte. Dies kommt durchaus öfter vor, denn genetische Untersuchungen (DNA) belegen, dass Leitrüden und Leitwölfinnen fast nie miteinander verwandt sind. Dadurch wird eine womöglich Psyche und Physis schwächende Inzucht vermieden.

Laut Aussagen des Verhaltensforschers David Mech war es nicht ungewöhnlich, dass ein verstorbener Leitwolf (in unserem Fall Aster) durch einen von außen kommenden Wolf (in unserem Fall Hope) ersetzt wird. Der Regulierungsmechanismus für den Umfang des Fairholme Rudels basierte sehr wahrscheinlich auf Faktoren der schlechteren Nahrungsbedingungen und der veränderten Rang- oder Dominanzbeziehungen, so dass Hope ihre Familie zeit- und situationsbedingt immer wieder einmal verließ und sich einige Zeit selbständig durchschlug. Aufgrund der hohen Bestandsdichte an Wölfen im heimischen Revier kam es ohnehin zu einer steigenden Zahl von Einzelgängern und die etwa zwei Jahre alte Jungwölfin Hope suchte neuen Anschluss. Sie avancierte sicherlich in erster Linie auch zur Einzelgängerin, weil die Familiengröße durch das erfolgreiche Aufziehen neuer Nachkommen auf 17 Tiere angewachsen war und sich die sozialen Beziehungen der Wölfe untereinander während der Paarungszeit stark veränderten. Ob Hope letztendlich von Leitwölfin Kashtin als Rivalin vertrieben wurde oder sich das nun ebenfalls geschlechtsreife Weibchen aufgrund eingeschränkter Jagdbedingungen nicht mehr territorial gebunden fühlte, können wir nicht sagen. Vielleicht wurde Hope auch durch die gesamte Gruppe nicht mehr geduldet, weil sie zu ihr keinen ständigen Kontakt hielt.

Hope begegnete dem Rudel Ende 2001 über mehrere Wochen hinweg eher unregelmäßig und der Austausch von wichtigen Informationen war durch ihr eigenes Handeln zeitweise unterbrochen. Die Art, wie Hope in diesem Zeitraum das heimische Revier nutzte, wirkte irgendwie unstet und nicht besonders entschlossen. Da nur eine klare Hierarchie einem jeden Familienmitglied auch die Integration in diese normalerweise koordiniert handelnde Gruppe ermöglicht, stand Hope auf verlorenem Posten. Während das Fairholme Rudel - zumindest zeitweilig - als ein einheitliches Ganzes agierte und die einzelnen Wolfsindividuen grundsätzlich integriert schienen, trug Hope durch ihr wechselhaftes Kommen und Gehen nicht gerade zur Stabilität der sozialen Beziehungen bei. Das Fehlen von regelmäßigen Beziehungen und Kontaktaufnahmen zu Hope führten im Rudel letztlich zu einem höheren Aggressionspegel und vor allem zu einer reduzierten Duldung des Sonderlings. Da sich Hopes Rangposition innerhalb der Gruppenstruktur unklar gestaltete und ihr Verhältnis zu den anderen Wölfen in keinem rechten Zusammenhang stand, betrat sie zwischenzeitlich mehrfach das Territorium des Bowtal Rudels, ohne anfangs dabei von den heimischen Tieren entdeckt zu werden.

Es kam ihr sicherlich gelegen, im benachbarten Revier Kontakt mit der nur noch aus Storm, Yukon und Nisha bestehenden Kleinfamilie aufzunehmen. Im Tod von Aster fanden wir auch eine mögliche Erklärung, warum Hope von Storm, Yukon und der gleich alten Nisha ohne großes Zögern direkt akzeptiert wurde. Die Rudelkonstellation erwies sich als äußerst günstig, Hope konnte von nun an zur Vergrößerung der Familie beitragen. Natürlich kam nun die Frage auf, ob das Gleichgewicht zwischen Nisha's eigenem Freiraum und der notwendigen Integration Hopes erreicht werden könnte oder ob es zu instabilen Verhältnissen innerhalb der Gruppe kommen würde. Bei unseren Untersuchungen zeigte sich jedoch, dass hinsichtlich der sozialen Wechselwirkungen kaum Aggressionspotenzial zu registrieren war, welches auf eine Störung der Familienstruktur hingewiesen hätte. Vielmehr waren die neuen Strukturverhältnisse des Bowtal Rudels schnell geklärt. Integrierendes Element war wieder einmal Leitrüde Storm, denn er zeigte nicht nur großes Interesse an Hope, sondern blieb auch weiterhin sehr freundlich und tolerant zu seiner anfangs leicht überforderten Tochter Nisha. Deren Beziehung zu Hope war zu unserer Überraschung nicht von einem sozial expansiven Verhalten gekennzeichnet, sondern eher eine Art Kosten-Nutzen-Analyse. Nisha handelte sehr rational und besonnen, indem sie im interaktiven Bereich Hopes dominantes Auftreten akzeptierte, gleichzeitig aber zusammen mit Storm Organisatorin der Jagd blieb. Da sich Hope im fremden Revier naturgemäß nicht besonders gut auskannte, bestimmte Nisha von nun an auffallend oft die Richtung bei gemeinsamen Streifzügen und bahnte den Weg durch tiefen Schnee. Streitigkeiten mit Hope entging sie demonstrativ durch souveränes und ziemlich ignorantes Verhalten und übernahm die Rolle des Wegweisers. Da Dominanz niemals eine für alle Zeit feststehende Tatsache ist, arrangierten sich die beiden Weibchen also je nach Umstand und Situation. Yukon wäre nicht Yukon, wenn er Neuankömmling Hope einfach nur als Verstärkung der Familie angesehen hätte. Bei gemeinsamen Wanderungen engte er Hopes Bewegungen ein, bauschte sich auf und forderte Hope über Vorderkörpertiefstellungen zum Testspiel auf. Die versuchte zwar, sich über alternative Verhaltensweisen wie Schnüffeln oder Belecken von Gegenständen neu zu orientieren, musste sich aber letztlich Yukon's Muskelstärke unterwerfen. Storm hielt sich vornehm zurück und Yukon spielte weiter seine unnachahmlichen Fähigkeiten als Gruppenclown aus. Er hopste und sprang um die mitunter leicht genervte Hope herum, ließ sich vor ihr auf den Rücken fallen, strampelte mit den Beinen in der Luft oder biss demonstrativ in den Schnee. Irgendwie konnte Hope dann seinem Charme doch nicht widerstehen und folgte schließlich Yukon's Spielaufforderungen.

Storm stand manchmal nur da und wunderte sich. Dann gab er wieder das Signal zum Aufbruch und marschierte los. Hope folgte ihm stets im engem Abstand. Nach einigen hundert Metern übernahm dann wieder Nisha die Rolle der Führung und wir begannen eine quantitative Positionsbestimmung vorzunehmen. Wie schon vermutet, führte Nisha die Gruppe am häufigsten. Aber nicht nur das. Uns fielen fast die Augen aus dem Kopf, als sie das Rudel zum ersten Mal in ihrem Leben über eine der Ökobrücken leitete. Wie konnte man sich ihr spontanes Handeln vorstellen? War Hope der ausschlaggebende Faktor, dass Nisha ihre Scheu überwand und sich als Leittier keine Blöße geben wollte? Natürlich musste ihr Verhalten in dieser individuellen Situation von vielen äußeren und inneren Faktoren bestimmt worden sein, die wir natürlich nicht nachvollziehen konnten. Ging es in dieser speziellen Situation um rangdemonstrierendes Verhalten oder war Nisha's Handlung eher zufällig? Fest stand nur eins: Nisha überquerte von diesem Tag an verschiedene Ökobrücken in regelmäßigen Abständen und machte noch nicht einmal mehr vor Autobahnunterführungen halt, welche ihr zuvor schließlich über 22 Monate soviel Schrecken eingejagt hatten. Wenn auch die Meinung gilt, dass in einem Sammelrudel, welches gewöhnlich bei einer sehr geringen Bestandsdichte oder eben nach dem Tod einer Leit-

wölfin entsteht, defekte soziale Strukturen zu erwarten sind, dann blickten wir bei dem Bowtal Rudel irgendwie auf ein Phänomen: Die hierarchische Ordnung war zwar labiler als zu Aster's Lebzeiten, aber kein Wolf schränkte den Freiraum des anderen über Gebühr ein oder weitete seinen Freiraum so aus, dass das Vorkommen gelegentlicher Konflikte in einen Zusammenhang zu bringen gewesen wäre. Das Gleichgewicht zwischen Hopes neuem Freiraum und dem der anderen Wölfe, inklusive Nisha, gestaltete sich eher zunehmend stabil und war keinen häufigen Verschiebungen unterworfen.

Je nach Verhaltensbereich (interaktives Verhalten oder Führungsverhalten bei Ausflügen der Gruppe) blickten wir auf ein unterschiedliches Arrangement. Nehmen wir uns zunächst das Führungsverhalten, welches wir nach Aster's Tod zwischen dem 5. November 2001 und dem 28. Februar 2002 insgesamt 19 x beobachteten. Vor dem plötzlichen Auftauchen von Hope leitete Storm (n = 7) die Gruppe 4 x (57.1%), Yukon 2 x (28.6%) und Nisha 1 x (14.3%). Dieses Bild wandelte sich nach Hopes Integration in die Familienstruktur komplett (n = 12): Nun führte Nisha die anderen Wölfe 7 x (58.3%), Storm 3 x (25%), Yukon 2 x (16.7%) und Hope kein Mal. Selbstverständlich untersuchten wir aufgrund des hohen Stellenwerts auch die gleichgeschlechtliche Rangbeziehung zwischen Hope und Nisha. Wir notierten insgesamt 29 Interaktionen unter den beiden Weibchen, wobei Hope in der Summe der beobachteten Zweierbeziehungen eindeutig, nämlich 20 x (69%), dominierte und Nisha nur 9 x (31%). Diese Zahlen verblüfften und widersprachen der herkömmlichen Meinung, dass es unter Tieren nicht möglich ist in unterschiedlichen Bereichen differenzierte zeit- und situationsbedingte Arrangements zu treffen.

Noch erstaunlicher war das relativ konstante Verhältnis beider Wölfinnen in der Paarungszeit: Auch hier änderte sich nichts Entscheidendes, obwohl Storm natürlich außerordentliches Interesse an Hope zeigte. Sie urinierte jetzt verstärkt mit angehobenem Hinterlauf, ihrem Urin war noch etwas Blut beigemischt, aber Storm beschnüffelte und beleckte ihren Genitalbereich immer intensiver. Doch wer nun einen hochgradig aggressiven Angriff von Hope auf Nisha erwartet hatte, der sah sich getäuscht, und das, obwohl Storm und Hope mittlerweile durch Kontaktliegen enge Bindungsbereitschaft demonstrierten. Mag der Regel entsprechend in der Paarungszeit normalerweise nur ein dominantes Weibchen übrigbleiben, so erforderte die Konstellation dieser Familie vielleicht mehr Flexibilität. Hope tolerierte die sich inzwischen ebenfalls in Paarungsstimmung befindliche Nisha und der arme Storm wusste nicht so recht, wie er sich verhalten sollte.

Er konnte naturgemäß nicht allgegenwärtig sein und bevorzugte deshalb letzten Endes Hope. Mit ihr verpaarte er sich dann auch. Yukon zeigte gegenüber seinem Vater selbst in dieser an und für sich kritischen Zeit weiterhin Gesten der passiven Unterwerfung und schaffte es trotz sexueller Motivation irgendwie nicht, eine der beiden Wölfinnen zu decken. Statt dessen lief er unruhig hin und her und behielt den ihm manchmal drohenden Storm genau im Auge. Hope ließ Yukon ohnehin nicht an sich heran, sondern erwies die Gunst ausnahmslos dem erfahrenen Storm.

Während gemeinsamer Wanderungen blieb Nisha später häufig stehen, nahm Blickkontakt zu Storm auf und drehte ihren Schwanz abrupt in eine seitliche Position. Storm nahm die gut gemeinte Aufforderung seiner Tochter nicht an, noch interessierte er sich ganz offensichtlich nur für Hope. Statt die Gunst der Stunde zu nutzen und seine Schwester zu decken, ohne dabei Nebenbuhler oder direkter Konkurrent von Storm zu werden, führte sich Yukon wie ein nicht geschlechtsreifer Jüngling auf. Vielleicht verunsicherte ihn Nisha's Verhalten, weil sie seine ersten zaghaften und außerdem wenig aufdringlichen Annäherungsversuche mit Abbeißen quittierte. Für Yukon war die Angelegenheiten damit erledigt, er hatte - Paarungszeit hin oder her - lieber wieder Clownereien im Kopf. Anders ausgedrückt: Während Storm ziemlich erschöpft in einer Schlafmulde lag, sich Hope an ihn drängte und Nisha ebenfalls zusammengerollt schlief, trottete Yukon dreimal hintereinander einen kleinen Hügel hinauf, um anschließend den Abhang auf dem Rücken herunter zu rutschen. Sozusagen »just for fun«.

Verstehen sie jetzt, liebe Leser, warum Yukon unser absoluter Lieblingswolf ist? Wir hatten schon erwähnt, dass er der ungewöhnlichste Wolf ist, den wir je kennen gelernt haben, oder?

Wir haben geschildert, wie sich die Phase der Paarungszeit zwischen Storm und Hope abspielte. Weiter haben wir dargelegt, wie unglaublich unkompliziert sich die Formen der sozialen Verhältnisse unter den vier Wölfen darstellten. Provokativ könnte man fragen, ob unter Wölfen trotz geschlechtsgebundener Rangordnung eine Freundschaft zwischen Vater und Sohn möglich ist, weil Yukon selbst in der Paarungszeit von jeglichen Autoritätsallüren Storm's verschont blieb. Die Lebensgeschichte des Bowtal Rudels wäre aber nicht authentisch und realistisch, gäbe es nicht auch Horrorszenarien zu berichten. Und den blanken Horror hätte man unseren Gesichtszügen am 15. Februar 2002 ablesen können:

Zuhause angekommen erhielten wir eine Nachricht, die uns minutenlang erstarren ließ und das Herz zum Stocken brachte. Hope war auf der Autobahn von einem Bus erfasst worden. Vermutlich war sie tot, davon musste man eigentlich nach der Aussage eines Augenzeugen ausgehen. In Wirklichkeit aber schleppte sich Hope unter Aufbietung der letzten Kräfte in eine nahegelegene Höhle, um sich dort mehrere Woche auszukurieren. Zum Glück mussten wir diesen Unfall nicht selber mit ansehen. Wir rekonstruierten den Hergang anhand spärlicher Informationen: Die Wölfe mussten einen Hirsch aufgespürt, über die Autobahn gehetzt und sich aufgeteilt haben. Dabei hatte sich Hope vermutlich voller Panik in der Teilumzäunung verstrickt und war letztlich vom besagten Bus angefahren worden. Wenn eine Form der Verbundenheit zwischen Wölfen die Familie ist, die laut einer Publikation des Biologen A. Murie aus dem Jahr 1944 »ein nützliches Zusammenwirken bei der Jagd auf große Huftiere ermöglicht«, fehlte dem Bowtal Rudel nun nicht nur die dynamische Jägerin Hope, nein, dieses Ereignis hatte für die nächsten Wochen Signal gebende Wirkung. Storm's Handlungen waren von völliger Frustration und einem emotionalen Tief gekennzeichnet und es war durchaus möglich, dass er in den beiden Nächten nach dem Unfall nach Hope suchte.

Zumindest heulte er in einer Tonlage, die wir als typisches akustisches Signal aus seiner Kommunikation mit Aster kannten, nämlich dann, wenn sich die beiden Leittiere aus den Augen verloren hatten. Damals lernten wir nur, wie die Wölfe durch Heulen auch ihren Standort bekannt geben. Die reine Standortbestimmung war aber unserer Meinung nach nicht die einzige Funktion des Heulens. Storm und Aster mochten es wegen ihrer engen Sozialbindung überhaupt nicht, voneinander getrennt zu sein, und heulten aus diesem Grund zur Kontaktaufnahme in einer anderen Tonlage. Diese ganz bestimmte Tonlage drückte nichts anderes als Einsamkeit aus. Aufgrund dieses charakteristischen Merkmals eines »lonely howling« und Storm's akustischen Aktivitäten noch Tage nach dem Unfall waren wir endgültig überzeugt, zukünftig einer bei Tieren nicht vorhandenen, da angeblich nur der menschlichen Art zustehenden Gefühlswelt vehement zu widersprechen.

Erst Tage später näherte sich Storm endlich wieder seiner Normalform. Seine Handlungsweisen waren wie gewohnt von Verantwortung geprägt und die Beziehungen zu Yukon und Nisha schienen wichtiger zu sein als alles andere. Die Wölfe bewegten sich durch das heimische Revier, jagten wieder zusammen, ruhten sich an ihren Lieblingsplätzen aus und handelten dabei koordiniert wie eh und je. Eigentlich war es bemerkenswert, wie Vater, Sohn und Tochter den Verlust ihrer Mutter und den plötzlichen Tod von Hope wegsteckten. Damals gingen wir noch von Hopes Tod aus. Es mag für viele Menschen belanglos klingen, aber nicht nur diese speziellen Wölfe, sondern die ganze gestörte Population des Bowtals tat uns irgendwie unendlich leid. In dieser zunehmend schwieriger werdenden Zeit verwunderte es uns am Ende nicht, dass sich Storm jetzt auch für die zeitlich etwas versetzt in Paarungsstimmung gekommene Nisha interessierte. Vielleicht war es nur eine weitere adaptive Besonderheit, dass sich Vater und Tochter unter einem solch labilen Gleichgewicht der Kräfte sexuell anzogen und im ersten Schritt gegenseitig ihren Genitalbereich beleckten. Die veränderten Verhältnisse der Familienstruktur und natürlich hormonelle Faktoren rückten eine Inzuchtverpaarung in den Bereich des Möglichen. Leider konnten wir nicht beobachten, ob Storm und Nisha wirklich zusammenhingen und wissen (noch) nicht, ob Nisha letzten Endes befruchtet wurde. Anhand der Umstände sprach zwar einiges dafür, denn die beiden Wölfe verhielten sich zu ungewöhnlichen Zeiten sehr aktiv. Fest stand nur, dass sich die festen Rangbeziehungen zwischen Storm und Yukon weiterhin stabil gestalteten und auch auf das Werben um Nisha keine Reibereien folgten.

Nisha's Hitze war, wie bei jungen Wölfinnen üblich, zeitlich versetzt später eingesetzt, eine Anpassungsstrategie, die in diesem speziellen Fall wieder Hoffnung aufkommen ließ.

Da die Tragzeit bei Wölfinnen, ähnlich wie bei unseren domestizierten Hündinnen, in etwa 60 bis 63 Tage beträgt, warten wir jetzt schon mit Spannung, ob im Mai 2002 gegebenenfalls die erste er-

Aufgrund der Familienkonstellation beobachteten wir keine besonders ausgeprägte Futterrangordnung. Ein Hirsch, der mehrere hundert Kilogramm wiegt, stellt genügend Biomasse dar, um einen kleineren Verband min-destens eine Woche lang zu ernähren. Die Wölfe fraßen sich in trauter Gemeinsamkeit satt und stockten ihren Energiehaushalt auf, um anstrengende Wanderungen unternehmen zu können.

folgreiche Inzuchtverpaarung im Banff Nationalpark (vielleicht sogar in der Wildnis überhaupt ?) bestätigt werden kann oder nicht.

Am 1.März 2002 hielten sich die Wölfe jedenfalls auffallend oft in der Nähe ihrer traditionellen Höhlenkomplexe auf und verweilten dort mehrere Tage, bevor sie wieder zur Jagd aufbrachen. Am 5. März sahen wir dann plötzlich wieder vier Wölfe! Natürlich gingen wir von einem neuen Zuwanderer aus. Bald sollten wir aber eines besseren belehrt werden: Direkte Verhaltensbeobachtungen und die intensive Sichtung unseres Videomaterials ergaben, dass Hope den Unfall tatsächlich überlebt hatte. Eine spontan eingeleitete Spurenanalyse bestätigte, dass sich Hope nicht nur in einer schutzbietenden Höhle aufgehalten hatte, sondern von den anderen Wölfen sogar regelmäßig mit Nahrung versorgt worden war. Rückblickend konnten wir nun auch Storm's Heulverhalten einordnen, welches eindeutig der Kontaktaufnahme gedient hatte. Hope humpelte zwar noch leicht, nahm aber sehr bald wieder an gemeinsamen Jagdstreifzügen teil. Ob sie wegen des Unfallstresses eine Fehlgeburt erlitt, können wir erst ca. Mitte April überprüfen. Wir sind selbstverständlich gespannt, ob neben Hope auch Nisha erfolgreich gedeckt wurde und wir uns mit etwas Glück über doppelten Nachwuchs werden freuen dürfen.

Um vor lauter Aufregung aber nicht das nüchterne Zahlenwerk unserer gesamten Arbeit aus den Augen zu verlieren, möchten wir uns jetzt wieder den Verhaltensweisen zuwenden, die zwischen dem 3. November 2001 und dem 1. März 2002 zur Beobachtung kamen. Im Vergleich zum letzten Winter registrierten wir insgesamt nur 794 Feldstunden, die wir im Revier des Bowtal Rudels verbrachten. In diesem Zeitraum überquerten die Wölfe diverse Straßen 96-mal. Bei 71 (73.9%) Straßenüberquerungen führte Storm die Gruppe an, Nisha 16 x (16.7%), Yukon 9 x (9.4%) und Hope kein Mal. Die Überquerung der Eisenbahntrasse observierten wir alles in allem 38 Mal. In 65.8% aller Fälle (n = 25) lief Storm voraus, Nisha zu 23.7% (n = 9), Yukon zu 10.5% (n = 4) und Hope kein einziges Mal.

Bislang haben wir also gesehen, dass Nisha die Familie im Vergleich zum Vorjahr erheblich häufiger durch das Territorium führte. Bei Jagdausflügen begleiteten wir das Rudel 16 Mal. Erneut verhielten sich die Wölfe primär am frühen Morgen zwischen 7 bis 9.30 Uhr und am späten Nachmittag zwischen 16.30 bis 18.30 Uhr besonders aktiv. Rein statistisch verfolgten die Wölfe in erster Linie Hirsche und Rehe zu 56.3% (n = 9) entlang der Eisenbahntrasse, auf der Parkstraße nur zu 18.8% (n = 3) und in der Nähe des Flusses schließlich zu 25% (n = 4). Storm führte die Jagdformation in 62.5 % der Fälle (n = 10) an, Nisha erstaunlicherweise zu 31.25% (n = 4) und Yukon beziehungsweise Hope jeweils 1 Mal (6.3%). Nach einer erfolgreichen Jagd, deren Quote wir leider nicht beziffern können, kehrten alle Familienmitglieder jedes Mal zum Kernterritorium zurück und hier in der Regel zu einem der drei Höhlenstandorte. In der Nähe zu einem getöteten Beutetier gab es genau wie im Winter zuvor keine festgelegte Rangordnungsposition, erneut unterbrach jeder Wolf gemeinschaftliche Ruhepausen zeitlich unterschiedlich und stand auf, um zu fressen. Wenn es die Wetterbedingungen zuließen, suchten die Wölfe unter Storm's Leitung wie gehabt ihre speziellen Sonnenruheplätze auf. Auch auf ihren Wanderungen setzten Storm und Hope wie gewöhnlich Duftstoffe ab, wobei der Leitrüde konkrete Fixpunkte insgesamt 18 x mit Harn markierte. Hope hob ihren Hinterlauf exakt an Storm's Markierungsstellen nur in 55.6% (n = 10) der Fälle, was für ein geringeres Zusammengehörigkeitsgefühl sprach, als wir es im vorangegangenen Winter zwischen Storm und Aster beobachtet hatten. Mit Abschluss unserer Studien fiel uns eine andere Variante wölfischer Bindungsbereitschaft auf: Wir errechneten die Häufigkeit, wie oft sich unsere Wölfe an exakt der gleichen Stelle in alten Kadavern oder in anderen interessanten Geruchsquellen wälzten. Dabei steuerten einzelne Tiere zeit- und situationsbedingt in unterschiedlicher Manier eine solche Geruchsquelle an, drehten sich auf den Rücken und schoben Kopf, Schulterpartie und Rückenansatz entlang des jeweiligen Objektes. Ergriff ein Wolf die Initiative, was wir insgesamt 14-mal (= 100%) beobachteten, rieben sich alle anderen Wölfe 12-mal (also 85,71%) an gleicher Stelle.

Neben der Demonstration eines Zusammengehörigkeitsgefühl wälzen sich Wölfe in Aas und anderen, für Menschen übel riechenden Substanzen sicherlich auch, um eigenen Körpergeruch zu übertünchen. Derart getarnt lässt es sich einfacher an Beutetiere heranpirschen. Letztere Aussage ist allerdings rein spekulativ, da unseres Wissens nach noch nie wissenschaftlich erforscht worden.

Während der gesamten Feldstudienzeit (insgesamt 794 Beobachtungsstunden) hielten wir an 119 Stunden, also zu ca. 15% der Zeit, direkten Sichtkontakt zu mindestens einem Wolf. Weil wir Storm, Aster, Yukon, Nisha und Hope an verschiedenen Orten ihres Reviers auch unterschiedlich lang observierten, kommen wir zu folgendem individuellen Ergebnis, wobei »n« wiederum für die Anzahl der Beobachtungsstunden steht (siehe unten stehende Tabelle).

Zusammenfassende Bemerkungen: Der Wert der Statistik war für uns enorm, weil die Bewegungsmuster der Wölfe im Vergleich zum Vorjahr nach Aster's Tod klar erkennen ließen, warum wir etwa in der Straßennutzung große Unterschiede feststellen konnten. Die Grande Dame des Bowtal Rudels war in der Vergangenheit aufgrund ihres Alters vorrangig daran interessiert, über ihr intensives Wanderverhalten auf der Parkstraße Energie zu sparen und sorgte durch ihre Handlungen womöglich dafür, dass die übrigen Wölfe wegen ihrer engen sozialen Beziehungen Aster zwangsläufig folgten. Interessant war auch die Beobachtung, wonach die Wolfsfamilie das Schienennetz erheblich häufiger in Anspruch nahm als zu früheren Zeiten. So gesehen, ersetzten die Wölfe eine Gefahrenquelle (Panoramastraße) durch eine nicht minder problematische. Mit Ausnahme der Fälle, bei denen die Wölfe ihre üblichen Kontrolltouren in Bezug auf unnatürlich getötete Beutetiere entlang der Eisenbahntrasse durchführten, jagten sie in diesem Winter Huftiere bedeutend häufiger in der Nähe des Bowflusses, wobei wegen des knappen Nahrungsangebotes Hirsche jeder Altersklasse und jeden Geschlechts verfolgt wurden. Die Regulation der ohnehin schon dünnen Bestandsdichte hatten die Wölfe aber weitgehend nicht selber bewirkt, sie war hauptsächlich durch unnatürliche Todesursachen (Tötung von Hirschen und Rehen auf Autobahn und Eisenbahntrasse) entstanden. Außerdem war die Reproduktionsrate im letzten Frühjahr schlichtweg miserabel, denn den Winter erlebten im Bowtal gerade einmal neun Hirschkälber. Diese geringe Anzahl deckte sich mit unserer Feststellung, dass die Wölfe in diesem Winter wesentlich größere Strecken zurücklegten und im Vergleich zum Vorjahr wesentlich häufiger zur Jagd aufbrachen. Allerdings galt dies nicht immer und zu allen Zeiten, weil die Wölfe zwischenzeitlich im benachbarten Yoho Nationalpark mehrere verendete Tiere entdeckten und sich aus diesem Grund hier fast eine Woche lang aufhielten. Die kleine Familiengröße stellte keinesfalls eine Anpassung an die örtliche Nahrungsgrundlage dar, sondern war ausnahmslos eine Folge der katastrophalen ökologischen Bedingungen. Die starke Nutzung der Eisenbahntrasse bewirkte auch unter den erwachsenen Wölfen Kollisionen mit Eisenbahnen, weil die Raubtiere mitunter einem Jagdautomatismus folgten und sich beim Hetzen von Hirschen nicht an der permanent vorhandenen Gefahrenquelle orientierten. Bei einigen Wölfen (zum Beispiel Yukon und Hope) gehörte einfach eine große Portion Glück dazu, einen Unfall überleben zu können.

Unter den gegebenen Bedingungen machte es auch Sinn, dass kein Jungwolf abwanderte und die Familie verließ, auch wenn beispielsweise Yukon so keine Möglichkeiten offen standen, eine Partnerin zu finden und selber Nachkommen zu produzieren. Durch den Druck seitens des in unmittelbarer Nachbarschaft heimischen Fairholme Rudels und der geringen Bestandsdichte an großen Beutetieren, hätte es auch Jungwölfin Nisha außerordentlich schwer gehabt, ein unbesetztes Gebiet zu finden und den üblichen Anfang einer Familienneugründung zu starten. Ihre Chancen, selber Welpen erfolgreich aufzuziehen, könnten durch den Unfall von Hope und wegen einer denkbaren Verpaarung mit Storm tatsächlich gestiegen sein. Voraussetzung wäre sicherlich eine unfallbedingte Fehlgeburt von Hope bzw. nicht erfolgte Nidation der befruchteten Eier. Da Nisha und Yukon im Rudel blieben und zumindest letzterer vielleicht über einen längeren Zeitraum auf eigene Reproduktionsmöglichkeiten verzichten muss, schienen beide Jungwölfe trotzdem diesen Weg gewählt zu haben. Weil Nisha und Yukon das Wohlwollen ihrer leider verstorbenen Mutter und ihres Vaters genossen, bedurfte es für sie keiner ausgefeilten Rangordnungsposition. Dies erklärte auch ihre Neigung, integraler Bestandteil dieser Kleinfamilie zu bleiben. Außerdem war die Bin-

Yukon: n = 119 (100%), Nisha: n = 102 (100%), Storm: n = 97 (100%), Hope: 58 (100%), Aster: n = 2 (100%)

Aufenthaltsort	Wald	Eisenbahntrasse	Parkstraße	Fluss	Wiesenlandschaft	Stunden/total
Yukon	34 (28.6%)	29 (24.4%)	13 (10.9%)	26 (21.8%)	17 (14.3%)	119
Nisha	28 (27.5%)	22 (21.5%)	13 (12.7%)	23 (22.5%)	16 (15.7%)	102
Storm	29 (29.9%)	23 (23.7%)	9 (9.3%)	24 (24.7%)	12 (12.4%)	97
Hope	18 (31.0 %)	13 (22.4%)	5 (8.6%)	15 (25.9%)	7 (12.1%)	58
Aster	0 (0.0%)	0.5 (25%)	0 (0.0%)	0 (0.0%)	1.5 (75%)	2

Inzucht ist bisher in freier Wildbahn noch nie dokumentiert worden, kommt aber in Ausnahmesituationen bei so genannten Sammelgruppen manchmal vor. Hier: Neumitglied Hope.

dung zwischen den einzelnen Familienmitgliedern sehr eng, sei es, weil die beiden Jungwölfe das Schutzverhalten ihres Vaters besonders attraktiv fanden oder die ständigen Veränderungen der heimischen Umwelt ihre Handlungsweisen beeinflussten. Die Distanz der Wölfe zueinander war in der gesamten Beobachtungszeit bis auf wenige Ausnahmen (zum Beispiel, wenn es den Jungwölfen langweilig war und sie herumspielten) gering, sie hielten auch auf ihren Wanderungen hauptsächlich optischen Kontakt und handelten immer koordiniert. Im Verlauf der letzten zwei Jahre war aus einer anfänglichen Eltern-Nachwuchs-Beziehung eine regelrechte Familienbeziehung geworden. Im Interesse der Gesamteignung der Familie, als Einheit bei der Nahrungsbeschaffung und der gemeinsamen Gefahrenvermeidung zu fungieren, hätten ständige Positionskämpfe die Tiere sicherlich nicht weitergebracht. Die hierarchische Struktur und die besonderen Beziehungen zwischen diesen Wölfen trug schließlich wesentlich dazu bei, das eventuell vorhandene Konfliktpotential zu unterdrücken. Wir sind gespannt, wie sich die ungewöhnliche Lebensgeschichte des Bowtal Rudels fortsetzt, zumal Sammelrudel im allgemeinen dazu tendieren auseinander zu brechen.

Lokale Helden - In Erinnerung an Leitwölfin Aster

Die Leitwölfin des Bowtal Rudels, Mutter von Yukon und Nisha, starb im November 2001 leise und unspektakulär. Aster hielt die höchste Rangposition sechs Jahre inne. Sie war eine der wenigen wahren Matriarchinnen des Ökosystems der Rocky Mountains. Aster wurde im Jahre 1991 im Spraytal geboren. Ihre Mutter Dusk kam bei einem Unfall auf der Autobahn ums Leben, als Aster gerade einmal vierzehn Tage alt war. Diane kehrte zur Höhle zurück und zog Aster und ihre Geschwister auf. Dieser außergewöhnliche Umstand rettete Aster's Leben, denn ohne Dianes Bemühen wären alle Welpen dem sicheren Tod geweiht gewesen. Diane zog 1992 zwei eigene Welpen auf und wurde dabei von einer jungen, schwarzen Wölfin als Babysitterin unterstützt: Aster. Leider starb Diane an Räude, nachdem sie sich von ihrer Wolfsfamilie abgesondert hatte. Im Mai 1993 fing man eine schwarze Wölfin ein, besenderte sie mit einem Radiohalsband und nannte sie nach einer in der Region beheimateten Wildblumenart: Aster. 1994 verbrachte ein Rüde namens Timber viel Zeit mit Aster, obwohl man ihn eigentlich als Mitglied eines anderen Rudels ansah. Im Frühsommer 1994 vereinigte sich dann interessan-

Am 5. November 2001 sahen wir Aster zum letzten Mal. Neben Betty zählte Aster mit einem Alter von über 10 ½ Jahren zu den ältesten Wölfen, die je im Banff Nationalpark dokumentiert wurden.

terweise das Spraytal Rudel mit dem Castle Mountain Rudel und sollte fortan als Bowtal Rudel für einiges Aufsehen sorgen. Im April 1994 war Aster zur Betawölfin aufgestiegen und half bei der Aufzucht von vier Welpen. 1995 gebar Aster fünf eigene Welpen und tolerierte zur allgemeinen Überraschung ihre ebenfalls reproduzierende Tochter, die drei zusätzliche Welpen aufzog. Beide Weibchen wurden sehr wahrscheinlich von Storm gedeckt, verstanden sich prächtig und setzten sich kaum aggressiv auseinander. Timber starb im Juni 1995, so dass Aster sich im Jahre 1996 erneut mit Storm paarte und mit ihm vier Welpen aufzog. Im August 1996 kamen drei ihrer Welpen durch einen Autounfall ums Leben. Im Herbst 1996 starben noch drei weitere erwachsene Mitglieder des Bowtal Rudels auf der Autobahn und für das Restrudel begann eine harte Zeit. Zwar paarte sich Aster im Februar 1997 wieder mit Storm, brachte auch fünf Welpen zur Welt, doch vier von ihnen verschwanden auf mysteriöse Art und Weise. Aster's Fellfärbung hatte sich stark verändert: Aus einer schwarzen Wölfin war nun ein dunkelgraues Weibchen mit schwarzer Rückenpartie geworden, das außerdem eine fast schon hellgraue Gesichtsmaske aufwies. Ein Jährling wanderte aus der Lebensgemeinschaft ab, ein anderes Tier wurde von einer Eisenbahn erfasst und getötet, so dass wir im Januar 1998 nur noch auf Aster und Storm blicken konnten. Von einer aus zwölf Mitgliedern bestehenden Wolfsfamilie waren diese beiden Tiere als einzige Überlebende übrig geblieben. Im Januar 1998 tauchte plötzlich eine zuvor unbekannte Wölfin auf, welche Aster aufgrund ihres sanften Wesens tolerierte. Storm und Aster folgten weiterhin einer engen sozialen Bindung und paarten sich. Leider konnten wir im Frühjahr 1998 keinen Nachwuchs finden. Statt dessen starb die neue Wölfin im April 1998 nach einer Kollision mit einer Eisenbahn. Storm und Aster blieben wieder auf sich alleine gestellt und zu allem Übel sendete ihr Radiohalsband ab Frühjahr 1998 keine Signale mehr. Im Juni 1998 gelang es einem Biologen namens Mark Hebblewhite Stom zu besendern. Storm erhielt seinen Namen, nachdem ein mächtiger Sturm die Einfangaktion behinderte. Im Sommer 1999 konnte wiederum kein Nachwuchs bestätigt werden. Im Winter 1999/2000 beobachteten wir Aster und Storm sehr intensiv und blickten im Mai 2000 auf zwei Welpen: Yukon und Nisha. Aster humpelte mitunter sehr und erreichte langsam ein vorgerücktes Alter. Aster paarte sich erneut mit Storm, empfing aber vermutlich wegen ihres Alters keine Welpen. Im Frühjahr 2001 wanderten sie, Storm, Yukon und Nisha zum Kootenay Nationalpark und jagten dort Hirsche. Yukon wurde von einem Auto erfasst und schwer verletzt. Aster, die eine äußerst enge Beziehung zu ihrem Sohn hatte, blieb einige Wochen mit ihm zusammen. Yukon erholte sich unter Aster's Obhut wieder, kam zu Kräften und konnte im Juni und Juli 2001 wieder als integraler Bestandteil des Bowtal Rudels mehrfach beobachtet werden. Im weiteren Verlauf alterte Aster zusehends. Im Herbst 2001 wurde sie von einem Touristen im Kootenay Nationalpark beobachtet und dieser meldete, eine dünne, graue, alte Wölfin gesehen zu haben. Am 5. November 2001 sahen wir Aster bei der Jagd. Sie wirkte mittlerweile völlig überfordert, war abgemagert und konnte sich kaum noch auf den Beinen halten. Dieser 5. November 2001 wird für immer in unserer Erinnerung bleiben, denn wir beobachteten Aster (ohne es natürlich damals zu wissen) zum allerletzten Mal. Eine sanfte Wölfin war verschieden, die in unserem Gedächtnis für immer haften bleiben wird. Storm, Yukon und Nisha durchlebten einige harte Wochen, bis sie Hope trafen. Sie erhielt diesen Namen, weil wir uns hinsichtlich einer erfolgreichen Reproduktion »Hoffnung« machten. Aster lebte trotz aller Schwierigkeiten ein langes Leben. Sie wurde 10 Jahre und 7 Monate alt. Deshalb rühmen wir ihr Leben und ihre unglaublichen Überlebensinstinkte. Aster trug eine alte, von Dusk und Diane begründete Tradition voran. Wir hoffen, dass sich das Bowtal Rudel auch in Zukunft dieser Traditionswerte »bewusst« ist und dass Aster's Tochter Nisha in der Zukunft vielleicht einmal die Möglichkeit erhält, das traditionelle Verhalten ihrer Mutter an eine neue Generation weiterzureichen.

Die Verhaltensökologie des Fairholme Rudels im Winter 2001/2002

Bevor wir uns in diesem Kapitel mit den Verhaltensweisen und der etwas komplizierteren Struktur der sozialen Rangordnung dieses Rudels beschäftigen, wollen wir einleitend einige Grundsatzinformationen geben. Im Vergleich zum vorangegangenen Winter beobachteten wir die Wölfe wesentlich häufiger, weil sie sich manchmal nur wenige Kilometer entfernt von Storm und den Seinen aufhielten. Unsere Observationen konnten wir so an 28 Tagen oder anders ausgedrückt in insgesamt 252 Feldstunden durchführen. Wie wir später anhand einer Statistik zeigen werden, hielten wir in der gesamten Zeit immerhin 29 Stunden (11.5% der Beobachtungszeit) direkten Sichtkontakt zu mindestens einem Wolf. Meistens sahen wir allerdings das komplette Rudel. Um die Namen der einzelnen Wölfe nochmals ins Gedächtnis zu rufen, erinnern wir uns der Beschreibung jedes Wolfes inklusive seines sozialen Rangs vom Juli 2001:

- Big-One (Leitwolf)
- Kashtin (Leitwölfin)
- Aspen (Betarüde)
- Chaser (ranghöchster juveniler Rüde)
- Nieve (genaue Rangposition damals nicht bekannt)
- Hope (subdominantes Weibchen)
- Dreamer (rangtiefster juveniler Rüde)
- Sandy (rangtiefste juvenile Wölfin)
- Zwei später zugewanderte Wölfe (Geschlecht und Rangposition damals nicht bekannt)
- Sechs Ende April 2001 geborenen Welpen

Dreamer und Sandy wurden im Herbst 2001 durch verantwortliche Stellen der Nationalparkverwaltung zum Abschuss freigegeben, weil sie angeblich als gefährlich einzustufen waren. Es war bemerkenswert, wie man damals die Tötung der beiden Wölfe mehr oder weniger stillschweigend akzeptierte. Unser Datenmaterial zeigte nämlich nicht den geringsten Beweis von Aggressivität. Wie auch immer: Da waren es nur noch neun erwachsene Tiere und sechs Welpen. Hope sahen wir nur sporadisch im heimischen Territorium zwischen Canmore und Banff, weil sie sich allmählich immer weiter von ihrer Gruppe entfernte und schließlich Anschluss zum Bowtal Rudel fand. Da waren es nur noch acht erwachsene Tiere und sechs Welpen. Schließlich starben sehr wahrscheinlich zwei Welpen, zumindest konnten wir sie über einen längeren Zeitraum hinweg nicht mehr im Gefolge des Rollkommandos ausmachen. Da waren es nur noch acht erwachsene Wölfe und vier Welpen. Unter großen Mühen fing man zwei der Welpen des Jahres 2001 ein und besenderte sie mit einem Radiohalsband. Bei der Untersuchung der Tiere zeigte sich, dass man zweier weiblicher Tiere habhaft geworden war, welche die Namen »Isabelle« und »Christine« erhielten. Auch eine ca. 1 $\frac{1}{2}$ jährige Wölfin, die wir »Nieve« tauften, wurde eingefangen und besendert. Soviel zur Ausgangslage zu Beginn unserer Feldforschung im November 2001. Eine genauere Analyse des räumlichen Verhaltens und der Struktur der sozialen Rangordnung möchten wir im weiteren Verlauf wie folgt wiedergeben:

Die Bestätigung unserer bisherigen Erkenntnisse hinsichtlich der Familienstruktur lag darin begründet, dass die Rangbeziehungen der älteren Wölfe Big-One, Kashtin und Aspen zum Jahreswechsel von Stabilität und sehr wenigen Konflikten gekennzeichnet waren. Die beiden Leittiere strahlten nach wie vor das größte Selbstbewusstsein aus und Kashtin betätigte sich weiterhin als besondere Führungspersönlichkeit. Das reproduzierende Paar blieb Menschen und auch Fahrzeugen gegenüber weiterhin misstrauisch und zurückhaltend. Auch wenn die ganze Familie zwischenzeitlich ab und an von juvenilen Tieren angeführt wurde, erhob sich nie der leiseste Widerspruch gegen die Vorherrschaft der Alttiere im Rudel. Selbst Betarüde Aspen akzeptierte die hohe soziale Rangstellung von Big-One und Kashtin ohne großes Murren. Auch wenn sich die Rangbeziehungen der Wölfe selbstverständlich zeit- und situationsabhängig darstellten und selbst im Tagesverlauf Änderungen unterlagen, konnte man daraufhin keinesfalls den Schluss ziehen, dass die generelle Ranghoheit der beiden Leittiere in entscheidenden Situationen zur Disposition stand. Die Frage war nicht, ob die Leittiere während des Beobachtungszeitraums zu X % einen anderen Wolf dominierten, sondern in welcher Situation sie es für angebracht hielten, sich dominant zu verhalten. Kommen wir deshalb nochmals auf die Kontrolle unterschiedlicher Ressourcen zurück, denn dadurch erhalten wir ein klares Bild über die hierarchische Struktur der Wölfe. Da diese Raubtiere nicht in einem aggressionsfreien Gruppengefüge leben, ist interessant, wann die Leittiere versuchen ihren eigenen Freiraum zu expandieren und gegebenenfalls drohen oder imponieren.

Wir schilderten bereits, dass ranghohe Tiere bei Ruhepausen auf Einhaltung einer Individualdistanz bestehen, die Gruppe über optischen Kontakt auch aus einer zentralen Position heraus leiten, wenn hungrig, die beste Fressposition einnehmen und speziell der Leitrüde mit Abstand am Häufigsten als Beschützer tätig wird. Bleibt noch das Dominanzverhalten während der Paarungszeit übrig. Um diese Frage sofort zu beantworten: In der Zeit der Standhitze dominierte Big-One seinen sexuellen Nebenbuhler Aspen in der Summe (n = 18) der Zweierbeziehungen insgesamt 16-mal, somit also in 88.9% der zielgerichteten Interaktionen. Leitwölfin Kashtin dominierte interaktiv ihre schärfste Rivalin Nieve insgesamt 5-mal oder anders ausgedrückt in 83.3% aller Fälle. Bei der Frage nach Reproduktionserfolg griff die These, Rangbeziehungen würden im Zehnminutentakt wechseln, also nicht.

Nehmen wir als nächstes Beispiel das Komfortverhalten der Wölfe, um uns auch hier einen Überblick zu verschaffen: Auch wenn manche Forscher es ablehnen, die generelle Existenz von Lieblingsschlaf- und Ruheplätzen anzuerkennen, untersuchten wir trotzdem die Frage nach Kontrolle einer solchen Ressource. Gerade weil Wölfe im heimischen Revier sehr oft ganz bestimmte Gebiete zu einer gemeinsamen Ruhephase aufsuchen und sich danach fast immer exakt in den gleichen Schlafmulden (unter großen Tannen, in Bodenunebenheiten, in Schneemulden auf einem zugefrorenen See usw.) niederlegen, kamen wir zu folgendem Ergebnis: Aus dreizehn Fällen nahmen Big-One und Kashtin 11-mal (84.6%) die bevorzugte Schlafmulde ein, zeigten Kontaktliegen und wurden von den übrigen Wölfen nicht belästigt. Bei der Nahrungssuche, besonders aber bei einer direkten Attacke auf ein Beutetier, verhielt es sich recht ähnlich: Aus sieben Fällen leiteten die Leittiere den Angriff 5-mal (71.4%), Aspen 1-mal (14.3%) und Chaser ebenfalls 1-mal. Schließlich wurde Big-One außerhalb des Kernterritoriums in drei (75%) von vier Beobachtungen gefahrenvermeidend tätig und führte das Rudel an. In der Nähe eines getöteten Beutetieres beobachteten wir den unmittelbaren Zugang zur Nahrung insgesamt zwar leider nur 3-mal, dennoch fraßen Big-One und Kashtin immer zuerst und besonders Christine, Isabelle und ein weiterer, nicht identifizierter juveniler Wolf gemeinsam zuletzt. Das Ausmaß der augenblicklichen Kräfteverhältnisse sah ohne direkte Präsenz der Leittiere naturgemäß anders aus und wechselte wesentlich häufiger. So setzten sich zum Beispiel an einem Kadaver auch rangniedrige Tiere dominant durch, wenn sich die Leittiere satt und relativ gelangweilt in der weiteren Umgebung aufhielten.

Expansionstendenzen von juvenilen Tieren gab es auch, wenn es um wichtige Statusfragen ging, so z.B. um den persönlichen Freiraum eines juvenilen Wolfes bei gemeinsamen Wanderungen oder bei kleineren Konflikten unter den »Halbstarken« selbst. In solchen Situationen verhielten sich die älteren Wölfe erheblich weniger tolerant. Besonders unmittelbar nach der eigentlichen Paarungszeit nahm der Druck der Leittiere auf die übrigen Tiere

Die Struktur der Sozialrangordnung wird über körpersprachliche Signalgebungen etabliert und kann besonders während der Paarungszeit massiv in Frage gestellt werden. Agonistisches Verhalten ist eine sehr allgemein beschriebene Kategorie, die alle Formen von Aggressionen und Motivationen umschreibt. So kann ein Wolf etwas bewachen, ein anderes Familienmitglied in Bezug auf Rang herausfordern oder ein Objekt oder sich selber verteidigen. Agonistisches Verhalten beinhaltet auch Unterwürfigkeitsverhalten.
Hier: Leitwölfin Kashtin dominiert ein niederrangiges Familienmitglied schon aus der Distanz.

wieder stark ab. Insofern blieb den subdominanten und juvenilen Tieren auch Raum, ihre Beziehungen untereinander neu zu ordnen und durch kleinere Reibereien und sogar Ausschlüsse aus der Rudelgemeinschaft (Hope) Veränderungen in der Struktur der sozialen Rangordnung vorzunehmen. Laut dem Zoologen Erik Zimen »herrscht zwischen den Interessen des Individuums und denen der übergeordneten, sozialen Gemeinschaft ein fein ausbalanciertes Gleichgewicht, das trotz individuellen Drangs nach oben die Funktionsfähigkeit des Ganzen gewährleistet«.

Dieser Aussage stimmen wir generell zu, möchten aber hinzufügen, dass es in der Wildnis ganz besonders um die Kontrolle von Ressourcen geht, die bei einer Vergesellschaftung unter Gehegebedingungen keine entscheidende Rolle spielt. Hat man als Wolf im Gehege eine gemütliche Unterschlupfmöglichkeit, ist man sicherlich zufrieden. Im Vergleich dazu besteht ein ranghohes Tier sicherlich viel eher auf einem speziellen, trockenen und windgeschützten Schlafplatz, wenn die Außentemperatur -35 Grad Celsius beträgt und unter Berücksichtigung des entsprechenden Windfaktors auf unter -45 Grad Celsius sinken kann. Auch das Verhalten von regelmäßig gefütterten Gehegetieren in Bezug auf Nahrungsressourcen ist sicherlich nicht mit dem harten Kampf um Futter in der Wildnis zu vergleichen.

Schließlich ist zu berücksichtigen, dass die Struktur der sozialen Rangordnung aufgrund der speziellen Gegebenheiten in einem Gehege jedem Wolf ausführlichere Kenntnisse der hierarchisch abgestuften Rangposition eines Alpha-, Beta– oder Omegatieres abverlangt. Im Gegensatz dazu blicke wir in der Wildnis eher auf ein weniger kompliziertes, statt dessen eher sehr typisches Eltern-Nachwuchs-Dominanz–System, das durch ein erfahrenes, reproduzierendes Paar einfach aufrecht zu erhalten ist. Eltern kontrollieren nun einmal alle Ressourcen, wenn sie es als notwendig erachten, und junge Wölfe akzeptieren eine solche Dominanz, indem sie sich entweder unterwerfen oder zumindest Beschwichtigungsgesten aufzeigen. Schließlich entwickeln sich Unterwerfungsgesten aus dem Futterbettelverhalten, welches der Nachwuchs vom Welpenalter an weiter andauernd aufzeigt. Je älter die Nachkommen werden, desto mehr protestieren sie in bestimmten Situationen. Die Unterdrückung von oben nimmt zu und die ersten Tiere wandern daraufhin ab. Ähnliche Ergebnisse beobachteten wir beim Menschen und

dessen familiärer Ordnung. Auch hier protestieren die jugendlichen Kinder immer häufiger, verhalten sich nach und nach selbständiger und »wandern« schließlich ab. Eigentlich sollte gerade uns Menschen ein derartiges Eltern-Nachwuchs-Dominanz-System bestens vertraut sein. Im Gegensatz zu dem System bei den Wölfen scheint es beim Menschen aber wesentlich unklarer definiert, funktionell beeinträchtigt und deutlich störungsanfälliger zu sein. Wie kann das sein? Versteht sich doch immerhin der Mensch als »Krone der Schöpfung«. Und dann Probleme bei den grundsätzlichen Dingen sozialen Zusammenlebens? Diese Frage zu beantworten überlassen wir jedem Leser gern selbst - wir widmen uns lieber wieder den Wölfen:

Unter Freilandbedingungen trifft man auch nach den Aussagen der Verhaltensforscher D. Mech, A. Murie, G. Haber und K. Clark fast ausnahmslos auf eine Familienstruktur von maximal drei Generationen, die in der Regel aus den Eltern, ihren Kindern und weiterem Nachwuchs besteht. Im Vergleich dazu leben im Gehege mitunter vier, fünf oder gar sechs Generationen zusammen, ohne dass Wölfe im Konfliktfall abwandern können. Folglich muss der soziale Stressfaktor wesentlich höher sein, als er in der Wildnis jemals zu messen wäre. Obwohl Verhaltensbeobachtungen in freier Wildbahn sehr selten sind, insofern also auch große Bereiche der sozialen Rudeldynamik der Wölfe unbekannt bleiben, stellen wir das bisher bekannte Alphakonzept in seiner absoluten Form trotzdem in Frage. Natürlich zeigen Wölfe auch in der Wildnis beträchtliche Variationen in Bezug auf das Alter, die Distanz und die Richtung ihres Abwanderungsverhaltens, aber früher oder später versuchen die meisten Tiere ihre Familie zu verlassen und an anderer Stelle einen Paarungspartner zu finden. Zurück bleiben erneut reproduzierende Eltern. Deren problematischer, weil ständig konfliktbeladener Wettkampf um die Durchsetzung dominanter Ansprüche mit älteren Wölfen ist naturgemäß sehr selten. Ältere Wölfe sind kaum präsent. Da erfahrene Eltern im allgemeinen ihren Nachwuchs ohnehin aus einer gesicherten Position heraus in allen entscheidenden Lebenslagen dominieren, kann das alte Alphakonzept unter Freilandbedingungen demnach begrifflich nur noch bei Wolfsrudeln mit zahlreichen und zahlenstarken Würfen beziehungsweise mit mehr als drei Generationen Anwendung finden. David Mech schrieb schon 1998 zu diesem Thema: »Die einzige Verwendung, den Begriff ›Alpha‹ zu reservieren, ist für die relativ wenigen großen Wolfsrudel mit vielen Nachwuchsgenerationen. In solchen Fällen sind die älteren Erzeuger wahrscheinlich dominant in Richtung jüngerer Erzeuger, und können mehr angemessen Alphas genannt werden. Der Beweis für eine solche Behauptung läge dann bei älteren Erzeugern, die andauernd sowohl Nahrungsquellen als auch das Wanderverhalten dieses Rudels dominieren würden.« Wenig später führt Mech im gleichen Artikel noch aus: »Der Punkt meiner Argumentation ist nicht so sehr die Terminologie ›Alpha‹, vielmehr mit welchen Fehlern der Begriff (Alpha) behaftet ist: Eine starre, vordergründig dominante Hierarchie. In einem, unter Freilandbedingungen lebenden Wolfsrudel ist Dominanz nicht als Hackordnung manifestiert und scheint weniger Signifikanz zu haben, als es Studienresultate an Gehegewölfen laut den Aussagen von R. Schenkel (1947 und 1967), G. Rabb (1967), E. Zimen (1975) und R. Lockwood (1979) haben. Die einzig Konstante in einem natürlichen Wolfsrudel ist die Demonstration von Rang über Körpersprache im interaktiven Verhalten. Dominante Wölfe nehmen die klassische Imponierhaltung mit hochgehobenem oder zumindest horizontal gehaltenem Schwanz ein, während sich subdominante oder unterwürfige Individuen klein machen und kriechen. In der Tat scheint Unterwürfigkeit zur Förderung freundlicher Beziehungen oder zur Reduzierung sozialer Distanz genauso wichtig zu sein wie Dominanz.«

Nun, nach einer solchen Aussage gibt es sicherlich einigen Gesprächsstoff und hart geführte Diskussionen mit Hundeausbildern, die am alten Alphakonzept festhalten wollen, sind zu erwarten. Außerdem ist, wie schon erwähnt, selbst unter Ethologen die Existenz eines speziellen sozialen Bindungstriebs umstritten. Ob Bindung durch andere Antriebe wie Sexualität, Schutzverhalten oder Aggression zustande kommt, warum manche Tiere tendenziell eher zusammen bleiben als andere oder aber Wölfe nach einer zeitlichen und räumlichen Trennung wieder zusammenkommen beziehungsweise sich für immer voneinander »verabschieden«, werden erst weitere Untersuchungen zeigen. Nach all den unbeantworteten Fragen, nach deren Antworten wir heute in der Feldforschung noch suchen, ergibt sich für uns folgendes Resultat: Dran bleiben an den Wölfen,

Wolfsfamilien werden zeit- und situationsbedingt angeführt, das heißt, je nach Motivation und Fähigkeit des Einzelnen herrscht Arbeitsteilung. Hier greift Jungwölfin Nisha als schnellstes Individuum der Gruppe einen als Nahrungskonkurrent »lästig« empfundenen Kojoten an, gefolgt von Leitwölfin Aster, Jungrüde Yukon und dem Leitrüden Storm (von links nach rechts).

weiter forschen und die Struktur dieser Tiere zukünftig mehr unter einem »familiären« Gesichtspunkt begreifen.

Kommen wir nun wieder auf die aktuellen Geschehnisse im Winter 2000/2001 zurück und beschäftigen uns jetzt mit dem Expansionsverhalten des Fairholme Rudels. Aufgrund der zunehmenden Futterknappheit lag es natürlich im Interesse der Wölfe, neue Nahrungsmöglichkeiten zu erschließen und dabei das Risiko einer Konfrontation mit rudelfremden Wölfen außerhalb der heimischen Reviergrenzen in Kauf zu nehmen. Aus diesem Grund führte Big–One die gesamte Gruppe immer häufiger in das Territorium von Yukon & Co. Erstaunlicherweise hielt das Rudel unter solch schwierigen Bedingungen wesentlich mehr zusammen und hatte dadurch auch größeren Jagderfolg. Hope war mittlerweile abgewandert, die soziale Rangordnung nahm nach der Paarungszeit »normale« Züge an, das Rollkommando operierte als geschlossene Einheit. Es war bemerkenswert, dass die Wölfe erst nach ihrem dritten Vorstoß im Fremdrevier markierten und somit ihre Anwesenheit demonstrierten. Barb Johnston, eine äußerst routinierte Spurenleserin, fand heraus, dass die Wölfe nur in der Nähe eines getöteten Beutetieres markierten. Storm, Yukon und Nisha trafen zeitversetzt auf die unübersehbar überall verstreuten Spuren und Gerüche der Fairholmewölfe, woraufhin auch sie kein besonders intensives Markierungsverhalten zeigten, sondern ihre Bewegungsmuster und ihr räumliches Verhalten radikal veränderten. Wie auch immer, sie verfolgten von nun an die Strategie, möglichst unentdeckt zu bleiben, einen Teil ihres ursprünglichen Reviers zu meiden, verhielten sich entgegen ihren sonstigen Gepflogenheiten primär nachtaktiv und wechselten ihren Aufenthaltsort erheblich öfter als je zuvor. Außerdem expandierten sie in andere Gebiete (Kootenay Nationalpark, Yoho Nationalpark), in denen nach unserem Wissensstand keine anderen Wölfe lebten. Hiermit war der Beweis erbracht, dass Wolfsterritorien einer ständigen Veränderung unterliegen und sich benachbarte Rudel nicht ständig an einer bestimmten Reviergrenze feindselig gegenüberstehen. Letztlich sind Wolfsterritorien viel zu groß, als dass man immer und überall präsent sein könnte. Natürlich spielen auch unterschiedliche Gruppenkonstellationen eine entscheidende Rolle. Zahlenmäßig stärkere Rudelverbände sind sicherlich eher in der Lage zu expandieren, als Kleingruppen wie Yukon & Co.

Mit der Vermeidungstaktik war dem Bowtal Rudel jedenfalls Erfolg beschieden und beide, um den gleichen Lebensraum konkurrierenden Wolfsfamilien gerieten bisher noch nie in eine direkte Konfrontation. Wir glauben auch nicht, dass es den Wölfen um eine Demonstration von genereller Stärke ging, sondern sie sich schlichtweg den Umständen entsprechend auf Nahrungssuche begaben. Die Wölfe des Fairholme Rudels handelten nach ersten Jagderfolgen im Fremdrevier positiv verstärkt und töteten hier regelmäßig Beutetiere, ja sie brachten es sogar fertig, manchmal ausgewachsene Hirschbullen zu erlegen. Christine, Isabelle und ein anderer Wolf fraßen an einem Kadaver als letzte und die erwachsenen Wölfe arrangierten sich wie gewohnt ziemlich friedlich. Insgesamt brachte es diese Wolfsfamilie fertig, jeden zweiten Tag ein großes Huftier zu erlegen, ein Unterfangen, dass aufgrund des geringen Beutetierbestands nur als bemerkenswert bezeichnet werden konnte.

Eine genaue Analyse des Wanderverhaltens ergab, dass sich Big-One und die übrigen Wölfe nun auch immer häufiger in der Nähe der Abfallgrube von Canmore blicken ließen, um ihren Hunger zu stillen. Hier stießen sie regelmäßig auf Hirsche, die auf unnatürliche Weise gestorben waren und die man in dieser Müllgrube »entsorgte«. Bei aller Motivation, neue Nahrungsquellen zu erschließen, verhielten sich die Wölfe gegenüber dem Menschen nach wie vor sehr zurückhaltend und überaus vorsichtig, insofern war auch ihr Aktivitätsrhythmus von ganz bestimmten Tageszeiten gekennzeichnet. Am sehr frühen Morgen zwischen 6.30 bis maximal 8.30 Uhr durchkämmten die Tiere das Gelände um die Müllhalde sehr intensiv, danach führte vor allem der Leitrüde die gesamte Gruppe in den Wald, um diesen nicht vor Einbruch der Dämmerung zu verlassen. Unter günstigen Windbedingungen witterten die Wölfe außerdem Aas oder verletzte Huftiere über eine Distanz von ca. 1,5 Kilometer. Außerdem fiel auf, dass sie den Aktionsradius von Raben ganz genau registrierten, um ihnen je nach Umstand in Richtung eines Kadavers zu folgen. Mit zunehmendem Alter der juvenilen Tiere versuchten sie unabhängig ihres sozialen Status, entweder einem anderen Wolf Nahrung zu stehlen oder aber Futter zu sichern und unter Umständen sogar gegenüber ranghohen Tieren zu verteidigen. Mit der Zeit pendelte sich so eine Art »Nahrungsbesitz-Zone« ein, die unter allen Wölfen gleichsam Akzeptanz fand. Demnach musste es auch unter harten Bedingungen möglich sein, jedem Wolf sein individuelles Recht auf Futter zu garantieren. Während man sich um Nahrungsressourcen irgendwie arrangierte, änderte sich besonders die sozialen Verhältnisse zwischen den einzelnen Jungwölfen rasch.

Dies scheint dem ersten Anschein nach ein wenig paradox, denn normalerweise wird die soziale Rangordnung eher von unten nach oben zunehmend instabil und die Jungtiere halten oft zusammen, um mit vereinten Kräften den sozialen Status ranghoher Wölfe in Frage zu stellen.

Bei unseren Beobachtungen bestätigte sich aber, dass sich die Rangbeziehungen zwischen den älteren Wölfen Kashtin, Big–One und Aspen als fest genug erwiesen, aufkommende Reibereien im Keim zu ersticken. Als Folge dieser Streitigkeiten im sozialen Bereich wanderte Hope ab und Christine, Isabelle und ein anderes juveniles Tier mussten als Teileinheit erste Unterdrückungsaktionen über sich ergehen lassen. Schon war es mit den Expansionstendenzen nach oben wieder vorbei. Die Eltern kontrollierten alle Anteile eventuell aufkommender aggressiver Verhaltensweisen bei allen sozialen Begegnungen und unterstrichen so ihren hohen sozialen Status. Besonders deren zunehmende Expansion in ein rudelfremdes Gebiet dämpfte jegliches Aufkommen aggressiver Verhaltenstendenzen der Jungwölfe, statt dessen reagierten sie außerhalb ihres heimischen Territoriums gehemmter. Big-One demonstrierte sein Interesse an einer fein abgestimmten und wohl funktionierenden Einheit, indem er die Gruppenführung immer häufiger übernahm und sich als ranghoher Leitrüde aufkommenden Gefahren als erster stellte. So war es für jedes andere Familienmitglied von Vorteil, ihm zu folgen und eventuelle Überraschungen oder gar Verletzungen zu verhindern. Im Vergleich zum individuellen Verhalten Storm's in prekären Situationen beobachteten wir eine klare Parallele zu Big-Ones Handlungen, der als Leitrüde ebenfalls eine gefahrenvermeidende Tätigkeit erfüllte.

Gefahrensituationen auszuweichen stellt in freier Wildbahn eine Aufgabe dar, die für alle Familienmitglieder lebenswichtig ist. Anders ausgedrückt: Die soziale Rangordnung zwischen den einzelnen Wölfen beinhaltet auch den Respekt, vielleicht sogar eine gewisse Bewunderung gegenüber dem Leitrüden, was dazu führt, dass man sich nicht nur dessen Expansionspolitik kommentarlos anschließt, sondern unter seiner Leitung auch bessere Überlebenschancen erhält. Dabei spielt neben der Risikobereitschaft, die ein Leitrüde manchmal eingeht, sicherlich auch eine Rolle, wie erfahren er von seinen Sinnesleistungen, vom Geruch bis zum Gehör, Gebrauch macht. Umsichtig tätig zu werden heißt nämlich auch, die Sinnesleistungen dazu zu nutzen, in einer harten Umwelt zu überleben und die gesamte Lebensgemeinschaft so vor Gefahren zu schützen.

Neben dem Schutz der Familie verfolgte Big–One in seinem Bemühen um Zusammenhalt in der Gruppe eine weitere Strategie: Wann immer notwendig, jage taktisch im Team! Natürlich gab es trotz aller Bemühungen immer wieder Wolfsindividuen, die den einen oder anderen Teil einer Jagd besser beherrschten als andere. Big-One trug aber in seinen Genen bestimmt bessere Informationen, die er als Anführer einer zielgerichteten Jagd auf wehrhafte Hirsche brauchte, um möglichst unverletzt zu bleiben. Sie sagten ihm: Sichte die Beute, schleiche dich unter Aufrechterhaltung der optischen Kommunikation mit den übrigen Wölfen vorsichtig heran, hetze die Beute koordiniert, packe sie unter dem Gesichtspunkt eines minimierten Verletzungsrisikos und töte sie. Die beiden Leittiere waren jedenfalls alles andere als »Machotypen«, deren aggressive Territorialpolitik für die Familie insgesamt unvorteilhaft gewesen wäre. Statt dessen handelten sie immer vorausschauend und besonnen und trugen in der fast vier Monate langen Feldforschungszeit keine einzige ernsthafte Verletzung davon. Wir erwähnen diesen Umstand deshalb so besonders, weil es für viele Wölfe an der Tagesordnung ist, sich bei der Jagd Rippen oder Beine zu brechen oder unter ungünstigen Voraussetzungen manchmal sogar von einem Hirsch oder Elch selbst getötet zu werden.

Als Folge dieser umsichtigen Führungspolitik waren alle Wölfe aus dem Rudel regelmäßig satt. Sie entgingen so auch Konfliktsituationen mit dem Menschen. Und das, obwohl ihr Wanderverhalten im Vergleich zum Sommer zwischen November und Anfang März überproportional zunahm und sie sich bei der Nahrungssuche sehr oft in unmittelbarer Nähe zu den Städten Banff und Canmore aufhielten. In diesem Zusammenhang gibt die nachfolgende Tabelle Aufschluss darüber, wie die Wölfe das Landschaftsgefüge nutzten, und zeigt insbesondere ganz eindeutig, dass die Raubtiere trotz Anpassung an den Menschen tagsüber stark bewaldete Regionen bevorzugten.

Wie wir berichteten, hielten wir in der gesamten Feldstudienzeit 29 Stunden direkten Sichtkontakt zu mindestens einem Wolf. Da wir Big-One, Kashtin,

Bei Nahrungsknappheit kann sich eine striktere Futterrangordnung einstellen und die niederrangigsten Tiere müssen sich mit einem weniger qualitativen Nahrungsangebot zufrieden geben. Mitunter bereits aus der Gruppe ausgestoßene Tiere folgen dem Rudel oft in gebührendem Abstand und treffen zeitversetzt an Beutetierkadavern ein, um sich von den Resten zu ernähren. Hier: Jungwölfin Christine.

Aspen, Chaser, Hope, Nieve, Christine, Isabelle und die übrigen Wölfe an verschiedenen Orten ihres Territoriums unterschiedlich lang beobachteten, kommen wir zu folgendem individuellen Ergebnis, wobei »n« wieder für die Anzahl der Beobachtungsstunden steht:

Big–One: n = 29 (100%), Kashtin: n = 27 (100%), Aspen: n = 25 (100%), Christine: n = 25 (100%), Isabelle: n = 23 (100%), Nieve: n = 23 (100%), Chaser: n = 20 (100%), Hope: n = 4 (100%). Die übrigen Wölfe beobachteten wir eher sporadisch und haben sie deshalb nicht in die Tabellenübersicht aufgenommen.

Aufenthaltsort	Wald	Eisenbahntrasse	Straßen	Fluss	Wiesen	Müllhalde	Std./total
Big–One	16 (55.1%)	3 (10.3%)	2 (6.9%)	2 (6.9%)	1 (3.4%)	5 (17.3%)	29
Kashtin	15 (55.6%)	2 (7.4%)	2 (7.4%)	3 (11.1%)	2 (7.4%)	3 (11.1%)	27
Aspen	15 (60%)	4 (16%)	1 (4%)	2 (8%)	1 (4%)	2 (8%)	25
Christine	10 (40%)	3 (12%)	3 (12%)	1 (4%)	1 (4%)	7 (28%)	25
Isabelle	11 (47.8%)	3 (13%)	2 (8.7%)	2 (8.7%)	0 (0.0%)	5 (21.7%)	23
Nieve	12 (52.2%)	2 (8.7%)	2 (8.7%)	2 (8.7%)	1 (4.3%)	4 (17.4%)	23
Chaser	14 (70%)	1 (5%)	1 (5%)	1 (5%)	1 (5%)	2 (10%)	20
Hope	1 (25%)	1 (25%)	1 (25%)	1 (25%)	0 (0.0%)	0 (0,.0%)	4

1.) Statistik zum ethologischen Begriff: »Eltern-Nachwuchs-Dominanz-System«

Tabelle 1 zeigt die Anzahl der Interaktionen, während derer ein einzelner Wolf ein anderes Tier aufgrund klar erkennbarer körpersprachlicher Signale dominierte beziehungsweise sich ein Wolf auch ohne Imponierhaltung eines Alttieres aktiv oder passiv unterwarf. (Elternpaar plus direkter Nachwuchs im ersten Jahr)

Tabelle 1: Bowtal Rudel im Winter 2000/2001:

Storm: ca. 7 ½ Jahre, Aster: ca. 9 ½ Jahre, Yukon: ca. 7-10 Monate, Nisha: ca. 7-10 Monate

	Vater	Mutter	Sohn	Tochter	Total
Storm (Vater)	0	0	0	0	0
Aster (Mutter)	0	-	0	0	0
Yukon (Juveniler Sohn)	16	9	-	0	25
Nisha (Juvenile Tochter)	22	13	0	-	35
Total	38	22	0	0	60

Schauen wir uns zwischenzeitlich die Resultate zur Eltern-Nachwuchs-Dominanz und zur zentralen Positionsführung an, denn heute sind wir in der Lage bezüglich der Umsetzung von Dominanzverhalten recht konkrete Aussagen treffen zu können (siehe nachfolgende Tabellen).

Tabelle 2 zeigt die Anzahl der Interaktionen, während derer ein einzelner Wolf ein anderes Tier aufgrund klar erkennbarer körpersprachlicher Signale dominierte beziehungsweise sich ein Wolf auch ohne Imponierhaltung eines Alttieres aktiv oder passiv unterwarf. (Elternpaar plus Nachwuchs im zweiten Jahr plus rudelfremdes Neumitglied)

Tabelle 2: Bowtal Rudel im Winter 2001/2002:

Storm: ca. 8 ½ Jahre, Aster: ca. 10 ½ Jahre, Yukon: ca. 19-23 Monate, Nisha: ca. 19-23 Monate, Hope: ca. 20 -23 Monate

	Vater	Mutter	Sohn	Tochter	Neumitglied	Total
Storm (Vater)	-	0	0	0	0	0
Aster (Mutter)	0	-	0	0	0	0
Yukon (Sohn/Jährling)	19	0	-	0	0	19
Nisha (Tochter/Jährling)	26	5	0	-	20	51
Hope (Neumitglied/Jährling)	8	0	0	9	-	17
Total	53	5	0	9	20	87

Auch wenn ein bestimmter Wolf im interaktiven Bereich von einem anderen Tier dominiert wird, kann er - je nach Umstand - trotzdem eine Wolfsfamilie anführen. Hier: Nisha kannte sich im heimischen Territorium erheblich besser aus als Neumitglied Hope und zeigte deshalb oft »Führungsqualitäten«.

Notiz: Leitwölfin Aster starb Mitte November 2001. Wölfin Hope verließ das Fairholme Rudel im Alter von ca. 1 ½ Jahren und wanderte Anfang Dezember 2001 in das Revier des Bowtal Rudels ein. Hope wurde in diesem Rudel ohne irgendwelche Probleme aufgenommen. Nisha zeigte gegenüber der rudelfremden Wölfin im interaktiven Bereich zwar schnell passive Unterwerfung, führte die Gruppe während gemeinsamer Wanderungen allerdings oft an.

Tabelle 3 zeigt die Anzahl der Interaktionen, während derer ein einzelner Wolf ein anderes Tier aufgrund klar erkennbarer körpersprachlicher Signale dominierte beziehungsweise sich ein Wolf aktiv oder passiv unterwarf. (Eltern und ein Alttier plus direkter Nachwuchs im ersten Jahr)

Tabelle 3: Fairholme Rudel im Winter 2000/2001

Big–One: ca. 2 ½ Jahre, Kashtin: ca. 3 ½ Jahre, Aspen: ca. 2 ½ Jahre, Chaser: ca. 7 - 10 Monate, Nieve: ca. 7 - 10 Monate, Hope: ca. 7 - 10 Monate, Sandy: ca. 7 - 10 Monate, Dreamer: ca. 7 - 10 Monate

	Big-One	Kashtin	Aspen	Chaser	Nieve	Hope	Sandy	Dreamer	Total
Big-One (Vater)	-	0	0	0	0	0	0	0	0
Kashtin (Mutter)	0	-	0	0	0	0	0	0	0
Aspen (Alttier)	6	0	-	0	0	0	0	0	6
Chaser (Juveniler Sohn)	9	6	3	-	0	0	0	0	18
Nieve (Juvenile Tochter)	10	11	4	0	-	0	0	0	25
Hope (Juvenile Tochter)	6	8	3	0	0	-	0	0	17
Sandy (Juvenile Tochter)	7	8	5	0	0	2	-	0	22
Dreamer (Juveniler Sohn)	10	2	4	6	0	0	0	-	22
Total	48	35	19	6	0	2	0	0	110

Notiz: Das Fairholme Wolfsrudel bestand aus drei erwachsenen Alttieren und sechs Juvenilen. Da wir einen Wolf nicht klar identifizieren konnten, nahmen wir ihn in der Statistik nicht auf.

Tabelle 4 zeigt die Anzahl der Interaktionen, während derer ein einzelner Wolf ein anderes Tier aufgrund klar erkennbarer körpersprachlicher Signale dominierte beziehungsweise sich ein Wolf aktiv oder passiv unterwarf. (Eltern und ein Alttier plus direkter Nachwuchs von diesem Jahr, juvenile Tiere, und Nachwuchs aus dem letzten Jahr = Jährlinge)

Tabelle 4: Fairholme Rudel im Winter 2001/2002

Big-One: ca. 3 ½ Jahre, Kashtin: ca. 4 ½ Jahre, Aspen: ca. 3 ½ Jahre, Chaser: ca. 19 - 23 Monate, Nieve: ca. 19 - 23 Monate, Hope: ca. 19 - 23 Monate, Christine: ca. 7 –10 Monate, Isabelle: ca. 7 - 10 Monate

	Big-One	Kashtin	Aspen	Chaser	Nieve	Hope	Christine	Isabelle	Total
Big-One (Vater)	-	0	0	0	0	0	0	0	0
Kashtin (Mutter)	0	-	0	0	0	0	0	0	0
Aspen (Alttier)	5	0	-	0	0	0	0	0	5
Chaser (Sohn/Jährling)	8	6	1	-	0	0	0	0	15
Nieve (Tochter/Jährling)	6	11	4	0	-	0	0	0	21
Hope (Tochter/Jährling)	0	0	0	0	0	-	0	0	0
Christine (Juvenile Tochter)	7	10	4	1	0	0	-	0	22
Isabelle (Juvenile Tochter)	5	9	3	1	0	0	0	-	18
Total	31	36	12	2	0	0	0	0	81

Notiz: Hope wanderte im November 2001 aus dem Fairholme Rudel ab und konnte deshalb in dieser Statistik zwangsläufig nicht mehr berücksichtigt werden. Das Rudel bestand insgesamt aus zwölf Mitgliedern. Weil wir einige Tiere nur unzureichend identifizieren konnten, haben wir sie in dieser Statistik nicht berücksichtigt.

2.) Statistik zum Führungsverhalten in einem Wolfsrudel und zum ethologischen Begriff: »Zentralpositions–Führung«:

Tabelle 1 zeigt, wie oft ein einzelner Wolf die Gruppe im sicheren Kernterritorium (ohne die Berücksichtigung von Straßenüberquerungen) über eine Distanz von mindestens 1000 Metern (inklusive Aufbruch zur Jagd) anführte.

Tabelle 2 zeigt, wie oft ein einzelner Wolf die Gruppe außerhalb des sicheren Kernterritoriums, somit also gefahrenvermeidend leitete (unter Berücksichtigung von Straßenüberquerungen, Führung entlang der Eisenbahntrasse, Führung bei Durchquerung von Autobahnunterführungen, Führung in der Nähe einer Territoriumsgrenze, Führung bei der Jagd).

Notiz: Durch den Tod von Leitwölfin Aster übernahm ihre Tochter Nisha sehr oft Führungsaufgaben, obwohl sie durch das rudelfremde Neumitglied Hope interaktiv dominiert wurde. Storm verhielt sich nach wie vor primär gefahrenvermeidend oder leitete konkrete Attacken auf potenzielle Beutetiere. Yukon führte die Gruppe besonders häufig während der Paarungszeit, entwickelte sich gegenüber seinem Vater jedoch nicht zum Reproduktionsrivalen. Das Fairholme Rudel wurde in dieser Statistik nicht erfasst, weil wir nicht in der Lage waren, das Kernterritorium genau zu definieren.

Tabelle 1: Bowtal Rudel im Winter 2000/2001 und im Winter 2001/2002

Wintersaison	Storm (Vater)	Aster (Mutter)	Yukon (Sohn)	Nisha (Tochter)	Hope (Neumitglied)	Total
2000/2001	6	6	8	4	-	24
2001/2002	7	0	4	8	0	19
Total	13	6	12	12	0	43

Tabelle 2: Bowtal Rudel im Winter 2000/2001 und im Winter 2001/2002

Wintersaison	Storm (Vater)	Aster (Mutter)	Yukon (Sohn)	Nisha (Tochter)	Hope (Neumitglied)	Total
2000/2001	108	29	10	0	0	147
2001/2002	106	-	14	31	1	152
Total	214	29	24	31	1	299

Kommen wir an dieser Stelle noch einmal auf das Fairholme Rudel zurück. Die veränderten Rangverhältnisse zwischen der fest etablierten Gruppe (Big-One, Kashtin und Aspen) und insbesondere dem Nachwuchs des letzten Jahres verwunderten nicht besonders, weil, der Familienstruktur entsprechend, einige Tiere aus dem Rudel ausschieden (Hope plus ein weiterer vermisster Wolf) oder aufgrund der Unterdrückungsversuche durch die Alttiere tendenziell einen räumlichen Abstand einnahmen (Christine und ein weiteres nicht klar identifiziertes Tier).

Die Bindungen zwischen den einzelnen Familienmitgliedern waren insgesamt schwierig zu messen, insofern konnten wir hinsichtlich ihrer Stärke keine konkreten Aussagen treffen und brauchen noch etwas Zeit, uns mit dementsprechenden Fragen zu beschäftigen.

Chaser könnte der nächste Kandidat sein, der die Familie verlässt, weil er im nächsten Jahr neben Aspen als sexueller Nebenbuhler einfach »schlechte Karten« hätte. Dass Christine es zukünftig vorziehen wird aus der Gruppe auszuscheiden, wäre zu vermuten, weil sie bisher innerhalb der sozialen Organisation der Familie eher Nachteile in Kauf nehmen musste. Da in der ranghöchsten Gruppe keine nennenswerten Umwälzungen erkennbar waren und die Leittiere ganz offensichtlich zu Isabelle engere Beziehungen pflegten, könnte diese Jungwölfin im Sommer die Funktion eines Babysitters erfüllen und sich intensiv um den nächsten Nachwuchs kümmern. Der weitere Werdegang von Nieve ist unklar. Als reproduktionsfähiges Weibchen könnte auch sie den Familienverband bald verlassen und würde somit unsere These eines Eltern-Nachwuchs-Systems nur bestätigen.

Im Tiefschnee führen Jungwölfe die Gruppe an, damit erfahrene Alttiere in der schon vorgefertigten Spur Energie sparen können und dadurch im entscheidenden Moment effektiver große Beutetiere zu Fall bringen.

Hier sind wir an einer sehr interessanten Frage angelangt: Da die Nahrungsgrundlage für das Fairholme Rudel zunehmend schlechter wird und eine zusätzliche Generation sicherlich mehr schlecht als recht ernährt werden kann, wie wird sich die Zukunft gestalten?

Ob sich die schon begonnenen Expansionstendenzen des Rudels aus diesem Grund weiter fortsetzen werden, bleibt abzuwarten. Fest steht nur, dass abwanderungswillige Tiere im heimischen Revier wohl kaum ein optimales Gleichgewicht zwischen den eigenen, individuellen Interessen und denen der Familie ausbalancieren können, weil sich die derzeitige Nahrungsknappheit eher noch dramatisieren wird. Die zukünftigen Nahrungsbedingungen werden auch mit darüber entscheiden, welchen Antriebs- und Hemmungsmechanismen die Wölfe im Hinblick auf eine Koexistenz mit dem Menschen folgen. Zwei Wölfe (Dreamer und Sandy) haben bereits ihr Leben gelassen, weil sie sich in Stadtnähe zu adaptiv verhielten. Ein bestimmtes aggressives Verhalten gegenüber Haustieren könnte zwar das Interesse des einzelnen Wolfes, nämlich sich zu ernähren, wahren, hätte für ihn aber in der Konsequenz fatale Folgen.

Abschließend wollen wir der Frage nachgehen, ob es zu mehr Reibereien, Rangwechseln und weiteren Ausschlüssen aus der Familiengemeinschaft kommen wird, bis sich wieder eine neue Sozialrangordnung einstellt, die das Überleben der Gruppe, vielleicht auf einem zahlenmäßig niedrigeren Niveau, sichert. Im Verlaufe der letzten Jahre machten wir stets die Erfahrung, dass die Dynastie einer umfangreichen Wolfsfamilie ab einem bestimmten Punkt, nämlich spätestens mit Geschlechtsreife der dritten Generation, endgültig zusammenbrach und daraus verschiedene, kleinere Teilgruppen hervorgingen. Dann war auch der Zeitpunkt erreicht, an dem eine niedrigere Populationsdichte von Beutetieren den Fortbestand eines umfangreichen Wolfsverbandes, der in der Regel aus mehr als zwölf Tieren bestand, nicht mehr garantieren konnte. Die Nahrung wurde knapp und die Spannungen in einer Gruppe nahmen drastisch zu. Außerdem gab es dann während der Paarungszeit Probleme, weil das zuvor fein abgestimmte Gleichgewicht der sozialen Rangordnung schwer ins Wanken geriet. Die »Hochkultur« scheint auch für das Fairholme Rudel vorbei zu sein, weil es kaum Zugang zu erwähnenswerten Nahrungsressourcen mehr hat. Seit Beginn unserer

Die Einteilung von Energie ist unter harten Lebensbedingungen in freier Wildbahn essenziell notwendig. Hier: Yukon läuft voran und Leitrüde Storm hält sich vorübergehend in einer zentralen Position auf.

Arbeit vor elf Jahren ist die Raubtier-Beute-Beziehung im Bowtal auf dem niedrigsten Stand angekommen und eine Besserung ist nicht in Sicht. Wir dürfen gespannt sein, ob sich das Reproduktionsverhalten der Wölfe (durch kleinere Würfe) und der Beutetiere (erhöhte Anzahl von Kälbern) momentanen Gegebenheiten anpasst.

Gibt es unter Wölfen Gefühle wie Treue oder Trauer?

Namhafte Ethologen, Zoologen und Biologen aus dem In- und Ausland haben in den letzten Jahrzehnten mannigfaltige Studien an Gehegetieren durchgeführt. Man erstellte sowohl Ethogramme als auch Soziogramme und beschrieb somit unter anderem die jeweilige Sozialstruktur und das Beziehungsgeflecht eines Rudels sehr anschaulich. Diese elementaren Studien waren, und sind es auch heute noch, unverzichtbar, weil sich die moderne Verhaltensforschung schließlich ständig weiter entwickelt.

Erste außergewöhnliche Dokumentationen kanadischer bzw. US-amerikanischer Biologen (besonders von Dr. Eric Grace und Dr. David Mech) über die Verhaltensanpassungen der weißen Wölfe (Canis lupus arctos) von Ellesmere Island verblüfften die Fachwelt. Von nun an stellte man starre hierarchische Hackordnungen, die generelle Scheuheit des Wolfes vor der menschlichen Art und auch die pauschale Führung eines Wolfsrudels durch Alphatiere in Frage. Ja, man konnte sogar mitunter viele festgefahrene Thesen widerlegen.

Es ist nun endlich auch im Freiland möglich, die unterschiedlich akzentuierten Sozialbindungen des Wolfes innerhalb eines Familienverbandes in freier Wildbahn zu beschreiben und dabei die Formung individueller Charaktere zu beachten. Daraus ergeben sich völlig neue Perspektiven. Die genaue Beobachtung unterschiedlicher Beziehungsgeflechte, also des sozialen Status' einzelner Tiere einer Gruppe, stellt schließlich wohl einen der Schlüssel in Richtung neuer Erkenntnisse dar. Wer wusste zum Beispiel bis vor kurzem etwas über »Familienkulturen« oder »Rudeltraditionen«, die primär durch intensives Beobachtungslernen der juvenilen Wölfe entstehen. Wir wussten allenfalls, dass Wölfe hoch soziale und territoriale Raubtiere sind und sich ihre Verhaltensmuster naturgemäß nach jeweiligen biologischen und ökologischen Umständen richten. Unter Feldforschern sagt man: »Habitat dictates behaviour«. (Der Lebensraum diktiert das Verhalten)

Alle Lebewesen formen aufgrund unterschiedlicher Landschaftsformen und Lebensräume auch Verhaltensbesonderheiten, die schließlich ihrer optimal angepassten Lebensform dienen. Verhalten ist demnach eine permanente Anpassungsstrategie an Zeit und Raum, die einige Lebewesen wesentlich besser bewerkstelligen als andere. Für unser Verständnis von Verhalten sind Zeit und Raum die entscheidenden Faktoren, die es zu berücksichtigen gilt.

Für die Feldforschung gilt deshalb in der Konsequenz: Je besser wir unser jeweiliges Studiengebiet kennen, desto präziser gestaltet sich die Verhaltensbeschreibung des Forschungsobjektes. Neben den schon mehrfach angesprochenen Verhaltensbeobachtungen des Biologen David Mech verblüffen neuerlich die bemerkenswerten Berichte von Dr. Douglas Smith (Yellowstone Nationalpark). Wegen günstiger Landschaftsformen (das im Nordteil des Parks gelegene Lamartal ist kaum bewaldet) sind Doug Smith und seine Feldforschungsassistenten mit dem Glück gesegnet, »ihre« Wölfe vor allem im Winter über einen kontinuierlichen Zeitraum von 100 Tagen (und mehr) zu observieren. Die Feldforscher berichten in der Folge ständig über revolutionäre Erkenntnisse. Die Ausnahme von der Regel wird beinahe schon zur normalen Tagesordnung. Auch unsere eigene, in diesem Buch ausführlich geschilderte Arbeit an mehreren Wolfsfamilien wird zunehmend von gewissen »Aha-Effekten« begleitet, erweitert permanent unseren Erfahrungsschatz und beantwortet erst nach und nach einige der offenen Fragen.

Eine sehr umstrittene, weil unter wissenschaftlichen Gesichtspunkten kaum messbare Frage ist, ob Wölfe, oder letztlich in Gruppen lebende Tiere generell, auch in einer Gefühlswelt leben und deshalb Treue, Trauer, Freude oder aber ein Gefühl für Verantwortung entwickeln können. Da wir Autoren keinen wissenschaftlichen Anspruch erheben, wagen wir es in diesem Kapitel völlig unbekümmert, uns »ein wenig aus dem Fenster« zu lehnen.

Bevor wir diese Frage erörtern, wollen wir unser Augenmerk zunächst auf einige grundsätzliche Fakten richten: Nicht erst seit heute wissen wir, dass zwischen einzelnen Individuen einer Wolfsfamilie sehr unterschiedlich ausgeprägte, aber auch exklusive Sozialbindungen existieren. Soziale Beziehungen sind existentieller Bestandteil einer Familienstruktur. Nach herkömmlicher Vorstellung gibt es eine geschlechtsgebundene Sozialrangordnung, wobei im Beziehungsgeflecht der Tiere natürlich auch Querverbindungen bestehen können. Juvenile Wölfe integrieren sich erst frühestens ab dem sechsten Lebensmonat in das Rangordnungsgefüge der Gruppe. Wie wir schon erfahren haben, befriedigen Wölfe nicht nur regelmäßig ihr Bedürfnis nach Sozialkontakten, sondern kooperieren bei der gemeinsamen Jagd und verfolgen dabei äußerst unterschiedliche Strategien. Jungwölfe finden ihren Platz in der Jagdgemeinschaft hauptsächlich durch Beobachtungslernen. Sie müssen noch sehr viel lernen und nehmen erst ab einem Alter von ca. 11 - 12 Monaten aktiv am Erlegen von Beutetieren teil. So weit, so gut.

Beschäftigen wir uns aber jetzt mit der Frage, ob innerhalb eines hoch komplexen Beziehungsgeflechts regelrechte Freundschaften zwischen einzelnen Tieren entstehen können, die weit über ein Verständnis normaler sozialer Beziehungen hinausgehen. Wie wollen wir eine solche Frage untersuchen? Wollen wir anhand der Intensität sozialer Kontakte und Bindungen »messen«, wie oft sich zwei Tiere belecken, gegenseitig Pflegemaßnahmen durchführen, sich ins Fell stupsen, Nasen- und Schnauzenkontakte herstellen oder im Kontakt zueinander liegen? Viele Menschen würden daraufhin argumentieren, dass Wölfe soziale Tiere sind und deshalb nun einmal Beziehungen untereinander pflegen müssen. Können wir aber so weit gehen, sehr enge Sozialbeziehungen unter ganz speziellen Tieren als »liebevoll« zu bezeichnen? Oder drückt ein untergeordneter Wolf einfach nur seine Bewunderung für ein dominantes Tier aus?

Nicht nur unserer Meinung nach erkennen wir im interaktiven Bereich neben Sympathien auch Antipathien, die bis hin zum Mobbing, also dem kollektiven Angriff auf ein stark unterdrücktes Tier, zum Ausdruck kommen. Je nach Familienstruktur, Jahreszeit, Lebensraum und persönlichen Erfahrungen beobachten wir eine tendenzielle Zunahme beziehungsweise Abnahme von Toleranz und/oder Aggressivität. Gerade im Streitfall sehen wir auch einen Verbund einzelner Tiere oder Gruppen, die zusammenhalten und sich aufeinander verlassen. Jungwölfe treten oft geschlossen auf, um gegebenenfalls sozial expandieren zu können. Die genaue Beobachtung der Rituale und »Seilschaften« in einem Rudel gibt unter anderem Auskunft über soziale Expansionsmöglichkeiten, die Rivalität um das Interesse und die Aufmerksamkeit eines (oder mehrerer) Sozial- beziehungsweise Bindungspartner. Die erfahrenen und zumeist stark aneinander gebundenen Tiere bestimmen im Normalfall den Handlungsrahmen der Gruppe, unterliegen genauer Beobachtung der noch Unerfahrenen und werden deshalb schließlich als Entscheidungsträger akzeptiert. Dies umso mehr, da besonders die selbstbewusste Körpersprache ranghoher Tiere deren hohen Status deutlich demonstriert und ihre Körperhaltung und Bewegungen Ausdruck von Selbstsicherheit und Führungsstärke vermitteln. Wölfe unterscheiden sich aber auch sehr deutlich in Bezug auf individuelles Temperament, Freundlichkeit - im Sinne jeweils geduldeter Toleranzgrenzen - oder hinsichtlich ihres Aggressionsverhaltens. Ihr Handeln richtet sich entscheidend nach verwandtschaftlichen Beziehungen, der jeweiligen Altersstruktur eines Rudels, dessen Geschlechterverteilung, dem Ernährungszustand und natürlich nach den Umwelteinflüssen.

All diese Grundsätzlichkeiten wollten wir nochmals in Erinnerung rufen, bevor wir zumindest versuchen, uns der vermuteten Gefühlswelt von Wölfen zu nähern. Diese Gefühlswelt ist unserer Meinung nach absolut existent.

Schauen wir uns jetzt einige Thesen an, die wir im Verlauf unserer Feldstudien aufgestellt haben. Mögen unsere Vorstellungen die ganze Sache noch komplizieren und die ohnehin schon verwirrende Vielfalt der sozialen Beziehungen unter Wölfen nur um einige spekulative Argumente erweitern, erlauben wir uns aber trotzdem zu behaupten, dass man diese Tiere aufgrund unserer Thesen vielleicht ein wenig besser zu verstehen lernt. Uns sind vordergründig insgesamt noch fünf Ereignisse im Gedächtnis, welche unsere Hypothese, nach welcher Wölfe Treue, Trauer, Verantwortung, Zusammengehörigkeit und Freude fühlen können, untermauern sollen. Wie sich solche, ohne Zweifel sozial motivierten Gefühle auf das Verhalten der Wölfe auswirken, meinen wir anhand konkreter Beispiele aus dem Sommer 1991, dem Winter 2000/2001, dem Sommer 2001 und dem Winter 2001/2002 wenigstens in Grundzügen beobachtet zu haben.

Beispiel 1, Sommer 1991:
Der kanadische Biologe Dr. Paul Paquet, Vater erster wissenschaftlicher Wolfsforschungen in den kanadischen Rocky Mountains, berichtete damals ziemlich skeptisch, dass er den drei ungefähr zwei Wochen alten Wolfswelpen, deren Mutter Dusk durch einen Autounfall getötet wurde, kaum eine Chance zum Überleben einräumte. Die Welpen hatten in einem sehr kritischen Alter ihre Mutter verloren und liefen verstört um den Höhleneingang herum. Die einzig ältere Wölfin, sehr wahrscheinlich eine Schwester oder direkte Tochter von Dusk, hatte die Familie schon mehrere Wochen vor dem Unfallgeschehen verlassen. Doch plötzlich, für die Feldforscher völlig unerwartet, kehrte Diane zwei Tage nach dem tragischen Ereignis zum Höhlenstandort zurück, produzierte sogar Milch und zog die drei Welpen fürsorglich und vor allem erfolgreich auf. Die sechs Jahre alte Diane hielt nicht nur die Stellung als Ersatzmutter, sondern avancierte in diesem Sommer zur Leitwölfin der Gruppe. Erstaunen machte sich breit. Bestanden zwischen Diane und den übrigen Wölfen etwa doch noch starke Sozialbindungen, obwohl das Forschungsteam eigentlich von einer permanenten Trennung ausgegangen war? War Diane vielleicht doch noch Bestandteil der Familie und handelte im speziellen Fall einfach nur opportunistisch, um den vakant gewordenen sozialen Rang der Leitwölfin zu besetzen? Wie hatte Diane trotz wochenlanger Abwesenheit überhaupt gemerkt, dass die leibliche Mutter der Welpen kurz zuvor auf der Autobahn verstarb?

Damals durchgeführte Verhaltensbeobachtungen ergaben, dass man das ungefähre Alter der drei anderen weiblichen Mitglieder dieser Wolfsfamilie deutlich jünger einstufte. Man schätzte das Alter der Jungwölfe auf ein bis zwei Jahre. Man wusste aber auch, dass sich Diane gegenüber diesen weiblichen Tieren im Gegensatz zum totalitären Auftreten der ehemaligen Leitwölfin eher tolerant und freundlich gestimmt verhielt. Erbrachten die Biologen im Falle Diane nun einen ersten Hinweis für Verantwortungsgefühl?

Da sich kontinuierlich durchgeführte Verhaltensbeobachtungen, die weiteren Aufschluss über das Beziehungsgeflecht und die sozialen Bindungen zwischen den einzelnen Tieren hätten geben können damals noch schwierig gestalteten, blieben viele Fragen offen.

Unabhängig davon, ob Diane einem instinktiven Verhalten nachkam die drei Welpen aufzuziehen oder die Verantwortung für die prekäre Lage der Familie »fühlte«, blieben Zweifel angesichts der Motivation zu solch merkwürdigem Verhalten. Diane war während des Unfalls von Dusk definitiv weit entfernt und konnte nicht wissen, ob die meistens ziemlich diktatorische Dusk jeden Moment zurückkehren würde. Trotzdem produzierte sie

Milch und nahm sich der verwaisten Welpen an. Alles nur Zufall?

Die damals bekannte Familienstruktur des Spraytal Rudels stellte sich nach den Aussagen der Feldforscher folgendermaßen dar:

Der kompakte, graubraune, ca. sieben Jahre alte Leitrüde dominierte in der Summe aller beobachteten einzelnen Zweierbeziehungen den schlanken, schwarzen, etwa dreijährigen Betarüden. Dieser zeigte sich wiederum dominant gegenüber einem ebenfalls schlanken, schwarzgrauen, ca. zweijährigen Rüden.

Die hochbeinige, schwarzgraue und ca. sechs bis sieben Jahre alte Leitwölfin Dusk dominierte die dunkelgraue, ca. sechsjährige Diane vor deren Abwanderung aus dem Familienverband. Außerdem dominierte Dusk alle anderen drei juvenilen Weibchen. Diane dominierte nach ihrer Rückkehr, soweit bekannt, kein anderes Weibchen der Gruppe, sondern verhielt sich eher tolerant, beziehungsweise manchmal ignorant. Die Gesamteignung von Diane, aufgrund ihres Alters und der verwandtschaftlichen Beziehungen zu den übrigen Wölfen einen individuellen Beitrag zur Erhaltung der Familie zu leisten, war hoch.

Beispiel 2, Sommer 2001:

Wir erinnern uns der Vorgeschichte: Wie bei hoch entwickelten Soziallebewesen üblich, versorgten auch Storm und Aster ihre beiden Welpen im Sommer und Herbst 2000 vorbildlich. Wolfswelpen sind nicht einfach nur eine lange Zeit von elterlicher Fürsorge abhängig, sondern lernen über Monate hinweg neben der Integration in das hoch flexible System einer sozialen Gemeinschaft natürlich auch die Bedingungen und Notwendigkeiten einer kooperativen Jagd kennen. Schon im Alter von ungefähr zehn Monaten präsentierte sich Nisha bei der Jagd biologisch stimmig und war tatsächlich in der Lage, Beutetiere nicht nur planlos zu verfolgen, sondern im gemeinsamen Verbund mit ihren Eltern auch zu erlegen. Anhand klarer Kommunikationssignale war festzustellen, dass sich das enge Zusammengehörigkeitsgefühl zwischen Vater und Tochter im Sommer weiter vertiefte. Auch die über mehrere Monate gewachsene »emotionale« Bindung zwischen Aster und Yukon sprach Bände. Diese Bindung kam auch durch häufig aufgezeigtes Kontaktliegen während gemeinsamer Ruhepausen zum Ausdruck. Aster bestand gegenüber Yukon nicht auf Einhaltung einer Individualdistanz, sondern ließ sich während des Kontaktliegens sogar von Yukon belecken und erwiderte Schnauzenkontakte und leichtes Fellstupsen.

An einem sehr kühlen Junimorgen geschah dann jener Unfall, den wir schon geschildert haben. Yukon's Tod schien uns sicher, zumal er nach der Kollision mit dem Unfallfahrzeug über eine Zeitspanne von zwei Minuten völlig regungslos am Boden lag. Damals standen wir vor der Frage, wie sich die anderen Familienmitglieder gegenüber Yukon verhalten würden. Würden sie aufgrund emotionaler Bindungen Zusammengehörigkeitsgefühl demonstrieren? Wie wir wissen, blieb Aster wochenlang bei ihrem verletzten Sohn. Vater und Tochter versorgten die beiden Wölfe aufopfernd. Warum war Aster die ganze Zeit bei Yukon geblieben, obwohl sie und Storm nachweislich mindestens seit dem Jahre 1995 ein Leitpaar bildeten und somit auch zwischen ihnen eine enge soziale Beziehung bestand? War der Mutterinstinkt stärker oder folgte Aster gegenüber Yukon einem Verantwortungsgefühl? Wusste sie, auf Erfahrungen begründet, dass sie sich auf Storm als Versorger der Familie »verlassen« konnte? Brach sie nicht mehr zur Jagd auf, weil der erfahrene Leitrüde sowohl ihr Überleben als auch das ihres Sohnes sichern würde? Unserer Meinung nach schauten wir im Juni 2001 auf ein Beispiel von Verantwortungsgefühl, wenn nicht gar von Treue.

Alle Skeptiker, welche die generelle Existenz von Gefühlen in der Tierwelt leugnen, bitten wir um eine rationale Erklärung. Erklärungsbedarf besteht nämlich......

Beispiel 3, Winter 2000:

Im November 2000 fanden Parkangestellte nach intensiver Spurensuche die bis auf 25 Kilogramm abgemagerte, ehemalige Leitwölfin des Cascade Rudels tot auf. Betty führte jene, in Glanzzeiten bis zu achtzehn Individuen umfassende Gruppe immerhin acht Jahre lang an. In diesem Zusammenhang berichteten wir schon ausführlich über das sehr enge soziale Verhältnis zwischen Betty und ihrem Reproduktionspartner Stoney. Beide Leittiere fielen durch ruhiges, ausgeglichenes und souveränes Verhalten gegenüber den anderen Familienmitgliedern auf. Bettys Charakter beschrieben wir einerseits als bestimmend, andererseits aber auch als äußerst tolerant. Sie traf letztlich alle wichtigen Entscheidungen. Im Sommer 2000 trennten sich Betty und Stoney von den übrigen Wölfen. Die beiden Alttiere blieben aber weiterhin zusammen. Ein Zusammengehörig-

Wölfe testen ihre Beute zunächst auf Verwundbarkeit an und brauchen im Schnitt acht bis zehn Versuche, um letztlich zum Erfolg zu kommen. Jungtiere haben jedoch oft Jagderfolg, wenn sie unvorsichtige Kleinbeute (Hasen, Erdhörchen etc.) aufgespürt haben. Hier: Nisha verfolgt einen Schneeschuhhasen.

keitsgefühl über die Aufrechterhaltung sozialer Kontakte zum Restrudel konnten wir zwar nicht nachweisen, ausschließen möchten wir eine solche Möglichkeit aber auch nicht. Fest stand nur, dass sich Betty und Stoney immer weiter in ihr ehemaliges Kernrevier zurückzogen. Im November fand man die nur noch aus Haut und Knochen bestehende Betty in unmittelbarer Nähe zu einem toten Hirschbullen. Ob sie sich bei einer Attacke auf diesen Hirsch lebensbedrohliche Verletzungen zuzog oder gar durch ihn getötet wurde, blieb im spekulativen Bereich. Nähere Untersuchungen im Labor ergaben, dass nicht nur ihr Immunsystem stark geschwächt war, sondern sie offensichtlich auch mehrere Rippenbrüche davon getragen hatte. Die meisten Brüche waren allerdings schon wieder verheilt. Wie auch immer, die ehemals souveräne Führerin des Cascade Rudels war tot und mit ihrem Ableben ging eine ganze Dynastie unter. Etwa vierzehn Tage später fand man auch Leitrüde Stoney tot auf. Er lag nur leicht verletzt zusammengerollt in einer Mulde, nur einige Kilometer von Bettys Todesort entfernt. Man verbrachte den »alten Herrn«, den wir zu Lebzeiten aufgrund seines ausgeglichenen Charakters »Sir Stoney« tauften, in das offizielle Labor der Nationalparkverwaltung. Eine ausführliche Untersuchung ergab keine nennenswerten Verletzungen. Im Gegensatz zu Betty war Stoney vor seinem Tod in einer sehr guten körperlichen Verfassung gewesen. Da die Untersuchungsergebnisse sogar Fettreserven und somit eine exzellente Kondition nachwiesen, blieb seine Todesursache rätselhaft. Woran war dieser kräftige Wolfsrüde letztlich gestorben? Nach einem ausführlichen Gespräch mit unserem wissenschaftlichen Projektleiter Dr. Paul Paquet erhielten wir eine verblüffend einfache Erklärung: »Broken heart« (Gebrochenes Herz).

Auch wenn es heute noch wissenschaftlich höchst umstritten ist, sozial lebenden Tieren generell Emotionen und Gefühle wie zum Beispiel Trauer zuzugestehen, scheute sich nicht einmal der verantwortliche Biologe, Begriffe wie Trauer oder Treue, Verantwortungsgefühl oder Zusammengehörigkeitsgefühl in den Mund zu nehmen. Nein, er argumentierte sogar, dass Stoney's gefühlsmäßige Verbundenheit zu Betty höchstwahrscheinlich zu dessen Tod führte. Eine wissenschaftlich messbare Erklärung war dies freilich nicht. Wie aber wollte man

Stoney's Tod erklären? Auch unserer Meinung nach wollte der allein zurückgebliebene alte Herr schlichtweg nicht mehr weiterleben, nachdem seine soziale Bindungspartnerin verstorben war, mit der er immerhin nachweislich über acht Jahre eng zusammenlebte und außerdem etliche Welpen aufgezogen hatte. War dieses Beispiel nun ein Nachweis für die Existenz eines Gefühlslebens unter Wölfen oder wieder alles nur Zufall?

Müssen wir jetzt damit beginnen, in völlig neuen Kategorien zu denken? Können wir hoch entwickelten Soziallebewesen überhaupt noch gefühlsmäßige Verbundenheit beziehungsweise emotionale Empfindung wie Liebe oder Treue absprechen?

Beispiel 4, Winter 2001/2002:

Die herkömmliche Meinung zum Tod eines Bindungspartners ist oft, dass das zurückgebliebene Tier sein weiteres Leben instinktiv wie gewohnt weitergestaltet, um in der Konsequenz die eigene Art zu erhalten. Dem stimmen wir uneingeschränkt zu, weil wir Menschen uns in vergleichbaren Situationen sicherlich genauso verhalten. Was aber fühlte Storm, nachdem seine langjährige Weggefährtin Aster gestorben war und er zu allem Übel nur knapp drei Monate später auf tragische Weise fast erneut eine Reproduktionspartnerin verloren hätte? Wir wissen es nicht. Bemerkenswert war, dass Storm tagelang »zerknirscht« wirkte, eine veränderte Gesichtsmimik zeigte, nach seiner Bindungspartnerin Ausschau hielt und sich an bestimmten Orten erheblich länger als üblich aufhielt.

Hope war damals sicherlich schwer verletzt und brauchte den Zusammenhalt der Familiengemeinschaft, um überhaupt eine Überlebenschance zu haben. Es ist allgemein bekannt, wie hoch das Zusammengehörigkeitsgefühl unter Elefanten ausgeprägt ist, weil diese Tiere nach dem Tod eines engen Verwandten regelmäßig zum Todesort zurückkehren, um die sterblichen Reste zu berühren. Einige Forscher wollen bei solchen Gelegenheiten auch Tränen in den Augen der zurückgebliebenen Elefanten beobachtet haben. Wenn diese Aussage zutreffend ist, beweist sie die Existenz eines tiefen Gefühls, das wir Menschen Trauer nennen. Was aber fühlen soziale Lebewesen wie Wölfe in einer gleichen Situation? Tränen konnten wir nach Aster's Tod in den Augen von Storm nicht ausmachen, aber eine vielsagende Körperhaltung. Storm wirkte nach dem Tod von Aster nicht nur irgendwie »geschockt«, sondern verhielt sich auffallend merkwürdig. Er schleppte sich lustlos durch die Gegend und stabilisierte seine Handlungsweisen erst wieder Tage nach dem Tod seiner Bindungspartnerin.

In diesem Zusammenhang ist die Frage nach »Gattentreue« älterer Tiere von Interesse, die ja angeblich generell nicht existiert. So schreibt zum Beispiel Erik Zimen zu diesem Thema: »Ebenso rückt die auf den ersten Blick unverständlich starke (und der Vorstellung über angebliche Gattentreue bei Wölfen widersprechende) Aggressivität des Alphaweibchens gegen den langsam schwächer werdenden langjährigen Partner in ein neues Licht. Für die erfolgreiche Aufzucht der eigenen Jungen ist ein starker Partner von Vorteil, und so wird der durch hohes Alter oder durch Verletzungen geschwächte Partner im Interesse der eigenen Fitness, des eigenen Fortpflanzungserfolges, vertrieben.« Gilt diese Aussage auch im umgekehrten Sinne? Abgesehen davon, dass Betty den alten und manchmal auch stark verletzten Stoney nie vertrieb, sondern sich mit ihm wieder paarte, kennen wir genügend Beispiele, bei denen die Reproduktionspartner über Jahre hinweg bis ins hohe Alter hinein zusammen blieben. Ob in diesen Fällen enge verwandtschaftliche Beziehungen vorherrschten, wissen wir nicht. Da in freier Wildbahn aber besonders auch Leittiere beiderlei Geschlechts den Flinten und Fallen ihrer Verfolger zum Opfer fallen, fehlt eine quantitative Beweislage, die Auskunft über die Existenz von Gattentreue geben könnte. Wir sagten bereits, dass die Vergesellschaftung von Gehegetieren wahrlich nicht als Maß aller Dinge gelten kann. Demnach bleibt weiterhin die Frage offen, ob ein jüngerer und fitter Leitrüde auch eine stark geschwächte und in die Jahre gekommene Leitwölfin verlässt oder gar vertreibt. Nach unserem Wissensstand können wir nur sagen, dass sich sowohl Storm als auch andere Rüden nicht entsprechend verhielten. Wobei wir wieder bei der Frage nach exklusiven Bindungen wären, deren Existenz naturgemäß von der Familiengröße, der Gruppenzusammensetzung und etlichen anderen Faktoren abhängig ist.

Beispiel 5, Winter 2001/2002:

Was empfindet ein Wolf, wenn er mehrfach hintereinander eine Anhöhe anvisiert und erklimmt, um sie anschließend auf dem Rücken herunterzurutschen? Prof. I. Eibl-Eibesfeldt beschrieb schon vor etlichen Jahren ein ähnliches Verhalten, das er bei einem Dachs beobachtete. Wie wollen wir argumentieren? Verspürte der Dachs einfach nur einen Juck-

*Wir sollten Tieren Emotionen zugestehen, ohne sie generell zu vermenschlichen. Wölfe sind deshalb weder reine Reproduktions- noch Killerautomaten, sondern hoch komplexe Säugetiere, die unterschiedliche Familienkulturen und Traditionen entwickeln.
Bild: Timberwolf Yukon.*

reiz und rutschte deshalb wiederholt eine Anhöhe hinab? Unsere Beobachtungen zeigten, dass Yukon ganz gezielt einen kleinen Hügel erklomm, um auf dem Rücken mit strampelnden Beinbewegungen hinunterzurutschen. Bemerkenswert war die Häufigkeit der Wiederholungen. Dieser Wolf zeigte kein einmaliges Verhalten, sondern war »Wiederholungstäter«. Auf die Frage, warum dies so war, fanden wir keine andere Erklärung, als einfach nur festzustellen, dass Yukon offensichtlich in der dementsprechenden Situation einen Riesenspaß entwickelte und dabei »Freude« empfand. Natürlich wollten wir wissen, ob Yukon ein solches Verhalten an anderen Stelle wiederholte. Es zeigte sich, dass er dies tat. Von wie viel Juckreiz muss ein Wolf, besonders im Win-

ter ohne das massive Vorkommen von Parasiten, geplagt sein, um sich wie beschrieben regelmäßig zu verhalten? Wir meinen, den Ausdruck von Freude unter anderem in seiner Gesichtsmimik erkannt zu haben. Yukon war und ist ein lebensfroher Wolf, dessen Gefühlswelt für den interessierten Beobachter ganz klar zum Ausdruck kommt.

Anderes Beispiel gefällig? Yukon »kickt« Softdrinkdosen wie eine Art Hockeyspieler regelmäßig vor sich her, um sie anschließend zu »erbeuten«. Diese Verhaltensweise zeigt er immer und immer wieder. Es bereitet ihm selbst noch als erwachsener Wolf sichtlich Spaß, Clownereien nachzugehen, die seinen Lebensinhalt offensichtlich bereichern. Wie wollen wir seine Handlungsweisen anders erklären, als dass dieser Wolf einfach nur Freude empfindet? Wollen wir von instinktivem Beutefangverhalten ausgehen? Yukon ist aber mittlerweile ein erfahrener Jäger, der keine Motorik zum Fangen von Beute verbessern muss. Vor allem bleibt die Frage offen, warum er als ausgewachsenes Tier wiederholt so handelt. Vielleicht ist Yukon's Clownhaftigkeit nur eine Strategie, um das unkomplizierte Verhältnis zu seinem Vater weiterhin aufrecht erhalten zu können.

Aufgrund der beschriebenen Ereignisse steht unserer Meinung nach die Frage zur Disposition, ob man sozial lebenden Tieren weiterhin generell jegliches Gefühl absprechen kann. Wenn auch weiterhin umstritten, so sind heutzutage viele Forscher durchaus der Ansicht, dass auch Tiere in einer Gefühlswelt leben. Sie argumentieren, dass nur Gefühle bestimmte Verhaltensweisen motivieren können, die für einen Kampf um das reine Überleben nicht notwendig sind. Natürlich liegt die Crux darin begraben, dass man weder die gefühlsmäßige Verbundenheit zwischen bestimmten Tieren, noch Spaß an der eigenen Freude nach wissenschaftlichen Regeln eindeutig messen kann. Demzufolge gibt es keine Messergebnisse.

Bei aller Skepsis muss man sich unserer Meinung nach aber vergegenwärtigen, dass tierisches Verhalten ein äußerst komplexes Phänomen darstellt und wir weit davon entfernt sind, alle Motivationen und Feinheiten zu verstehen. Nochmals stellen wir die Frage: Warum starb der offensichtlich gesunde Stoney nur zwei Wochen nach dem Tod seiner sozialen Bindungspartnerin?

In der Forschung ist man sicherlich zunächst gut beraten, ein Verhalten zu beschreiben und dabei möglichst nicht zu versuchen, die ihm zugrunde liegenden Gefühle zu verstehen. Andererseits argumentieren heute selbst namhafte Wissenschaftler, wie zum Beispiel die bekannte Primatenforscherin Jane Goodall, Gefühle bei Tieren beobachtet zu haben, die nicht einfach über Begriffe wie Trieb oder Motivation zu definieren waren.

Wir Menschen sprechen bei Begriffen wie Freude, Liebe oder auch Trauer von höheren Gefühlen, die wir anderen Wirbel- und Säugetieren pauschal absprechen. Begriffsbestimmungen wie Treue oder Redlichkeit leiten wir aus unserer Ethik ab. Wie aber wollen wir ein bestimmtes Verhalten definieren, das keinem Überlebensvorteil dient? Wölfe verfügen über eine hoch komplexe soziale Intelligenz und dürfen unserer Meinung nach deshalb keinesfalls zum »Raubtierautomaten« abgestempelt werden.

Natürlich agieren sie innerhalb eines Verhaltensrahmens und unterliegen auch einem Diktat biologischer Grenzen. Sie müssen sich über eine ausgefeilte Kommunikation in die Struktur einer sozialen Gruppe einfügen. Trotzdem wird es hoch interessant sein, über weitere, systematisch durchgeführte Verhaltensbeobachtungen zu dokumentieren, wie exklusive Bindungen zwischen einzelnen Wolfsindividuen entstehen und sich weiter entwickeln. Nur so könnte das Aufstellen von Theorien über Emotionen gefördert und letzen Endes vielleicht sogar das Vorhandensein quantitativ dokumentiert werden.

Fakt ist: Wir Menschen können sicherlich von den hoch sozialen Wölfen viel lernen, unabhängig davon, ob wir ihnen die Existenz höherer Gefühle zugestehen oder nicht. Meine Frau Karin und ich bleiben jedenfalls Yukon-Fans, weil dieser außergewöhnliche Wolf garantiert noch einige Überraschungen bereithalten wird, die uns Beobachter einfach nur staunen lassen. Die Diskussion geht weiter ..

Abschließend sollten wir unser Augenmerk auch auf die Gefühlswelt unserer ebenfalls über Mimik und Gestik kommunizierende Haushunde richten. Auch der an den Sozialpartner Mensch und dessen Lebensbedingungen bestens angepasste »domestizierte Wolf« Hund zeigt nicht nur eine generelle Fähigkeit, sich einerseits an einen Sozialpartner zu binden und andererseits Beute zu verfolgen, sondern offensichtlich auch exklusive Bindungsbereitschaft. Viele Beispiele zeigen, dass Haushunde auf den Tod eines Artgenossen oder eines bestimmten Menschen mitunter extrem feinfühlig reagieren können.

Uns Menschen fehlt einfach das Wissen, ob Canidae (Hundeartige) nun tatsächlich höheren Gefühlen folgen oder nicht. Seit Jahren drehen wir uns argumentativ im Kreis. Vielleicht sollten wir zukünftig einfach nur etwas vorsichtiger sein, aus einem absoluten - und unserer Meinung nach ziemlich arroganten Standpunkt heraus - zu diskutieren. Nicht mehr und nicht weniger wollten wir in diesem Kapitel ausdrücken.

DER EINFLUSS DER WOLFSFORSCHUNG AUF DIE MODERNE AUSBILDUNG UND HALTUNG VON FAMILIENBEGLEITHUNDEN

Ein grober Vergleich von Wolf und Hund

Bereits die wissenschaftlichen Bezeichnungen machen es deutlich: Zwischen Canis lupus (Wolf) und Canis lupus f. familiaris (Hund) besteht eine sehr enge verwandtschaftliche Beziehung. Wolf und Hund sind gemäß genetischem Code (DNA) sogar noch enger miteinander verwandt als Wolf und Kojote. Dennoch wäre es ein Fehler, unsere Hunde als primitive Wolfsform anzusehen oder Wölfe als die besseren Hunde zu beschreiben. Wölfe leben in freier Wildbahn, während Hunde sich im Lebensraum des Menschen »eingenistet« haben. Das Verhaltensrepertoire der beiden Arten birgt neben vielen Gemeinsamkeiten auch einige nicht unwesentliche Unterschiede, die wir in diesem Kapitel näher beschreiben wollen.

Wolfsverhalten muss selbstverständlich im Kontext eines Anpassungsprozesses an jeweilige Umweltbedingungen verstanden werden, aber auch die Individualentwicklung der Hunde wird entscheidend von verhaltensökologischen Umständen geprägt.

Obwohl sich die Art Hund domestikationsbedingt im Laufe der Jahrtausende genetisch ausgeprägt verändert hat, das Erscheinungsbild in Größe, Aussehen und Verhalten stark variiert, ist sie in vielen Bereichen doch recht »wölfisch« geblieben. »Zehntausende Generationen getrennter Existenz zwischen Wolf und Hund haben beim Haustier Hund nicht zum Bruch mit seiner wilden Verwandtschaft ausgereicht. Eine neue Art hat der Mensch trotz aller Manipulationen mit dem Hund noch nicht gezüchtet«, schrieb Erik Zimen in einem 1997 veröffentlichten Artikel. Es fällt schwer, hinter dem Gesicht eines Mopses, eines Chihuahua oder einer Bulldogge direkte Parallelen zum Wolf zu erkennen. Viele Besitzer eines Deutschen Schäferhundes akzeptieren nur widerwillig, dass zum Beispiel Pudel oder Dackel genauso wolfsverwandt sind wie ihre Hunderasse, die vom Erscheinungsbild her doch so offensichtlich typisch Wolf ist. Abgesehen davon, dass wir noch nie einen nach hinten schräg abfallenden Wolf gesehen haben, ist die optische Kommunikation unserer Haushunde untereinander, im Gegensatz zu der des Wolfes, stark vergröbert. Lautgebungen werden dafür jedoch viel stärker vorgetragen.

Den Argumentationen einiger Hundetrainer zufolge sollen im Hund generell noch 70 bis 80% wölfisches Repertoire vorhanden sein. Eine solche pauschale Betrachtung wird jedoch der unglaublichen Vielfalt unserer Hunde nicht gerecht, hinterfragt keine Funktionskreiszuordnung und reflektiert den Einfluss des Menschen nur in ungenügender Form.

Viele Hunde zeigen zum Beispiel im Vergleich zum Wolf stark vergröberte Ausdrucksformen, was eigentlich bei so unterschiedlichen Erscheinungsbildern dieses Caniden nicht weiter verwundert. Während alle Wölfe besonders der optischen Kommunikation außerordentlich differenzierte Beachtung schenken, also detaillierte Signalgebungen deuten und umsetzen können, hat gerade der Mensch durch züchterische Manipulation dazu beigetragen, dass manche Hunde aufgrund massiver Ausdruckseinschränkungen nicht selten Schwierigkeiten haben, Signale zuzuordnen.

Die bekannte Ethologin Dorit Feddersen-Petersen sagt zu diesem Thema: »Bei besonders kurznasigen Möpsen ist zu beobachten, dass das canidentypische Über-den-Fang-Beißen als Dominanzgeste nach erfolglosen Versuchen des ranghöheren Hundes vor dem fehlenden Fang des Unterlegenen als Intentionsbewegung ausgeführt wird, woraufhin selten reagiert wird.« Dagegen betont der Hund Lautgebungen, welche domestikationsbedingt im Vergleich zum Wolf wesentlich nuancierter vorgetragen werden. Durch kupierte Ruten und/oder Ohren, aber auch durch völlig behaarte Gesichtspartien (zum

Beispiel Puli, Bobtail oder Komondor) vieler Ausdrucksformen beraubt, schenken nicht wenige Hunde dem Bellverhalten stärkere Beachtung. Hunde verfügen über unterschiedlichste Bellsignalgebungen, und diese können vom geschulten Hundehalter durchaus konkreten Aggressionen beziehungsweise Defensivverhaltensweisen zugeordnet werden. Einige Hunde zeigen mitunter wölfisches Heulverhalten, etwa bei Trennungsangst oder der akustischen Aufnahme bestimmter Geräuschsignale (Polizei- und Krankenwagensirenen, Klingeln, Eisenbahnhupen usw.). Daneben ist für Wolf und Hund die Geruchswelt und somit die Kommunikation im chemischen Bereich ein nicht zu unterschätzender Informationsträger.

Nordische Hundetypen zeigen nicht nur im Ausdrucksbereich, dass sie manchmal ähnlich dem Wolf Jägernaturen geblieben sind. Im hohen Norden müssen sie insbesondere mit Beginn der Dämmerung kontrolliert werden, will man keine Jagdausflüge provozieren. Durch selektive Zucht und Sozialisation, aber auch durch konsequente Ausbildung beeinflusst, zeigt der Hund im Vergleich zum Wolf unterschiedliche Anordnungen beziehungsweise Überbetonungen von bestimmten Verhaltensmustern. Der zielgerichtete und zweckorientierte Jäger Wolf handelt bei der Beuteverfolgung und Tötung von Beutetieren koordiniert, biologisch stimmig, Gefahren einschätzend und vor allem Energie geschickt einteilend. Erwachsene, geschlechtsreife Wölfe folgen festen Beuteschemen, jagen absolut lautlos, hetzen im Hinblick auf eventuelle Erfolglosigkeit nur kurz und testen gezielt Beutetiere mit erkennbaren Zeichen von Schwäche. Die Jagdstrategien der Wölfe variieren je nach Umweltbedingungen, Jahreszeit, Struktur des Rudels, quantitativem Beutetierangebot und Präsenz des Menschen. Das Überleben der Sozialgruppe ist nur gesichert, wenn regelmäßig Nahrungsressourcen erschlossen werden.

Und unsere Hunde? Die meisten von ihnen sind wohl kaum auf die Erschließung von Nahrungsressourcen angewiesen, wenngleich besonders Müllhalden und Abfallgruben in mediterranen Ländern Tausende Hunde ernähren. Indes zeigt das Jagdverhalten vieler Hunde keine biologische Stimmigkeit: Die meisten Hunde haben kein festes Beuteschema und jagen deshalb nicht selten alles,

Im Gegensatz zum Wolf verfolgt der Hund Beute oft spaßeshalber und ist nicht besonders erfolgsorientiert. Die Hetzphase kann langandauernd vorgetragen werden, weil der Hund ständig »Energie« vom Menschen bereitgestellt gekommt.

was sich bewegt. Sie hetzen oft spaßeshalber, ausdauernd, energieraubend und laut bellend. Wer aber seine potenzielle Beute durch Lautgebungen über den eigenen Aufenthaltsort und die Distanz informiert, kann kein erfolgreicher Jäger sein. Außerdem: Kein erwachsener Wolf dieser Welt käme auf die Idee, mehr als einmal diversen Vogelarten oder anderer Misserfolg versprechender Beute nachzujagen. Unsere Hunde dagegen können es sich leisten, wertvolle Energie zu verschwenden und jagdlich eine »Extrarunde« einzuplanen. Der Mensch stellt die benötigte Energie jederzeit (und dies meist zu reichlich) bereit. Auch wenn einige Hunde auf der Jagd strategisch vorgehen, sind die meisten doch von zielgerichteter Koordination sehr weit entfernt. Damit hier keine Missverständnisse aufkommen: Hunde jagen, aber Wölfe gehen auf die Jagd!!

Die schon angesprochene Anordnung von Verhaltensmustern (motor patterns) und somit die Spezialisierung des Hundes durch züchterische Manipulation nochmals aufgreifend, beobachten wir im Jagdbereich zum Beispiel den an der Beute vorstehenden Pointer, den Beute stellenden und verbellenden Laika, den Beute apportierenden Retriever, den spurenverfolgenden Schweißhund u.a. Hätten alle Hunde die gleichen Fähigkeiten, könnte ein Herdenschutzhund Schafe zusammentreiben, ein Apportierhund eigenständig Nutzviehherden bewachen und der Molossertyp bei der Jagd zum Vorstehen an der Beute eingesetzt werden. Dem ist aber nicht so, weil wir auf rassebestimmende Verhaltensbesonderheiten schauen. Hinzu kommt, dass insbesondere jagdlich unerfahrene Hunde oft nicht Ernst und Spaß unterscheiden können. Die typische Vermischung von Funktionskreisen (Spiel-/Jagdverhalten) ist Auslöser für Angriffe auf Jogger, Radfahrer oder sonstige sich bewegende Ziele. Nicht selten zeigen gerade jagdunerfahrene Hundetypen Angriffe auf Kleinkinder, obwohl ihre Besitzer doch eigentlich von nicht ernst bezogenem »Spiel« ausgingen.

Zusammengefasst sind also gerade Halter inkonsequent trainierter Hunde schlecht beraten, wenn sie ihre Tiere unbeaufsichtigt mit kleinen Kindern alleine lassen oder ihnen ermöglichen, freilaufend im Park ihr Unwesen zu treiben. Ist ein Hundebesitzer mit mehreren Hunden unterwegs, so darf keinesfalls die canidentypische Meuteaggression unterschätzt werden, die sich kollektiv sehr schnell gegen alles richten kann, was Schwäche zeigt. »Mobbing« ist keine exklusive Erfindung des Menschen, sondern eben auch typisch für Caniden. Eine wichtige Erkenntnis, die den oft ge(miss)brauchten Spruch »Hunde machen alles unter sich aus« in einem differenzierten Licht erscheinen lassen sollte.

Wir möchten betonen, dass Menschen auch eine Gruppe Bernhardiner trainieren könnten, zum Beispiel einen Schlitten zu ziehen. Wir könnten auch mit viel Mühe einen Labrador trainieren, unser Haus zu bewachen. Die Frage ist nur, ob wir mit den Bernhardinern im direkten Vergleich zu einem Gespann mit Huskies Erfolgsaussichten hätten ein Rennen zu gewinnen. Fazit: Hunde können alles mögliche, aber eben unterschiedlich gut. Deshalb hat der Mensch auf spezielle, selektive Anordnungen von Verhaltensmustern hin gezüchtet und somit jene Vielfalt geschaffen, die wir unter Hunden heutzutage bewundern.

Wolf und Hund werden zwar als »Beutegreifer« geboren, sind jedoch zunächst als typische »Nesthocker« lange Zeit von ihren erwachsenen Verwandten abhängig. Die Entwicklung ist zunächst bei allen Hundeartigen gleich. Sie sehen nach der Geburt recht ähnlich aus, sind blind und taub. Sie suchen die Zitzen ihrer Mutter und zeigen reflexartiges Saugen. Für Wolfs- wie Hundewelpen ist typisch, dass sie zur gegenseitigen Wärmung Kontaktliegen aufzeigen. Da sie mit einem bestimmten genetischen Repertoire ausgestattet sind, formen sich innerhalb unterschiedlicher Entwicklungsstadien bestimmte umweltangepasste Verhaltensweisen: In einer Höhle oder Wurfkiste geboren, beginnt der Welpe den Kontakt zum Geburtsort ca. ab der 4. Woche etwas zu lockern. Der ganze Wurf verlässt nach und nach diesen Ort zunächst zeitlich begrenzt, erkundet die unmittelbare Umwelt, zeigt aber eine ausgeprägte Ortsbindung. Diese Ortsbindung beinhaltet ein Sicherheitsgefühl, wenn die Welpen von ihrer Mutter zeitweilig zurückgelassen werden. Wolfswelpen verschwinden bei ihnen nicht bekannten Geräuschen oder Bewegungsabläufen fluchtartig in der nahegelegenen Höhle.

Etwa nach der dritten Lebenswoche beobachten wir den ersten entscheidenden Unterschied in der Entwicklung von Wolf und Hund. Im Freiland geborene Wolfswelpen sozialisieren sich ausschließlich auf die eigene Art, während sich Hundewelpen auf die Art Hund, aber auch auf die Art Mensch sozialisieren. Nach gemachten positiven Erfahrungen mit dieser merkwürdigen, stets aufrecht gehenden Spezies formen sich nach und nach konkrete Verhaltensweisen. Wolfswelpen vergrößern mit Schärfung ihrer Sinnesorgane Fluchttendenzen gegenüber ihrem Feind Mensch, Hundewelpen minimieren die Fluchttendenzen gegenüber ihrem zukünftigen Sozialpartner Mensch. Das erste Entwicklungsstadium ist abgeschlossen. Wildlebende Wölfe reagieren gegenüber dem Menschen extrem scheu und meiden seine direkte Nähe, Hundewelpen laufen jedem Menschen enthusiastisch entgegen und suchen seine Nähe. Dabei kommt ihnen naturgemäß ein Jahrtausende alter Domestikationsprozess und die lange Tradition der Selektion durch den Menschen sehr zugute. Diese Selektion beinhaltete fast ausnahmslos das Ziel, ein umwelt- und sozialfreundliches Verhalten von Hunden zu fördern und sie außerdem zeitlebens in einem juvenilen Stadium der Dauerverspieltheit zu halten. Hunde sind im Vergleich zum erwachsenen Wolf ewig jugendlich. Bei der Betrachtung ihrer Entwicklung fällt auf, dass die »Schere« ab einem Alter von ca. sechs Monaten deutlich auseinander klafft: Wölfe entwickeln sich zum zielgerichteten Raubtier, Hunde bleiben die stets verspielten Sozialpartner des Menschen.

Da Wolfswelpen noch keine fertigen Jäger sind, sondern Jagdverhalten schrittweise erlernen müssen, üben und erproben Welpen unterschiedliche Teile des Jagdverhaltensrepertoires. Die endgültige Entwicklung der Gesamttechnik wird in Verbindung mit der Vorführung durch die erwachsenen Tiere während der ernsthaften Jagd auf Beutetiere erlernt (Nachahmungslernen!).

Auch Hundewelpen bedienen sich des gleichen Verhaltensrepertoires. Hierbei tritt der allseits bekannte »Nackenschüttler« in dieser Entwicklungsstufe spontan als Einzelsequenz aus dem Funktionskreis des Jagdverhaltens auf. Gegenüber erwachsenen Tieren genießen Wolfs- wie auch Hundewelpen im frühen Entwicklungsstadium relative Narrenfreiheit. Sie wissen noch nichts von Rangordnung. Der Wolfswelpe lernt nach und nach, Individualdistanz einzuhalten, indem er bei übertriebenem Verhalten und zu großer Hemmungslosigkeit durch Alttiere eine wichtige Lektion vermittelt bekommt. Die Missachtung einer bestimmten Gestik und Mimik bedeutet, mit Drohgebärden, Über-das-Maul-Beißen oder Auf-den-Boden-Drücken konfrontiert zu werden. Diese Lektion hinterlässt beim heranwachsenden Welpen eine tiefgreifende Wirkung, führt zur Respektierung des besonderen Status von erwachsenen Tieren sowie zu langandauernden Unterwürfigkeitsbekundungen.

Auch Hundewelpen sind enthusiastisch und kennen noch keine Rangordnung. Von ihrer Mutter lernen sie ebenfalls die Einhaltung von Individualdistanz, nachdem die Milchquelle langsam versiegt. Hundemütter verhalten sich ähnlich wie Altwölfe, zeigen Drohgebärden, knurren, packen die Welpen über Kopf oder Fang. Ein Aspekt sollte an dieser Stelle besondere Erwähnung finden: Weder Wolfs- noch Hundemütter disziplinieren ihren Nachwuchs über »Nackenschüttler«! Canidenmütter erbeuten weder ihre eigenen Welpen noch werden diese »zielgerichtet« erzogen. Zielgerichtete Erziehung würde in diesem Zusammenhang bedeuten, dass Alttiere ihren Nachwuchs bewusst in Gefahrensituationen bringen würden. Niemand wird (hoffentlich) ernsthaft dieser Ansicht sein!

Übernimmt der neue Hundehalter einen Welpen, so sollte dieser, erstmalig getrennt von Mutter und seinen Geschwistern, während der ersten Tage die neue Umgebung erkunden und wiederum Ortsbindung aufbauen dürfen. Nach Aufbau und Festigung dieser Ortsbindung und Kennenlernen des/der neuen Sozialpartner/s Mensch/en tritt der Hundewelpe erst schrittweise in eine Rangbeziehung zum Menschen ein und zeigt im Verlauf seiner weiteren Entwicklung konkrete Personenbindung. Die Bindungsbereitschaft nach Sozialisierung auf die Art Mensch erhält sich der Hund ein Leben lang, wäre dies nicht so, müsste jeder Tierheimhund zwangsläufig eingeschläfert werden.

Während des Jugendstadiums zeigen alle Hundeartigen das Heranpirschen und Springen auf anvisierte Ziele. Junge Wildcaniden lernen durch genaue Beobachtung ihrer erwachsenen Vorbilder zu jagen. Sie lernen, größere Beute zum Beispiel am Hinterlauf zu packen, festzuhalten, diese zu Fall zu bringen und schließlich zu töten. Sie lernen so zu überleben, wertvolle Energie gezielt einzuteilen, um später von den Erwachsenen unabhängig sein zu können.

Der jederzeit verspielte Junghund steht dagegen im Konflikt. Einerseits bindet er sich an seinen Sozialpartner, an seinen Menschen, andererseits bricht gerade jetzt das »wölfische« Erbe durch. Wird ihm zuviel Selbstständigkeit gestattet, beginnt er planlos umherzujagen. Nun hilft uns auch keine Selektion auf lebenslange Verspieltheit mehr weiter, der jugendliche Hund rennt allem hinterher, was sich bewegt. Gerade die Junghundphase muss deshalb seitens des Menschen präziser Beobachtung unterliegen, um später keinen Hang zum Streunen beklagen zu müssen. Streuner pflegen wir im Allgemeinen als »Canis lupus f. familiaris vagabundus« zu bezeichnen. Hier versagt der Mensch sehr oft, weil die sensible Phase der Sozialisierung laut Zimen »relativ lang, zeitlich nicht auf ein bestimmtes Alter strikt festgelegt, nicht irreversibel und auch nicht exklusiv, das heißt nicht nur auf eine Art beschränkt ist«. Gerade Besitzer mehrerer Hunde klagen oft ihr Leid: Der Junghund orientiert sich an den jagenden Alttieren, zeigt wenig Interesse am Hundehalter und folgt lieber seinen vierbeinigen Idolen. Es formen sich Verhaltensweisen, die später sehr schwierig zu korrigieren sind.

Der Hund sucht den Kontakt zum Sozialpartner Mensch. Dieser muss allerdings in geeigneter Form auf seinen Vierbeiner eingehen, um dessen Respekt und Interesse nicht zu verlieren.

Unterschiedliche Umweltbedingungen sind für die Entwicklung von Wolf wie Hund neben der Selektion durch den Menschen für das später gezeigte Verhalten entscheidend. Wild lebende Wolfswelpen lernen ihre Sozialgemeinschaft kennen, sozialisieren sich auf die eigene Art und vergrößern die Fluchttendenzen gegenüber dem Menschen. Sie wachsen nach und nach in die Rolle des Jägers, lernen traditionelle Jagdtechniken der jeweiligen Wolfsfamilie kennen. Selbstverständlich können Wolfswelpen, wenn von erwachsenen Tieren sehr frühzeitig getrennt, auf den Menschen geprägt werden. Dies gelingt aber nicht jedesmal, insbesondere dann nicht, wenn mehrere Welpen aufgezogen werden und so mitunter trotz regelmäßigen Kontaktes zum Menschen wieder Fluchttendenzen aufkommen. Hunde, wie etwa Tiere aus Massenzwingern, sozialisieren sich im Normalfall mit der eigenen Art (Hund), sind Menschen gegenüber jedoch oft sehr scheu und zeigen übersteigertes Fluchtverhalten. Andererseits wissen wir, dass selbst halb verwilderte Hunde je nach Umweltbedingung auch im Erwachsenenstadium noch an bestimmte Menschen gewöhnt werden können. Auch wenn Angst vor Menschen besteht, ist die Motivation des Hundes zur Kontaktaufnahme zum späteren Sozialpartner Mensch durch Jahrtausende alte Selektion tief verwurzelt. Hier besteht ein gravierender Unterschied zum Wolf. Die Sozialisierung auf den Menschen kann nur stattfinden, wenn der junge Welpe von seinen scheuen Artgenossen strikt getrennt, die Angst abgebaut und die frühe Sozialisierungsphase genutzt wird.

Wolfsrudel sind eine Sozialgemeinschaft, die mehr oder weniger permanent zusammenlebt. Die gemeinsame Jagd ist manchmal überlebensnotwendig. Die Sozialgemeinschaft des Hundes wird gebildet mit dem Sozialpartner Mensch. Der Hund entfernt sich bei vorausschauender Behandlung recht selten. Der Mensch muss allerdings auf ihn eingehen, um die Zuneigung des Hundes nicht zu verlieren. Bezüglich seiner Erziehung ist auf die Verhältnismäßigkeit der angewandten Mittel zu verweisen. Nicht jeder Hund ist gleich, so dass mancher eine strengere Einengung seiner Aktivitäten erfahren muss als ein anderer. Fest steht, dass der allzu stark geknechtete Hund durch völlig überzogene Maßnahmen nicht gerade bindungsbereiter wird. Andererseits wird der Halter des »antiautoritär« gehaltenen Hundes, dem alles gestattet wird, damit er Hund sein kann, recht bald keinen Einfluss auf sein Tier mehr haben und die Zuneigung des Hundes, vor allem der Respekt in Richtung Bezugsperson Mensch schwindet. Für den Hund ist es am wichtigsten, Mitglied einer Sozialgemeinschaft zu sein, nämlich unseres gemischten Rudels. Menschen sind zwar keine Hunde, aber für den Hund das nächstbeste Soziallebewesen. Werden wir Menschen diesem besonderen Vertrauen gerecht?

Statt unsere Hunde zu vermenschlichen und sie an die »emotionale« Kette zu legen, sollten wir zumindest versuchen, uns – so gut es geht – zu verhundlichen. Hunde verhundlichen uns ohnehin. Wolfsmischlinge (Hybriden) sind deshalb ein Rückschritt in der Domestikationsgeschichte, weil die Bindungsbereitschaft zum Menschen in ihrer totalen Form mangelhaft bleibt. Die vergleichende Verhaltensentwicklung von Wolf und Hund zeigt dies in aller Deutlichkeit. Menschen haben mit der Domestikation des Wolfes und mit der Selektion des Hundes eine gewaltige Kulturleistung erbracht. Rückschritte brauchen wir nicht. Belassen wir es dabei.

Einige Tipps für Hundetrainer und Besitzer von Familienbegleithunden

Wenden wir uns nun kurz dem Thema Hundeerziehung zu, deren praktische Umsetzung in Deutschland turnusmäßig tumultartige Diskussionen auslöst. In diesem Bereich ist so gut wie alles strittig. Sollte man einen Hund nun autoritär oder antiautoritär erziehen? Ist Clickertraining das Maß aller Dinge oder die Unterordnung mit dem Stachelhalsband? Welche Erziehungsmaßnahmen sind gerechtfertigt und welche erscheinen nicht angebracht? Müssen wir Menschen unseren Hunden jegliche Freiheit zugestehen oder sollen wir sie lieber einengen, sie generell unter Kommando halten? Darf sich ein

Hund im Hausstand frei bewegen oder sollte sein Bewegungsfreiraum ständiger Kontrolle unterliegen? Und schließlich: Welche Erkenntnisse aus der Wolfsforschung könnten Richtlinien für eine moderne Hundeerziehung sein, ohne dabei völlig den Bezug zur Realität zu verlieren?

Fragen über Fragen. Um es schon jetzt klar und deutlich zu sagen: Mensch-Hund-Beziehungen sind nach individuellen Maßstäben zu beurteilen und eine allseits gültige Methode, auf die wir bei eventuell aufkommenden Schwierigkeiten zurückgreifen könnten, gibt es nicht. Eine generell angewandte Erziehungsmethodik entbehrt nicht nur jeglicher Grundlage und Fantasie, sondern wird vor allem der Vielfalt unserer Hunde nicht gerecht. Wir haben uns schon so oft zu Hunderziehungsfragen geäußert, dass wir es in diesem Buch dabei belassen wollen, nur unsere neuen Erkenntnisse aus der Wolfsforschung zu diesem Thema einzubringen. Letztlich lasen wir im Internet auf eine Anfrage, wie man Wolfsverhalten in Bezug auf Hundeerziehung zu interpretieren habe, die unglaubliche Antwort einer so genannten Expertin: »Wer interessiert sich schon für Wölfe?«.

Wir behaupten, dass man die Komplexität von Hundeverhalten überhaupt nicht begreifen kann, wenn man nicht zumindest minimale grundsätzliche Kenntnisse über die Verhaltensweisen des nächsten Verwandten, des Wolfes, besitzt. Schließlich lernen wir durch die moderne Verhaltensforschung, dass Wolf und Hund unbedingt miteinander in Verbindung zu bringen sind. Laut Ray Coppinger »sehen wir den Wolf innerhalb des Hundeverhaltensrepertoires immer wieder reflektiert«.

Wie wir bereits im vorangegangenen Kapitel berichtet haben, sind Wolf und Hund soziale und territoriale Lebewesen, die enge Bindungsverhältnisse eingehen. Der Hund kann, auch das haben wir in diesem Buch dargestellt, nach entsprechender Sozialisation uns Menschen als Sozialpartner ansehen oder sich auf andere Lebewesen (Schafe, Ziegen, Rinder) sozialisieren und mit diesen einen Lebensverbund formen.

Uns soll hier aber die Mensch-Hund-Beziehung interessieren, denn beide Partner dieser Symbiose sind flexibel und anpassungsfähig, verfügen über vielfältige Kommunikationsmöglichkeiten und sind das Leben in einer sozialen Gemeinschaft normalerweise gewöhnt. Der Mensch stellte in der Vergangenheit eine verhaltensökologische Nische bereit, welche der sich domestikationsbedingt verwandelnde Wolf nun als neue Art (Hund) geschickt nutzte und seitdem aus unserem Leben nicht mehr wegzudenken ist. Hunde stellen mittlerweile ein Jahrtausende altes Kulturgut dar, auch wenn unsinnige »Hundeverordnungen« eine solche Tatsache nur äußerst unzureichend berücksichtigt. Neuerdings ist der moderne Haushund stark bedroht, weil er in letzter Zeit aufgrund des Egoismus' des Menschen vielerorts zum Popanz verkommen. Abgesehen vom äußeren Erscheinungsbild hat die Evolution über eine riesige Zeitspanne hinweg auch ganz bestimmte Verhaltensweisen und rassespezifische Charakteristika in unseren Hunden geformt, die wir als typisch für den Hund bezeichnen. Auch wenn viele Handlungsweisen von Wolf und Hund auf den ersten Blick fast identisch erscheinen, müssen wir in Bezug auf ihre Verhaltensbeurteilung dennoch deutlich zwischen den beiden Arten unterscheiden.

Wir wiederholen uns mit der Feststellung, dass der Mensch für den Hund alle überlebensnotwendigen Grundprinzipien (Reproduktion, Nahrung, Gefahrenvermeidung) abdeckt. Genau deshalb sind viele Menschen, die sich geradezu aufopfernd um ihre Vierbeiner kümmern, der Meinung, der Hund müsse uns »dankbar« sein. Und fürwahr, ein wenig Respekt könnte uns der Hund schon entgegenbringen. Was aber macht dieses undankbare Geschöpf? Es interessiert ihn nicht, denn es entspricht nicht der Natur des Hundes, Dankbarkeit zu entwickeln. Stattdessen verhält er sich opportunistisch und »nichtsnutzig«. In unseren modernen Zeiten scheint der Begriff Symbiose einer falschen Interpretation zu unterliegen, weil viele Menschen darunter eine völlig überzogene emotionale Abhängigkeit verstehen. Der Hund soll uns gefälligst »lieben«, denn das wäre doch wohl das Mindeste, was wir von ihm verlangen können. Schließlich kommt Zorn und Unverständnis auf, wenn unsere Liebe nicht erwidert wird. Der Mensch ist verzweifelt.

Hinsichtlich der Erziehung des Hundes helfen uns auch keine pauschalen Ratschläge weiter. Wir müssen schon unser Gehirn einsetzen, um hundliche Verhaltensstrategien zu verstehen. Die Strategien des Hundes sind selbst unter der Obhut des Menschen zweckgebunden und dienen, so hart die Wahrheit auch sein mag, der Etablierung oder der Expansion des eigenen Freiraums. Natürlich gibt es viele Hunde, die zeitlebens den Weg des geringsten Widerstandes gehen, niemals aggressiv gegenüber ihren Haltern auftreten und auch sonst wahre »Seelchen« bleiben. Aber da gibt es auch regelrechte

Der Mensch hat aus dem »Allrounder« Wolf durch selektive Bemühungen Spezialisten geformt, die einen vordefinierten Arbeitsbereich besonders gut abdecken können. Der »domestizierte« Wolf ist führbar und kontrollierbar geworden und der Mensch deckt alle biologischen Grundbedürfnisse des Hundes ab.

Furien, dreiste und unerschrockene Hunde, welche versuchen, zeit- und situationsbedingt unterschiedlich intensiv, möglichst viel Kontrolle über alle möglichen Ressourcen zu erhalten. Wobei wir beim Thema wären. Die Kontrolle von Ressourcen kann man unbedingt aus der Wolfsforschung auf unser tägliches Leben mit Hunden übertragen. Wölfe und Hunde entscheiden sich je nach Situation und Umstand sehr unterschiedlich, ob sie sich Dreistigkeiten, Angebereien oder gar Aggressionen in einer momentanen Situation leisten können. Die Reaktion des Hundes hängt eng mit dem Verhalten des Menschen zusammen, der sich im Gegensatz zum zielgerichteten Handeln des »Wolfs im Hundepelz« oft konfus und »schwammig« verhält. Dabei geraten Mensch und Hund oft nur deshalb in Konfliktsituationen, weil der gemeine Hundehalter zur Problemlösung stur Methode X oder Y anwendet, die er von einem selbsternannten Hundefachmann erlernte. Derartige Ratschläge sind aber manchmal mehr als abenteuerlich.

So haben wir zum Beispiel gesehen, dass wechselseitiges Markieren mit Harn unter Wölfen auch Ausdruck einer engen Sozialbindung sein kann. Viele Menschen brüllen ihren Hund auf Anraten eines Fachmanns zusammen, weil ihr Vierbeiner es wagte, durch sein Markierverhalten angebliche Dominanz zu zeigen. Ein solches Handeln soll ja die Alphastellung des Menschen in Frage stellen, wird behauptet. Welch blanker Unsinn! Auch unser Laika Jasper, ja selbst unsere winzige Dackelhündin Kashtin, markieren unsere »Hinterlassenschaften« regelmäßig, ohne dass wir jemals in irgendwelche Dominanzstreitigkeiten miteinander geraten wären.

Dominanz scheint ohnehin zum Schlagwort der deutschen Nation zu verkommen. Ständig ist die Rede vom »dominanten« Hund, dabei kann dominantes Handeln gar kein Dauerzustand sein. Man stelle sich nur vor, wie viel Kalorien ein Hund pro Tag verbrennen müsste, würde er sein Leben lang Dominanzgebärden umsetzen. Permanentes Dominanzverhalten würde selbst den Energiehaushalt des ranghöchsten Wolfes dieser Welt bei weitem überlasten. Nein, die Umsetzung von Dominanz gleicht stets einer Art Kosten-Nutzen-Analyse, außerdem braucht es zur Durchsetzung bekanntermaßen auch den Gegenpart, nämlich denjenigen, der sich dominieren lässt.

Anstatt zeitlebens dominant durch die Landschaft zu stolzieren, versuchen die meisten Hunde ganz einfach, ihren persönlichen Freiraum in der Nähe wichtiger Ressourcen aufrecht zu erhalten und gegebenenfalls auszuweiten. Um eventuelle Missverständnisse zu vermeiden: Beim Begriff Ressource geht es sicherlich nicht nur um Futter. Hunde besetzen bestens angepasst unseren Lebensraum und teilen sich diese verhaltensökologische Nische nach ihrem Gutdünken ein. Dabei scheuen sie, übrigens wie die allermeisten Wölfe auch, direkte Kampfeshandlungen. Aufgrund eines unüberlegten Schrittes müsste mit eigenen Verletzungen gerechnet werden, was Hund wie Wolf tunlichst vermeidet. Es mag durchaus den einen oder anderen Vertreter der Art Hund geben, der auf Biegen und Brechen um eine bestimmte Ressource kämpft. Die meisten sind aber viel zu clever, sich selbst ständig in eine Konfrontationssituation zu begeben. Da bieten sich sowohl ihr fein abgestimmtes Kommunikationssystem als auch die außerordentlichen Sinnesleistungen geradezu an, entweder einem dreisten Abstaubeverhalten zu folgen (auf gut deutsch zu stehlen) oder aber eine günstigere Gelegenheit abzuwarten. Dabei ist es dem Hund aufgrund seiner genetisch verankerten Flexibilität vollkommen egal, ob er nur einen Sozialpartner genau beobachten muss oder ob er im Hinblick auf eine Großfamilienstruktur diffizileren Observationsstrategien zu folgen hat. Um seine persönliche Stärke zu behaupten, trifft der halbwegs intelligente Hund Entscheidungen in Sekundenbruchteilen. Dabei testet er die hierarchische Hackordnung innerhalb seines speziellen Familiengefüges ganz genau. Deshalb fällt es ihm leicht, Schwachpunkte in der Struktur der sozialen Rangordnung aufzudecken und konsequent bestimmte Personen im Haushalt hinsichtlich seiner Eigeninteressen »einzulullen«.

Nun dürfen wir Menschen aber nicht den Fehler begehen, nur die Summe aller (wenn überhaupt) beobachteten einzelnen Zweierbeziehungen heranzuziehen, um dadurch auf ein generelles Dominanzverhalten eines Hundes zu schließen. Manche Hunde verteidigen Futter oder Wasser, andere Tiere ihren Lieblingsschlafplatz und wieder andere lassen noch nicht einmal ihren Besitzer näher kommen, wenn es an der Haustür klingelt. Hunde gewichten nicht alle Ressourcen zwangsläufig gleich.

Wo wir gerade bei der Aufzählung möglicher Ressourcen angekommen sind, müssen wir natürlich auch die Nähe zum menschlichen Sozialpartner, alle sozialen Kontakte und das Schoßliegen ebenso als konfliktwürdige Ressource ansehen (mögliche Umsetzung von sozial motivierter Aggression), wie den

Hauseingang oder andere Teile des heimischen Reviers (mögliche Umsetzung von territorial motivierter Aggression). Sehr beliebt sind auch zeit- und situationsbedingte Auseinandersetzungen um die Küche, um Schränke, um Abfalleimer oder Jacken, in denen der Mensch »Leckerli« vergessen hat (mögliche Umsetzung von Futteraggression). Hinzu kommen Ressourcen wie etwa Sofa, Bett, Sessel oder Blumenbank, welche dem Komfortverhalten des Hundes dienen. Schließlich ist dem »Wohlstandswauwau« noch körperliche Unversehrtheit wichtig, so dass Pflegemaßnahmen wie Kämmen und Bürsten oder das Herunterziehen von einem Lieblingsruheplatz auch Protestreaktionen hervorrufen können.

Damit wir uns nicht missverstehen: Wie wir schon ausgeführt haben, können Hunde auf die aufgezählten Ressourcen zeitlich total unterschiedlich oder auch nur situationsbedingt bestehen. Vielleicht erachten sie aber auch nur eine einzige Ressource als besonders wichtig. Genau das macht die ganze Sache so kompliziert.

Von den Wölfen haben wir gelernt, dass ranghohe Tiere nur dann Ressourcenkontrolle ausüben, wenn sie sich in einer bestimmten Situation dazu entscheiden - Punkt! Sie bestehen nicht zu jeder Zeit auf Kontrolle aller Ressourcen - im Gegenteil! Ist ein ranghoher Wolf zum Beispiel satt, warum soll er sich wegen eines »blöden« Knochens mit einem subdominanten Tier kämpferisch auseinandersetzen? Außerdem genießen ranghohe Leittiere in der Regel ohnehin, zumindest anfangs, bestimmte Privilegien. Bei unseren Beobachtungen stellten Wolfskinder zum Beispiel die Lieblingsschlafplätze ihrer Eltern niemals in Frage. Im Gegenteil, die Einhaltung einer Individualdistanz war fast schon obligatorisch. In diesem Zusammenhang erinnern wir uns des neuen Begriffes, oder? Das »Eltern-Nachwuchs-Dominanz-System« funktioniert so lange, bis die Jungwölfe ihren Erwachsenenstatus erreicht haben und den hohen Sozialstatus der Alten in Frage stellen. Deren hoher Rang bewirkt freilich, dass sich die Chancen der juvenilen Tiere, nach der Geschlechtsreife im Rudel zu bleiben, in Grenzen halten. Aus diesem Grund entfernt sich die Nachkommenschaft in freier Wildbahn auch so oft von erneut reproduzierenden Eltern. Nur bei stabilen Verhältnissen, und auch mit etwas Glück, bleiben einzelne Jungtiere Bestandteil der Familie, um schließlich als Helfer in die Aufzucht der nächsten Generation eingebunden zu werden.

Manche Forscher sind der Ansicht, Hunde würden die soziale »Leiter« generell Stufe um Stufe »erklimmen«. Wir Autoren glauben nicht an eine solche Absolutheit. Zumindest sind wir seitens unserer eigenen Hunde niemals im sozialen Bereich herausgefordert worden. Alle unsere Hunde haben aber gestohlen, wenn sich eine günstige Gelegenheit dazu ergab. Und alle unsere Hunde haben zeit- und situationsbedingt versucht, trotz Verbots einen Knochen zu vergraben, das Auto in übertriebener Form zu bewachen, in unserer Abwesenheit die Vorzüge eines gemütlichen Bettes auszukosten oder einem Kaninchen hinterher zu rennen. Haben meine Frau und ich aber deshalb ein generelles Dominanzproblem mit den Hunden? Wir meinen: Nein!

Man kann zum Beispiel auch nicht behaupten, obwohl diese Aussage der letzte Schrei auf dem Hundeerziehungssektor ist, dass Hunde stets hinter einem Menschen herlaufen müssen, weil auch der dominante Alphawolf angeblich immer vorläuft. Abgesehen davon, dass uns mittlerweile ein kalter Schauer hinsichtlich einer solchen Begriffswahl überkommt, haben wir gesehen, dass Leittiere die ganze Gruppe locker und leicht aus einer zentralen Position anführen. Wir haben auch erfahren, dass sich Leittiere momentane Schwäche (zum Beispiel starkes Humpeln) leisten können, ohne einen sofortigen Angriff befürchten zu müssen.

Unserer Meinung nach hat der Mensch sogar bessere Kontrollmöglichkeiten, wenn sein Hund vor ihm herläuft. Was hinsichtlich der Mensch-Hund-Beziehung eine entscheidende Rolle spielt, ist soziale Kompetenz. Wir haben also die Pflicht und Schuldigkeit, unseren Hunden in bestimmten, sicher aber in entscheidenden Situationen klarzumachen, wer auf sozialer Kompetenz besteht und wer die Entscheidungsgewalt innehat. Auch wenn ein Hund während des Spaziergangs permanent hinter seinem Menschen herläuft, kann er zehn Minuten später versuchen »Dominanz« an der Wasserschüssel umzusetzen. Wir Menschen sollten auf unser angeblich so hoch überlegenes Gehirn zurückgreifen und vorhandene Fähigkeiten ohne den Aufwand von Muskelkraft nutzen, um bestimmte Dinge durchzusetzen. Dabei möchten wir nochmals auf die vorausschauende Kontrolle mannigfaltiger Ressourcen verweisen, deren Umsetzung das alltägliche Leben mit dem Hund sicherlich vereinfacht.

Wie uns die Wölfe lehren, braucht der Mensch nicht ständig und dauernd »Rang« zu demonstrieren. Im Gegenteil, wir machen uns durch ein solches

Beim Freilauf gibt es keine pauschal einzuhaltende Distanz zwischen Mensch und Hund, da sie vom indivuellen Gehorsamszustand eines Vierbeiners abhängig ist. Hunde brauchen nicht zeitlebens hinter dem Menschen herzulaufen, damit dieser »dominant« ist.

Verhalten eher lächerlich. Eine hohe Rangposition einzunehmen, darf nicht zum Selbstzweck verkommen, sondern muss in eine kluge und besonnene Gesamtstrategie eingebettet sein. Erinnern wir uns des Leitrüden Storm, eines wirklichen Alpharüden. Seine Prämisse ist konsequenter Entscheidungswille und nicht energieverschwendende Dauerdominanz. Er weiß, wie man den Belangen einer Familie gerecht wird und er verhält sich im Rahmen von Zeit und Situation entsprechend. Storm ist ein umsichtiges Alphatier, auch wenn wir diesen Begriff langsam nicht mehr hören und gebrauchen wollen. Rangdemonstrierendes Verhalten ist für Wölfe überlebensnotwendig, unterliegt aber einem sehr differenzierten Schema. Wichtig ist hierbei ein großes Interesse am sozialen Miteinander, wie uns zum Beispiel die wirklich ranghohen Tiere Betty, Aster, Storm und Stoney vermittelt haben. Ihr Interesse am sozialen Miteinander hemmte das gelegentliche Aufkommen aggressiven Verhaltens. Selbstverständlich kamen naturgemäß Konfliktsituationen oder aggressive Auseinandersetzungen mit ihren Kindern vor, waren aber aufgrund der Demonstration sozialer Kompetenz eher die Ausnahme. Demnach stellt der soziale Rang, den jeder Wolf innerhalb der Familienstruktur einnimmt, hinsichtlich seiner Gesamteignung oder, anders ausgedrückt, im Hinblick auf seine individuelle Position, die er in der Gruppe bekleidet, eine alles entscheidende Rolle dar.

Weil das Leben in einer sozialen Gemeinschaft generell sowohl von Vorteilen als auch von Nachteilen geprägt ist, verlassen die meisten Wölfe ihre Familie früher oder später. Der Hund hat keine Wahl. Aber der Hund ist kein Wolf, sondern ein Abbild selektiver Bemühungen des Menschen. Die durch Zuchtmanipulation entstandene Verjugendlichung und zeitlebens vorhandene Verspieltheit macht es dem Hund allerdings leicht, unter den Fittichen des Sozialpartners Mensch einen untergeordneten Rang einzunehmen. Diese untergeordnete Rangposition entwickelt sich aber nicht automatisch, nur weil ein Hund Hund ist. Wir müssen uns mit dem Hund beschäftigen, eine besonnene Rangeinweisung durchführen und als Mensch Vorbildcharakter haben. Ranghohe Tiere treffen in den entscheidenden Momenten Entscheidungen, sie agieren. Auch das haben wir von den Wölfen gelernt. Dabei dürfen wir uns aber auf keinen Fall vorstellen, dass sich Hunde zeitlebens damit beschäftigen, nur unseren Aktionswillen zu testen. Wenn das so wäre, könnten weder behinderte, noch alte und gebrechliche Menschen weiterhin mit einem Hund zusammenleben.

Schließlich wird in der Zukunft noch entscheidend sein, ob wir Menschen über ein klar umrissenes Regelwerk selektive Zuchtbemühungen vorantreiben. So muss zum Beispiel das umwelt- und sozialfreundliche Verhalten von Hunden gefördert werden. Konsequentermaßen muss vielen »Spinnern«, die das durchaus vorhandene Aggressionspotenzial von Hunden zum Nachteil der Art »herauskitzeln« wollen, ein für alle Mal das Handwerk gelegt werden.

Im Normalfall handeln Hunde nur dann ausgesprochen aggressiv, wenn sie Angst haben. Dabei kann Angst in unterschiedlichen Facetten zum Ausdruck kommen. Vielleicht fürchtet ein Hund den Verlust einer ihm wichtigen Ressource oder er hat Angst, weil er als überzüchtetes Geschöpf der Berührung irgendeines Schmerzherdes ausweichen will (schmerz-assoziierte Aggression). Angst kann man aber nicht bestrafen, es sei denn, man will die momentane Situation noch verschlimmern.

Fassen wir also zusammen: Hundehalter sollten fein säuberlich darauf achten, wann ein Hund zum erstenmal mit einer Ressource »kokettiert« und sofort geeignete Maßnahmen ergreifen, damit »Fiffi« ein solch angeberisches Verhalten vor Aufkommen einer neuen Konfliktsituation unterlässt. Hunde hassen es nämlich, »erwischt« zu werden, und handeln beim nächsten Mal vorsichtiger. Die Umsetzung von Maßnahmen richtet sich nach den jeweiligen Umständen, muss aber auf jeden Fall verhältnismäßig und darf keinesfalls überzogen sein. Dabei steht nicht das Streben nach Dauerdominanz im Vordergrund der Betrachtungen, sondern umsichtiges Handeln, wenn es eine bestimmte Situation erfordert. Die Fragen, wer einen bestimmten Schlafplatz einnimmt oder wer einen sozialen Kontakt initiiert, sollten also nicht die einzigen Bereiche des Zusammenlebens zwischen Mensch und Hund sein, über die Sie sich, lieber Leser, zukünftig vorausschauende Gedanken machen, oder?

Wir haben in unserer Funktion als Verhaltensberater bislang weit über 18.000 Mensch-Hund-Beziehungen begleitet, Ratschläge erteilt, manchmal sogar um die Unversehrtheit von Zweibeinern und Vierbeinern gezittert. Wir mussten lernen, dass das soziale Geflecht zwischen Menschen und Hunden wesentlich komplizierter ist, als man im Allgemeinen so denkt. Was uns deshalb in der Zukunft überhaupt nicht weiterhilft, sind Hundetrainer, die eine starre Erziehungsmethode propagieren und sich dabei auch noch unheimlich wichtig vorkommen. Laut Aussage des Biologen Prof. R. Coppinger »reden so genannte Hundeexperten stets darüber, wie man einen Hund nach Wolfsmanier zu dominieren hat. Es fällt auf, dass diese Experten in Wahrheit niemals Wölfe studiert haben«. Dem ist eigentlich nichts mehr hinzuzufügen. Oder vielleicht doch: Wir hoffen, einen kleinen Einblick in das »Privatleben« einiger Wolfsfamilien gegeben zu haben, werden weiterforschen und über unsere neuen Erkenntnisse berichten.

SCHLUSSWORT

Was als Hobby begann, ist nach und nach zu unserem Lebensinhalt geworden. Im Laufe der letzten elf Jahre haben wir viel gelernt, aber auch einiges nicht verstanden. In der Tat können sich einigen Passagen dieses Buches widersprechen, weil sich unser Wissenshorizont erst mit der Zeit erweiterte. Mit Beginn der 90er Jahre gingen wir noch von Begriffen wie Alphawolf oder autoritär-diktatorischen Verhalten aus, um die Position eines Leittieres zu beschreiben. Heute halten wir es mit dem unvergessenen Ausspruch Adenauers: »Keiner kann uns daran hindern, im Laufe der Jahre etwas klüger geworden zu sein.« Die Betonung liegt hier auf dem Wort »etwas«, denn wir sind weit davon entfernt, Wölfe zu verstehen. Ob es neben der Erstellung von Ethogrammen und Soziogrammen einer speziellen Fähigkeit bedarf, Verhaltensbeobachtungen durchzuführen, können wir nur annehmen. Die hier veröffentlichen Daten und Erkenntnisse beruhen auf der Sicht der Dinge, wie wir sie empfunden haben. In den nächsten Jahren werden wir für unsere Berater Paul Paquet und Erik Zimen Informationen sammeln, die dann einer strikt wissenschaftlichen Auswertung unterliegen. Um es deshalb noch einmal deutlich zu sagen: Dieses Buch erhebt keinen wissenschaftlichen Anspruch. Dennoch hoffen wir, einige Fragen beantwortet zu haben, die das »Familienleben« des Wolfes betreffen. Zumindest haben wir uns ernsthaft darum bemüht.

Wir haben gesehen, dass es in einer Wolfsfamilie sehr unterschiedliche Rollen gibt, die von der Altersstruktur, der Geschlechterverteilung, einzelnen sozialen Beziehungen zwischen den Tieren und dem Ernährungszustand der Gruppe mitbestimmt werden. Wir haben auch erfahren, dass sich das Temperament, die Toleranzbereitschaft und bestimmte Fähigkeiten von Wolf zu Wolf individuell unterscheiden. Alle Zu- oder Abneigungen der Tiere untereinander waren schwierig zu beschreiben, weil wir sie nur in begrenztem Umfang beobachten konnten. Demnach waren Fehlinterpretationen durchaus möglich. Andererseits beobachteten wir bestimmte Verhaltensweisen doch häufig genug, um daraus konkrete Schlussfolgerungen abzuleiten. Viele Erkenntnisse waren nur aufgrund der Tatsache zu gewinnen, dass wir endlich eine Möglichkeit gefunden haben, Wölfe über längere Zeiträume in freier Wildbahn zu begleiten. Dabei haben wir gelernt, dass ein Vergleich mit Gehegetieren in Bezug auf Nahrungsbeschaffung, Gefahrenvermeidung und sozialer Struktur einer Wolfsfamilie schwierig herzustellen ist. Hier im Banff Nationalpark diktierte der Lebensraum das Verhalten der Wölfe. Zeit und Raum bekamen im Gegensatz zu Gehegebedingungen eine andere Bedeutung.

Wir sind nicht der Meinung Wölfe nummerieren zu müssen, was leider in der Verhaltensforschung oft üblich ist, um dadurch mehr Abstand zu den Tieren einzuhalten. Angeblich soll die Namensgebung von Wölfen eine sachliche Grundlage torpedieren, Verhaltensbeobachtungen neutral durchführen zu können. Diesem Argument können wir deshalb nicht folgen, weil selbst ein »Hochkaräter« der Feldforschungsszene wie David Mech jedem Wolf einen Namen gab, nachdem er auf Ellesmere Island fast schon inmitten der Raubtiere lebte. Auch Erik Zimens' Doktorarbeit schloss eine Namensgebung für »seine« Wölfe nicht aus. Wir werden unseren Studienobjekten also weiterhin Namen verpassen und dabei in Kauf nehmen, von einigen Wolfsforschern nicht ernst genommen zu werden. Wir glauben trotzdem daran, in der Zukunft eine ordentliche Arbeit durchführen zu können und werden uns an Diskussionen über Belanglosigkeiten nicht weiter beteiligen.

Unser Respekt gilt vielmehr den Tieren, die unter harten Lebensbedingungen ihren eigenen Weg gehen, den wir als Augenzeugen sowieso nur in einem unzureichenden Maße begleiten konnten. Wir ziehen den Hut vor Wölfen wie Aster, die über Jahre alle Schwierigkeiten gemeistert hat. Auch für die Zukunft ist uns eine besonders gute Ausgangsposition sicher, da uns einige Wölfe mittlerweile vertrauen. Deren Vertrauensvorschuss wollen wir zurückzahlen, indem wir uns für den Erhalt dieser Tiere nach bestem Wissen und Gewissen einsetzen.

Spielverhalten ist sehr schwierig zu definieren und unterliegt unterschiedlichen Antrieben. Im Spiel werden bewusst übertriebene Bewegungsabläufe sichtbar, die eine freundliche Grundstimmung ausdrücken. Andererseits zeigen Wölfe im Spiel aber auch bewegungseinengende »Maßnahmen«, so dass über das Spiel auch sozialer Rang getestet wird.

Die meisten Wölfe sind grau und haben braune Augen. In den Rocky Mountains trifft man allerdings oft auf schwarze Wölfe mit goldenen, grünen oder sogar blauen Augen. Ihre Rudelstärke variiert beträchtlich. In unserem Studiengebiet umfasst eine Wolfsfamilie im Schnitt zwischen vier und sieben Mitglieder. Alle Aktivitäten und Verhaltensweisen der Wölfe sind auf das individuelle Überleben und auf die erfolgreiche Übertragung des eigenen Genmaterials ausgerichtet. Der beste Weg ist, seine eigenen Gene durch Reproduktion und einen möglichst hohen Prozentsatz an Nachkommen weiterzureichen.

Was aber, müssen wir uns fragen, nützt uns der ganze Aufwand, wenn die Wölfe von rücksichtslosen Autofahrern andauernd getötet werden. Hier kann die Antwort nur lauten: Ohne die Präsenz von uns Feldforschern wären die Tieren noch erheblich schlechter dran. Außerdem sind wir unverbesserliche Optimisten. Wir werden weitere Aufklärung betreiben und dabei den Menschen konkrete Wege aufzeigen, wie man sich zur Erhaltung der Tierwelt in einem Nationalpark verhalten muss.

Um dieses Ziel zu erreichen, bedarf es vieler Anstrengungen und Finanzmittel. Deshalb bitten wir unsere Leser auch inständig, eine Patenschaft für einen Wolf zu übernehmen. Durch ihre direkte Hilfe sind wir in der Lage, zur Verfügung stehende Finanzmittel ganz gezielt einzusetzen. Somit leisten wir mit Hilfe der uns unterstützenden Wolfsfreunde einen Beitrag für die Erhaltung eines bedrohten Ökosystems. Wir bedanken uns schon einmal im Voraus.

DANKSAGUNG

Über ein gutes Dutzend Menschen haben zum Gelingen dieses Buches beigetragen, welche nicht nur ihre Namensnennung verdient haben, sondern deren Mithilfe uns eine Freude war. So nahmen an unseren Feldforschungen Joep van de Vlasakker (Sommer 1992 und 1993), Carolyn Callaghan (Sommer 1994, 1997 und 1999), Peter Nawrath (Sommer 1995), Steve Wadlow (Sommer 1999 und 2001), Erin Urton (Sommer 2000), Bettina Bannes-Grewe (Sommer 2000) und Joachim Füger (Winter 2001 und 2002) als enthusiastische Feldassistenten teil. Sie mussten, wie wir Autoren auch, Geduld aufbringen und Durchhaltevermögen zeigen, Hitze und Kälte trotzen und viele Stunden im Feld verbringen, eventuell auch, ohne dass etwas Entscheidendes passierte. Ihnen gilt unser Dank, weil sie stets »auf dem Beobachtungsposten« ausharrten. Außerdem möchten wir unseren Hunden Jasper und Kashtin danken, die ihre eigenen Verhaltensbeobachtungen an wild lebenden Wölfen und Kojoten vom Auto aus durchführten. Mit den professionellen Beratern Dr. Paul Paquet, Prof. Raymond Coppinger und Dr. Erik Zimen diskutierten wir all die ungewöhnlichen Ereignisse, welche uns vor deren Konsultation einige schlaflose Nächte bereiteten. Diese Wölfe machten einfach, was sie wollten!

Mit Barb Johnston, Melanie Percy, Steve Andersson, Robbie Garreau, Jane Wassylyk und Tom Davidson tauschten wir regelmäßig neueste Informationen über unsere Forschungsobjekte aus, wodurch wir mit der Wanderlust der Wölfe einigermaßen mithalten konnten. Den administrativen Stellen vom Banff Nationalpark gilt ein Dankeschön, weil sie uns mit den notwendigen Erlaubnisscheinen ausstatteten, ohne die unsere Feldstudien nicht möglich gewesen wären.

Unsere ersten »chaotischen« Manuskriptseiten bereiteten diversen Menschen Kopfzerbrechen: Perdita Lübbe-Scheuermann und Petra Krivy (Hundeschule »Tatzen-Treff«, Kreis Olpe) sind hier besonders zu erwähnen, weil sie sich unermüdlich durch unsere abenteuerliche Rechtschreibung und Grammatik quälen mussten, um das von ihnen vorgefertigte Buchmanuskript schließlich Dr. Berthold Mengel vorlegen zu können. Ihm danken wir natürlich dafür, unserem Buch den letzten Feinschliff gegeben zu haben. Gaby Huber gilt unser besonderer Dank, weil sie uns als Computerspezialistin so manche Arbeit abnahm und immer für uns da war, wenn es »eng« wurde.

Dr. Erik Zimen danken wir nicht nur für die fachliche Durchsicht unseres Manuskripts, sondern auch für sein Vorwort zu diesem Buch.

Letztlich gilt der größte Dank allen Wölfen, Kojoten, Mardern, Bären, Adlern, Elchen, Hirschen, Dickhornschafen, Schneeziegen, Rehen und Karibus, die sich beobachten lassen wollten und ohne deren »Kooperationsbereitschaft« schlicht und ergreifend kein Buch entstanden wäre. Alle diese Tierarten spielten im Hinblick auf unser Erinnerungsvermögen eine bedeutende Rolle. Mitunter war es definitiv wesentlich aufregender, die Verhaltensweisen dieser Tiere zu verfolgen, als es der spannendste Krimi im Fernsehen jemals sein konnte. Durch die Beobachtung der Tiere haben meine Frau Karin und ich eine hoch interessante Aufgabe gefunden, die nicht nur unser Leben bereichert hat, sondern die sich lohnt, weiter zu verfolgen. Wir freuen uns auf die nächsten fünf Jahre, in denen wir in Zusammenarbeit mit der Nationalparkverwaltung, dem Central Rockies Wolf Project und unseren wissenschaftlichen Beratern Dr. Paul Paquet und Dr. Erik Zimen versuchen werden, die Komplexität eines durch den Menschen arg gebeutelten Ökosystems zu verstehen. Der notwendige Vertrag mit der Parkverwaltung ist bestätigt und wir gehen selbstverständlich voller Elan an die vor uns liegende Aufgabe heran.

Aster war eine sehr sanfte und tolerante Mutter. Gerade weil Wölfe sehr nuanciert und diffizil miteinander kommunizieren, kommt es sehr selten zu ernsthaften Kämpfen. Die meiste Zeit interagieren Wölfe in einer eher freundlichen Grundstimmung und konzentrieren sich auf die Bedürfnisse der Familie.

Jeder Wolf strebt nach körperlicher Unversehrtheit und persönlichem Freiraum. Da der Nachwuchs fast automatisch Beschwichtigungsgesten aufzeigt, haben es erfahrene Leittiere relativ einfach, »dominant« zu sein. Hier: Leitrüde Storm, ein souveräner und abgeklärter »Alpha«.

WIDMUNG

Wir widmen dieses Buch elf ausgesuchten Wölfen:

DIANE, einer außergewöhnlichen Timberwölfin, die im Banff Nationalpark Geschichte schrieb und die leider so qualvoll verstarb.

BETTY, einer Leitwölfin, ohne die der Aufbau einer ganzen Dynastie nicht möglich gewesen wäre.

STONEY, einem Wolfsrüden, für den über Jahre in erster Linie seine »Gattin« Lebensinhalt war und der nach ihrem Tod nicht mehr weiterleben wollte.

REDEARS, der umsichtigen Babysitterin, die außerhalb des Nationalparks von Jägern (nicht »geerntet«), sondern schlicht und ergreifend umgebracht wurde.

DREAMER und SANDY, die sterben mussten, weil sie es wagten, sich in einem Nationalpark völlig unbedarft und sorglos zu verhalten.

ASTER, der souveränsten Wölfin, die wir je kennen lernten und die trotz aller Gefahren ihres schwierigen Lebensraums eines natürlichen Todes starb und fast 11 Jahre alt wurde.

STORM, dem aufopferungsvollsten und besten »Alpharüden«, den wir jemals beobachten durften.

HOPE, der jungen Wölfin, welche die »Fronten« wechselte und sich so nahtlos in das Familiengefüge des Bowtal Rudels einfügte, bis sie leider auf der Autobahn angefahren wurde.

NISHA, der Wölfin, die trotz anfänglicher Hemmungen allen Mut zusammenraffte und jetzt Autobahnunterführungen durchquert.

YUKON, dessen Sinn für Humor unschlagbar ist, der stets spontan und unberechenbar handelt, der in keine Schublade passt und dem wir genau aus diesem Grund den Titel dieses Buches widmeten.

Jungwölfin Nisha lief erst ab einem Alter von anderthalb Jahren durch Autobahnunterführungen.

LITERATURNACHWEIS

Allen, D.: The wolves of Minong, The University of Michigan Press, USA, 1969
Badridze, J. & **Kopaliani**, N.: The Role of Play in the Formation of Hunting Behaviour in a Group of 6 Wolfpups raised in Captivity, Institute of Zoology, Tbilisi/Georgia, 1994
Ballard, W. & **Ayresa**, L., & **Gardner**, C & **Foster**, J.: Densite Activity Patterns of Gray Wolves in Southcentral Alasca, Canadian Field–Naturalist 105, Canada, 1991
Bass, R.: The Ninemile Wolves, Clark City Press, Livingston/USA, 1992
Bekoff, M.: Social Play in Canids, American Zoologist 14, USA, 1974.
Bekoff, M.: Social Communications in Canids, Evidence for the Evolution of a stereotyped mammalian Display, Science 197, USA; 1977
Bekoff, M.: Social Play and Physical Training: When not enough may be plenty, Ethology 80, USA, 1989
Bibikow, D.: Der Wolf, Neue Brehm–Bücherei, Deutschland, 1988
Bloch, G.: Interaktionen zwischen erwachsenen Wölfen und ihren Welpen, Publikation der GzSdW e.V., Deutschland, 1994
Bloch, G.: Boris und Dolina, die Sozialisierungsphase von zwei Tatra–Berghunden in der Slowakei, Publikation der GzSdW e.V., Deutschland, 1995
Bloch, G.: Managementplan für Herdenschutzhunde in der Slowakei, Publikation der GzSdW e.V., Deutschland, 1995
Bloch, G.: Der Wolf im Hundepelz - Hundeerziehung aus einer anderen Perspektive, Westkreuz–Verlag, Berlin/Bonn, 1998.
Bloch, G. & K. Bloch: Densite Monitoring of four Wolfpacks in Banff Nationalpark, Summary Report 1994 – 2001, Publikation der Autoren, Canada, 2001
Brandenburg, J.: White Wolf: Living with an Arctic Legend, Northwood Press, Minnocqua/USA, 1990
Carbyn, L. & **Oosenbrug**, S. & **Anions**, D.: Wolves, Bison and the Dynamics related to the Peace – Athabasca Delta in Canada's Wood Buffalo Nationalpark, Canadian Circumpolar Institute, Series No. 4, Canada, 1993
Cluff, D., **Walton**, L. & **Paquet**, P.: Wolves & Eskers, Northwest Territories Wolf Notes, No. 5, Canada, Winter 2000/01
Coppinger, R. & **Schneider**, R.: Evolution of Working Dogs in: The Domestic Dog, Cambridge University Press, Großbrittanien, 1995
Coppinger, R. & **Coppinger**, L.: Differences in the Behaviour of Dog Breeds in: Genetics and the Behavior of Domestic Animals, Academic Press, USA, 1998
Coppinger, R. & **Coppinger**, L.: Dogs, A Startling New Understanding of Canine Origin, Behavior & Evolution, Scribner Press, USA, 2001
Coppinger, R.: Performance Data Report Update, Doglog Vol. 3, No. 1, Summer 1992
Coppinger, R. & **Coppinger**, L.: Dogs to protect Livestock from Predators: A Renovation of Tradition, Hampshire College, USA, 1995
Crisler, L.: Obervations of Wolves hunting Caribou, Journal of Mammolian 37, USA, 1956
Darimont, C. & **Paquet**, P.: The Gray Wolves (Canis lupus) of British Columbia's Coastal Rainforests, Rainforest Conservation Society, Canada, 2001
Eibl–Eibesfeldt, I.: Ethology, The Biology of Behaviour, Holt, Rinehart and Winston, USA, 1975
Eisenberg, J. & **Leyhausen**, P.: The Phylogenesis of Predatory Behaviour in Mammals, Zeitschrift der Tierpsychologie, Deutschland, 1972
Feddersen – Petersen, D.: Hundepsychologie, Kosmos–Verlag, Deutschland, 1987
Fox, M.: Behaviour of Wolves, Dogs and Related Canids, Krieger Publishing Company, USA, 1971
Fuller, T. & **Keith**, L.: Wolf Population Dynamics and Prey Relationships in Northeastern Alberta, Journal of Mamm. 44, USA, 1980
Goodall, J.: Wilde Schimpansen, Verhaltensforschung am Gombe-Strom, Rororo-Verlag, 1991
Goodmann, P., **Klinghammer**, E. & **Willard**, J: Wolf Ethogram, Ethology Series No. 3, Eckhard H.

Hess Institute of Ethology, USA, 2002

Grace, E.: Interactions between Men and Wolves at an Arctic Outpost on Ellesmere Island, Dep. of Zoology, University of Toronto, Canada, 1976

Grier, J. & **Burk**, T.: Biology of Animal Behaviour, Mosby Year Book, USA, 1992

Heard, D. & **Williams**, M.: Distribution of Wolfdens on migratory Caribou Ranges in the NW–Territories, Canadian Journal of Zoology, Vol. 70, No.8, Canada, 1992

Heinrich, B.: Ravens in Winter, Vintage Books, USA

Heymer, W.: Ethologisches Wörterbuch, Parey-Verlag, Deutschland, 1977

Hummel, M.: Wild Hunters, Predators in Peril, Key Porter Books, Canada, 1991

Joslin, P.: Movements and Homesites of Timberwolves in Algonquin Park, American Zoologist 7, USA, 1967

Landry, J.: Der Einsatz von Herdenschutzhunden in den Schweizer Alpen: Erste Erfahrungen, KORA Bericht Nr. 2 d, Schweiz, 1999

Leydet, F.: The Coyote, Defiant Songdog of the West, University of Oklahoma Press, USA, 1977

Mech, D.: The Arctic Wolf: Living with the Pack, Key Porter Books, Canada, 1988

Mech, D.: Alpha Status, Dominance, and Division of Labor in Wolf Packs, Canadian Journal of Zoology, Vol. 77, Canada, 1999

Mech, D.: Leadership in Wolf, Canis lupus, Packs, Canadian Field–Naturalist, Vol. 114, Canada, 2000

Mowat, F.: Ein Sommer mit Wölfen, Engelbert–Verlag, Deutschland, 1971

Murie, A.: The Wolves of Mount McKinley, University of Washington Press, USA, 1985

Paquet, P.: Ecological Studies of Recolonizing Wolves in the Central Canadian Rocky Mountains, Final Report 1989 – 1993, John, Paul & Associates, Canada, 1993

Paquet, P.: Prey Use Strategy of Sympatric Wolves and Coyotes in Riding Mountain Nationalpark, Mammal Journal, Dep, of Zoology, Canada, 1992

Peterson, R.: The Wolves of Isle Royale, A Broken Balance, Willow Creek Press, USA, 1995

Räber, H.: Vom Wolf zum Rassehund, Kynos–Verlag, Deutschland, 1999

Radinger, E.: Mit dem Wolf in uns leben - Das Beste aus zehn Jahren Wolf Magazin, Verlag von Döllen, Deutschland, 2001

Rugaas, T.: On Talking Terms with Dogs: Calming Signals, 1997, Legacy By Mail, Carlsborg, USA

Schassburger, R.: Vocal Communication in the Timberwolf, Paul Parey–Verlag, Deutschland, 1993

Schenkel, R.: Studies on the Expressions of Wolves, Observations in Captivity, Dep. of Zoology of the University of Basel, 1946

Scotter, G. & **Ulrich**, J.: Mammals of the Canadian Rockies, Fifth House Publishers, Canada, 1995

Schullery, P.: The Yellowstone Wolf, A Guide & Sourcebook, High Plains Publishing Company Inc., USA, 1996

Scott, J.: The Social Behaviour of Dogs and Wolves: An Illustration of Sociobiological Systematics, Annuals of the New York Academy of Sciences 51, Art. 6, USA, 1950

Smith, D.. Wolf Pack Leadership, Howlings Publications of the CRWP, Canada, 2002

Stamm, R.: Tierpsychologie: Die biologische Erforschung tierischen und menschlichen Verhaltens, Beltz–Verlag, Deutschland, 1984

Sullivan, J. & P. **Paquet**: Social Systems of Wolves in large and small Enclosures, AAZ–Pa Conference, USA, 1977

Tembrock, G.: Tierpsychologie, A. Ziehmsen–Verlag, Deutschland 1972

Theberge, J. & **Theberge**, M.: Wolf Country, Eleven Years Tracking the Algonquin Wolves, The Canadian Publishers, Canada, 1998

Theberge, J.: Obervations of Wolves at a Rendezvoussite in Algonquin Park, The Canadian Field – Naturalist 83, USA, 1969

Tinbergen, N.: The Study of Instinct, 3rd Edition, Clarendon Press, 1951

Walton, L., **Cluff**, D. & **Paquet**, P.: Movement Patterns of Barren – Ground Wolves in the Central Canadian Arctic, Journal of Mammalogy, Canada, 2001

Zimen, E.: Wölfe und Königspudel - Vergleichende Verhaltensbeobachtungen, R. Piper–Verlag, Deutschland, 1972

Zimen, E.: Der Wolf, Knesebeck & Schuler–Verlag, Deutschland, 1986

Zimen, E.: Wölfe, Tessloff–Verlag, Deutschland, 1997

Zimen, E.: Ethologie des Hundes, Publikation der ATN, Deutschland, 1998

Zimen, E.: Wildwege Europas, Knesebeck & Schuler–Verlag, Deutschland, 1990

WOLFSPATENSCHAFTEN

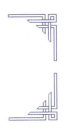

Wir hoffen, Sie, liebe Leser, von der Wichtigkeit einer umfangreichen Feldforschung überzeugt zu haben. Wir bitten Sie deshalb, unsere Arbeit durch eine Wolfspatenschaft zu unterstützen.

Eine moderne Hundeerziehung ist nach unserer Meinung ohne die Integration neuester Erkenntnisse aus der Verhaltensforschung nur sehr unzureichend möglich. Da wir auch weiterhin umfangreiche Wolfsforschungen betreiben werden, hat nun auch der »normale« Hundehalter die Möglichkeit, durch Übernahme einer Wolfspatenschaft einerseits ein bahnbrechendes Forschungsprojekt zu unterstützen und andererseits neueste Erkenntnisse ohne großen bürokratischen Aufwand direkt aus erster Hand zu erhalten!

Somit hat jeder Hundehalter den großen Vorteil, über die regelmäßig mit den Patenschaftsunterlagen versandten Berichte mehr über das Verhalten seines eigenen Hundes zu erfahren.

Aufgeklärte Hundehalter, die über detailliertes Wissen über das Verhalten von Wölfen und letztlich auch von Hunden verfügen, können die notwendige Erziehung ihres vierbeinigen Lieblings besser - und vor allem artgerechter - umsetzen. Grund genug, neben dem Schutz des Wolfes eine Wolfspatenschaft zu übernehmen.

Kosten:
Eine Patenschaft kostet pro Wolf/pro Jahr € 75.-
Die Patenschaftsunterlagen beinhalten ein Zertifikat mit einem Bild »Ihres« Wolfes, ein Foto (20 x 30 cm) sowie aktuelle Feldforschungsberichte.

STORM, HOPE, YUKON oder NISHA

Patenschaftsunterlagen können wir nur gegen Vorkasse zusenden. Kontaktieren Sie uns bitte unter:

Günther und Karin Bloch
Von Goltsteinstr. 1
D - 53902 Bad Münstereifel
Fax: (0049) (0)2257 – 952660

Wir bedanken uns im Voraus für Ihr Interesse! Wer sich generell für Wölfe interessiert und weitere Informationen möchte, der wendet sich an:

Gesellschaft zum Schutz der Wölfe e.V.
Dr. Rolf Jäger, Gleiwitzerweg 5, 53119 Bonn
Fax: (0049) (0)228 – 9875111

Das Wolf Magazin
Elli Radinger, Blasbacherstr. 55, 35586 Wetzlar
Fax: (0049) (0)6441 – 33449

... möchten Sie mehr darüber wissen, wie Hunde wirklich sind? Dann lesen Sie den unsterblichen Klassiker des Autoren, der zu den »geistigen Vätern« der Arbeit von Günther und Karin Bloch gehört.

Eberhard Trumler, Das Jahr des Hundes
224 Seiten, Großformat, 168 Farbfotos, € 34,-
ISBN 3-924008-11-6

Dieses und über 200 weitere hochkarätige Bücher über Hunde und Pferde erhalten Sie bei:
Kynos Verlag Dr. Dieter Fleig GmbH, Am Remelsbach 30,
54570 Mürlenbach, Tel 06594/653
http://www.kynos-verlag.de

Die neuesten Erkenntnisse aus der Verhaltensforschung kommen allen Hundebesitzern zugute. Da Feldforschung viel Geld kostet, bieten wir Wolfspatenschaften an, um unser Projekt zu finanzieren. Hier: Yukon vor der Durchquerung einer Autobahnunterführung.